21世纪应用型本科"十二五"规划教材——汽车类

汽车电子控制技术

主 编 杨国栋 吴焕芹 杜传祥
副主编 满维龙 陈建明

西南交通大学出版社
·成 都·

内容简介

本书是根据国家关于技能型人才培养规划战略目标,结合当前我国汽车工业的发展和汽车市场对人才需求而编写的高等院校教学教材。本书系统地介绍了现代汽车发动机电子控制系统、双燃料发动机燃气电控系统、汽车安全性能控制系统、汽车舒适性能控制系统和其他电子控制系统;详细阐述了汽车发动机电控燃油喷射系统、电控点火系统、汽油机辅助控制系统、故障自诊断测试系统、汽车车身稳定性能控制系统、空调系统、汽车防盗系统、巡航系统、导航系统、安全气囊等电子控制系统的组成、结构、工作原理、检测维修、常见故障诊断与排除技术流程和方法。本书可作为高等院校车辆工程及其相关专业的教材,也可作为车辆从业技术人员工作、学习的参考资料。

图书在版编目(CIP)数据

汽车电子控制技术 / 杨国栋,吴焕芹,杜传祥主编.
—成都:西南交通大学出版社,2015.1
21世纪应用型本科"十二五"规划教材.汽车类
ISBN 978-7-5643-3740-7

Ⅰ. ①汽… Ⅱ. ①杨…②吴… ③杜… Ⅲ. ①汽车-
电子控制-高等学校-教材 Ⅳ. ①U463.6

中国版本图书馆 CIP 数据核字(2015)第 027086 号

21世纪应用型本科"十二五"规划教材——汽车类

汽车电子控制技术

主编 杨国栋 吴焕芹 杜传祥

＊

责任编辑 李 伟
封面设计 何东琳设计工作室
西南交通大学出版社出版发行
四川省成都市金牛区交大路 146 号 邮政编码:610031
发行部电话:028-87600564
http://www.xnjdcbs.com
四川五洲彩印有限责任公司印刷

＊

成品尺寸:185 mm × 260 mm 印张:22.25
字数:554 千
2015 年 1 月第 1 版 2015 年 1 月第 1 次印刷
ISBN 978-7-5643-3740-7
定价:49.00 元

前　言

随着我国汽车工业的不断发展，大量先进电子技术应用于汽车制造行业，汽车电子化程度越来越高，汽车技术的新增长点无一不与电子技术相关。当今汽车机械与电子技术的完美结合，促进了汽车动力性、经济性、排放性以及安全可靠性的提高。

本书从提高汽车运用工程专业学生的专业技术水平和实践动手能力出发，主要介绍了发动机电子控制系统、汽车安全性能控制系统、汽车舒适性能控制系统和其他电子控制系统。在编写过程中，编者大量搜集并参考了当前出版的汽车电控技术专业教材和相关书籍，同时参照了我国部分汽车制造厂品牌汽车的维修技术手册和内容，引用了近几年来汽车电控系统的新技术、新工艺和新内容。在内容的编写中，根据汽车专业教学改革要求，按照应用型、技能型人才培养方向模式，力求以现阶段当地市场人才需求为基础、就业为导向，培养学生的职业技能和第一任职能力为宗旨，合理安排理论与实践的比例，注重实用型、增强实践性，突出新技术、新工艺、新知识，紧密结合现代汽车电控技术。

本书对涉及的技术参数、检测方法与步骤以及故障诊断工艺流程作了详细阐述。文字叙述过程注重理论与实践的结合，文字阐述详细清楚，图文并茂；涉及的发动机和车身等电控系统组成零部件的检测、故障诊断方法与步骤可操作性较强。

本书共分 11 章，由杨国栋、吴焕芹、杜传祥共同主编。其中，第 1 章、第 4 章、第 5 章由西安思源学院杨国栋编写，第 2 章、第 3 章、第 6 章由西安思源学院杜传祥编写，第 7 章、第 8 章由安徽三联学院满维龙编写，第 9 章、第 10 章第 2 节、第 11 章由武汉理工大学华夏学院吴焕芹编写，第 10 章第 1 节由西昌学院陈建明编写。参加本书编写工作的还有西安大众汽车学院冯浪成等。在本书编写过程中，参考和引用了部分教材、相关专业书籍以及检测诊断技术资料的图文，在此对相关作者一同表示感谢。

由于本科目技术发展速度快、更新换代周期短、内容繁杂且涉及面广，加之时间仓促，书中难免有疏漏之处，编者诚恳欢迎并接受广大读者批评指正，希望将您的宝贵意见发送至 xz_xa@sina.com。

编　者
2014 年 10 月

目　录

1 汽车电子控制技术概论

汽车工业是国家的支柱产业，也是一个国家工业化程度、经济发达程度以及科学技术进步的象征。近年来，随着汽车工业的不断发展和需求量的急剧增长，在汽车保有量不断增多的同时，全社会对汽车的性能提出了更高的要求，促使了汽车制造工业的革命。目前，电子技术迅猛发展，先进的电子技术广泛应用于汽车制造业，使汽车整体结构发生了巨大的变化。

1.1 汽车电子控制技术及其发展

汽车电子控制技术又称为汽车电子技术，是以现代电气和电子技术、新材料和新工艺技术为基础，汽车机械总成、零部件为控制对象而结合的新技术，以提高汽车整车性能（包括动力性、经济性、排放性、安全性、舒适性、操纵性等），改善和解决能源紧缺、环境污染、交通安全等社会问题为目的汽车结构系统。

1.1.1 汽车电子控制技术的发展过程

汽车电子控制技术的发展起源于 20 世纪 60 年代。根据电子技术在汽车上的应用情况可大致分为 3 个阶段。第一阶段是从 20 世纪 60 年代中期到 70 年代，主要以改善组成零部件技术性能而对汽车产品实施的技术改造，表现为电子装置代替某些机械部件，如晶体管收音机、交流发电机、电子调节器等在车辆上的使用。第二阶段是从 20 世纪 70 年代末期到 90 年代中期，为解决安全、污染和节能三大问题，研发并应用电控汽油喷射系统、防抱死制动系统和电控点火系统等。第三阶段是从 20 世纪 90 年代中期以后，电子技术广泛应用在汽车底盘、车身、操控系统和车用柴油发动机等多个方面。随着汽车产品电子技术的不断发展，汽车电子化程度越来越高，汽车上的电子装置也越来越多。汽车上新的技术增长点几乎无一不与电子技术和信息技术相关，现在汽车上每一个总成几乎都是机械、电子和信息一体化装置，在系统中电子和信息部分所起的作用也越来越重要，以至于有人认为汽车正在由一个拥有大量的电子技术与装置的机械系统，转变为一个由一定机械装置支撑的电子电气系统。同时，现代汽车控制技术已从单变量控制发展到多变量控制，从局部的自动调节发展到全局的最优控制，即汽车电子控制系统局域网络化（控制单元通过网络进行数据交换）。

1.1.2 现代汽车电控系统的基本特点

汽车电控装置对汽车各个运行工况的参数分辨率高、运行精确。电控装置运行与机械运动相比，电子运行不存在磨损和使用因素影响，控制精度高、响应速度快，且易实现各机构远程和性能的最佳控制。同时，可执行更多项目的控制和采取闭环控制项目。除此之外，电控系统还具有工作可靠性高；具有良好的抗振性，能够在较宽温度范围稳定工作；具有抗强电磁波干扰能力，能在电压波动较大的情况下正常工作；具有较强的抗腐蚀性等特点。目前，电子控制技术在汽车结构方面主要反映在以下几个方面：

（1）常规系统基本定型。现代汽车技术通过优胜劣汰，废旧换新，常规的结构已基本定型。如发动机技术向高转速、大功率、低油耗、低污染方向发展；底盘技术向良好的操纵性、稳定性和安全性方向发展；车身技术向安全性、稳定性、舒适性和居住性方向发展；动力源向新能源（双燃料、电动、核动力等）方向发展。

（2）控制系统广泛应用电子模块。现代汽车向电子计算机化程度方向发展，包括发动机的点火、喷油和空燃比（A/F）的控制采用 ECU 由单一控制变为多元控制；自动变速器采用计算机 ECT 控制；定速巡航采用计算机 CCS 控制；防抱死制动系统采用 ABS ECU 控制；驱动防滑转控制系统采用 ASR ECU 控制；车身高度和悬架刚度的调节采用 ASC 控制；碰撞保护系统采用安全气囊 SRS 控制等。

（3）故障诊断系统代码语言显示功能。故障诊断系统走向了代码化和语言化。由传感器测得各种信号，ECU 接收各种传感器的信号，监测和识别电子控制元件的故障，并通过故障指示灯以代码形式将这些诊断信息输出，或者通过故障诊断仪以语言形式输出。总体而言，未来汽车电子新技术概括为：功能多样化、技术一体化、系统集成化、通信网络化。

目前，受法规效力的强制排放标准和实施时间的颁布，未来汽车电控技术，仍将以达到排放标准作为主要的发展方向，主要从以下几个方面开展：

（1）广泛采用集中管理模式，控制模式将从现在的被动控制转向主动控制模式，控制功能和内容不断增加，如发动机燃烧过程的优化控制、发动机和变速传动系统的最佳匹配、过渡工况最优控制等。

（2）开发汽油机和柴油机二者有机结合的发动机。

（3）为满足低油耗、低排放的要求，研发缸内直喷、可控分层稀薄燃烧技术是汽油发动机技术发展的重点方向。

1.1.3　汽车电子控制系统的分类

汽车电子控制系统的种类繁多，形式各异，分类方式也不尽相同。一般按控制系统的控制对象和控制目标进行分类。

1. 按控制对象分

根据汽车的总体结构，汽车电子控制系统可分为发动机电子控制系统、变速器电子控制系统、底盘电子控制系统和车身电子控制系统四大部分。

2. 按控制功能目标分

根据控制功能及其目标不同可分为动力性、经济性、排放性、安全性、舒适性、操纵性和通过性控制。其中，经济性和排放性控制系统具有双重性，既节能又减排。

（1）动力性控制系统包括：发动机燃油喷射系统、发动机电子点火控制系统、爆震控制系统、怠速控制系统、电子控制变速系统、发动机进气控制系统、涡轮增压控制系统、控制器局域网（CAN）。

（2）经济性与排放性控制系统包括：空燃比反馈控制系统、断油控制系统、废气再循环控制系统、燃油蒸气回收系统、二次空气供给系统。

（3）安全性控制系统包括：防抱死制动系统（ABS）、电子制动力分配系统（EBD）、电子控制制动辅助系统（EBA）、动态稳定控制系统（DSC）、驱动轮防滑转调节系统（ASR）、安全气囊控制系统（SRS）、座椅安全带收紧系统（SRTS）、雷达车距报警系统（RPW）、前照灯光束控制系统（HBAC）、安全驾驶监控系统、防盗报警系统（GATA）、电子仪表系统、故障自诊断测试系统（OBD）。

（4）舒适性控制系统包括：电子调节悬架系统（EMS）、座椅位置调节系统（SAMS）、自动空调系统（AHVC）、CD 音响、DVD 播放机、信息显示系统（IDS）、车载电话（CT）、车载计算机（OBC）。

（5）操纵性控制系统包括：电子控制动力转向系统（EPS）、巡航控制系统（CCS）、中央门锁控制系统（CLCS）。

（6）通过性控制系统包括：驱动防滑控制系统（ASR）、轮胎中央充放气系统（CIDC）、自动驱动管理系统（ADM）、差速器锁止控制系统（VDLS）。

1.2　应用于汽车结构方面的电子控制技术

汽车电子控制系统是指由传感器、电器开关、电子控制器和执行器等组成，并具有提高汽车性能的有机整体，如发动机电子控制系统、底盘电子控制系统和车身电子控制系统等。当系统采用了微处理器（ECU）作为电子控制器时，该系统则称之为微机控制系统或 ECU 控制系统。

汽车电子控制系统的显著特征是以汽车发动机、底盘和车身为控制对象，主要功能是提高汽车的整体性能，包括动力性、经济性、排放性、安全性、舒适性、操纵性与通过性等。

电子控制系统在现代汽车上的应用如图 1.1 所示。

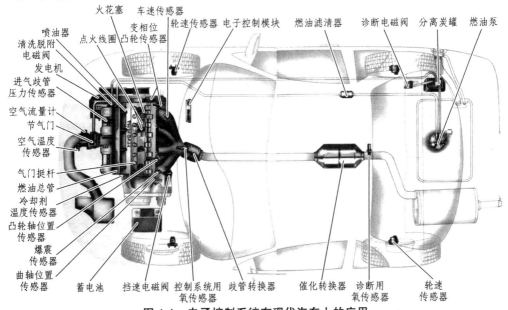

图 1.1　电子控制系统在现代汽车上的应用

1.2.1 发动机电子控制系统

为了提高发动机的动力性、经济性和排放性，汽车发动机采用的电子控制系统有以下几个方面：

（1）电子控制发动机燃油喷射系统（EFI）；

（2）电子控制发动机点火系统（MCIS）；

（3）发动机空燃比反馈控制系统（AFC）；

（4）发动机怠速控制系统（ISCS）；

（5）发动机断油控制系统（SFIS）；

（6）发动机爆震控制系统（EDCS）；

（7）加速踏板控制系统（EAP）；

（8）发动机进气控制系统（EIACS）；

（9）燃油蒸汽回收系统（FECS）；

（10）废气再循环控制系统（EGR）；

（11）可变气门正时控制系统（VVT）；

（12）汽车巡航控制系统（CCS）；

（13）车载故障自诊断系统（OBD）。

1.2.2 汽车底盘电子控制系统

为了改善汽车的行驶稳定性、安全性以及乘坐舒适性，在汽车底盘结构方面采用的电子控制系统主要有以下几个方面：

（1）电子控制自动变速系统（ECT）；

（2）防抱死制动系统（ABS）；

（3）电子制动力分配系统（EBD）；

（4）电子控制制动辅助系统（EBA）；

（5）车身稳定性控制系统（VSC）；

（6）驱动轮防滑转调节系统（ASR）；

（7）电子调节悬架系统（EMS）；

（8）电子控制动力转向系统（EPS）；

（9）轮胎中央充放气系统（CIDC）；

（10）自动驱动管理系统（ADM）；

（11）差速器锁止控制系统（VDLS）。

1.2.3 车身电子控制装置

（1）辅助防护安全气囊系统（SRS）；

（2）安全带紧急收缩触发系统（SRTS）；

（3）座椅位置调节系统（SAMS）；

（4）雷达车距报警系统（RPW）；

（5）倒车报警系统（RVAS）；

（6）防盗报警系统（GATA）；

（7）中央门锁控制系统（CLCS）；

（8）前照灯控制与清洗系统（HAW）；

（9）挡风玻璃刮水与清洗系统（WWCS）；

（10）自动采暖通风与空气调节系统（AHVC）；

（11）车载局域网（LAN）；

（12）车载计算机（OBC）；

（13）车载电话（CT）；

（14）交通控制与通信系统（TCIS）；

（15）信息显示系统（IDS）；

（16）声音复制系统（ESR）；

（17）各种液体存储量与磨损监控系统（FWMS）；

（18）维修保养周期显示及警示功能等。

1.3　汽车电子控制系统的基本组成与控制方式

汽车电子控制系统由若干个子系统组成，控制的理论基础就是现代控制理论。现代控制理论的发展使得电子控制系统更能适应复杂的多变量系统。目前，由于各汽车制造厂家开发应用的电子控制系统不尽相同，系统控制功能、控制内容、控制参数和控制精度各不相同，采用的控制部件的数量和类型也不尽相同。然而，无论控制系统有多复杂，子系统多与少，其控制逻辑都离不开共同的现代控制理论和电子控制技术。

1.3.1　电控系统的基本组成

任何一种电子控制系统，其主要组成可分为信号输入装置、电子控制单元（ECU）和执行元件三大部分，其基本组成如图 1.2 所示。

图 1.2　电控系统的基本组成

信号输入装置：各种传感器与开关信号，用来监测和采集汽车各总成的运行状态或参数信号，并转换成电信号输送给 ECU。现代汽车用的传感器有开关脉冲量和连续模拟量两种，应用时根据所需要的监控参数及要求选用。一般来说，汽车装备传感器越多，则车辆结构越复杂，控制的内容越多，车辆的档次就越高。

电子控制单元（ECU）：是以单片微型计算机为核心所组成的电子控制装置，具有强大的数学运算与逻辑判断、数据管理与数据处理功能，是电子控制系统的核心。

电控单元可以分为硬件和软件两部分，硬件部分是构成电控单元的物理元器件，软件部分是实现电控单元控制功能的指令和数据系统。ECU 的功用是对各种传感器输送来的信息进行运算、处理和分析判断，然后发出各种控制指令，使执行器按指令动作。另外，ECU 还具有故障监测和警示的功能，能将系统中发生的故障存储记忆下来，为故障诊断提供依据。

执行元件：由 ECU 控制，执行某项控制功能的装置，是控制系统对控制对象实施调控的关键部件，其性能的好坏对控制效果影响极大。

1.3.1.1 信号采集与传输

传感器是电控系统的信号采集输入和部分转换装置，根据其功能安装在各相应监测部位。其功能是检测汽车运行状态的各种电量及物理量和化学量等非电量参数，并将其按一定规律转换成电量信号输入电控单元。在汽车结构中，应用传感器数量的多少，是根据其控制对象的多少而定的，一般而言，控制的对象越多且复杂则传感器的数量就越多。

目前，在发动机电子控制系统中，传感器输入电控单元的电信号一般有数字信号和模拟信号两种。模拟信号输入装置（如热线式空气流量传感器、水温传感器等）是将 ECU 控制对象的各种被测参数（如空气流量、水温等），通过传感器变成模拟信号，然后经过模/数转换器转换成数字信号进入电控单元。数字信号输入装置，多数产生离散信号，通常这些信号代表两种状态，如开与关、高电平与低电平。根据监测内容和目的不同，汽车电子控制系统应用的传感器有以下几种：

（1）流量传感器，如翼片式、量芯式、涡流式、热线式和热膜式空气流量计。

（2）位置传感器，如曲轴位置、凸轮轴位置、节气门位置、车身高度位置、信息显示系统和液面高度位置、自动变挡杆位置显示等各种位置传感器。

（3）压力传感器，如进气压力、大气压力、气缸压力、燃油压力、轮胎气压等压力传感器。

（4）温度传感器，如进气温度传感器、自动变油温传感器、冷却液温度传感器等。

（5）浓度传感器，如氧传感器等。

（6）速度传感器，如轮速传感器、转速传感器、车速传感器、自动变速器一轴和二轴转速传感器等。

（7）碰撞传感器，如安全气囊系统碰撞传感器（滚珠式、滚柱式、偏心式、压电式等）。

各类传感器所检测的对象如表 1.1 所示。

表 1.1 传感器类型与检测对象

类　型	检测量或检测对象
温度传感器	冷却液、排气、吸入空气、机油、自动变速箱油、车内外空气等温度
压力传感器	各种油压、气压、泵压、轮胎气压等
转速传感器	曲轴转速、车轮转速、变速器输入/输出轴转速等
速度加速传感器	车速、加速度
流量传感器	吸入空气量、燃油流量、废气再循环量、二次空气引入量等
位移方位传感器	节气门开度、车高、废气再循环阀开度、行驶距离、方向盘转角等
气体浓度传感器	O_2、CO、NO_x、HC、柴油机烟度
其他传感器	转矩、爆震电池电压等
各种开关信号	制动开关、动力转向开关、空调开关、换挡开关等

1.3.1.2　电子控制单元（ECU）

电子控制单元（Electronic Control Unit，ECU）是以单片微处理器为核心的计算机控制装置，也被称为车用计算机。它包括硬件与软件两部分。硬件是计算机系统中物理组成的总称，它由输入信号电路、微机、输出信号电路等构成。软件是相对硬件而言的，它主要包括 ECU 运行所需要的各种程序、基本数据以及工况修正系数的数据存储等。

发动机电控单元（ECU）所组成的电路是一个十分复杂的电路，主要由输入回路、模/数转换器（A/D 转换器）、微型计算机（单片机）和输出回路组成。

（1）输入回路（输入接口）：将各传感器、各开关输入的信号转换成单片机能够识别与处理的数字信号。输入回路主要由模/数转换器和数字输入缓冲器两部分组成。

（2）模/数转换器：将部分传感器输入的模拟信号转换成数字信号后再输入计算机。计算机不能直接处理模拟信号，如果传感器输出的是脉冲（数字）信号，经过输入回路处理后可以直接进入计算机。

（3）中央处理器（CPU）：又称为微处理器，具有译码指令和数据处理能力，是电子控制单元的核心，主要由运算器（数学运算和逻辑运算）、存储器（暂时存储数据或程序指令）和控制器（按监控程序和引用程序控制计算机工作）组成。存储器是微机的"记忆"部件，它是存储计算程序、原始数据及中间结果的设备。其容量越大，记忆信息越多，计算机功能就越强大，它的工作速度直接影响计算机的运算速度。目前，在车用计算机中，几乎全部采用半导体存储器。

（4）输入/输出接口：是指在接口电路中完成信息传递，是 ECU 与传感器或执行器进行数据交换和下达控制指令的通道，并可由编程人员进行读写的寄存器。ECU 可以通过输入、输出指令向端口存或取信息。端口分为两类：一类是状态口和命令，另一类是数据口。若干个端口加上相应的控制电路构成接口，所以一个接口有几个端口。

（5）输出回路：将微机的处理结果放大，生成能控制执行元件工作的指令信号。由于微机只能输出微弱的电信号（如喷油脉冲、点火信号等），电压一般为 5 V，不能直接驱动执行元件，因此，必须通过输出回路对控制指令进行功率放大、译码或 D/A 转换，变成可以驱动各种执行元件的强电信号。

（6）安全保护电路：由电源监控、故障记忆、继电器驱动和系统故障警示灯驱动电路组成。其主要作用是监控电源电压、确保系统内部电压稳定、监控系统各个部分工作状况，如发现故障，立即亮故障警示灯，记录故障代码；同时，根据 ECU 的指令使系统退出工作状态或进入后备状态。

（7）总线（BUS）：是微型计算机内部传递信息的连线电路。按传递信息不同，总线可分为：数据总线、地址总线和控制总线。数据总线主要用于传送数据和指令，它由几根导线组成。数据总线是双向总线，即 CPU 的数据可传送到存储器或输入/输出接口，也可以从存储器或输入/输出接口接收数据。其中，导线数与数据的位数一一对应。地址总线用于传送地址码、计算机总线上各部件之间的通信，主要是靠地址码准确地进行联系的。控制总线用来传送各种控制信号。

1.3.1.3　执行器

执行器也称为执行元件，是根据电控单元的控制指令完成各种相应动作、执行某项控制功能的装置。执行元件把从 ECU 传来的电信号转换为机械运动，它通过电能、发动机真空、气压或三者之间的组合作用，对外做功，推动汽车或发动机的某个装置运动，以完成所需要的控制任务。如执行器可根据 ECU 的指令，改变发动机节气门的开度，从而控制发动机的转速。常用的执行器有电磁线圈、电动机、继电器等。

目前，电子控制系统分为反馈控制和程序控制两大类。反馈控制是要不断测量被控制对象的输出，也就是说要随时了解控制产生的效果，根据输出或控制产生的效果随时调整控制作用效果，这样就形成了一个闭形环路，因此，又称为闭环控制。

程序控制是根据事先设定好的程序进行操作，在操作过程中这个程序不再改动，因此，这种控制是开环控制。

开环和闭环在一种控制设备中经常混合使用，建立控制系统时要对汽车某一系统进行系统识别，建立该系统的数学模型，然后采用相应的控制方法进行优化控制。如点火提前角优化控制系统，由于发动机结构复杂，影响点火的因素很多，理论推导优化点火状态下的数学模型较困难。因此，一般采用试验的方法找出各种工况下的最佳点火提前角，然后存入微机内存。在实际控制过程中，微机不断检测发动机的工况（如转速、功率等），用查表的方法查出该工况下最佳点火提前角，修正后再通过微机接口、放大电路去控制点火。ECU 控制最突出的优点是，使用同样的车用 ECU 可以为不同的发动机和不同的工作状态编制不同的控制软件，与机械控制装置相比，既简单又经济。

1.3.2 电子控制系统的控制方式

同一台汽车电子控制系统结构中，配备有若干个电子控制子系统，而每一个子系统，都能实现不同的控制功能。现代汽车电子控制系统中，经常采用的控制方式有开环控制和闭环控制两种。

1.3.2.1 开环控制

开环控制方式比较简单，ECU 只根据传感器信号对执行元件进行控制，而控制的结果是否达到预期目标对其控制过程没有影响（不监测控制结果），如图 1.3 所示。开环控制具有以下几方面的特点：

图 1.3　开环控制

（1）在比较简单的控制系统中常常采用开环控制，它是通过控制装置改变被控对象。在这种控制中，系统的输出量对系统的控制作用没有影响，即不需要对输出量进行监测，也不需要将输出量反馈到系统输入端与输出端进行比较。

（2）当发出控制指令后，控制对象便开始工作，但系统不能自动检测控制对象是否按控制指令的要求进行工作。

如对汽油喷射系统的控制，事先把已经试验确定的发动机各种工况的最佳喷油系数，存储在 ECU 的存储器中。当发动机运转时，ECU 在接收系统中各种传感器传来的信号后，经过处理、判别发动机运转工况，计算出最佳喷油量，并根据计算结果控制喷油器喷油时，以精确地控制混合气的空燃比，使发动机在接近理想的空燃比下运行。

（3）开环控制的结构简单、易于实现，但其控制精度取决于设定参数的精度和控制对象的运行状况。

如当发动机的性能出现差异或因发动机喷油器磨损、老化等引起的性能变化时，混合气就不可能正确地保持理想的空燃比，难以实现最佳控制。

1.3.2.2　闭环控制

闭环控制也叫反馈控制，是在开环控制的基础上，对其控制结果进行监测，并将监测结果（即反馈信号）输入 ECU，如图 1.4 所示，ECU 则根据反馈信号对其控制误差进行修正。故闭环控制精度比开环控制精度高，目前得以广泛应用。闭环控制的特点如下：

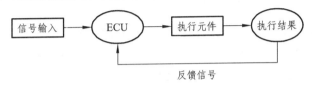

图 1.4　闭环控制

（1）闭环控制是指通过反馈环节将控制对象的输出信号引入到输入端，与 ECU 中存储器的设定值相比较，求出偏差值，将此差值信号再去控制被控制对象的输出信号。其传输途径形成一个闭环回路，由于闭环回路是通过反馈来实现的，所以也称为反馈控制。

如对发动机空燃比的控制，是通过装在排气管上的氧传感器，根据排气中氧含量的变化，检测出进入发动机的混合气空燃比，并将它反馈输入 ECU 中，与设定的空燃比相比较，求出误差信号，使空燃比保持在理想值附近。

（2）闭环控制可以消除发动机性能差异或因喷油器磨损、老化等引起的性能变化，其工作稳定性好，并可达到较高的控制精度。

对混合气空燃比的闭环控制，是一个简单而又实用的闭环控制系统，但这个控制系统由于需要经过一定的控制过程，即从进气管内形成混合气开始，至氧传感器检测排气中的氧浓度，需要经过一定时间。这一过程的时间包括混合气吸入气缸、排气流过氧传感器、氧传感器响应时间等。由于存在滞后时间，要完全准确地使空燃比保持在理论空燃比 14.7∶1 是不可能的。故实际控制的混合气的空燃比总是保持在理论空燃比附近的一个狭窄的范围内。

1.3.2.3　混合控制

混合控制，即在同一控制子系统中，根据工况的变化采取既有开环控制又有闭环控制的方式。如在燃油喷射控制子系统中，根据发动机不同的工况采取不同的控制方式。发动机启动、部分怠速和加速以及大负荷工况时采取开环控制方式，在其他工况则采取闭环控制方式，以达到各种工况下的精确控制。

2　汽车发动机电控系统

2.1　概　述

　　汽车发动机电子控制系统的主要功能是采取现代控制理论和电子技术相结合，旨在提高汽车的动力性、经济性和排放性。随着汽车电子控制技术的进步与发展，各大公司研发的发动机电子控制系统在功能、参数、数量等方面有很大的差异，但其控制原理基本相同。

2.1.1　发动机电控系统的基本组成

　　发动机电子控制系统由传感器、电子开关、电子控制单元和执行元件等组成。其特征是以汽车发动机为控制对象，主要功能是提高汽车的整体性能，包括动力性、经济性、排放性、安全可靠性等。在同一辆汽车上，装配有若干个电子控制系统，每一个电子控制系统，都能实现不同的控制功能。

　　发动机电控系统的基本组成及布置形式如图2.1所示。

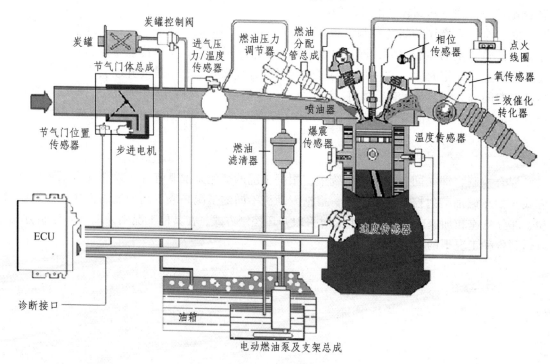

图 2.1　发动机电控系统的基本组成

发动机电控系统主要分为基本控制和辅助控制子系统两大部分。其中，基本控制包括燃油喷射控制、点火控制；辅助控制包括怠速控制、排放控制、增压控制、巡航控制、警告、自诊断与报警、失效保护等。

2.1.2 传感器及开关信号

发动机电控系统中的各种传感器和开关，是一种信号转换装置，分别安装在发动机的各相关部位，用于采集和检测发动机各工作状态的电量、物理量等相关参数，并将其转换为电信号输送给电控单元，电控单元依据这些信号通过执行元件来完成相关的控制功能。发动机电控系统常用的传感器和开关信号主要有以下几种：

1. 传感器

（1）热膜式空气流量传感器（AFS），安装在发动机空气滤清器与节流阀体之间的进气道上，直接测量吸入发动机气缸的进气量，以便计算确定喷油量的大小。

（2）磁感应式曲轴位置传感器（CPS），安装在缸体的前端或后端，直接检测发动机曲轴的转速和转角，以便控制喷油提前角和点火提前角的大小。

（3）霍尔式凸轮轴位置传感器，安装在发动机凸轮轴的前端，直接检测第一缸活塞相对于压缩行程上止点和排气行程上止点的位置，以便确定开始喷油时刻和开始点火时刻，又称为气缸判别传感器（CIS）。

（4）可变电阻式节气门位置传感器（TPS），安装在发动机进气道上节气门轴的一段，检测节气门开度（发动机负荷）的大小，如节气门关闭、部分开启和全开等。

（5）热敏电阻式冷却液温度传感器（CTS），又称为水温传感器，安装在发动机气缸体上，检测发动机水套内冷却液温度的高低，用于修正喷油量和点火提前时间。

（6）热敏电阻式进气温度传感器（IATS），安装在发动机进气歧管上，直接检测吸入发动机气缸空气的温度，用于修正喷油量。

（7）氧化钛式氧传感器或氧化锆式氧传感器（EGO），安装在发动机排气管上距离排气歧管不超过 1 m 的位置，检测排气管排出废气中氧离子的含量来反映可燃混合气空燃比的大小，以便修正喷油量并实现空燃比闭环控制。

（8）压电式爆震传感器（EDS），安装在发动机气缸体上，检测各气缸是否产生爆燃，以便修正点火提前角并实现点火提前角闭环控制。

（9）舌簧开关式车速传感器（VSS），安装在变速器输出轴上，检测汽车行驶速度，用于判定汽车的状态，以便实现怠速控制等。

（10）进气绝对压力传感器，测量进气管内气体的绝对压力，将信号输入 ECU。

（11）巡航控制开关，当进入巡航控制状态时，向 ECU 输入巡航控制状态信号。

在上述传感器中，空气流量传感器、曲轴位置传感器、凸轮轴位置传感器、节气门位置传感器 4 种传感器是控制燃油喷射与点火时刻最重要的传感器，其结构性能与发动机状况直接影响控制系统的控制精度和控制效果。

2. 开关信号

在汽车电控系统中，不仅采用了传感器信号，而且采用了开关信号。

（1）点火开关信号（IGN），当点火开关接通"点火（IG）"挡位时，向电控单元（ECU）输入一个高电平信号。

（2）启动开关信号（STA），当点火开关接通"启动（ST）"挡位时，向电控单元（ECU）输入一个高电平信号。

（3）空调开关信号（A/C），当空调开关信号接通时，向电控单元提供接通空调系统信号。

（4）电源电压信号（UBAT），向电控单元提供蓄电池端电压信号。

（5）空挡安全开关信号（NSW），在装备自动变速器的汽车上，用于检测自动变速器的挡位选择开关是否处于空挡位置。

（6）动力转向开关，当方向盘由中间位置向左右转动时，由于动力转向油泵工作而使发动机负荷加大，此时，向 ECU 输入信号。

2.1.3 电子控制单元（ECU）

汽车发动机电子控制单元（ECU），也称电子控制器，是以单片微型计算机为核心所组成的电子控制装置，具有强大的数学运算、逻辑判断、数据管理与数据处理功能，是汽车电子控制系统的核心。

电控单元可以分为硬件和软件两部分，硬件部分是构成电控单元的物理元器件，软件部分是实现电控单元控制功能的指令和数据系统。ECU 的功用是接收各种传感器输送来的信息并进行运算、处理和分析判断，然后发出各种控制指令，使执行器按指令动作。ECU 还具有故障监测和警示功能，能将系统中发生的故障存储记忆下来，为故障诊断提供依据。电控系统控制原理如图 2.2 所示。

2.1.4 执行器（执行单元）

执行器又称执行元件，是电控系统的执行机构，其功用是接收控制单元 ECU 的控制指令，完成具体的控制动作。在发动机电控系统中，常用的执行器有下列几种：

（1）电动燃油泵，其作用是供给发动机电子控制燃油喷射系统所需的一定压力的燃油。

（2）电磁喷油器，其作用是接收 ECU 发出的喷油脉冲信号，计量和实施燃油喷射。

（3）怠速控制电动机，其作用是调节发动机怠速工况时的转速，其控制内容包括两个方面：一是发动机正常怠速运转时的稳定怠速转速；二是发动机的机械负荷、电负荷增加时，自动提高怠速转速，防止发动机熄火。

（4）活性炭罐电磁阀，用于控制回收发动机内部（曲轴箱、气门室、油箱等）的燃油蒸气，减轻碳氢化合物的排放量，降低排污。

（5）点火控制器和点火线圈，用于接收电控单元发出的控制指令，适时接通或切断点火线圈初级电流并产生高压电，通过火花塞点燃可燃混合气。

发动机电控系统的元件分布如图 2.3 所示。

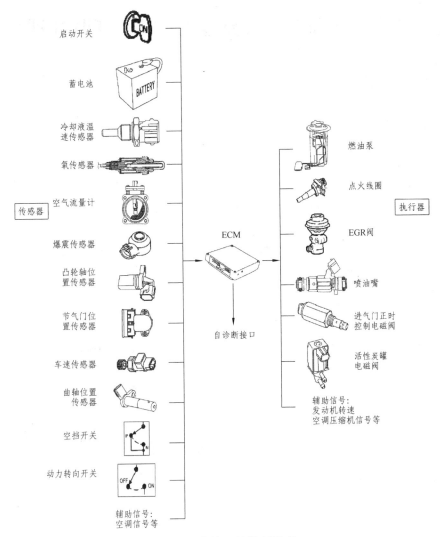

图 2.2　电控系统控制原理

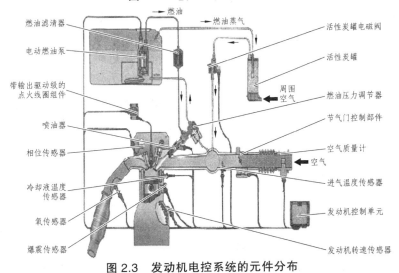

图 2.3　发动机电控系统的元件分布

2.2　发动机电控系统常用传感器的结构及工作原理

2.2.1　空气流量传感器

在发动机工作过程中，对进入气缸的空气流量检测是通过安装在进气系统中空气流量传感器来完成的。空气流量传感器也叫空气流量计，通过软管安装在空气滤清器和节流阀体之间，是用来监测发动机工作循环过程中进气量的装置。发动机进气过程中的空气通过空气流量计入口处的导流格栅，进气涡流到达监测点。它能将吸入气缸的空气流量转变成电信号传送给电控单元（ECU），作为电控汽油喷射系统确定基本喷油量的重要信号之一，以保证发动机的动力性、经济性和排放指标达到最佳状态。

目前，常用的空气流量传感器的类型有翼板式、卡门旋涡式、热式（热线式或热膜式）空气流量计等。空气流经过程示意图如图 2.4 所示。

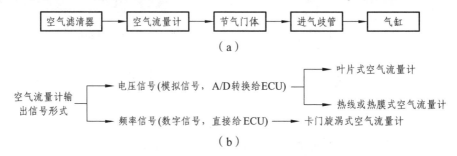

图 2.4　空气流经过程示意图

1. 空气流量计的结构与工作原理

汽车发动机燃油喷射系统早期和现代部分车辆采用的体积流量型翼片式、量芯式、涡流式 3 种流量传感器，其结构较为复杂，空气的计量主要利用物理原理来完成，测量精度受结构部件磨损等因素的影响，响应速度、计量精度远远不及电子元件迅速准确，且故障率较高。现代汽车广泛应用热式（热线式和热膜式两种）质量流量型空气流量传感器。

热式空气流量传感器主要指热线式和热膜式两种空气流量传感器。二者都是直接检测发动机吸入空气的流量的传感器。两种传感器的检测原理完全相同，热线式空气流量传感器的检测元件是铂金属丝，热膜式空气流量传感器的检测元件是铂金属膜。铂金属检测元件的响应速度快，能在几毫秒内反映出空气流量的变化，测量精度不受进气气流脉动的影响，不存在零部件磨损等影响因素，且安装布置方便，因此，目前大多数中高档汽车均采用热式空气流量计。

（1）热式空气流量传感器的结构。

热线与热膜式空气流量传感器的区别在于发热元件的形状不同。热线式空气流量传感器的发热元件为丝状铂金，而热膜式空气流量传感器的发热元件为片状铂金，固定在薄的树脂上。这种结构可使发热体不直接承受空气流动所产生的作用力，增加了发热体的强度，提高了工作可靠性，且无需加热清洁电路，所以无功能下降情况。

热线式空气流量传感器与热膜式空气流量传感器的工作原理完全相同，均安装在各发动机空气滤清之后的进气管道上，其作用是对进入气缸的空气进行计量，以便向气缸喷入与之相适应的燃油量，获得发动机各种工况下所需的混合气浓度。

热式空气流量计由铂金热线或铂金热膜电阻（正温度系数电阻，感知空气流量）、温度补偿电阻（冷线、负温度系数电阻，感知进气温度）、控制线路板、壳体等部件组成。图 2.5 为博世公司生产的热线和热模式空气流量传感器的结构。

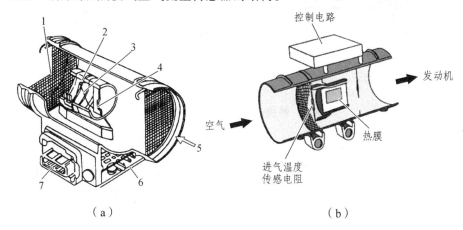

（a） （b）

图 2.5　热线和热膜式空气流量计的结构

1—格栅（防回火网）；2—取样管；3—铂金热丝；4—上游温度传感器；

5—进气口；6—控制回路；7—插线端子

热线或热膜式空气流量计的类型根据空气流量计的安装位置不同分为旁通测量方式和主流测量方式两种，如图 2.6 所示。

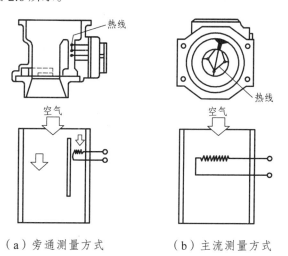

（a）旁通测量方式 （b）主流测量方式

图 2.6　热线或热膜式空气流量计

现代汽车发动机绝大多数采用主流量检测方式，只有少数小排量的发动机采用旁通测量方式。

（2）热式空气流量传感器的工作原理。

热线或热膜式空气流量传感器的核心部件是热线或热膜，它被连在由热线或热膜电阻和空气温度补偿电阻组成的惠斯登电桥电路中，如图 2.7 所示。

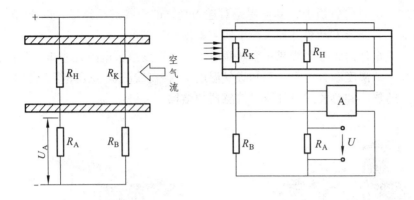

图 2.7　热线或热敏式空气流量计电路

A—集成电路；R_H—热线或热膜电阻；R_K—温度补偿电阻；R_A—精密电阻；R_B—电桥电阻

　　确定吸入空气量测定方法的基础是热电阻保持恒定温度。流过空气流量计内测量点上的空气流量的温度不同，则所需要的电流也不同。保持热电阻恒定温度所需要的电流就是吸入空气量的对应值。由于冷空气对热电阻有较强的冷却作用，因此需要空气温度作为修正系数。

　　在发动机某一工况下，空气以恒定流率流过热线时，电流使热线保持一定的温度，电桥平衡。当空气流率改变时，热线的温度也将改变，电桥失去平衡，此时，控制电路为了维持电桥平衡，将改变通过热线的电流，使热线恢复到原来的温度和阻值。由于热线的冷却效果随空气温度的变化而不同，因此需进行温度补偿。在热线式空气流量传感器中还安装有起温度补偿作用的冷线，控制电路使热线与冷线保持一定的温度差，如图 2.8 所示。

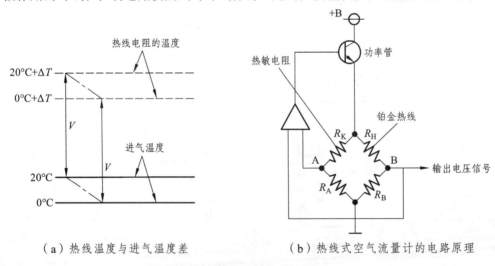

（a）热线温度与进气温度差　　　　　（b）热线式空气流量计的电路原理

图 2.8　热线温度与进气温度的关系

　　急速或热空气时，需要的空气量少，热电流小；有负荷或冷空气时，需要的空气量大，热电流大，如图 2.9 所示。信号作用为控制单元采集空气流量计信号，用于确定基本喷油量。热线或热膜式空气流量计的内部组成如图 2.10 所示。热线或热膜式空气流量计的信号特征如图 2.11 所示。

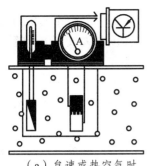 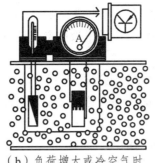 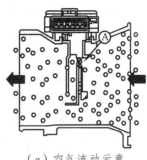

（a）急速或热空气时　　　　（b）负荷增大或冷空气时　　　　（c）空气流动示意

图 2.9　热线与热膜式测量原理示意图

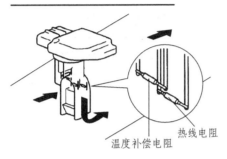 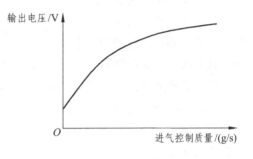

图 2.10　热线或热膜式空气流量计的内部组成　　图 2.11　热线或热膜式空气流量计的信号特征

（3）热线式空气流量计的自洁功能。

因热线式空气流量传感器工作是基于热线表面与空气的热传导，故热线上的任何沉积物都会影响热传导，对输出信号产生一定影响，因此，控制电路具有"自洁功能"。在工作过程中，当发动机转速超过 1 500 r/min，关闭点火开关使发动机熄火后 4 s 左右，控制系统自动将热线加热到 1 000 ℃以上并保持约 1 s，将黏附于热线表面的污物完全燃烧干净，保持热线清洁，实现了对进气流量的精确计量，保证了对空燃比的精确控制。

（4）不同工况下空气流量传感器的信号。

① 工况变化时传感器信号与空气流量的关系：

发动机匀速运行时，空气流量传感器测量到的信号与进入气缸的空气流量一致。

发动机紧急加速时，大量空气通过空气流量传感器进入发动机，空气流量传感器的读数将急剧上升，但是这些空气中有很多只是填充到进气歧管内，进入气缸内的空气并没有那么多，这种现象称为"进气歧管充气效应"。此时，如果还按照空气流量传感器的读数计量空气，那么进气流量将被高估，会喷射过多的燃油，混合气将过浓。所以在急加速时，空气流量传感器信号不能正确反应实际的进气流量，此时，ECU 将根据节气门位置传感器和进气歧管压力等信号间接确定进气流量。

发动机急减速时，进入发动机的空气流量迅速减少，空气流量传感器的读数也将迅速下降，但是进气歧管内还留存了一些空气可以被吸入气缸，这种现象称为"进气歧管排空效应"。此时，进入气缸的空气比空气流量传感器反应的流量大，如果还按照空气流量传感器的读数计量空气，那么进气流量将被低估，混合气将过稀。所以与急加速时类似，急减速时空气流量传感器信号也不能正确反应实际的进气流量，此时，ECU 也根据其他信号间接确定进气流量。

在发动机启动过程中，节气门完全关闭，进入发动机的空气流量由怠速阀控制，ECU 计量进气流量不采用空气流量传感器信号，而是根据怠速控制阀的开度和大气压力计算出进气流量。

② 充气效率：是 ECU 根据发动机标定数据、进气歧管绝对压力传感器、RPM、大气压力计算出的数据，计算进气流量时，必须参考这个数据。当温度升高时，空气的密度下降，发动机冷却液温度和进气温度也是计算进气流量的重要参数。

③ EGR 流量：EGR 系统把燃烧后的废气从排气管引入进气歧管，这些废气自身不参加燃烧，但影响歧管内的压力，所以计算进气流量时需要参考这个参数。

（5）传感器常见故障与检测。

① 常见故障及故障现象。

常见故障有热线沾污使信号不准、热线短路无信号输出或热敏电阻不良使信号不准。当空气流量传感器出现故障时，车辆在行驶中突然断续熄火，最后完全熄火。但发动机能迅速启动，踩下或松开油门踏板，发动机很快熄火，故障指示灯不亮，用检测仪不能检测到故障码。当进一步检测时，在拔下空气流量传感器插头时，发动机启动后可以运行，但怠速不稳，加速不良，同时故障指示灯闪烁报警。

② 热线或热膜式空气流量计的常规检测方法（5 线）。

热线或热膜式空气流量传感器一般有 5 个引脚，带有加热清洁功能的热线或热膜式空气流量计的电路如图 2.12 所示。

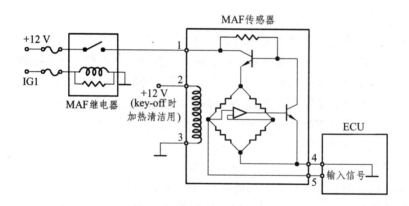

图 2.12　具有自洁功能的热线或热膜式空气流量计电路

1—附加温度传感器（部分车型悬空不用）；2—+12 V 加热电源；3—接地；

4—+5 V 参考电压；5—信号输出

a. 就车检测。

第一步：空气流量计电源电压检测，如图 2.13 所示。

测量时，首先断开空气流量计连接器；将点火开关扭至 ON 位置。万用表置于直流电压挡位，两表笔分别接端子+B 和接地端子。测量空气流量计线束连接器的端子+B 的电压应为 9～14 V。

第二步：内部搭铁检测，如图 2.14 所示。

第三步：传感器工作信号检测，如图 2.15 所示。

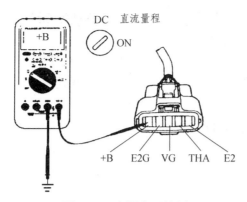

图 2.13　电源电压检测

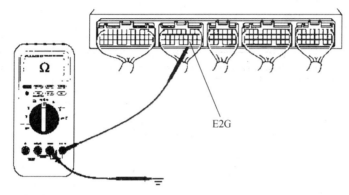

图 2.14　内部搭铁检测

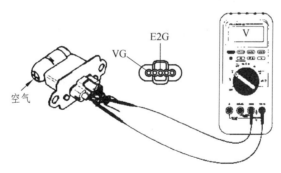

图 2.15　工作信号检测

用万用表直流电压挡分别测试发动机在转动和停止时，传感器信号输出电压，看是否符合要求。热线式空气流量传感器端子"B"和"D"之间的信号输出电压如下：

点火开关接通（不启动时）时，信号电压约为 0.5 V；

怠速（在热机状态下）时，信号电压为 1.0 ~ 1.3 V；

转速为 3 000 r/min（在热机状态下）时，信号电压为 1.8 ~ 2.0 V。

b. 拆下后检测。

拆下空气流量传感器，将蓄电池电压加到空气流量传感器的端子"B"与"D"之间，然后用万用表直流电压挡测量端子"B"和"D"之间的电压，标准电压值为 1.1 ~ 2.1 V。若电压值不符合，应更换传感器；若电压正常应做进一步检测。如向空气流量传感器的进气口吹风，再测量端子"B"与"D"之间的电压，信号电压应随风量的增大而增大，且应变化灵敏，标准电压值为 2~4 V。若电压值不符，应更换空气流量传感器。

　　c. 热线自洁功能检测。

　　拆下空气流量传感器的金属网，启动发动机。在发动机停止转动 5 s 后，从传感器进气口处可看到热线加热烧红（约为 1 000 ℃）大约 1 s。若无此现象，需要检测自洁信号或更换空气流量传感器。

　　注意：因热线极细，在维修时切忌用手或工具伸入感应管中，以免损坏热线。

　　d. 热线或热膜式空气流量计信号波形检测方法。

　　发动机工况变化时的热线式空气流量计波形如图 2.16 所示。

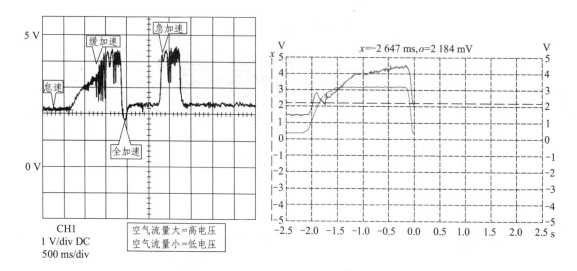

图 2.16　热线式空气流量计波形

　　CBD Ⅱ型车载诊断系统只能对热膜式空气流量计线路是否断路或短路进行检测，不能检测空气流量计输出的错误信号，导致发动机启动后迅速熄火。拔下空气流量传感器插头时，ECU 检测到该故障后自动使用节气门位置信号代替空气流量信号，使发动机系统进入自救状态。因此，发动机启动后虽能运行，但性能不好，同时故障指示灯闪烁报警。

2.2.2　进气管压力传感器

　　进气歧管压力传感器，又称为进气歧管绝对压力传感器，是通过检测节气门至进气歧管之间的进气压力来反映发动机负荷大小，并将压力信号转换为电信号传输给电控单元（ECU）。在"D"型电控燃油喷射系统中，应用进气歧管压力传感器间接检测进入气缸的空气量。发动机工作时，由于进气过程中空气密度随温度变化而变化，所以发动机控制单元必须根据进气温度信号对喷油量进行修正，以获得最佳的空燃比。

　　发动机正常工作时，绝对压力传感器向 ECU 提供一个 0~5 V 的电压信号；怠速工况时，发动机吸入的空气量很小，绝对压力传感器的输出电压较低；全负荷工况时，发动机吸入的空气量很大，绝对压力传感器的输出电压较高。

　　进气管压力传感器是决定"D"型电控燃油喷射系统基本喷油量的最重要传感器，安装在节气门后部的进气歧管上，其作用是将检测到的进气歧管中的气体压力（负压）转换成电信号送到电控单元，以确定喷油器的基本喷油量。

常见的压力传感器主要有真空膜盒和半导体压电效应式两种类型。现代汽车发动机电控系统中，常用半导体压电效应式进气歧管压力传感器。

1. 真空膜盒型进气歧管压力传感器

（1）结构特点。

真空膜盒型进气管压力传感器结构如图 2.17 所示，它由一对真空膜盒、初级线圈、次级线圈、铁心等组成。

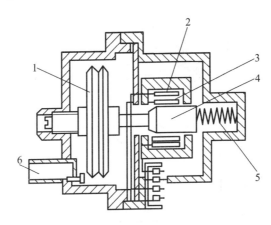

图 2.17　真空膜盒型进气管压力传感器结构

1—真空膜盒；2—初级线圈；3—次级线圈；4—铁心；5—弹簧；6—真空管接头

膜盒置于进气管压力传感器的壳体内，其内部抽成真空。进气管压力传感器通过管道与进气歧管相连，因此，膜盒外部受进气管压力的作用，它的收缩或膨胀程度完全取决于进气管的压力变化。位于初级绕组和次级绕组内部的铁心与膜盒联动。

（2）工作原理。

当进气管压力变化时，真空膜盒就会收缩或膨胀，带动铁心向左或向右移动。由于发动机工作时已有电流通过初级绕组，铁心移动时会在次级线圈产生感应电动势。

当进气压力增大（节气门开度增大）时，真空膜盒收缩，使柱塞向左移动进入线圈，电感增大，次级绕组输送给 ECU 的感应信号增强，则喷油时间长。这样可把气压变化的物理量转变成次级线圈两端输出的电信号，从而控制喷油量。

2. 半导体压电效应式进气管压力传感器

半导体压电效应式进气管压力传感器工作温度范围宽、不易受温度影响、精度高、反应速度快、抗振性能好，故得到广泛应用。

半导体压电效应式进气管压力传感器可把进气管的压力（负压）转换成电信号。它由壳体、压力转换件、混合集成电路、输出端子和滤清器等构成，如图 2.18 所示。

压力转换元件是利用半导体的压阻效应制成的硅膜片，如图 2.19（a）所示。硅膜片薄膜周围有 4 个应变电阻，以惠斯登电桥方式连接，如图 2.19（b）所示。

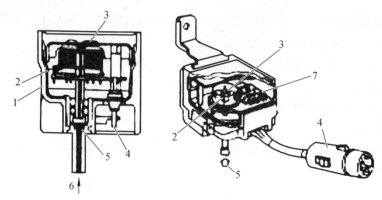

图 2.18　半导体压电效应传感器结构

1—壳体；2—真空室；3—硅膜片；4—输出端子；5—滤清器；

6—进气管压力传感器；7—混合集成电路

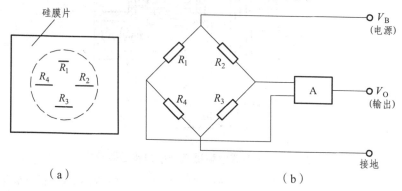

图 2.19　压力转换元件内部电路原理

发动机工作时，当节气门开度增大，空气流通截面增大，进气流量 Q 增大，气流速度增大，进气压力增大；节气门开度减小时，空气流通截面减小，进气流量 Q 减小，气流速度减小，进气压力减小。

硅膜片一面真空，另一面与进气管相通，进气管的压力作用在硅膜片上。硅膜片表面还有温度补偿电路。

混合集成电路对压力转换元件输出的电压信号（很微弱）进行放大处理。

滤清器对来自进气管的气体进行滤清，去除气体中的杂质和水分。

传感器工作时，当进气管的压力从一面作用在硅膜片上时，此压力与真空室压力之间产生一个压力差，使硅膜片发生变形，因而硅膜片电阻的阻值改变，导致电桥输出电压变化，利用惠斯登电桥将硅膜片上的变形转变成电信号。用混合放大电路 A 将微弱的电信号放大后输出至 ECU，以控制喷油量。

3. 传感器常见故障与检测

（1）传感器的性能检测。

关闭点火开关，用电压表测量插接器 E 的 "VS" 端子的输出电压。怠速时，标准电压为 0.4 V；转速升高时，输出电压随之升高；拔下真空管道，在加上大气压的情况下，输出电压为 1.5 V；在用口对准真空管道吸气的情况下，表针应从 1.5 V 向降低方向摆动。真空度与输出电压之间的关系如表 2.1 所示。

表 2.1　真空度与输出电压之间的关系

进气管真空度（负压）/kPa	13.3	26.7	40.0	53.5	66.7	大气压
信号接柱与接地端子之间的电压/V	0.3~0.5	0.7~0.9	1.1~1.3	1.5~1.7	1.9~2.1	3.3~3.9

（2）进气压力传感器的常见故障。

进气压力传感器的常见故障有内部集成电路不良使信号不准或无信号输出；硅片损坏无信号输出；真空管接头或内部有漏气使信号不准等。解决常见故障的方法有检测进气管压力传感器的电源是否正常；检测传感器的输出电压，其电压应符合表 2.1 中所给出的电压规定值范围，如不符合，需更换进气管压力传感器等。

4. 现代汽车常用的进气压力温度传感器

现代汽车部分发动机电控燃油喷射系统采用进气压力传感器与进气温度传感器集成为一体（二者组合体）的结构，安装在进气歧管上，如图 2.20 所示。

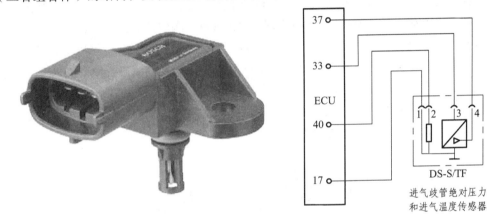

图 2.20　进气压力传感器与进气温度传感器组合体及电路图

图 2.20 中针脚 1 号接地；2 号输出温度信号；3 号接 5 V 电压；4 号输出压力信号。

组合式进气压力与进气温度传感器安装注意事项如下：

（1）传感器安装在汽车发动机进气歧管的平面上。压力接管和温度传感器一起突出于进气歧管之中，用一个 O 型圈密封。

（2）采取合适的方式安装到汽车上（从进气歧管上提取压力，压力接管往下倾斜等），可以确保不会在压力敏感元件上形成冷凝水。

（3）进气歧管上的钻孔和固定必须按照供货图进行，以便确保长久的密封并且能够耐受介质的侵蚀。

（4）接头电气连接的可靠接触除了主要受零部件接头的影响以外，还跟线束上与其相配的接头的材料、质量和尺寸精度有关。

（5）组合式进气温度压力传感器常见故障现象为：发动机熄火、怠速不良等。

一般故障原因有使用过程中有不正常高压或反向大电流，或维修过程使真空元件受损。

维护保养过程中，禁止用高压气体向真空元件冲击，发现故障更换传感器的时候注意检测发电机输出电压和电流是否正常。

简易性能测量方法如下：

① 温度传感器部分：卸下接头，把数字万用表打到欧姆挡，两表笔分别接传感器 1 号、2 号针脚，20 ℃时额定电阻为 2.5 kΩ×（1±5%）。测量时也可用模拟方法，即用电吹风向传感器送风（注意不可靠得太近），观察传感器电阻的变化，此时电阻应下降。

② 压力传感器部分：接上接头，把数字万用表打到直流电压挡，黑表笔接地，红表笔分别与 3 号、4 号针脚连接。怠速状态下，3 号针脚应有 5 V 的参考电压，4 号针脚电压为 1.3 V 左右（具体数值与车型有关）；空载状态下，慢慢打开节气门，4 号针脚的电压变化不大；快速打开节气门，4 号针脚的电压可瞬间达到 4 V 左右（具体数值与车型有关），然后下降到 1.5 V 左右（具体数值与车型有关）。

2.2.3　节气门位置传感器（TPS）

汽车在运行过程中，发动机工况随汽车行驶阻力和运行条件的变化而变化（如加速、减速、大负荷、中负荷、小负荷）。节气门位置传感器又称为节气门开度（油门）传感器，其作用是检测节气门开度（发动机负荷）的大小，并将其转变成电信号输送给 ECU，以便判别发动机工况，并根据不同工况来确定喷油量，达到对空燃比大小的精确控制。在装备电子控制自动变速器的汽车上，节气门位置传感器的信号还要输入变速器控制单元（TCM），用以确定变速器换挡时机和变矩器内锁止离合器锁止时机的主信号。节气门位置传感器元件安装在节气门体上节气门轴的一端，如图 2.21 所示。

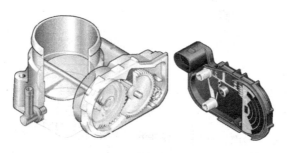

图 2.21　节气门位置传感器

目前，汽车发动机装备的节气门位置传感器按结构形式不同分为：触点开关式、电位计式（滑变电阻式）以及组合式 3 种形式；按其工作时输出信号的类型不同分为：线性输出型和开关量输出型两种形式。

1. 触点开关式节气门位置传感器的结构与工作特性

（1）组成与结构。

触点开关式节气门位置传感器也称节气门开关，由滑动触点和两个固定触点（怠速触点和功率触点）组成。传感器中凸轮板与节气门同轴，活动触点臂的运动受到装凸轮板月牙槽内的销钉限制。当节气门关闭时，怠速触点与活动触点接通，即发动机处于怠速工作状态；当节气门开度逐渐开大至 50%以上时，可动触点与功率触点相接触，开始对节气门开度变化实施检测，并将检测结果向 ECU 输送相应的电信号。触点开关式节气门位置传感器结构及输出特性如图 2.22 所示。

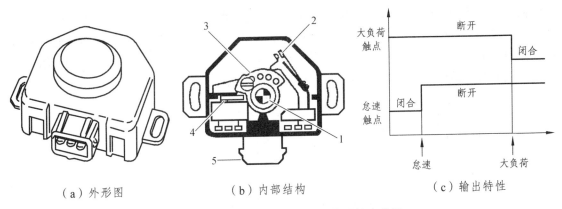

（a）外形图　　　　　　（b）内部结构　　　　　　（c）输出特性

图 2.22　触点开关式 TPS 的结构及输出特性

1—节气门轴；2—功率触点（PSW）；3—凸轮；4—怠速触点（IDL）；5—接线插座

（2）工作特性。

装备触点开关式节气门位置传感器的发动机在工作时，当传感器怠速触点与活动触点闭合时，输出低电平"0"。此时，发动机转速低于一定值且车速为零时，ECU 判定为怠速工况，便发出怠速加浓信号；当发动机转速高于一定值且车速不为零时，ECU 判定为减速或利用发动机制动工况，从而发出停止喷油指令。

当怠速触点断开时，输出高电平"1"。此时，节气门位置为怠速与全负荷之间的开度，功率触点未闭合，ECU 则判定为部分负荷工况，便指令喷油器正常喷油。

当功率触点闭合时，节气门开度达到最大或接近最大，向 ECU 传送一个全负荷加浓信号，从而进行全负荷加浓。

2. 电位计式节气门位置传感器

电位计式节气门位置传感器又称为滑变电阻式节气门位置传感器，属于模拟信号型传感器，其组成结构、原理如图 2.23 所示。

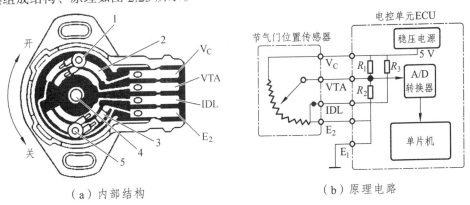

（a）内部结构　　　　　　　　（b）原理电路

图 2.23　电位计式 TPS 结构、原理

1—可变电阻滑动触点；2—电源电压（5 V）；3—绝缘部件；4—节气门轴；5—怠速触点

电位计式节气门位置传感器主要由可变电阻器、节气门轴、滑动触点、怠速触点以及壳体等组成。可变电阻采用镀膜电阻且镶嵌在传感器底板上，可变电阻的滑动触点臂与节气门轴相连。当节气门开度变化时，节气门轴带动滑动触点臂及活动触点在镀膜电阻材料上滑动，产生相对应变化的电阻值。因此，利用触点在电阻体上的滑动来改变电阻值，即节气门位置信号 VTA 电压相应改变，测得节气门开度的线形输出电压，可知节气门开度。全关时，电压信号应约为 0.5 V，随着节气门的增大，信号电压增强，全开时约为 5 V。当节气门全闭时，节气门全闭活动触点可使怠速开关接通。线性节气门位置传感器输出特性如图 2.24 所示。

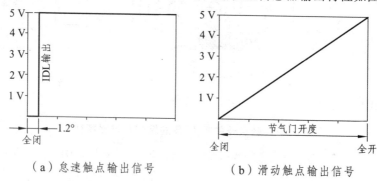

（a）怠速触点输出信号　　　　　　（b）滑动触点输出信号

图 2.24　电位计式 TPS 输出特性

传感器有 4 个接线端子，一个端子接 ECU，输送给传感器 5 V 工作电源（V_C）；另一个端子接地（E_1）；其余两个端子分别为活动触点（VTA）和信号输出端子（IDL）。

3. 传感器常见故障与检测

当节气门位置传感器发生故障时会导致发动机怠速不稳、无怠速、加速困难等。其主要原因是怠速触点接触不良、全负荷触点接触不良、滑变电阻脏污接触不良等。

（1）开关式节气门位置传感器的检测。

① 检测怠速和全负荷触点。节气门处于关闭位置时，用万用表电阻挡测量节气门位置传感器的怠速触点端子，电阻值应为 0。节气门一打开，电阻值应为无穷大；检测全负荷触点节气门关闭或开度小时，全负荷触点电阻应为无穷大；节气门开度达到一定值时，全负荷触点电阻应为 0。当节气门位置传感器或其电路发生故障时，ECU 将始终接收节气门处于全开或全关状态下的信号，无法对喷油量进行精确控制。此时，在失效保护系统中，通常按节气门开度为 0°或 25°设定标准的节气门位置传感器。

② 就车检测。发动机先运行到暖车状态后，点火开关置于"OFF" 9 s 以上，再置于"ON"，测量管脚 2 与搭铁之间的电压值。当节气门完全关闭时，电压在 0.35 ~ 0.65 V；当节气门完全开启时，电压在 3.5 ~ 4.5 V；当节气门部分开启时，电压在 0.35 ~ 4.5 V。这 3 种情况下表示节气门位置传感器无故障。

③ 在进行维护保养工作时，一般不允许对节气门位置传感器进行解体维修。更换节气门位置传感器后，必须按各车型维修手册要求进行基本设定（即匹配）。

（2）可变电阻式节气门位置传感器的常见故障与检测。

可变电阻式节气门位置传感器的常见故障有：怠速触点接触不良无怠速信号、滑片与电阻接触不良使节气门开度信号不正确或时有时无等。节气门位置传感器的故障检测，一般通过测量电压和电阻的方法来判断其正常与否。

① 节气门位置传感器的电压检测。

不启动发动机，接通点火开关，用万用表直流电压挡测量 ECU 插接器上的有关针脚的电压，与标准值比较，如果电压正常，则节气门无故障。

② 节气门位置传感器的电阻检测。

拔下节气门位置传感器的插接器，用万用表电阻挡测量节气门位置传感器端子间的电阻值并与规定电阻值进行比较，如果阻值不符，应更换传感器。慢慢转动节气门，观察"VTA"、"E_2"、"VTA"之间的电阻是否随节气门开度的改变而连续变化。若电阻忽大忽小或有无穷大出现，应更换节气门位置传感器。

③ 两种节气门位置传感器的检测对比如图 2.25 所示。

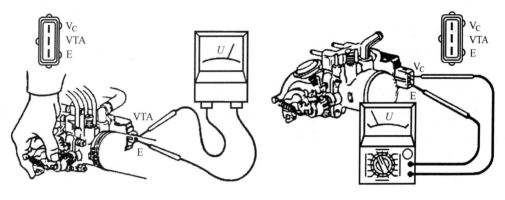

（a）检测输出信号　　　　　　　　　（b）检测电源电压

图 2.25　节气门位置传感器的检测

对于可变电阻式、触点开关式位置传感器：

检测电源电压：$U_{CE} = 5\ V$（可变电阻式），$U_{CE} = 5\ V$（触点开关式），属于正常。

检测输出信号：$U_{VTA-E} = 0 \sim 5\ V$（可变电阻式），$0 \sim 5\ V$（触点开关式），属于正常。

检测电阻阻值：R 等于规定值（可变电阻式），$R \leqslant 0.5\ \Omega$（触点开关式），属于正常。

2.2.4　温度传感器

温度传感器是在汽车结构以及电子控制系统中应用数量最多，同时也是最重要的一种传感器。温度传感器按其所检测的对象不同，分别加装在各相应的被检测部位。

温度传感器的种类及其结构形式较多，常见的温度传感器按检测对象不同分为：液体温度传感器（如冷却液、燃油、润滑油和液压油温度传感器等）和气体温度传感器（如进气、排气温度传感器等）两种，如图 2.26 所示。

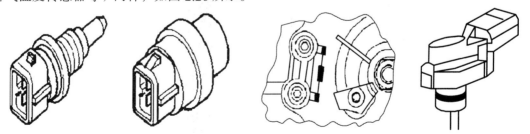

图 2.26　常用温度传感器实物外形

1. 温度传感器的功用

温度传感器用于检测发动机冷却液温度、进气温度、排气温度以及燃油温度等，并将其转变为电信号输送到 ECU，用于判定发动机热负荷状态，计算进气质量、流量和修正控制参数以及排气净化处理等。

进气温度传感器（IATS）：检测进气温度，并将其转换为电信号输送到 ECU，以确定进气质量。当该信号中断时，将会导致发动机热启动困难、废气排放量增大等故障。

冷却液温度传感器（CTS）：检测发动机冷却液温度，并将其转换为电信号输送到 ECU，进而修正喷油时间和点火时间。

排气温度传感器（EGTS）：检测发动机排气温度，并将其转换为电信号输送到 ECU，进而修正点火时间，防止发动机过热。

燃油温度传感器（FTS）：检测燃油温度，并将其转换为电信号输入 ECU，进而修正喷油时间。

2. 温度传感器的分类

温度传感器的种类较多，如热电偶式、半导体二极管式、热敏电阻式等。常用于汽车上的温度传感器主要有热电偶式、金属热电阻式和热敏电阻式温度传感器 3 种。其中，热敏电阻式温度传感器结构简单、制造成本低、灵敏度高且响应性好，测量数值较准确，测试温度的范围比较大，一般为-40 ~ 1 000 ℃，故目前广泛用于汽车电子控制系统。下面主要以常见的热敏电阻式温度传感器为例进行介绍分析。

3. 发动机冷却液温度传感器

发动机冷却液温度传感器采用热敏电阻式负温度系数温度传感器，其安装在冷却液流速较高并能正确反映发动机冷却液温度处，使铜质壳体与冷却液直接接触，如安装在发动机出水口处或者发动机冷却循环回路上（缸体或缸盖水套上）。其作用是检测并向 ECU 提供发动机冷却液温度信号，作为燃油喷射和点火正时等的控制修正信号，使发动机处于最佳工作状态。

（1）热敏电阻式冷却液温度传感器的结构。

热敏电阻式温度传感器是利用半导体材料的电阻值随温度变化而变化的特性制成的。根据热敏电阻受热电阻值变化的特性，该温度传感器可分为负温度系数传感器和正温度系数传感器。在工作温度范围内，电阻值随温度的升高而减小的称为负温度系数传感器；而电阻值随温度的升高而增大的称为正温度系数传感器。热敏电阻式温度传感器主要由接线端子、置于铜质壳体内的导电片和热敏电阻材料的感温器件组成一个不可分解的整体。热敏电阻式冷却液温度传感器由接线端子、铜质壳体、导电片和热敏电阻材料构成，其结构形式如图 2.27 所示。

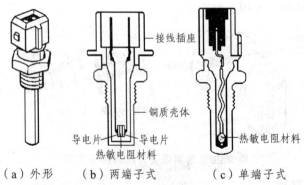

（a）外形　　（b）两端子式　　　（c）单端子式

图 2.27　热敏电阻式温度传感器的结构形式

冷却液温度传感器与传感器接线柱的数目，根据发动机上装用传感器结构内含热敏电阻的数量和搭铁方式的不同而各异。装 1 个传感器的，内含 2 个热敏电阻，一般设 3 个接线柱或 4 个接线柱；装 2 个传感器的，内含 1 个热敏电阻，一般设 2 个或 1 个接线柱。

冷却液温度传感器通常为一条引线或两条引线。两条引线的，一条为信号线，另一条为搭铁线（两条线可以互换）；一条引线的则利用传感器外壳搭铁，该种传感器导线无极性之分。

具有 3 个端子传感器的，1 号端子接 ECU；2 号端子接仪表（大多数传感器该两端子接线可互换）；3 号端子接地。此传感器只能靠 ECU 在 1 号端子和 3 号端子接地间施加 5 V 运行电压工作。

（2）热敏电阻式冷却液温度传感器的工作原理。

将两个热敏电阻封装在温度传感器中，其电阻值随着冷却液温度的变化而变化，冷却液温度较低时，热敏电阻的阻值较大；冷却液温度较高时，热敏电阻的阻值较小。阻值的变化量转换成电压的变化输入到 ECU 中，ECU 根据冷却液温度的情况，对基本喷油时间、急速目标转速和进气量进行修正。另一方面，它又输出信号给相关仪表，为驾驶员提供发动机冷却系统的工作状态。

冷却液温度越低，热敏组件的电阻值越大，向 ECU 输入低温信号，使其向喷油器发出多喷油和早点火的指令。随着冷却液温度的逐渐升高，热敏组件的电阻值将逐渐减小，向 ECU 输入高温信号，使其指令喷油器逐渐减少补充喷油量和推迟点火。

（3）热敏电阻式冷却液温度传感器的基本参数及安装注意事项。

冷却液温度传感器的正常工作参数如表 2.2 所示。

表 2.2　冷却液温度传感器的正常工作参数

冷却液温度/℃	电压/V	电阻/kΩ
−10	4.4	7.0 ~ 11.4
20	3.5	2.1 ~ 2.9
50	2.2	0.68 ~ 1.00
90	0.9	0.236 ~ 0.26

冷却液温度传感器安装在节温器大循环出水口附近或缸体、缸盖的其他冷却液流速较高的部位，并且要将铜质导热套筒插入冷却液中。套筒有螺纹，利用套筒上的六角头可以方便地将冷却液温度传感器拧入节温器壳体上的螺纹孔。要求传感器安装时在接合面处涂密封胶，但要保证传感器搭铁良好，一般最大拧紧力矩为 20 N·m。

（4）传感器元件的检测与故障诊断。

传感器元件检测可分为：简易测量法和模拟测量法两种。简易测量法是应用万用表通过测量其阻值大小，并与标准值进行对比。对于两接线柱者：拔掉线束接头，将数字式万用表选到欧姆挡，两表笔分别接传感器 1 号、2 号针脚，20 ℃时额定电阻一般为 2.5 kΩ 左右。对于三接线柱者：拔下插头，将万用表置于欧姆挡，两表笔分别接传感器 1 号、3 号端子，25 ℃时额定电阻一般为 1.825 ~ 2.155 kΩ。冷却液温度传感器模拟检测方法如图 2.28 所示，检测时需拆下冷却液温度传感器，然后把传感器工作区域放进开水里（注意浸泡的时间要充分），观察传感器电阻的变化，此时电阻应下降到 300 ~ 400 Ω（具体数值视开水的温度）。

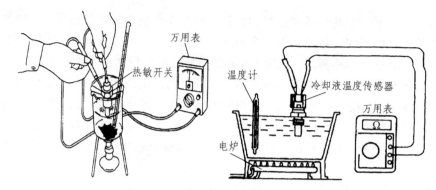

图 2.28　冷却液温度传感器模拟检测

（5）冷却液温度传感器就车检测方法。

以典型外搭铁四线制冷却液温度传感器为例，该传感器结构原理如图 2.29 所示。

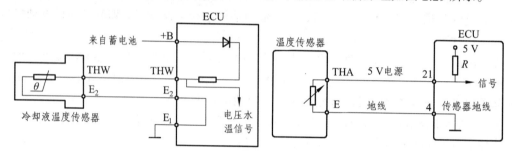

图 2.29　外搭铁四线制冷却液温度传感器线路原理

① 将冷却液温度传感器安装在发动机上，打开点火开关，测量 ECU 的 "THW" 与 "E_2" 端子之间的电压。在正常情况下，电压值应为 0.2 ~ 1.0 V。若电压不在此范围内，说明从 ECU 到冷却液温度传感器间存在故障。

② 若经过电阻检测，冷却液温度传感器的热敏特性正常，则造成电压不正常的原因一般为线路故障。检测冷却液温度传感器线路故障的步骤为：

a. 检测 ECU 接地端子 E_1 的接地情况。

b. 检测 ECU 各电源端子的电压。

c. 检测冷却液温度传感器线路。

③ 如果以上检测均正常，则说明故障在 ECU 内部，必要时需进行常规线路检测。

4. 故障现象及判断方法

（1）故障现象及原因。

故障现象：启动困难等。

故障原因：元件损坏或线路故障，一般故障原因多数属于人为故障。

（2）检测方法。

以冷却液温度传感器热敏电阻检测为例。拆下冷却液温度传感器，将传感器放入水中测量其电阻值的变化，逐渐升高水温，用万用表测量传感器两个插座间的电阻值，如图 2.30 所示。如果传感器两个插座间的电阻值与水温按照反比例的关系变化，并且几个点测量值与维修手册中的正常范围吻合，可初步认为冷却液温度传感器良好。

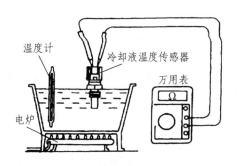

图 2.30 冷却液温度传感器检测

冷却液温度传感器电阻值与温度之间的关系如表 2.3 所示。

表 2.3 冷却液温度传感器电阻值与温度之间的关系

冷却液温度/℃	传感器电阻/Ω	冷却液温度/℃	传感器电阻/Ω
−20	10 ~ 20	40	0.9 ~ 1.3
0	4.0 ~ 7.0	60	0.4 ~ 0.7
20	2.0 ~ 3.0	80	0.2 ~ 0.4

5. 进气温度传感器

进气温度传感器的作用是给 ECU 提供进气温度信号，作为燃油喷射和点火正时控制的修正信号。进气温度传感器的安装位置随对空气的计量方式不同而有所不同。在压力型（D）空气计量燃油喷射系统中，进气温度传感器安装在空气滤清器或进气歧管内。而在流量型（L）空气计量燃油喷射系统中，进气温度传感器安装在空气流量计内。进气温度传感器的结构、原理及其检测方法与冷却液温度传感器基本相似，只是进气温度传感器内的热敏电阻值随进气温度的增大而减小，使其电路的分压值随之减小。ECU 则根据分压值的变化来判定进气温度的高低，以确定进气质量，作为燃油喷射和点火正时等的控制修正信号。

进气温度传感器工作时，ECU 中有一标准电阻与传感器的热敏电阻串联，并由 ECU 提供标准电压，E_2 端子通过 E_1 端子搭铁。当热敏电阻随进气温度变化时，ECU 通过进气温度传感器 THA 端子测得的分压值随之变化，ECU 根据此分压值判断进气温度。进气温度传感器工作原理如图 2.31 所示。

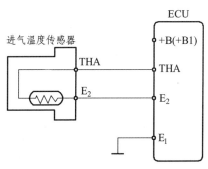

图 2.31 进气温度传感器工作原理

当进气温度传感器或其电路发生故障时，失效保护系统给 ECU 提供设定的进气温度信号，通常按进气温度为 20 ℃ 控制发动机工作，防止混合气过浓或过稀而影响发动机"正常"运转。

2.2.5 曲轴位置与转速传感器

曲轴位置传感器又称发动机曲轴位置与转速传感器，是由其中两个或两个以上部分分别产生发动机转速和曲轴转角位置信号。其功用是检测发动机曲轴转角和转速，以判别活塞上止点位置信号，并将其输入 ECU，该信号为发动机 ECU 控制喷油器喷油和点火系统点燃混合气时刻的主信号。发动机正常工作时，如果此信号中断，则发动机 ECU 将判定发动机已停机，因此造成发动机停机、不能启动、自动熄火以及转速表不显示转速等。

曲轴位置传感器安装位置因车型不同而不同，有的将其安装在分电器内（有分电器点火系统），有的安装在曲轴前、后部位（正时齿轮盖和飞轮壳上）。目前，应用于汽车发动机上的曲轴位置传感器的类型主要有电磁感应式、霍尔效应式等。

1. 电磁感应式发动机曲轴位置传感器

（1）传感器的组成与结构。

电磁感应式曲轴位置传感器是由一个永久磁体、一个感应线圈以及靶轮组成，如图 2.32 所示。线圈电阻为 900～1 000 Ω，它采集曲轴转角位置信号（确定点火和喷油时间）和发动机转速信号。在曲轴上有一个靶轮，当靶轮经过感应式传感器时，产生一个交变电压信号，其频率随发动机转速变化而变化，控制单元根据交变电压的频率识别发动机转速。靶轮上有一处齿缺，缺 2 个齿，作为控制单元识别曲轴转角位置的基准标记（点火时间信号）。转速传感器和靶轮之间的安装间隙为（1±0.5）mm，间隙过大或过小都将影响传感器的信号输出。

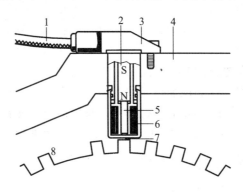

图 2.32 曲轴位置与转速传感器结构组成

1—屏蔽线；2—永磁铁；3—传感器外壳；4—安装支架；5—软磁铁心；6—线圈；

7—空气间隙；8—60-2 齿圈、齿缺（基准标记）

（2）传感器的工作原理。

电磁感应式曲轴位置，利用电磁感应原理，以永久磁铁作为介质，将运动速度转换成感应线圈的脉冲电动势，并使电动势与发动机转速及曲轴位置（活塞在气缸中的位置）相对应。发动机工作时，传感器检测靶轮的旋转脉冲，把此脉冲作为发动机的曲柄转角信号并输送给电控单元，作为多点顺序喷射和点火时刻控制的主信号。电磁感应式曲轴位置传感器工作原理如图 2.33 所示。

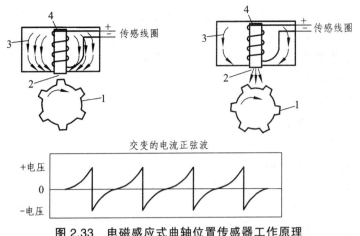

图 2.33 电磁感应式曲轴位置传感器工作原理

1—靶轮（目标轮）；2—空气间隙（气隙）；3—磁力线；4—永久磁铁

在维护保养时，如果曲轴位置传感器需要拆下、安装或更换时，如果金属屑等易受磁化的物体吸附到传感器上，将会引起电磁传感器线圈磁通量的变化，从而引起传感器输出信号异常，影响发动机电控系统的控制效果。因此，装配时必须保持传感器清洁。

（3）传感器的检测。

电磁感应式发动机曲轴位置传感器由感应线圈和永久磁铁组成，其故障较多发生在感应线圈上。对其性能判断时，可通过对线圈电阻值的测量，判断传感器的工作情况。检测时，除了对线圈电阻进行检测外，还必须对传感器磁头与靶轮齿顶之间的间隙进行检测。如果有示波器，也可使用示波器检测传感器工作时输出的脉冲波形，如图 2.33 所示，根据其波形判断传感器的性能。

2. 霍尔式发动机曲轴位置传感器

（1）霍尔效应原理。

霍尔式曲轴位置传感器是根据霍尔效应原理采集信号的一种传感器，如图 2.34 所示。当电流通过磁场中的霍尔元件（半导体基片），且电流方向与磁场方向垂直时，在垂直于电流和磁场的半导体基片两侧产生一个电压，该电压被称为霍尔电压（U_H）。霍尔电压（U_H）的大小与通过霍尔元件的电流 I 和磁场感应强度 B 成正比，即 $U_H = k_H \cdot I \cdot B / d$。

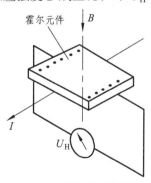

图 2.34 霍尔效应原理

I—电流及方向；B—磁场感应强度及方向

由上可知，当 I 为一定时，U_H 与 B 成正比，霍尔电压随磁场感应强度的大小变化。霍尔传感器也叫相位传感器，其向 ECU 提供气缸活塞位置信息，ECU 则根据此信号确定向哪一缸喷油，同时识别爆震所在的缸。当该信号中断时，没有其他代替功能，在发动机启动时不能区别 1 缸和 4 缸，爆震控制进入应急运行，功率降低。霍尔传感器隔板上通常有一个霍尔窗口，对于四缸发动机来说，霍尔传感器隔板上有 4 个窗口，每个窗口对应 1 个气缸上止点信号，曲轴每转 2 周产生 1 个对应信号。

（2）霍尔效应式传感器的结构特点。

霍尔效应式发动机转速及曲轴位置传感器是根据霍尔效应原理制成的。它主要由铲状触发叶轮、霍尔集成块、带导板的永久磁铁等组成。

铲状触发叶轮为信号发生器转子，叶轮上叶片的数目等于发动机的气缸数。霍尔集成块、永久磁铁为信号发生器的定子部分，霍尔集成块与永久磁铁对置安装，两者之间有一定的空气间隙，触发叶轮的叶片可在空气间隙中自由转动。霍尔集成块包括霍尔元件和霍尔集成电路，其主要任务是将霍尔元件产生的微弱的毫伏级交变电压放大、整形、转换成规则的矩形方波电压信号后输出。

（3）霍尔效应式传感器的工作原理。

如图 2.35 所示，霍尔式曲轴位置传感器与目标轮相配合，提供发动机转速信号和各缸活塞上止点信息。触发叶轮随分电器转动时，每当叶片进入霍尔集成块与永久磁铁之间的空气间隙时，霍尔集成块中的磁场即被触发叶轮的叶片所旁路（隔磁），这时霍尔元件不产生霍尔电压，霍尔集成块内部输出三极管处于截止状态。当触发叶轮的叶片离开空气间隙时，永久磁铁的磁通便通过导板、霍尔集成块、空气间隙构成回路。

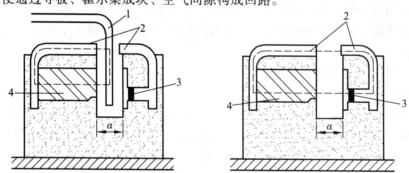

图 2.35 霍尔效应式发动机转速及曲轴位置传感器工作原理

1—触发叶轮；2—永久磁铁；3—霍尔元件；4—永久磁铁

霍尔式曲轴位置传感器工作时的信号波形如图 2.36 所示，高、低电平取决于叶片宽度与缺口宽度之比。

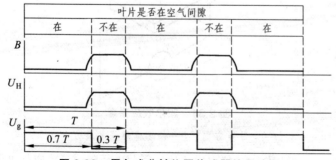

图 2.36 霍尔式曲轴位置传感器信号波形

3. 传感器的检测

（1）动态测平均电压法。

在传感器电路连接正常的情况下，接通点火开关，慢慢转动曲轴，用万用表在传感器信号输出端测量电压，指针摆动表示有电压，且信号电压随转速的升高而增大，说明传感器正常。

（2）输入、输出电压检测法。

输入电压检测：霍尔效应式传感器系统有电源器件，需输入外电压才能工作。因此，应先测量输入电压是否正常。接通点火开关，电压表应显示接近蓄电池电压，即 11.2 ~ 11.5 V，否则说明外电压没有送给传感器，应检测电源、供电线路和电控单元等供电回路和部件。若电压正常，再进一步测量输出状况。

输出电压检测：如图 2.37 所示，将万用表置于直流电压挡位，两表笔接在点火信号发生器信号输出线 "0" 与 "-" 接线柱之间，接通点火开关，测量点火信号发生器的输出电压，当触发叶轮的叶片在霍尔点火信号发生器的空气间隙时，电压表应显示与输入电压值相近的电压，即 11.1 ~ 11.3 V；而当触发叶轮的叶片转离霍尔点火信号发生器的空气间隙时，电压应接近 0 V（为 0.3 ~ 0.4 V）。

若上述检测结果符合要求，可确定霍尔效应式传感器良好，反之传感器损坏。

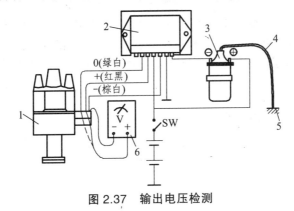

图 2.37 输出电压检测

1—分电器；2—点火控制器；3—点火线圈；4—高压线；5—搭铁；6—万用表

2.2.6 氧传感器（EGO）

氧传感器安装在发动机排气管中，用以检测发动机排出废气中氧的浓度，通过检测排出废气中氧含量的多少来判别混合气的实际空燃比与理论空燃比的偏差程度，并将其信息转变为电压信号反馈给控制单元（ECU），电控单元则根据氧传感器的信号进行喷油量的修正，有效地使发动机各工况下混合气的空燃比控制在理论空燃比附近，从而实现发动机的闭环控制，以改善发动机的燃烧，达到节能减排的目的。

现代汽车电控燃油喷射系统均采用空燃比反馈控制（闭环控制）模式，一般装有 2 个氧传感器。工作时，如果前氧传感器失效，ECU 会根据后氧传感器的电压信号控制空燃比在理论空燃比的范围内。

两个氧传感器分别安装在三元催化转换器的上游和下游的排气管中（即上游氧传感器和下游氧传感器），分别提供表示催化净化之前和之后的排气中的氧含量。前氧传感器信号用于混合控制的反馈信号，后氧传感器信号用于 ECU 判断催化净化的效率，通过两个传感器电压幅值的差就可以测量出催化净化转换器转换有害废气的能力，有利于减少有害气体的排放，如图 2.38 所示。

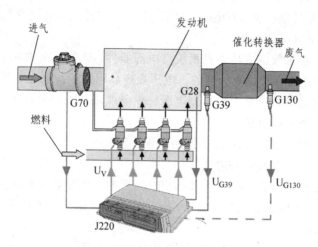

图 2.38　氧传感器在发动机中的布置

　　氧传感器的作用是通过检测排气中氧离子的含量，获得混合气的空燃比信号，以便 ECU 修正喷油器的喷油时间（喷油量），实现 A/F 反馈控制（即闭环控制）。过量空气系数 α 控制在 $\alpha = 0.98 \sim 1.02$（A/F = 14.7）时，发动机混合气浓度最佳。三元催化转换器效率如图 2.39 所示。

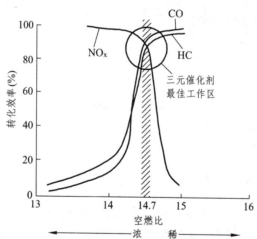

图 2.39　空燃比与三元催化转换效率的关系

　　目前，汽车用氧传感器按所用材料的不同分为氧化锆（ZrO_2）型和氧化钛（TiO_2）型两种类型。二氧化锆型传感器在氧浓度不同时，产生不同的电动势；二氧化钛在氧浓度不同时，其电阻值发生变化。氧传感器上有铂电极或铂涂层，起到催化作用。

　　氧传感器根据工作状态装用的数量不同，又分为加热型和非加热型，以及单氧传感器和双氧传感器。

　　加热型氧传感器为了保证氧传感器有稳定的输出信号，就需要处于 300 ℃左右的工作温度环境中，故在发动机启动初期，废气温度低，需要加热。现代汽车电控燃油喷射系统多采用加热型氧传感器，其组成由接线端子、加热器、活性材料载体、金属保护层、陶瓷绝缘体、外壳等零部件，如图 2.40 所示。

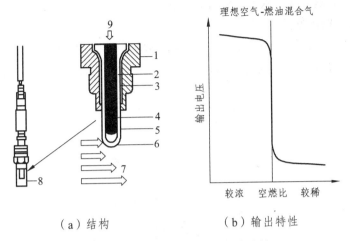

（a）结构　　　　　　　　（b）输出特性

图 2.40　加热型氧传感器组成结构

1—法兰；2，4—铂电极；3—活性材料管体；5—加热器；6—涂层；

7—废气；8—套管；9—大气

1. 氧化锆型传感器

（1）传感器的组成与结构。

二氧化锆（ZrO_2）型氧传感器也就是电压型氧传感器，它是根据大气与排气中氧浓度之差而产生电动势的一种电池型传感器，其结构如图 2.41 所示。

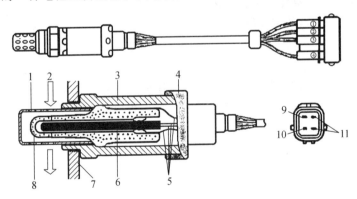

图 2.41　氧化锆式氧传感器结构

1—钢质护管；2—排出的废气；3—壳体；4—防水护套；5—电极引线；6—陶瓷加热元件；

7—排气管；8—二氧化锆固体电解质陶瓷管（锆管）；9—加热元件电源端子；

10—加热元件搭铁端子；11—信号输出端子

锆管（ZrO_2 陶瓷管）中间为活性材料（ZrO_2），内外表面均覆盖一层多孔铂电极。铂管的内电极与大气接触，外电极则暴露在废气中。铂金外表面喷涂 ZrO_2 陶瓷粉末（白色）形成保护膜。

钢质护管：为防止排气压力冲击造成锆管破碎，一般将其封闭在钢质护管内。钢质护管上钻有小孔以便排气流通接触锆管，外壳制有螺纹固定在排气管上。

氧传感器都带有电缆，电缆的另一端为电接头。氧传感器的电接头有 4 个针脚分别接加热电源正极、加热电源负极、信号负极和信号正极。

（2）传感器的输出特性。

当空燃比为理论空燃比 14.7 时，氧传感器输出的信号电压约为 0.5 V；当混合气偏浓时，产生电动势较高，约为 1 V；当混合气偏稀时，产生电动势几乎为 0。氧传感器的输出特性如图 2.42 所示。

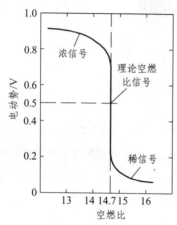

图 2.42　氧传感器工作时的输出特性

为保证氧传感器工作可靠，尤其是在怠速和刚启动时能有效工作，其内部一般都装有加热组件（加热线圈），加热线圈由 ECU 控制。当发动机启动或怠速时，进气量小，排气温度低，加热线圈通电，使二氧化锆组件正常工作。

（3）氧化锆式传感器的工作原理。

二氧化锆在氧浓度不同时，产生不同的电动势，空气中的氧离子在某些固定电解质中容易通过。目前，已经发现的这些具有多孔性的固体电解质材料有：氧化钛、氧化锆、氧化铈等。当这些电解质的表面与内部之间氧气的浓度不同（即存在浓度差）时，氧气浓度高的氧离子就会向浓度低的一侧扩散，以求达到平衡状态，当固体电解质表面设置集中用多空电极之后，在其两个表面之间就可得到电动势 E，因此，将其称为"氧浓度差电池"，该电动势的表达方式为

$$E = \frac{RT}{4F} \ln\left(\frac{P_b}{P_m}\right)$$

式中　R——气体常数；

　　　T——绝对温度；

　　　F——法拉第常数；

　　　P_b、P_m——基准电极与测定电极上氧气的分压值。

氧化锆式传感器的结构与工作原理如图 2.43 所示。

当氧化锆温度超过 300 ℃时，靠近铂电极侧的二氧化锆表面聚积负电荷，与废气接触一侧产生电位差，这样废气中的含氧量多少就转变为电信号的大小，传送到 ECU 进行分析，得出结论后，发出相应的指令，使混合气浓度尽量适合发动机当时的工况要求。

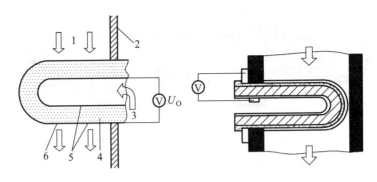

图 2.43　氧传感器的结构与工作原理

1—排气；2—排气管；3—大气；4—固体电解质；5—铂电极；6—陶瓷保护层

（4）氧化锆式传感器的工作特性如图 2.44 所示。

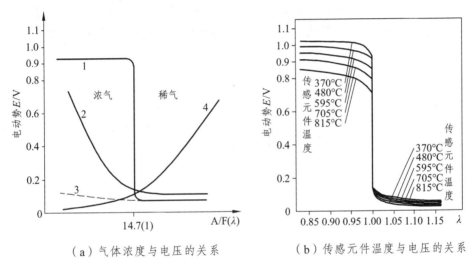

（a）气体浓度与电压的关系　　　　（b）传感元件温度与电压的关系

图 2.44　氧化锆式传感器的工作特性

1—传感器电动势；2—CO 浓度；3—无铂电极时的电动势；4—氧离子浓度

当混合气浓（A/F < 14.7）时，排气中氧离子少，锆管内外表面的氧离子浓度差较大，两个铂金电极间的电位差较高，$U_S = 0.9\ V$；

当混合气稀（A/F > 14.7）时，排气中氧离子多，锆管内外表面的氧离子浓度差较小，两个铂金电极间的电位差较低，$U_S = 0.1\ V$；

当 A/F≈14.7（或 λ≈1）时，排气中的氧离子和 CO 含量都很少，在催化剂铂的作用下，氧离子与 CO 的化学反应从缺氧状态（CO 过剩、氧离子浓度为 0）急剧变化为富氧状态（CO 为 0、氧离子过剩）。由于氧离子浓度差急剧变化，因此，铂电极之间的电位差急剧变化，使传感器输出电压从 0.9 V 急剧变化到 0.1 V。

由氧化锆的特性所决定，氧化锆式传感器只有在发动机温度高于 60 ℃、氧传感器温度高于 300 ℃以及发动机工作在怠速工况和部分负荷工况下才能进行正常工作。

2. 氧化钛式传感器的结构特点

氧化钛式传感器主要由二氧化钛元件、导线、金属外壳和接线端子等组成，如图 2.45 所示。

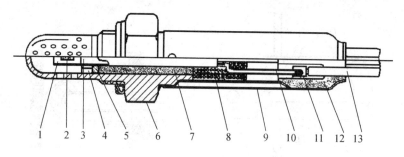

图 2.45　氧化钛式传感器结构

1—加热元件；2—二氧化钛元件；3—基片；4—垫圈；5—密封圈；6—壳体；7—滑石粉填料；
8—密封釉；9—护套；10—电极引线；11—连接焊点；12—密封衬垫；13—传感器引线

氧化钛型氧传感器的敏感组件是二氧化钛，二氧化钛的特性是电阻值随周围氧的浓度变化而变化。周围氧的浓度高时，电阻值增大，反之减小。与氧化锆型氧传感器不同的是，氧化钛型氧传感器需输出电流，因此，传感器除信号输出端子外，还具有一个基准电压输入端子，其内部电路连接如图 2.46 所示。

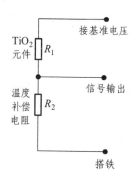

图 2.46　氧化钛型氧传感器内部电路连接图

该电路中加了一个温度补偿电阻，其温度系数与二氧化钛相似，使传感器输出信号电压稳定，不随温度变化。为使氧化钛型氧传感器能正常工作，其内部也需有加热组件。

传感器工作时，当废气中的氧浓度高时，二氧化钛的电阻值增大；反之，废气中氧浓度较低时，二氧化钛的电阻值减小。利用适当的电路对电阻变量进行处理，即转换成电压信号输送给 ECU，用来确定实际的空燃比，从而实现燃油喷射系统空燃比的闭环控制。氧化钛式传感器的工作原理与特性如图 2.47 所示。

阻值变化型氧传感器的阻值 R 与氧分压 P_{O_2} 的关系按下述公式变化：

$$R=A\exp\left(-E/KT\right)\left(P_{O_2}\right)^n$$

式中　A、E、n——传感器的结构常数；

　　　K——玻尔兹曼常数；

　　　T——绝对温度。

由于二氧化钛半导体材料的电阻有随氧离子浓度的变化而变化的特性，因此，氧化钛式传感器的信号源相当于一个可变电阻，其电阻值与过量空气系数的关系如图 2.47（b）所示。

氧化钛式传感器在满足发动机温度高于 60 ℃、氧传感器温度高于 600 ℃以及发动机工作在怠速工况和部分负荷工况的条件时可正常工作。

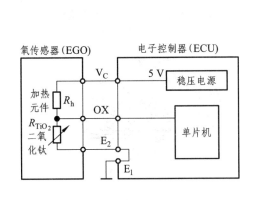 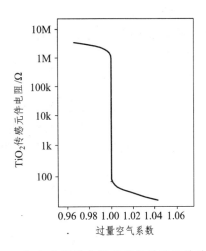

（a）电路图　　　　　　　　（b）电阻值与过量空气系数的关系

图 2.47　氧化钛型氧传感器的工作原理与特性

3. 氧传感器的使用注意事项

氧传感器在使用过程中，如油品不当，极易发生中毒现象。其中毒分为铅中毒和硅中毒，铅中毒是燃油或润滑油添加剂中的铅离子与氧传感器的铂电极发生化学反应，导致催化剂铂的催化性能降低的现象。氧传感器的使用寿命与汽油含铅量的关系如表 2.4 所示。硅中毒是发动机上的硅密封胶、硅树脂成型部件、铸件内的硅离子与氧传感器的铂电极发生化学反应而导致催化剂铂的催化性能降低的现象。氧传感器中毒现象表现为发动机怠速不稳、加速不良、油耗量和排放显著增大，其中毒的结果造成铂电极的催化性能降低。

表 2.4　氧传感器的使用寿命与汽油含铅量的关系

汽油含铅量/（g/L）	寿命/km
≤0.6	30 000
≤0.4	50 000
≤0.15	80 000
≤0.005（无铅汽油）	160 000

为了充分发挥氧传感器的效能，更有效地节能减排，不要加注含铅汽油，同时，汽车行驶 80 000 km 后，需要更换氧传感器。另外，氧传感器受振动极易损坏，从 0.5 m 以上高度掉落至坚硬地面的加热型氧传感器必须更换。

4. 氧传感器的性能检测

（1）检测氧传感器的加热线圈电阻。

拔下氧传感器电插头，用欧姆表测量氧传感器加热线圈的电阻。当温度为 20 ℃时，电阻值应为 $R_{1,2} = 2.5 \sim 4.5\ \Omega$（图 2.48 中的插头 1、2）；预热发动机，当排气管温度达到 350 ℃时，加热线圈电阻应为 13 Ω 左右；如果加热电阻无穷大或为零时，则说明电阻短路或断路。

（2）检测加热电源电压。

氧传感器有 1 线、2 线、3 线、4 线几种，一般车辆前氧传感器使用 3 线，后氧传感器使用 4 线。对于加热式氧传感器，首先应检测加热线的电压是否正常，即在接通点火开关或启动发动机后电压应为 11 V 左右（$U_{1,2} \geqslant 11$ V；图 2.48 中的插座 1、2，接通开关）。氧传感器接线端子及名称如图 2.48 所示。

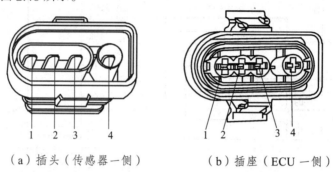

（a）插头（传感器一侧）　　　　（b）插座（ECU 一侧）

图 2.48　氧传感器接线端子及名称

1—加热元件正极；2—加热元件负极；3—信号电压负极；4—信号电压正极

（3）检测氧传感器的输出电压。

因氧传感器上的电动势形成的能量非常小，必须用高阻的数字万用表或示波器测量。检测时，先将发动机预热到规定温度，拔下压力调节器的真空软管，堵上歧管，使空燃比变浓；在怠速状态下，测量 ECU 插座的端电压，应大于 0.5 V。

（4）氧传感器的功能测试。

① 启动发动机，并暖机到 65 ℃以上，然后拆下排气管上废气检测口螺钉，把 CO 废气分析仪安装到排气管接口上；

② 拔下氧传感器的插接器，并将氧传感器的连接线搭铁，若 CO 排放量上升，表明连接线路和 ECU 良好；

③ 将数字式万用表连接到氧传感器信号输出线与搭铁线间，当 CO 排放量正常时，电压应为 0.5 V；若电压保持在 0 V，说明混合气过稀；若电压保持在 1 V，说明混合气过浓。混合气过稀或过浓，均说明氧传感器损坏。

（5）前氧传感器的随车检测。

检测电压是否过高（不超过 1 V）；电压在 0.3～0.4 V 时间是否过长，在 10 s 内电压大于 0.6 V 至少 1 次，同时电压小于 0.3 V 至少 1 次。氧传感器随车检测波形如图 2.49 所示。

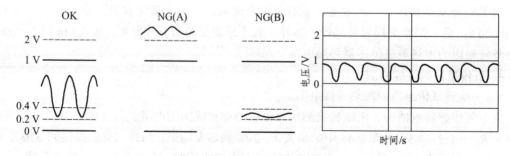

图 2.49　氧传感器工作性能随车检测波形

（6）氧传感器的信号检测。

连接好氧传感器线束连接器，使发动机以较高转速运转，直到氧传感器工作温度达到 350 ℃左右时再维持怠速运转，同时将数字万用表打到直流电压挡，两表笔分别接传感器信号和接地针脚，此时，万用表显示的电压应在 0.1~0.9 V 快速波动，然后反复踩动加速踏板，并测量氧传感器输出信号电压，加速时应输出高电压信号（0.75~0.90 V），减速时应输出低电压信号（0.10~0.40 V）。信号变化频率为 $f \geqslant 10$ 次/min。若不符合上述要求，应更换氧传感器。

（7）急加速检测波形。

以 2 500 r/min 的转速预热发动机和氧传感器 2~5 min，然后发动机怠速工作 20 s。在 2 s 内将发动机节气门从全闭到全开 1 次，共进行 5~6 次，可通过测试设备来观察波形。

5. 安装注意事项

（1）氧传感器安装在排气歧管上及能保证代表排气成分且能满足规定的温度限值的位置，电缆、金属扣环应避免不适当的加热。

（2）氧传感器应当安装成与水平面的夹角不小于 10°，并且使传感器尖端朝下，以避免冷启动时冷凝水积聚在传感器壳体和传感器陶瓷管之间，如图 2.50 所示。

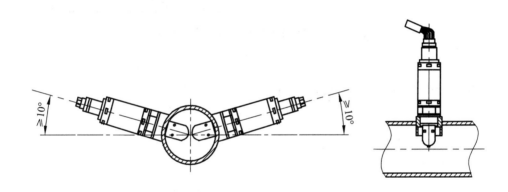

图 2.50　氧传感器安装图

（3）不得在氧传感器的插头上使用清净液、油性液体或挥发性固体。

6. 氧传感器常见故障现象及故障原因

在使用过程中，氧传感器出现故障时，一般表现为：怠速不良、加速不良、尾气超标、油耗过大等。其常见故障原因主要是潮湿水气进入传感器内部，温度骤变，探针断裂；或者氧传感器"中毒"。

7. 前、后氧传感器的加热控制

为了使氧传感器能迅速达到工作温度，采用加热元件对氧传感器加热。ECU 根据发动机工况控制加热器的通与断。通常情况下加热器的工作时机：一是在发动机启动后前氧传感器加热器通电 2 min 后，后氧传感器也开始通电；二是发动机转速在 3 600 r/min 时，前、后氧传感器加热器通电，当发动机停止工作时，前、后氧传感器加热器断开。空燃比反馈控制系统检测过程如图 2.51 所示。

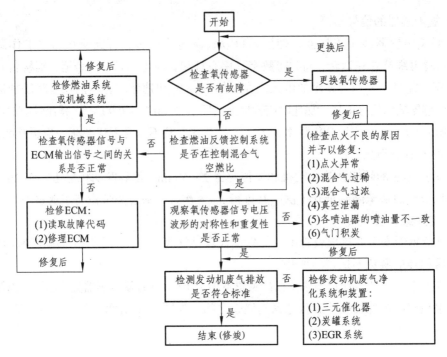

图 2.51　空燃比反馈控制系统检测步骤

2.3　电子控制单元（ECU）

2.3.1　电子控制单元的基本功能与控制

电子控制单元是电控系统的中枢，其性能直接影响整个系统的控制工作效果，电控单元实物如图 2.52 所示，其主要功能概括为以下几个方面：

（1）为传感器工作提供电源以及参考电压（5 V/100 mA），接收传感器和开关及其他装置的输入信号，并完成信号的运算和模/数处理。

（2）存储对应车型的特征参数和运算所需的有关数据信号。

（3）确定计算输出指令所需的程序，并根据输入信号和相关程序计算输出指令数值。

（4）将输入信号和输出指令信号与标准值进行比较，确定并存储故障信息。

（5）向执行元件（受控件）输出指令，或根据指令输出自身已存储的信息。

（6）自我修正功能（学习功能、自适应功能）。自适应控制功能可使计算机适应输入或输出信号的微小缺陷（如执行件的磨损等）。

（7）随车诊断功能。在发动机工作时，电子控制单元不断监视由各种传感器传来的信号。当它探测到一个故障的输入信号时，电子控制单元便通过 DTC 显示故障代码并记录该故障，同时点亮故障指示灯（MIL）。

汽车发动机电控单元的主要控制内容有：燃油多点顺序喷射、燃油定量修正、控制点火和爆燃、怠速控制、空燃比反馈控制、自适应（或自学习）控制、炭罐电磁阀和空调开关以及发动机故障指示灯的控制、发动机转速信号的输出、车速信号的输入、故障自诊断、接收发动机的负荷信号等。

图 2.52   电控单元实物

2.3.2   电子控制单元（ECU）的基本结构与组成

目前，汽车发动机电控系统所应用的控制单元的结构基本相同，均由硬件、软件、壳体和线束插座 4 部分组成。其中，软件主要包括监控程序和应用程序两部分。

1. 电控单元的硬件结构

电控单元的硬件结构分为壳体、接口、电路板和电路 4 部分。

壳体：根据电子控制单元安装的位置不同，可以采用非密封和全密封结构。如安装在驾驶室或行李箱内时，采用非密封形式；当安装在发动机机舱内时，则采用密封形式。

接口：位于电子控制部分与外部电路的连接处，接口的形状和针脚数量取决于电控单元的功能大小，通常接口针脚在 100 个左右，如图 2.53 所示。

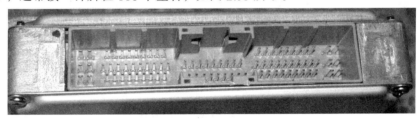

图 2.53   电控单元接线端口针脚

电路板：一般采用印刷电路板，对于结构复杂和电磁兼容性要求高的电控单元可以采用多层结构，有特殊要求时，还可采用陶瓷电路板，电路板中有时还设置一些元件形成混合集成电路。

电控单元电路：主要由一些通用或专用的大规模集成电路构成，从功能上分为输入信号处理电路、计算电路、输出信号处理电路和安全保护电路等几部分。

2. 电控单元的软件结构

电控单元的软件结构包括程序和数据两部分，数据是通过大量试验获得的，程序的结构取决于电控单元的功能。数据与程序的特定部分相联系，并在控制系统自检时保持一致。

（1）程序部分。

汽车电控系统的程序一般用汇编语言编写，为使编程、调试、修改和使用方便，一般采用模块化结构。程序一般包括以下几部分：

软件与控制单元匹配部分：包括输入/输出调制和滤波、驱动功率放大、微处理器和电控单元初始化、微处理器与外围设备内部服务。

软件控制功能部分：其结构取决于控制系统要求实现的控制功能。

安全保险功能部分：如输出电路发生短路的处理过程，输入信号出现异常时的代替值，根据要求设置软件检测程序、自检及环境测试时所需的诊断和通信部分。

（2）数据部分。

数据可分为与系统固定特性相关的固定数据和与系统可变特性相关的校正数据两类。控制系统中执行器的数量即为固定数据，汽车发动机和变速器的各种特性即为校正数据，校正数据必须根据控制系统的具体车型进行设定。

3. 电控单元的基本组成

发动机电控系统电子控制单元硬件所组成的电路是一个十分复杂的电路，主要由输入回路、模/数转换器（A/D 转换器）、微型计算机（单片机）和输出回路组成，如图 2.54 所示。

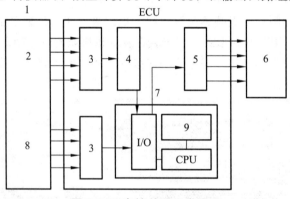

图 2.54　电控单元组成原理

1—传感器；2—模拟信号；3—输入回路；4—A/D 转换器；5—输出回路；6—执行元件；
7—微型计算机；8—数字信号；9—ROM/RAM 记忆装置

（1）输入回路（输入接口）。

输入回路将各传感器、各开关输入的信号转换成单片机能够识别与处理的数字信号。输入回路主要由模/数转换器和数字输入缓冲器两部分组成，如图 2.55 所示。

① 模/数转换器。

汽车电控系统各种传感器采集的信号可分为模拟信号和数字信号两大类。

模拟信号：是指信号电压（或电流）随时间变化而连续变化的信号（一般表现为波形图），如叶片式空气流量计和冷却液温度传感器的输出信号等。

模拟电压信号：是一种在一定范围内连续变化的信号（表现为具有一定规律的波形图），如汽车上的空气流量传感器（热线式、热膜式、翼片式）、进气管压力、进气温度、冷却液温度、爆震传感器等信号。

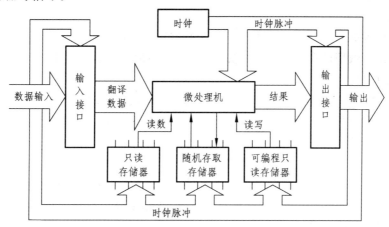

图 2.55 电控单元组成原理

数字信号：是指信号电压（或电流）随时间变化而不连续变化的信号，如节气门位置传感器和转速传感器的输出信号等。

数字电压信号：不是高电压就是低电压，也可以叫作方波信号，如汽车上霍尔式、电磁感应式、光电式、触点式节气门位置传感器信号等均为脉冲信号或数字信号。信号的形态不同，输入电子控制单元内的处理方法也不一样。由于部分传感器输入电子控制单元的信号是模拟信号，而微处理器只限于数字信号的识别和处理，所以必须把传感器输入的模拟信号换为数字信号，这项工作由模/数转换器来完成。

信号放大处理：电控系统的部分传感器输入电子控制单元的信号比较微弱，计算机难以识别，故需对输入信号增大到计算机可用的程度。信号放大由输入处理芯片的放大电路来完成。

② 输入信号处理电路。

输入信号处理电路的主要功能如下：

a. 识别和指示数据传送的地址：当信息传送时，输入电路能指出信息在主机的地址，如果不对，就拒绝交换。

b. 数据缓冲与暂存：为使微处理器与 I/O 装置之间交换信息同步，需要进行数据缓冲，使 I/O 装置与微处理器在数据传送速度上得到匹配。

c. 格式转换：把输入装置送往微处理器的信息转换成其能接收的格式，微处理器输出到输出装置的信息也需转换成执行器能接收的格式。

d. 传送主机控制命令：接口电路能记录和识别主机传来的控制命令，反映输入、输出装置的工作状态，输入、输出时，输入电路随时采集并保存装置的工作状况，以备主机查询。

③ 输入信号电路的主要组成。

A/D 转换器：在汽车电子控制系统中，最主要的输入电路是传感器输入电路，而从传感器输入的参数是连续变化的模拟量，如温度、压力、流量等。所谓的连续量：一是时间变化连续，二是数值变化连续。模拟量不能送入计算机进行运算，必须把模拟量转换成二进制数码表示的数字信号，才能送到计算机中进行逻辑运算，能够将模拟量转换为数字量的器件称为模/数转换器。

数字输入缓冲器：输入装置不能直接与微处理器数据总线相连，数字输入缓冲器具有对数据信息传送速度的缓冲和暂存数据的作用，从而达到主机和输入装置之间的速度匹配。

（2）微型计算机。

微型计算机根据需要，利用其内存程序和数据对输入的信号进行运算处理，并将处理结果送往输出回路。微型计算机包括单片机（CPU）、缓冲器（I/O）、存储器（M）。

① 单片机（CPU）。

单片机（CPU）又称为微处理器，具有译码指令及数据处理和存储功能，是电子控制单元的中枢，其基本结构由运算器、寄存器、控制器等组成。为确保其安全可靠性，一般系统中均采用双 CPU 结构。

运算器：用于进行逻辑运算的信息加工部件。

寄存器：暂时存储数据或程序指令，必要时，提供参与运算的操作数据。

控制器：按照事先设定、监控以及应用程序的操作步骤控制整机各部件协调一致地自动工作。它是计算机的指挥中心。

② 缓冲器（I/O）。

缓冲器的功能是对 CPU 不能识别的传感器信号进行处理，以便 CPU 及时接收和处理各传感器输入的信号，如开关信号一般为 12～14 V 的电压信号、磁感应式传感器传输的波形信号，而 CPU 所能接收和处理的只是 0～5 V 的电压信号；缓冲器还具有滤波电路功能，可有效地防止一些电子元件工作时所产生的电磁干扰，保持电控系统各电路的正常运行。

③ 存储器及其类型。

存储器是用来存储程序指令和数据的部件（即"记忆"部件），它是存储计算程序、原始数据及中间结果的设备。其容量越大，记忆信息越多，计算机功能越强，它的工作速度直接影响计算机的运算速度。

目前，汽车广泛使用的存储器，按读/写操作原理分为只读存储器（ROM）和随机存取存储器（RAM）；按功能分为程序存储器和数据存储器；按构成材料分为半导体存储器和磁质存储器。汽车上通常采用的是半导体存储器。

只读存储器：是一种一旦信息写入就不可更改，是一次性写入、可随机读出的存储器。其特点为：写入的信息是在脱机状态下进行的，记录的信息不会由于断电而被破坏，故制造商对厂家的控制、运行程序和原始实验数据（如喷油、点火三维脉谱图数据等）在点火开关切断电源后，存储器中的信息不会丢失。

随机存储器：与只读存储器相比有两点不同，一是随机存储器中的信息可随时写入或读出，也可随时改写，改写时，不必先擦除原有的内容；二是半导体随机存储器中的信息会因突然断电而丢失。因此，汽车上随机存储器通常用来存储单片机工作时暂时需要存储的数据（如输出/输入数据、单片机运算的结果、故障代码、空燃比等），这些数据根据需要可随时调用或被新的数据改写。

由此可见，随机存储器起到一个存储器的作用。为了保证故障代码、空燃比修正数据等能够较长时间保存，汽车电控系统将随机存储器的电源与专用的后备电源电路或蓄电池直接连接，不受点火开关的控制。但是，当后备电源电路中断、蓄电池正负极端子断开时，随机存储器的数据仍然会丢失，因此，在检测或维修时采取正确的方法可防止数据丢失。

（3）输入/输出接口。

输入/输出端口是指在接口电路中完成信息传递，是 CPU 与传感器或执行器进行数据交换和下达控制指令的通道，并可由编程人员进行读写的寄存器。CPU 可以通过输入、输出指令向端口存或取信息。端口分为两类：一类是状态口和命令，另一类是数据口。若干个端口加上相应的控制电路构成接口，所以一个接口有好几个端口。

（4）总线（BUS）。

总线是构成计算机各系统的骨架，是在各个功能部件之间设置的公共信息传输线，是微型计算机内部传递信息的连线电路。按传递信息的不同，总线可分为：数据总线、地址总线和控制总线，总线原理如图 2.56 所示。

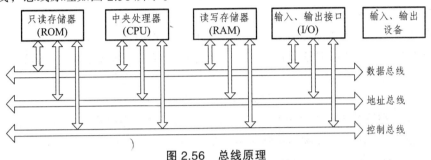

图 2.56　总线原理

数据总线主要用于传送数据和指令，它由几根导线组成。数据总线是双向总线，即 CPU 的数据可传送到存储器或输入/输出接口，也可以从存储器或输入/输出接口接收数据，其中导线数与数据的位数一一对应。

地址总线用于传送地址码和计算机总线上各部件之间的通信，主要是靠地址码准确地进行联系的。

控制总线用来传送各种控制信号。

（5）输出回路。

输出回路将微机（CPU）的处理结果信号进行放大，转换成能控制执行元件工作的指令信号。由于微机只能输出微弱的电信号（如喷油脉冲、点火信号等），电压一般为 5 V，不能直接驱动执行元件，因此，必须通过输出回路对控制指令进行功率放大、译码或 D/A 转换，变成可以驱动各种执行元件的强电信号。

① 输出信号电路。

输出信号电路的功用就是将微机输出的数字信号转换成可驱动执行器进行工作的模拟信号。它具有控制信号的生成与放大的作用，通常采用大功率三极管，由微机的输出信号控制其导通和截止，从而控制执行器的接地回路。

② 安全保护电路。

安全保护电路的主要作用是监控电源电压、确保系统内部电压稳定、监控系统各个部分的工作状况，如发现故障，立即亮故障警示灯，记录故障代码，同时根据 CPU 的指令使系统退出工作状态或进入应急备用状态。

安全保护电路主要由电源监控、故障记忆、继电器驱动和系统故障警示灯驱动电路等组成。

③ 时钟系统及电源装置。

时钟的作用是产生恒定的脉冲时钟信号，从而对各单元间的数据传输进行控制。

时钟系统包括时钟脉冲源与脉冲发生器。时钟脉冲源通常由晶体管振荡器及与非门组合的振荡电路组成，它为脉冲发生器提供频率稳定、电平匹配的时钟脉冲信号。

脉冲发生器一般由循环移位寄存器构成，它产生一组有序的、间隔相等或不相等的脉冲序列，提供工作脉冲。CPU 在执行指令时，各种操作都在时钟的控制下，按一定的周期、顺序及精确的定时进行。

2.3.3　电控单元的基本工作原理

电控单元的主要工作就是按照特定的程序对输入信号进行处理，并形成相应的控制指令，向执行器输出驱动信号而完成控制过程。

电控单元的工作过程由微处理器进行。微处理器工作时，先根据程序计数器的地址将指令读入指令寄存器中，然后对指令进行翻译，执行指令定义，即数据存储、运算、逻辑判断、函数转换等。一条指令执行结束后，微处理器将重复进行确定指令、存储地址、读取指令、解译指令和执行指令这一循环过程，直到程序中全部指令执行完毕。

当输入/输出和反馈电路的优先信号输入微处理器时，它将停止正在进行的工作，先运行处理这些优先信号，这一过程称为中断服务，这些需要优先处理的信号叫作中断信号。

中断服务具有时效性，如发动机因点火过于提前导致爆震发生时，由爆震传感器反馈的信号将使微处理器中断正在进行的工作，转向运行点火正时的子程序，从而使爆震燃烧得到抑制。总而言之，电子控制单元的工作过程复杂而有条不紊，工作速度快捷而有序。电控单元的未来向多功能集中控制和模块化方向发展，提高了系统的可靠性和经济性。电子控制单元的基本工作过程概括为以下几个方面：

（1）发动机启动时，电子控制单元进入工作状态，某些运行程序或操作指令从存储器中调入中央处理器（CPU）中，这些程序可以控制燃油喷射、点火时刻、怠速等。

（2）当曲轴位置传感器检测的发动机转速与转角信号、进气歧管压力传感器检测的负荷信号和冷却液温度传感器检测的信号等输入 ECU 后，先通过输入回路进行信号处理（数字信号直接进入 CPU，模拟信号需转换成数字信号），经输入接口输入 CPU。

（3）将预先存储在存储器中的最佳实验数据引入 CPU，将传感器输入的信号与其进行比较，CPU 将来自传感器的各种信息依次取样，与最佳实验数据进行逻辑运算，通过比较做出判定结果并发出指令信号，经输出接口输出控制执行器工作。

发动机控制单元根据各种传感器送来的信号，确定满足发动机运转状态所需的燃油喷射量，并根据该喷射量去控制喷油器的喷射时间。

2.3.4　电控单元的检测维护

电控单元尽量安装在通风散热、防潮和防振动性好的部位。目前，各车型安装位置有所不同，一般安装在发动机机舱、车内驾驶员侧（左）或副驾驶侧（右）脚立柱附近。

1. 现代汽车发动机电控单元的基本技术特性参数

（1）电控单元正常工作时，对电源电压的要求：正常运行最小 8.0 V、最大 16.0 V；极限功能：最小 6.0 ~ 8.0 V、最大 16.0 ~ 18.0 V。

（2）耐受蓄电池过压的极限值和时间：6V ~ 24.2 V，可保持发动机的部分功能 60 s（以各车规定为准）；0 ~ 6 V 存储自适应值及故障代码；工作温度为-40 ~ +85 ℃。

拆装时注意静电防护；注意对插头针脚的防护，检查线束侧连接器内的防水圈和隔板是否完好；注意防止针脚部位积水和腐蚀情况。

2. 故障现象及判断方法

故障现象一般为：怠速不稳、不能启动、加速不良、怠速过高、尾气超标、启动困难、空调失效、喷油器控制失效、熄火等。

（1）一般故障原因如下：

① 外接装置过载而导致电子控制单元内部零件烧毁；

② 由于电子控制单元进水而导致线路板锈蚀，接线端子锈蚀氧化；

③ 地线接触不良等。

（2）维修注意事项如下：

① 维修时，不得随意拆卸电子控制单元；

② 拆卸电子控制单元前，先拆卸蓄电池接线头 5 min 以上；

③ 拆卸后的电子控制单元注意存放；

④ 禁止在电子控制单元的连线上加装任何线路。

（3）简易测量方法如下：

① 接上接头，利用发动机数据 K 线读取发动机故障记录；

② 卸下接头，检查电子控制单元连接线是否完好，重点检查电子控制单元的电源供给、接地线路是否正常；

③ 检查外部传感器工作是否正常，输出信号是否可信，其线路是否完好；

④ 检查执行器工作是否正常，其线路是否完好；

⑤ 电子控制单元常见电源线故障及检测。

对计算机电源线故障的诊断：根据计算机接线图，用数字万用表测量蓄电池正电压引脚和接地之间的电压，在点火开关断开时，该电压应该是 12 V；如果不到 12 V，应检测计算机的熔断器和相关电路；接通点火开关，测量与计算机相连的供电电源线，注意一定要参考所测试汽车的制造商提供的线路图。

对计算机电源接地线的诊断：诊断时，询问最近的维修工作，很可能计算机的地线被拆下或没有安装好，计算机的接地线通常与发动机或蓄电池的负极相连。在点火开关接通的情况下，把数字电压表的一对表笔与计算机接线座上的接地引脚和接地线相连，电压应该是 0.2 V 或更小，如果电压偏离正常值，维修计算机接地线。

2.4 执行元件

执行器是根据电控单元的控制指令完成各种相应动作，是具体执行某项控制功能的装置。执行器把从 ECU 传来的电信号转换为机械运动，它通过电能、发动机真空、气压或三者之间的组合作用，对外做功，推动汽车或发动机的某个装置运动，以完成所需要的控制任务。汽车车型不同，所配置的电控系统也不相同。一般来说，汽车配置越高，相对控制的项目就越多，则控制精度就越高。汽油发动机电控系统的执行元件大致有电动燃油泵、喷油器、怠速控制阀、EGR 阀、炭罐电磁阀、点火线圈以及电磁扇和空调离合器等，如图 2.57 所示。

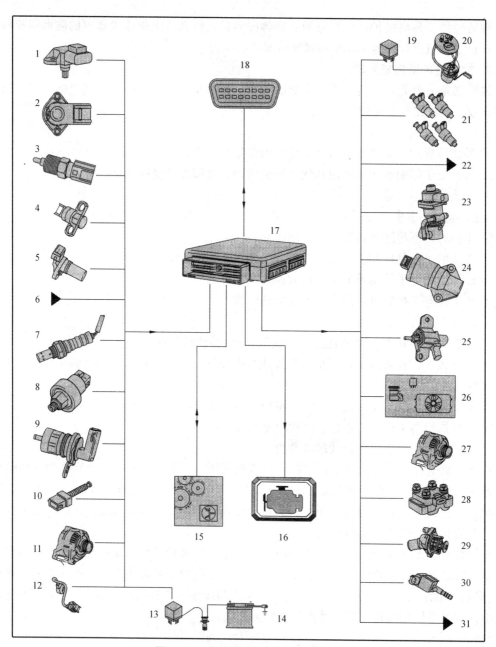

图 2.57　电控系统的执行元件组成

1—温度与歧管绝对压力传感器；2—节气门位置传感器；3—发动机冷却液温度传感器；4—曲轴位置传感器；
5—凸轮轴位置传感器；6—外界温度传感器；7—上游与下游热氧传感器；8—动力转向压力开关；
9—车速传感器或输出轴转速传感器；10—离合器踏板位置开关；11—发电机控制（小幅充电）系统；
12—爆震传感器；13—电源供应继电器；14—蓄电池；15—自动变速箱；16—污染控制故障指示灯；
17—动力传输控制模块；18—数据连接插头；19—燃油泵继电器；20—油箱内燃油泵；21—喷油嘴；
22—仪表板上的被动式防盗系统 LED 灯；23—废气再循环步进马达；24—怠速空气控制阀；
25—涡流翼板电磁阀；26—空调压缩机；27—发电机控制（小幅充电）系统；
28—电子点火系统点火线圈；29—电热式节温器；30—活性炭罐净化电磁阀；
31—车速或 OSS 输出信息

3 发动机电子控制燃油喷射系统

汽车发动机电子控制燃油喷射系统，简称燃油喷射系统（EFI）。发动机电子控制燃油喷射系统是借鉴飞机发动机汽油喷射技术而诞生的，并伴随着汽车油耗法规、排放法规和电子技术的不断发展而发展起来的。其主要目的是在提高发动机动力性的同时降低油耗和减少有害气体的排放。

发动机电控燃油喷射系统，充分利用各种传感器等电子元件检测发动机各工作状态参数，经 ECU 进行判断、计算，确定喷油量，即喷油脉宽。另外，电子控制燃油喷射系统采用氧传感器信号可使空燃比控制在 14.7∶1 附近，而且在不同工况下空燃比均可得到适当的修正，使发动机在各种工况下均能获到最佳的空燃比。同时，实现了空燃比的闭环控制，提高了空燃比的控制精度，如图 3.1 所示。

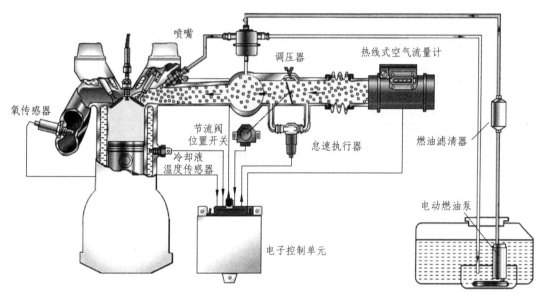

图 3.1　电子控制燃油喷射系统

在四行程内燃发动机工作过程中，混合气的空燃比对其动力性、经济性和排放性具有一定的影响。进气控制系统可以精确计量进入发动机的空气量，为得到最佳空燃比，需要通过燃油喷射系统，二者结合可实现最佳空燃比。

电控燃油喷射系统形式多样，但其组成基本相同，一般都由空气供给系统、燃油供给系统和电子燃油喷射控制系统 3 个分支组成，如图 3.2 所示。

空气供给系统的功用是为发动机正常工作循环提供清洁的空气，并检测和控制发动机各种运行工况下工作时的进气量。其组成部件主要由空气滤清器、谐振腔、软管、节流阀体、进气（总）歧管、进气检测计量装置及增压装置等组成。根据发动机怠速转速的控制方式不同，目前空气供给装置根据进气道的结构分为旁通空气道和直通气道式两种，空气供给系统的结构组成如图 3.3 所示。

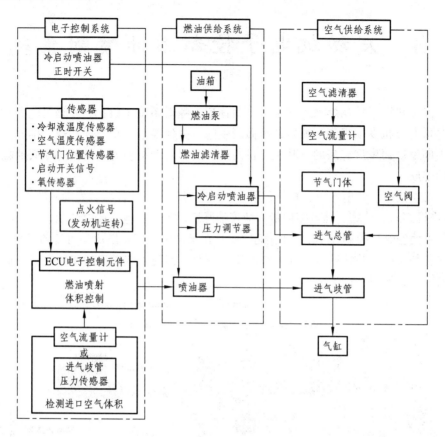

图 3.2　汽油机电控燃油喷射系统组成

图 3.3　空气供给系统的结构组成

　　燃油供给装置按其功能分为燃油供给装置和喷油器两部分，其中燃油供给装置由燃油箱、油量传感器、电动燃油泵、燃油滤清器、燃油压力调节器、脉动阻尼器（老车型）及油管燃油轨组成。燃油喷射部件由喷油器等部件组成，其功用是将油箱内的清洁燃油以一定的压力经过油管、燃油滤清器输送到油轨，并通过喷油器向气缸内供给燃烧时所需要的燃油量。燃油供给系统的结构原理如图 3.4 所示。

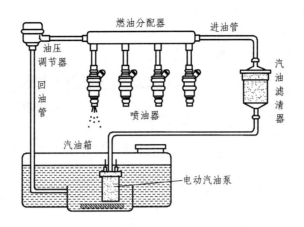

图 3.4　燃油供给系统的结构原理

发动机燃油喷射控制子系统充分利用空气流量传感器（或歧管压力传感器）、曲轴位置传感器、凸轮轴位置传感器、节气门位置传感器、冷却液温度传感器、进气温度传感器、车速传感器、点火开关信号、启动开关信号、电源电压等信号参数为控制依据。发动机工作时，ECU 根据上述各传感器输入的信号参数进行运算处理，最后指令喷油器实施喷油，如图 3.1 所示。

电控燃油喷射系统的优点主要体现在充气效率高、发动机各缸混合气分配均匀、有效提高发动机的排放性、加速性能好、在任何工况下都能获得精确空燃比的混合气、具有良好的启动性能及减速、减油或断油性能。

3.1　空气供给系统

在现代电控发动机结构中，空气供给系统的基本功能是在电子控制系统的检测和控制的前提下，为发动机在各种工况下可靠工作而提供清洁和较充足的新鲜空气。

3.1.1　进气系统的结构类型

空气供给系统主要由空气滤清器、谐振腔、软管、进气检测计量装置、节流阀体、进气（总）歧管及增压装置等组成，如图 3.5 所示。

当发动机工作时，被吸入的空气首先经过滤清器过滤，过滤后的空气沿进气道通过节气门体（或怠速阀），然后通过进气歧管尽可能均匀地分配到各个气缸。

吸入发动机空气的多少是由节气门控制的，节气门开度越大，吸入发动机的空气越多。当节气门完全关闭时，ECU 控制怠速电磁阀适当开启，旁通一部分空气以稳定怠速。另外，当发动机启动以及节气门开度急剧变化时，怠速电磁阀也会适当动作以补偿进气效果。

根据发动机对怠速转速的控制方式不同，供给空气的进气道分为旁通气道和无旁通气道两种类型，如图 3.6 所示。

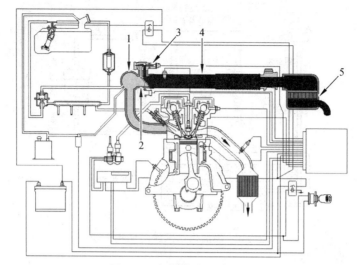

图 3.5 空气供给系统组成

1—进气歧管总成；2—节流阀体；3—怠速阀；4—进气道；5—空气滤清器

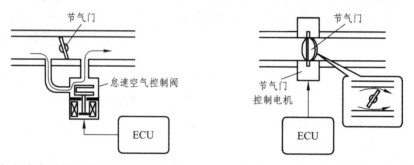

（a）有旁通气道式供气系统的结构 　　（b）无旁通气道式供气系统的结构

图 3.6 空气供给旁通和直通类型

1. 旁通气道式进气系统

设有旁通气道的空气供给系统结构如图 3.7 所示，主要由空气滤清器、空气流量传感器、进气软管、旁通空气道、怠速控制阀、进气歧管、动力腔、节气门位置传感器、进气温度传感器等组成。

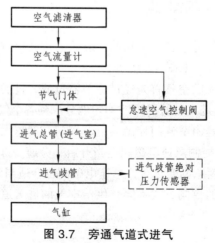

图 3.7 旁通气道式进气

当发动机正常工作时，空气通道为：进气口→空气滤清器→空气流量传感器→进气管→节气门动力腔→进气歧管→发动机进气门→发动机气缸。

2. 无旁通气道式进气系统

怠速转速采用节气门直接控制的发动机控制系统，没有设置旁通空气道，其结构除没设置旁通空气道外其余均相同。

当发动机正常工作时，空气通道为：进气口→空气滤清器→空气流量传感器→进气管→节流阀体→动力腔→进气歧管→发动机进气门→发动机气缸。发动机工作时，实际进入气缸空气量的多少，由 ECU 根据空气流量计检测的进气量信号求得，如一般排量在 1.8 L 左右的发动机，当处于怠速运转工况时的标准进气量为 2.0 ~ 5.0 g/s。

3.1.2　现代汽车发动机进气系统的结构特点

现代汽车发动机进气道在结构上采用较长且较大弧度的进气管道，以便充分利用气流的惯性效应来增大各种工况下的进气量。进气管的形状有利于压力波反射并产生一定的共振，然后利用共振后的压力波提高进气量。为了利用气流压力波动效应，大多数燃油喷射发动机在进气管道中部设置有一个动力腔或在进气管的旁边设置有一个与进气管相通的谐振腔，利用进气管内压力波的共振来提高进气量。

进气歧管的功用是把经过空气滤清器和节流阀体的新鲜空气导入各个气缸。其材料一般为金属和工程塑料两种（目前广泛应用工程塑料）。

进气歧管的结构通常由进气总管和歧管两部分构成。多点电控燃油喷射发动机，为了消除进气波动和保证各缸进气均匀，对进气总管和进气歧管的形状、容积等都有严格的要求，每个气缸必须设有一个单独的进气管道。有些发动机的进气总管与进气歧管制成一体，有些则是分开制造再用螺栓联接。

根据现代汽车车型的不同，进气歧管可分为普通进气歧管和可变进气歧管两种。可变进气歧管的结构如图 3.8 所示，可变进气歧管（通道）如图 3.9 所示。

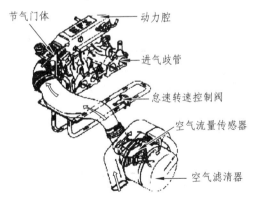
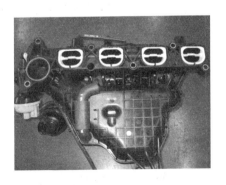

图 3.8　可变进气歧管的结构

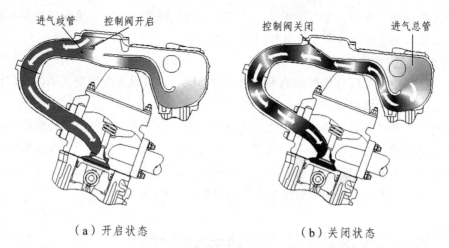

（a）开启状态　　　　　　　　　　（b）关闭状态

图3.9　可变进气歧管

　　可变进气歧管工作原理是，随负荷的变化调整进气管，来提高低速区的扭矩和保持高速区的功率，主要通过调整进气管道的截面来实现。

3.1.3　电子控制进气系统

　　电控发动机进气系统为了在各种工况下形成精确空燃比的混合气，因此吸入发动机的空气需要进行精确计量，然后根据目标空燃比计算所需的喷油量。目前，由于各车型电控系统的类型各不相同，发动机燃油喷射系统传感器和执行器的数量与形式也不尽相同，对空气的检测方式也有一定区别。现代汽车发动机常见的进气系统按照每循环充气量的传感计量方式可分为速度密度型（也称压力型"D"）和质量流量型（也称流量型"L"）两种。其中，质量流量型进气计量方式在现代汽车发动机电控进气系统中应用较为广泛。"L"型和"D"型发动机的结构示意图如图3.10所示。

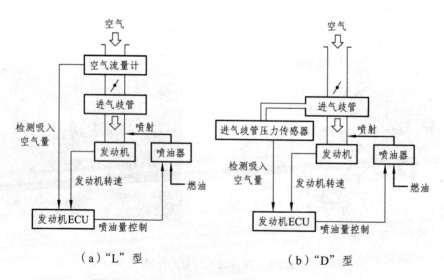

（a）"L"型　　　　　　　　　　（b）"D"型

图3.10　"L"型和"D"型发动机的结构示意图

1. "D"型空气计量方式

压力型（"D"型）空气流量计量方式，是利用安装在进气歧管上的绝对压力传感器，通过检测进气歧管内绝对压力而间接测量进气流量的方法。"D"型流量传感器便于布置，可以安装在汽车上的任何部位，只需用压力导管将进气歧管内的进气压力引入传感器即可。装备"D"型流量传感器的喷射系统称为"D"型燃油喷射系统，电控单元利用进气歧管绝对压力传感器所提供的压力信号，再参照进气温度信号、发动机转速信号、估算的容积效率和废气再循环量（EGR）一起，采用速度密度公式来换算出进入发动机的空气量，故又称为速度-密度型燃油喷射控制系统。由于空气在进气歧管内流动时的进气量之差可达 40 倍以上，进气气流的最大流速可达 80 m/s，因此，"D"型燃油喷射系统的测量精度不高，但控制系统的成本较低，在经济型车型上广泛使用（如小型面包车绝大多数发动机应用此类型）。"D"型空气计量结构如图 3.11 所示。

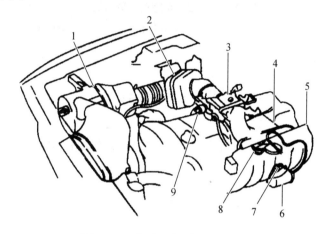

图 3.11　"D"型空气计量结构

1—空气滤清器；2—稳压箱；3—节气门体；4—进气控制阀；5—进气室；6—真空罐；
7—电磁真空阀；8—真空驱动器；9—怠速控制阀

2. "L"型空气计量方式

"L"型流量传感器是利用流量传感器直接测量吸入进气管空气流量的传感器。"L"型流量传感器安装在空气滤清器至节气门之间的进气通道上。因为采用直接测量方法，所以进气量的测量精度高，控制效果优于"D"型燃油喷射系统。"L"型流量传感器又分为体积流量型和质量流量型两种类型。汽车发动机燃油喷射系统采用的体积流量型传感器有翼片式、量芯式、涡流式流量传感器 3 种，质量流量型传感器有热线式和热膜式流量传感器两种。

在"L"型流量传感器中，由于质量流量型传感器内部没有移动部件，且气流流动阻力很小，因此具有工作性能稳定、测量精度高的优点，但是其制作成本较高。在质量流量型传感器中，热膜式流量传感器的使用寿命远远长于热线式流量传感器，因此，国产大众系列、一汽红旗、东风等多款品牌汽车均采用了热膜式空气流量传感器。"L"流量型传感器的结构和安装位置如图 3.12 所示。

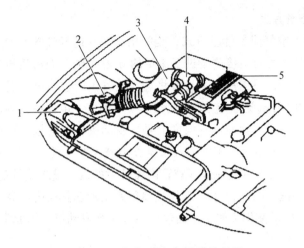

图 3.12　"L"型空气计量的结构

1—空气滤清器；2—空气流量计；3—进气连接管；4—节气门体；5—进气室

3.2　进气控制系统的常见故障及诊断

进气控制系统的常见故障有：空气滤清器脏污、堵塞，进气歧管漏气，节气门体脏或者漏气等。

3.2.1　故障现象及原因分析

1. 空气滤清器脏污、堵塞

空气滤清器脏污、堵塞时，故障现象为启动困难、动力不足、黏滞或绵软等。可能导致故障的原因为灰尘、油污、棉絮等异物堵塞滤芯，造成进气不畅。诊断维修方法为拆卸空气滤清器，检查滤芯，轻微脏污的用空气吹；脏污较重的，应更换。由于环境和空气灰尘等影响，空气滤清器需要经常进行检查清洁并按需更换。

2. 进气歧管漏气

故障现象为发动机工作不平稳、喘振且动力不足等。可能导致故障的原因是由于装卸或者碰撞受损、歧管垫损坏等，造成发动机进气歧管漏气。维修诊断方法为用真空测试仪测量进气歧管的真空度。

3. 节气门体过脏或者漏气

电喷发动机节气门体、怠速阀脏污，会直接影响节气门位置传感器和怠速步进马达的灵敏性，从而大大影响发动机的工况。其故障现象为怠速不稳、喘抖、加速不畅、油耗及排放增加等。可能导致故障的原因是空气质量、空气滤清器保养质量以及曲轴箱窜气等因素，常常造成节气门体、怠速阀处脏污，进而影响节气门开启的灵敏性、开度的准确性、怠速阀空气流量、怠速马达灵活性，最终破坏正常空燃比，影响发动机的正常工作。诊断维修方法为对节气门体进行定期检测和清洗工作，以保障其工作正常。

检测节气门体孔和节流阀片上是否有积炭，必须打开节流阀片以便检查所有表面，同时检查节气门枢轴是否转动灵活。对于少量的积炭,可以在不拆解的情况下,在车上进行清洗,如果积炭过多,需要拆卸并拆解节气门体以便进行清洗,用清洁的棉丝和高级发动机清洁剂或同等的清洁剂清洁节气门体孔和节流阀片。

3.2.2　节气门体自适应

清洗节气门以后,发动机短时间转速会有不稳定的情况,同时怠速有所提高,这是清洗节气门以后计算机还是在清洗前的记忆(默认值),节气门开度比较大,没有校准节气门造成的。在发动机电控系统的设计上,计算机会把每次发动机工作过程中的最佳值存储起来,作为下次发动机运行的基本数据。这种情况可以补偿由于系统部件长期使用磨损后控制系统的性能还能够达到最优,也就是说降低了电控系统部件技术指标的一致性要求。在节气门体清洗后,需要进行节气门体的自适应和怠速的自学习。其基本的形式分两种:一种是需要使用车辆的专用诊断仪进行节气门体的校准;另一种是通过开关点火钥匙或靠计算机本身的自适应功能来完成。

3.3　燃油供给系统

燃油供给系统简称供油系统,其功用是将油箱内清洁燃油以一定的压力输送到油轨,在ECU 的控制下,通过喷油器向发动机气缸内喷入燃烧时所需要的燃油量。

3.3.1　燃油供给系统的基本组成

燃油供给系统主要由燃油箱、电动燃油泵、输油管、燃油滤清器、油压调节器、燃油分配管、喷油器和回油管等组成,如图 3.13 所示。燃油供给系统的组成及在车辆结构上的布置如图 3.14 所示。

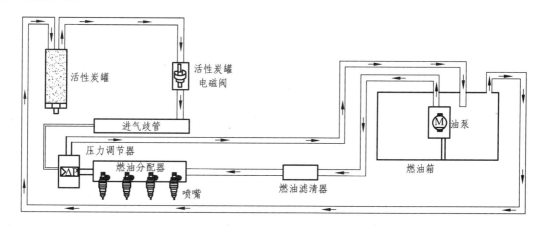

图 3.13　燃油供给系统的组成

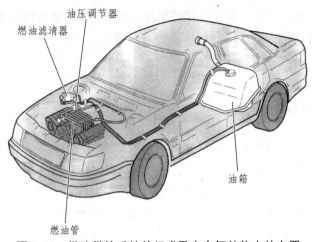

图 3.14　燃油供给系统的组成及在车辆结构上的布置

供油系统按照燃油循环方式分为有回油供油系统和无回油供油系统两种类型。无回油供油系统根据其实现方式又有机械式和电子式之分。供油系统按使用的燃料不同可分为汽油喷射系统和柴油喷射系统。

1. 有回油供油系统

有回油供油系统的结构与组成如图 3.15 所示。

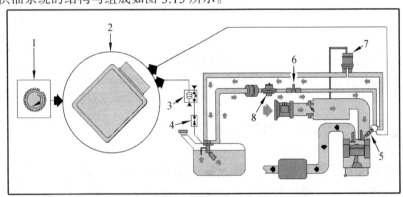

图 3.15　有回油供油系统的结构与组成

1—曲轴位置传感器（CKP）；2—ECU；3—油泵继电器；4—惯性切断开关（IFS）；
5—喷油嘴；6—测试接口；7—油压调节器；8—脉动缓冲器

有回油燃油供给系统的主要特征是，将多余的燃油经燃油压力调节器从油轨通过回油管送回燃油箱。这种系统采用电动燃油泵和机械式油压调节器，ECU 接收到稳定的曲轴位置传感器信号后就控制燃油泵连续运转，如图 3.16 所示。

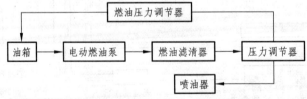

图 3.16　有回油燃油供给系统工作原理

2. 机械式无回油供油系统

机械式无回油供油系统工作原理与有回油供油系统相比，区别主要表现在：燃油压力通常比较高；燃油压力相对于进气歧管而言是变化的，油轨上没有回油管，导致油轨内的燃油流动速度慢，被高温发动机加热后，油轨内燃油温度也将升高，为了避免可能出现的"气阻"现象，无回油供油系统燃油压力通常都设计得比较高。在有回油系统中，因为油压调节器的调节作用，油轨内的压力相对于进气歧管是固定的（相对于大气压则可能是变化的）。而在无回油系统中，油轨内的压力相对于大气压相对固定（相对于进气歧管则是变化的），由此导致ECU对喷油量的控制方法有所不同。机械式无回油供油系统如图 3.17 所示。

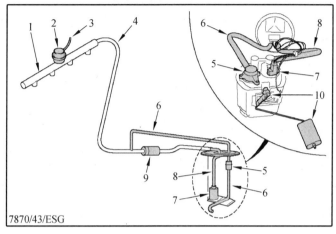

图 3.17　机械式无回油供油系统（4 缸发动机）

1—油轨；2—脉动缓冲器；3—真空管；4，8—输油管；5—油压调节阀；6—回油管；
7—燃油泵；9—滤清器；10—油位传感器

3. 电子控制无回油供油系统

与机械式系统相比，电子式无回油供油系统最大的特点是系统压力不是依靠机械油压调节器调整，而是通过调节电动油泵的转速控制。

ECU 通过油轨上的压力以及温度传感器，并参考发动机当前工况计算出发动机所需的油压，然后通过驱动模块以脉宽调制方式控制油泵的转速。当发动机工作所需燃油量很少时，油泵转速就比较低，反之转速就高。根据系统工作原理，电子式无回油系统已经完全不需要回油管。当发动机停机后，如果燃油管路中的压力过高或过低，平行卸压阀可以进行调整。电子式无回油供油系统如图 3.18 所示。

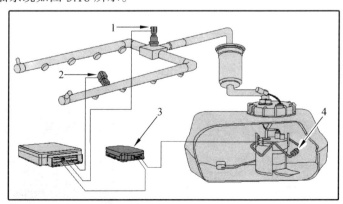

图 3.18　电子式无回油供油系统

1—燃油压力传感器；2—燃油温度传感器；3—油泵驱动模块；4—平行卸压阀

3.3.2　电动燃油泵

电动燃油泵是发动机电控燃油喷射系统中燃油供给的主要执行元件之一。发动机正常工作时，电动燃油泵在控制单元（ECU）的控制下，将油箱内清洁燃油吸出并以一定的压力送到油轨，为喷油器提供所需要的燃油压力。现代汽车喷油压力一般为 280 ~ 380 kPa。

燃油泵工作时的最高输出压力为 450 ~ 600 kPa 且输油量大于耗油量，其目的是防止供油不足和油路"气阻"而影响发动机正常工作。电子控制燃油喷射系统均采用直流电驱动式燃油泵。

1. 电动燃油泵的分类

电动燃油泵按结构不同分为滚柱式、叶片式、齿轮式、涡轮式和侧槽式 5 种。目前，常用的有滚柱式、叶片式、齿轮式 3 种，其中最常见的是叶片式燃油泵。电动燃油泵按燃油泵的安装方式不同又可分为内置式和外置式两种。

内置式燃油泵通过法兰支架固定在油箱内，其特点是噪声小、不易产生"气阻"和泄漏、管路安装简单，但维修不便，目前，广泛采用内置式燃油泵。

外置式燃油泵串接在油箱外部的输油管路中，其特点是易布置安装、维修方便，但噪声大、易产生气阻，所以不常用。

2. 电动燃油泵的结构与工作原理

（1）电动燃油泵的结构。

电动燃油泵主要由泵体、永磁电动机、安全阀、单向阀和外壳等组成，泵和电机同轴安装，并且封闭在同一个机壳内。机壳内的泵和电机周围充满汽油，利于散热和润滑。接线端子有两个针脚，外壳刻有"+"和"-"，连接油泵继电器。电动燃油泵的组成结构如图 3.19 所示。

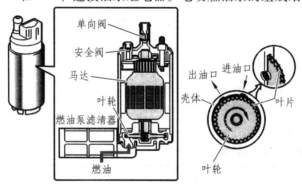

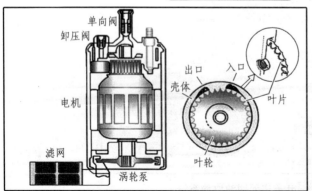

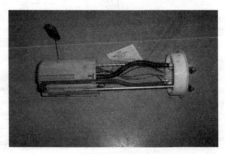

图 3.19　电动燃油泵的结构与实物

单向阀的作用主要用于防止燃油倒流，并可保持管路残余压力，以便发动机下次容易启动，并可防止高温产生气阻现象，影响发动机热启动性能。

安全阀是当油泵输出压力超过一定值时，安全阀自动打开，高压燃油可回至油泵进油室，以此避免由于油路堵塞而引起管路油压过高，从而造成管路破裂或燃油泵损坏等现象。

泵体是电动燃油泵的主体，根据泵体结构不同，可以分为滚柱泵、齿轮泵、涡轮泵、侧槽泵等。其中，涡轮电动燃油泵具有泵油量大、泵油压力较高、供油压力稳定、运转噪声小、使用寿命长等优点，目前得到广泛应用。

（2）电动燃油泵的工作原理。

当继电器向油泵电机通电时，电动机驱动叶片旋转，由于离心力的作用，使叶轮周围小槽内的叶片贴紧泵壳，将燃油从进油室带往出油室。由于进油室的燃油不断被带走而形成一定的真空度，将燃油从进油口吸入，而出油室燃油不断增多，燃油压力升高，当达到一定值时，压开出油阀输出。出油阀在油泵不工作时，阻止燃油流回油箱，保持油路中有一定的压力，便于下次启动。

当油泵中的燃油压力超过规定值（一般为 320 kPa）时，油压克服泵体上限压阀弹簧的压力将限压阀顶开，部分燃油返回进油口一侧，限制油压不至过高。

点火开关一旦接通，电动燃油泵就会工作 1～2 s。此时，如果发动机转速高于 30 r/min，电动燃油泵才会连续运转，如果发动机转速低于 30 r/min，即使点火开关接通，电动燃油泵也会停止运转（油泵控制功能）。

（3）滚柱式电动燃油泵的结构。

滚柱式电动燃油泵主要由燃油泵电动机、滚柱式燃油泵、出油阀、卸压阀等组成。工作原理是利用容积变化来输送燃油。当转子旋转时，位于转子槽内的滚柱在离心力的作用下，紧压在泵体内表面，对周围起密封作用，在相邻两个滚柱之间形成工作腔。在燃油泵运转过程中，工作腔转过出油口后，其容积不断增大，形成一定的真空度，当转到与进油口连通时，将燃油吸入；而吸满燃油的工作腔转过进油口后，容积不断减小，使燃油压力提高，受压燃油流过电动机，从出油口输出。其特点是泵油压力脉动大、运转噪声大、使用寿命短。

（4）电动燃油泵的基本参数。

工作电压：8～14 V；系统压力：250～370 kPa；油泵出口压力：450～650 kPa；工作温度：-30～+70 ℃。电动燃油泵在一定供油压力下的流量与电压成正比。

3. 燃油泵的控制

现代汽车电控燃油喷射系统中的电子油泵控制采用程序控制和开关信号控制相结合的控制过程。当点火开关打开（ON 挡位）或发动机熄灭后，燃油泵工作电路一般预先或延迟被接通 2～3 s（即油泵工作 2～3 s），以保证燃油系统必需的油压（即程序控制过程）。在发动机启动过程和运转过程中，燃油泵则保持正常工作（即点火开关高电平信号控制）。打开点火开关但不启动发动机，或关闭点火开关后，应适时切断燃油泵控制电路，使燃油泵停止工作（又一个程序控制过程）。

（1）电动燃油泵控制电路。

不同车型采用的燃油泵控制电路也不同，最常见的控制是通过燃油泵继电器控制燃油泵工作的。图 3.20 为燃油泵继电器控制的燃油泵控制电路。

此种控制电路可根据发动机转速和负荷的变化，通过燃油泵继电器改变燃油泵供电线路，从而控制燃油泵工作转速。

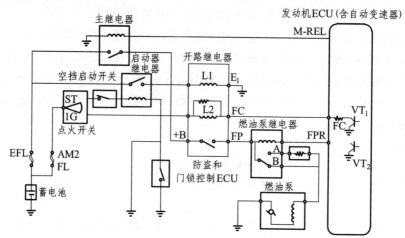

图 3.20　燃油泵继电器控制的燃油泵控制电路

（2）继电器控制燃油泵的工作过程。

燃油泵只在发动机运转时工作，若发动机不运转，ECU 接收不到曲轴位置传感器信号时，即使点火开关开启，燃油泵也不会工作。点火开关置于"ON"位置：EFI 继电器处于断开状态，如图 3.21（a）所示。当点火开关位于打开位置时，EFI 继电器被接通，如图 3.21（b）所示。当点火开关置于启动位置，发动机启动时，从点火开关的 ST 端子会传递一个启动信号到发动机 ECU。当启动信号被输入到发动机 ECU 时，发动机 ECU 内部的晶体管接通，开路继电器被打开。随后，电流流进燃油泵，使燃油泵开始运作，如图 3.21（c）所示。

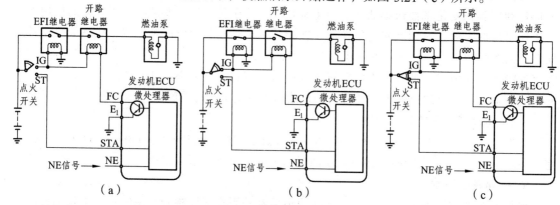

图 3.21　继电器控制燃油泵的工作电路

当发动机启动/运转时，发动机运转的同时，发动机 ECU 收到曲轴位置传感器传来的 NE 信号，晶体管继续保持开启，使燃油泵继续运作。若发动机停止，即使点火开关仍处于开启状态，曲轴位置传感器则中断输入发动机 ECU 的信号，故发动机 ECU 会关闭晶体管，开路继电器被关闭，使燃油泵停止工作。

（3）燃油泵的速度控制。

燃油泵速度控制能使燃油泵转速在一定范围内发生变化。当供油系统燃油量过多时（发动机低速运转时），燃油泵转速降低，一方面可降低燃油的大量蒸发，同时，可以减少燃油泵的磨损和减小电能消耗。

燃油泵的速度控制工作原理如图 3.22（a）所示，当电流经燃油泵控制继电器的 B 触点和电阻，再流入燃油泵时，燃油泵处于低速运转状态。在发动机启动时或发动机高速运转时，发动机 ECU 使燃油泵控制继电器的触点切换到 A 触点，使燃油泵处于高速运转状态。

在一些结构形式的燃油泵中，燃油泵的速度是由发动机 ECU 和燃油泵 ECU 通过控制接通、关闭来控制速度，而不是由开路继电器、燃油泵控制继电器和电阻控制。

此外，这种控制系统中，还有一个燃油泵系统诊断功能，如图 3.22（b）所示。当探测到故障时，会从燃油泵 ECU 向发动机 ECU 的 D1 终端传递一个信号。

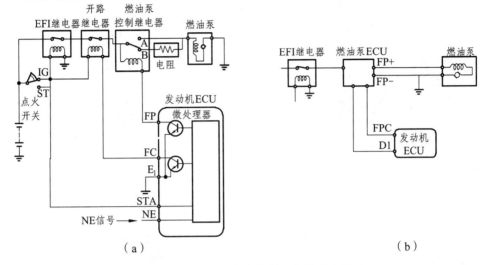

（a）   （b）

图 3.22　燃油泵速度控制工作原理电路

（4）燃油泵停止运转控制。

在一部分汽车结构中，当遇到驾驶员安全气囊和前排乘客气囊充气胀开时，燃油切断控制装置使燃油泵停止运转。当发动机 ECU 通过气囊传感器检测到充气信号时，ECU 便控制切断开路继电器，使燃油泵停止运转，以保证安全，如图 3.23 所示。当燃油断开控制开始运作时，也可通过关闭点火开关而取消，使燃油泵重新开始运转。

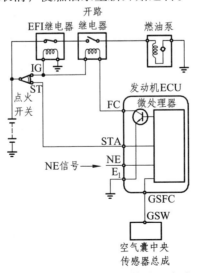

图 3.23　燃油泵停止运转控制电路

部分车辆装有燃油泵惯性开关，如图 3.24 所示。当发生碰撞或翻车时，燃油泵惯性动作开关会关闭燃油泵，减少燃油泄漏。燃油泵惯性动作开关位于燃油泵 ECU 和发动机 ECU 之间。在发生碰撞时，开关内的钢球移动，开关从触点处分开并断开，停止燃油泵的运作。当该燃油泵关闭系统运作后，需使燃油泵重新运行时，把复位开关按至顶部以重新设定燃油泵关闭系统。

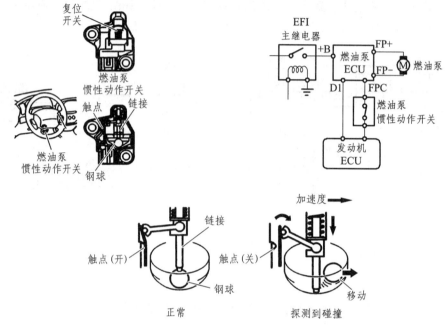

图 3.24　惯性开关式燃油泵组成及停止运转控制电路

3.3.3　燃油压力调节器

燃油压力调节器也叫蓄压器，安装在燃油分配管（油轨）上。其作用为：一是调节燃油系统的燃油压力，使系统油压与进气歧管压力之差保持恒定（250～370 kPa）；二是缓冲供油过程中的压力波动，稳定燃油管的压力。此外，压力调节器能像燃油泵的单向阀一样，维持燃油管内的残余压力。现代汽车装用的压力调节器将喷油器的燃油压力控制在 324 kPa（视发动机型号不同，具体压力值也会有不同）。

1. 燃油压力调节器的结构与工作原理

燃油压力调节器主要由阀体、弹簧、阀门和金属铝合金壳体组成。阀体固定在金属膜片上，阀体与阀门之间安装有一个球阀。球阀用弹片托起，球阀与阀体之间设有一个弹力较小的弹簧，使球阀与阀门保持接触。在铝合金壳体上，设有油管接头，进油口接头与燃油分配管连接，回油口接头连接回油管并与油箱相通，真空管接头与节气门至进气歧管之间的真空管连接。燃油压力调节器的结构如图 3.25 所示。

燃油压力调节器工作时，燃油从调节器进油口进入调节器油腔，油压作用到阀体相连的金属膜片上。当油压升高并作用到膜片上的压力超过调节弹簧的弹力时，油压推动膜片向上弓曲，调节器阀门打开，部分燃油从回油口经回油管流回油箱，使燃油压力降低。当燃油压力降低到调节器控制的系统油压时，球阀关闭，使系统燃油保持一定压力值不变。

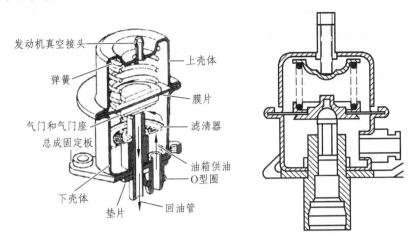

图 3.25　燃油压力调节器的结构

发动机工作时，燃油压力调节器膜片上方承受的压力为弹簧压力和进气管真空吸力之和，膜片下方承受的压力为燃油压力，当压力相等时，膜片处于平衡位置。当进气管内气体压力下降时，膜片向上移动，回油阀开度增大，回油量增多，使输油管内燃油压力也下降；反之，进气管内气体压力升高时，燃油的压力也升高。

2. 燃油压力调节器的工作特性

油压调节器真空室和进气歧管之间装有真空管。发动机工作时，由于进气歧管的压力始终低于大气压力，当进气歧管的压力随节气门开度变化而变化时，进气压力对调节器膜片产生一个吸力，从而改变供油系统的燃油压力。

当发动机怠速运转时，进气歧管的压力 P_i 约为-54 kPa，燃油压力为 $P_f=P_s+P_i=300+（-54）=246（kPa）$；当发动机全负荷运转时，进气歧管的压力 P_i 约为-5 kPa，燃油压力为：$P_f=P_s+P_i=300+（-5）=295（kPa）$。

由此可见，由于进气歧管的负压作用，当发动机怠速运转、燃油压力达到 246 kPa 时，油压调节器的球阀就会打开泄压；当发动机全负荷运转、燃油压力达到 295 kPa 时，油压调节器的球阀才打开泄压。通过油压和进气负压的共同作用，使燃油分配管中的油压与进气歧管中的气压之差保持 300 kPa 不变。其目的是保证喷油器油量的大小只与喷油阀门开启时间有关，而与系统油压和进气歧管的负压无关（提供了对喷油量控制的条件）。

3. 燃油压力调节器对燃油压力的调节

当前，燃油压力调节器对燃油压力的调节（见图 3.26）有两种方法：

第一种：这种燃油调节方法是将燃油压力控制在一个恒定的压力值。当燃油压力超过压力调节器的弹簧压力时，阀门开启，使燃油回流到燃油箱并调节压力。喷油器的喷射通道利用歧管真空造成真空状态，抽取燃油。这种真空状态随着发动机工作状态的变化而不断变化。因此，在这种燃油调节方式中，发动机 ECU 根据进气歧管真空的变化，计算每次喷射时间内燃油的喷油量，确保喷油器喷射适当数量的燃油。

第二种：这种燃油调节方法中，装备有一个高压油管，它持续调节燃油压力，使燃油压力高于歧管压力而产生一个固定压力。其基本工作原理与第一种燃油调节方法相同，但由于歧管真空被作用于膜片的上腔，燃油压力通过阀门开启时，根据歧管压力改变燃油压力进行控制，燃油通过回油管流回燃油箱。喷油器的喷射通道利用歧管真空造成真空状态，抽取燃油。这种真空状态随着发动机工作状态的变化而不断变化。因此，在这种燃油调节方式中，燃油压力根据进气歧管真空而不断进行调节，使燃油压力保持高于某一固定压力，以确保每次喷射时间都能维持一个固定的喷油量。

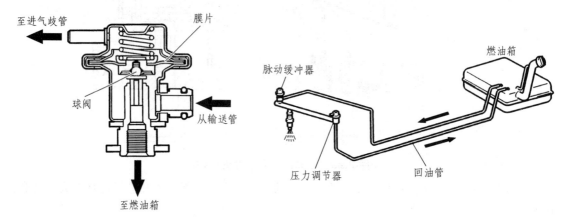

图 3.26　燃油压调节器的工作原理

3.3.4　燃油压力脉动阻尼器

当电动喷油泵泵油时或喷油器喷油时，在燃油输入管道内会产生燃油压力脉动，影响喷油器的喷油精度。为了避免这种现象的产生，通常可安装燃油压力脉动阻尼器来减弱燃油总管中的压力脉动波，使系统压力保持稳定，有效提高喷油器的喷油精度及降低噪声。燃油压力脉动阻尼器由膜片、复位弹簧、阀片和外壳组成。燃油压力脉动阻尼器通常安装在燃油总管上，或者安装在输油管路上，有的安装在电动燃油泵上。

其工作原理为：当发动机工作时，燃油经过脉动阻尼器膜片下方进入油轨，当燃油压力产生脉动时，膜片弹簧被压缩或伸张，膜片下方的容积随之增大或减小，从而起到稳定燃油系统压力的作用，如图 3.27 所示。现代电控发动机由燃油压力调节器来完成此功能。

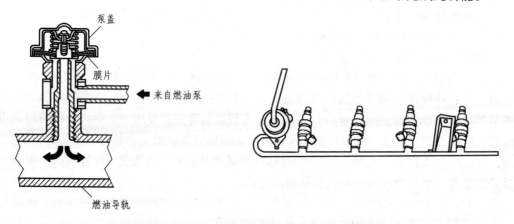

图 3.27　脉动阻尼器的工作原理与结构

3.3.5　燃油分配管总成

燃油分配管又称为燃油轨，通过支架安装在发动机进气歧管上。发动机各缸喷油器和燃油压力调节器均安装在燃油压力分配管上，如图 3.28 所示，其功用简称为：蓄压、存储和向各缸喷油器分配燃油。

图 3.28　燃油分配管的结构

燃油分配管安装在发动机进气歧管上部，其功用是固定喷油器和燃油压力调节器，并将燃油分配给各个喷油器。燃油轨由铝合金制成，端面呈圆形或矩形状，其上开有与喷油器等数量的孔和安装燃油压力调节器的孔。

其结构特点为：燃油分配管总成一般采用无缝钢质管状材料制成，要求具有一定的耐压程度。管上设有安装各缸喷油器和燃油压力调节器的孔，安装部位配有专制密封圈，喷油器一般通过支架压紧，以防燃油渗漏。在装配燃油分配管总成前，用清洁的润滑油润滑喷油器下的 O 型圈。

3.4　喷油器

电磁式喷油器简称喷油器，俗称喷油嘴，是发动机电控系统执行机构中的一个关键部件。其功用是根据发动机的工作循环和负荷大小，由电控单元（ECU）发出的喷油脉冲信号，将计量精确的燃油准时定量地喷入气门附近的进气歧管内。

最早，电控燃油喷射系统采用单点喷射结构方式，喷射系统的喷油器安装在节流阀体进气入口处。现代汽车电控燃油喷射系统采用多点顺序喷射的结构方式。各缸的喷油器一般安装在进气歧管或进气通道附近的缸盖上进气门附近，如图 3.4 所示。

喷油器的主要功能是在规定的时间内，精确地输送规定量的燃油，这个时间是 ECU 根据其输入信号确定的。

3.4.1　电磁式喷油器的功能与分类

为了满足燃油喷射系统控制精度的要求，要求喷油器具有抗堵塞性能好、燃油雾化性能好、动态流量范围大等优点。20 世纪 80 年代以前，发达国家先后开发研制了各种不同结构形式的喷油器。现以目前常见的喷油器进行结构分析。

1. 按喷油口的结构不同分类

喷油口的结构分为轴针式和孔式两种（现代汽车发动机常用单孔式）。孔式又分为球阀型和阀片型两种，如图 3.29 所示。

（a）轴针式喷油器　　　　　（b）单孔式喷油器　　　　　（c）多孔式喷油器

图 3.29　喷油器的喷孔形式

2. 按喷油器的驱动方式不同分类

喷油器的驱动方式可分为电流驱动和电压驱动两种方式，如图 3.30 所示。电流驱动方式只适用于低阻值喷油器，电压驱动方式对高阻值和低阻值喷油器均可使用。

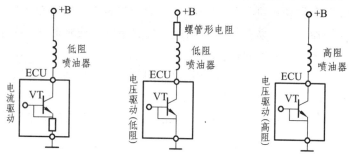

图 3.30　喷油器的电流驱动方式与电压驱动方式

电压驱动方式中的喷油器驱动电路较简单，但因其回路中的阻抗大，喷油器喷油滞后时间长。其中，电压驱动高阻喷油器的喷油滞后时间最长，电流驱动的时间最短。

（1）电流驱动方式。

在采用电流驱动方式的喷油器控制电路中，不需附加电阻，低阻喷油器直接与蓄电池连接，通过 ECU 中的三极管对流过喷油器线圈的电流进行控制。流过线圈的峰值电压为 12 V，然后降至 2 V（工作电压为 12～2 V；示波器波形为一高一低两个）。喷油器电流驱动电路如图 3.31 所示。电流驱动方式只适用于低阻值喷油器，一般应用在单点喷射（节气门体喷射）系统中。

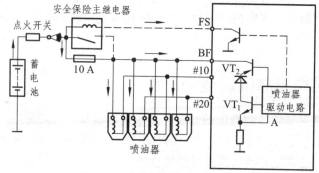

图 3.31　喷油器电流驱动电路

（2）电压驱动方式。

低阻喷油器采用电压驱动方式时，必须加入附加电阻。因为低阻喷油器线圈的匝数较少，加入附加电阻，可减小工作时流过线圈的电流，以防止线圈发热而损坏。电阻与喷油器的连接有 3 种方式，如图 3.32 所示。回路中加有电阻，由蓄电池直接供电，ECU 控制喷油器的搭铁回路，当 ECU 中的喷油器驱动电路三极管导通，则喷油器接地电路导通（示波器波形有一个高峰值）。电压驱动方式对高阻值和低阻值喷油器均可使用，一般应用在多点顺序喷射系统中。

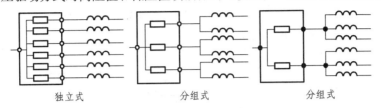

独立式　　　　　　　分组式　　　　　　　分组式

图 3.32　喷油器电压的驱动方式

3. 按喷油器电磁线圈阻值的不同分类

目前，装车使用电磁式喷油器，按其电磁线圈阻值大小分为高阻型和低阻型两种。高阻型阻值一般为 13 ~ 18 Ω，多为电压驱动方式；低阻型阻值一般为 1 ~ 3 Ω，多为电流驱动方式。在使用和维修过程中，高阻型喷油器在维修检测时，可直接将两接线端子连接在蓄电池接柱上进行试验；低阻型喷油器检测不可采用上述办法。

3.4.2　喷油器的结构与工作原理

1. 喷油器的结构

喷油器主要由滤网、线束连接器、电磁线圈、复位弹簧、衔铁、针阀阀体、O 型密封圈等组成，针阀与衔铁制成一体。图 3.33 所示的轴针式喷油器的针阀下部有轴针伸入喷口。球阀式与轴针式结构基本相同，区别主要在阀体上。

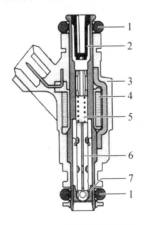

图 3.33　喷油器的结构

1—O 型密封圈；2—滤清器；3—阀体；4—线圈；5—弹簧；6—衔铁针阀；7—阀座

2. 喷油器的工作原理

喷油器不喷油时，复位弹簧通过衔铁使针阀压紧在阀座上，防止滴油。当电磁线圈通电时，产生电磁吸力，将衔铁吸起并带动针阀离开阀座，同时复位弹簧被压缩，燃油经过针阀并由轴针与喷口的环隙或喷孔喷出；当电磁线圈断电时，电磁吸力消失，复位弹簧迅速张开使针阀关闭，喷油器停止喷油。在喷油器的结构和喷油压力一定时，喷油器的喷油量取决于针阀的开启时间，即电磁线圈的通电时间。喷油器的工作压力最小为 250 kPa、典型为 350 kPa、最大为 370 kPa。

3. 喷油器的基本要求

喷油具有一定锥角（10°~30°），具有抗堵塞、雾化性能好、动态流量范围大、停止喷油后密封性好、无滴漏等特点，如图 3.34 所示。

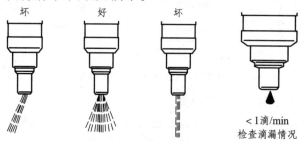

图 3.34　喷油器喷油的质量

4. 喷油器的控制电路

各车型喷油器控制电路基本相同，一般都是通过点火开关和主继电器（或熔丝）给喷油器供电，ECU 控制喷油器搭铁回路。不同发动机喷油器数量、喷射方式、分组方式有所不同，ECU 控制端子数量有所不同（指老车型）。每个喷油器共有两个针脚，其中，在壳体一侧用"+"号标识的那个接主继电器输出端；另一个接针脚，如图 3.35 所示。

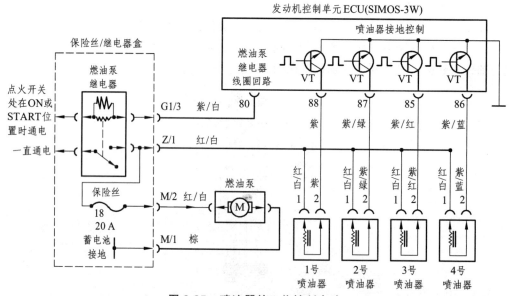

图 3.35　喷油器的工作控制电路

3.4.3　喷油器的性能检测与维护

1. 性能检测

简单检测方法：检查喷油器针阀开启时的振动和声响。

喷油器电阻检测：万用表置于欧姆挡，两表笔分别接两插线端子。在 20 ℃时额定电阻为：

低阻型喷油器阻值应为 2~3 Ω；高阻型喷油器阻值为 13~16 Ω。

喷油器滴漏检测：用专用设备检测，在 1 min 内喷油器应无滴油现象。

喷油量检测：用专用设备检测，检测 15 s 内的喷油量应为 50~70 mL。

喷油器控制脉冲信号利用示波器进行检测。

2. 喷油器使用燃油的要求

喷油器只能使用符合中华人民共和国国家标准 GB 17930—1999《车用无铅汽油》和国家环境保护标准 GWKB 1—1999《车用汽油有害物质控制标准》规定的燃油，并且要求在汽油中加入清净剂。汽油存放时间过长就会变质，尤其是 CNG（压缩天然气）和汽油双燃料发动机的出租车中，长期以 CNG 作为燃料，汽油只是用于启动，汽油的日耗量很少。但是燃油泵长期运转，油箱温度相当高。如果汽油存放在这种汽车的燃油箱内，就十分容易被氧化变质，可能导致喷油器堵塞甚至损坏。

3. 电磁喷油器的安装注意事项

确认商标及产品号码；针对一定的喷油器必须使用一定的插头，不得混用；为了便于安装，推荐在与燃油分配管相连接的上部 O 型圈的表面涂上无硅的洁净机油；注意不要让机油污染喷油器内部及喷孔；将喷油器以垂直于喷油器座的方向装入喷油器座，然后用卡夹将喷油器固定在喷油器座上。

3.5 燃油喷射控制

燃油喷射控制主要是根据各传感器输入电控单元的信号以及汽车运行工况对发动机动力性、经济性和排放性的要求，由安装在发动机不同部位的各种执行器和执行元件在电控单元控制下实施对喷油器的喷射正时、喷油量控制和燃油泵工作过程控制，最终实现各工况下最佳空燃比的控制。如表 3.1 所示，燃油喷射系统采用的执行元件有电动燃油泵、电磁喷油器、怠速控制阀以及活性炭管电磁阀等。

表 3.1　燃油喷射系统采用的执行元件及控制信号内容

传感器	控制信号内容	ECU 功能
曲轴位置传感器	发动机转速和转角	燃油喷射和空燃比控制
凸轮轴位置传感器	发动机转速、缸号及活塞上止点位置	
空气流量计	进气量	
发动机冷却液温度传感器	冷却液温度	
氧传感器	排气中的氧浓度	
节气门位置传感器	节气门位置	
车速传感器	车　速	
点火开关	启动信号	
爆震传感器	发动机爆震工况	
蓄电池	蓄电池电压	
动力转向油压开关	转向操作	
空挡开关	空挡开关信号	
电负荷	远光、除霜、鼓风机、压缩机等	

燃油喷射正时和喷油量以及断油控制是电控单元通过对喷油器的控制来实现的,所以燃油喷射的控制实质上是对喷油器的控制。目前,汽车发动机燃油喷射系统广泛应用电磁式喷油器。

3.5.1　喷油量的确定

在电控燃油喷射(EFI)系统中,喷油量和喷油正时控制是最基本也是最重要的控制内容,电子控制单元主要根据进气量的多少和目标空燃比确定所需要的基本喷油量,然后计算出控制喷油嘴的喷油脉宽,再根据其他传感器(如冷却液温度传感器、节气门位置传感器等)信号对喷油量进行修正,通过喷油嘴喷出燃油,使发动机在各种运行工况下均能获得最佳浓度的混合气,从而提高发动机的动力性、经济性和排放性。喷油量的确定过程如图 3.36 所示,燃油喷射控制系统,除喷油量控制外,还包括喷油正时控制、断油控制和燃油泵控制。

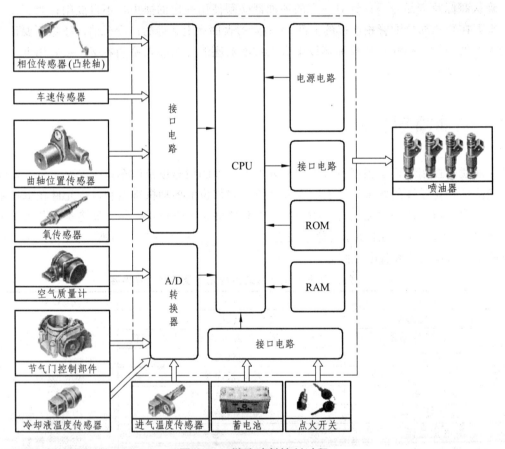

图 3.36　燃油喷射控制过程

1. 燃油喷射基本控制原理

喷油器的喷油按照确定的脉冲宽度进行,它是由 ECU 控制的。这里所说的脉冲宽度指的是喷油器的喷油时间。如果要减少喷入进气歧管的燃油量,只要缩短喷油器打开的时间,也就是减小喷油脉冲宽度即可。如果要使更多的燃油喷入进气歧管,只要增加喷油器打开的时间，也就是加大喷油脉冲宽度即可。ECU 根据其接收到来自燃油控制传感器的输入信号来改变脉冲宽度。实际上，ECU 计算一个基本的脉动宽度，然后再根据当前的操作状态将其修正。

喷油器的控制电路各车型基本相同，一般都是通过点火开关和主继电器（或熔丝）给喷油器供电，ECU 控制喷油器搭铁回路，如图 3.31 所示。

2. 喷油正时控制

喷油正时就是喷油器在什么时刻开始喷油。在采用多点顺序（间歇）喷射方式的电控燃油喷射系统中，计算机必须控制喷油器喷油的开始时刻，这就是喷油正时控制。其控制目标一般是按照各缸工作顺序，在进气行程开始前喷油结束。喷油正时控制分为同步喷油正时控制和异步喷油正时控制两个方面，如图 3.37 所示。

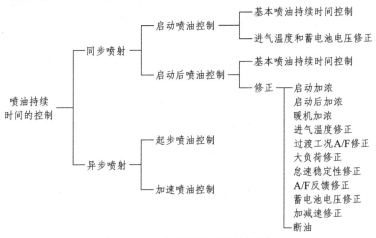

图 3.37　喷油持续时间的控制

（1）同步喷油正时控制。

同步燃油喷射是指喷油器的喷油时刻与发动机曲轴转角有对应关系的喷射。燃油喷射时各个气缸对应的喷油器同时喷射或依次喷射。在大多数运转工况下，喷油系统采用同步喷油方式工作，只有在启动、起步、加速等工况下才采用异步喷射方式工作。发动机在不同工况下运转，基本喷油持续时间和各种参数的修正量是至关重要的。

（2）异步喷油正时控制。

在发动机的一些特殊状况下，ECU 控制所有的喷油器同时喷油以满足发动机的特殊状况，这种情况就是非同步喷射。各气缸实际喷射的总油量是同步喷射油量加上非同步喷射油量。异步喷射是根据传感器的输入要求控制喷油时刻，与发动机曲轴的角度无关。

① 启动时异步喷油正时控制。

在部分电控燃油喷射系统中，为改善发动机的启动性能，在发动机启动时，除同步喷油外，再增加一次异步喷油。具有启动异步喷油功能的电控燃油喷射系统，在启动开关（STA）处于接触状态时，ECU 接收到第一个凸轮轴位置传感器（CMPS）信号（G 信号），接收到第一个曲轴位置传感器（CKPS）信号（Ne 信号）时，开始进行启动时的异步喷油。

② 加速时异步喷油正时控制。

发动机由怠速工况向汽车起步工况过渡时，由于燃油惯性等原因，会出现混合气稀的现象。为了改善起步加速性能，ECU 根据节气门位置传感器（IDL 信号）从接通到断开时，增加一次固定量的喷油。在有些电控燃油喷射系统中，ECU 接收的 IDL 信号从接通到断开后，检测到第一个 Ne 信号时，增加一次固定量的喷油。有些发动机电控燃油喷射系统，为使发动机加速更灵敏，当节气门迅速开启或进气量突然增加（急加速）时，在同步喷射的基础上再增加异步喷射。

3.5.2 按照对各喷油器的控制方式分类

发动机燃油喷射系统按喷油器安装部位分为单点燃油喷射系统（SPI）和多点燃油喷射系统（MPI）。单点燃油喷射系统只有一个喷油器，安装在节气门体上（早期产品，已淘汰）；多点燃油喷射系统每个气缸配一个喷油器，安装在燃油分配管和缸盖之间。根据燃油喷射时序的不同，多点燃油喷射又可分为同时喷射、分组喷射和顺序喷射 3 种喷射方式。

1. 同时喷射的控制

各气缸的喷油器并联后由计算机统一指令信号控制，同时喷油、同时断油，如图 3.38 所示。其特点是各缸喷油器串联在一起，电磁线圈电流由一个功率管 VT 驱动控制同时喷油或停油。其工作原理为喷油正时控制，是以发动机最先进入做功行程的缸为基准，在该缸排气行程上止点前某一位置，ECU 输出指令信号，接通该组喷油器电磁线圈电路，喷油器开始喷油。

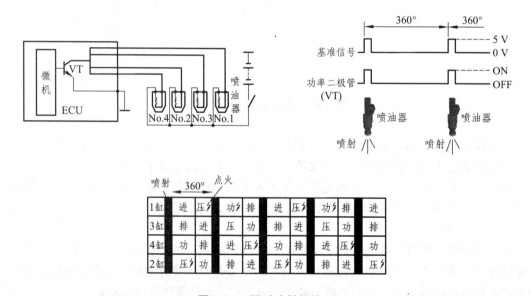

图 3.38　同时喷射的控制

同时喷射的优点是控制电路和控制程序简单，通用性好；缺点是各缸喷油时刻不可能最佳。除 1、4 缸喷油正时较好之外，2、3 缸喷射的燃油在进气门附近将要停留较长时间，其混合气雾化质量必然降低。因此，仅早期研制的燃油喷射系统采用，现代汽车已很少采用。

2. 分组喷射的控制

把各气缸的喷油器分成若干组，ECU 分别发出指令信号控制同一组喷油器同时喷油或断油。其工作原理是以各组最先进入做功的缸为基准，在该气缸排气行程上止点前某一位置，ECU 输出指令信号，接通该组喷油器的电磁线圈电路，该组喷油器开始喷油，如图 3.39 所示。一般将四缸发动机分成 2 组，六缸发动机分成 3 组，八缸发动机分成 4 组。

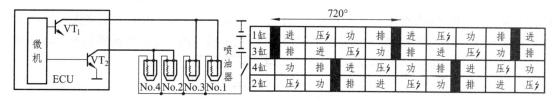

图 3.39　分组喷射的控制

3. 顺序喷射的控制

多点燃油顺序喷油就是各缸喷油器按照一定的顺序喷油。由于各缸喷油器独立喷油，因此也叫独立喷射。喷油器驱动回路数与气缸数目相等。在多点顺序喷射系统中，喷油顺序与点火顺序同步，点火时刻在压缩上止点前开始，喷油时刻在排气上止点前开始。

顺序喷射控制的工作原理为：ECU 根据凸轮轴位置传感器、曲轴位置传感器并依照发动机的做功顺序，当确定各缸活塞运行至排气行程上止点某一位置时，ECU 控制接通喷油器电磁线圈电路，该缸开始喷油，如图 3.40 所示。

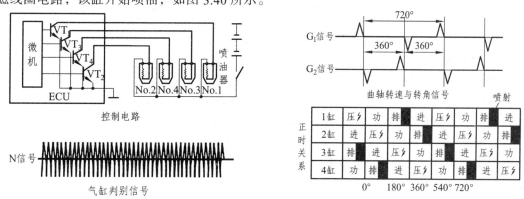

图 3.40　顺序喷射的控制

在顺序喷射系统中，发动机工作一个循环（曲轴转两圈720°），各缸喷油器由计算机分别控制，按发动机各气缸做功顺序实施轮流喷油一次。如四缸发动机做功顺序为 1—3—4—2 或 1—2—4—3，则喷油顺序也为 1—3—4—2 或 1—2—4—3；六缸发动机的做功顺序为 1—5—3—6—2—4 或 1—4—2—6—3—5，则喷油顺序也为 1—5—3—6—2—4 或 1—4—2—6—3—5 两种。

顺序喷射控制的优点在于各缸喷油时刻均可设计在最佳时刻，燃油雾化质量好，有利于提高燃油经济性和降低有害气体的排放，但控制电路和控制软件比较复杂。目前，汽车广泛使用顺序喷射控制。

3.5.3　喷油量控制

喷油量控制是电控燃油喷射系统最主要的控制功能之一。其目的是使发动机在各种运行工况下，都能获得最佳的混合气浓度，以提高发动机的经济性和降低排放污染。

要实现发动机各工况下燃油喷射的精确控制，首先应精确地确定发动机空气质量流量，根据测量空气质量流量时的发动机转速计算出每工作循环各气缸的进气质量流量。同时，综合汽车发动机在此工况下各种传感器的信号，再根据喷油器标定数据（流量系数）计算出喷油器喷油时间（喷油脉宽-喷油量）。然后根据发动机工况确定喷油正时。ECU 根据点火顺序，按上面已计算得到的喷油脉宽和喷油正时使喷油器工作。喷油脉宽的整个计算流程如图 3.41 所示。

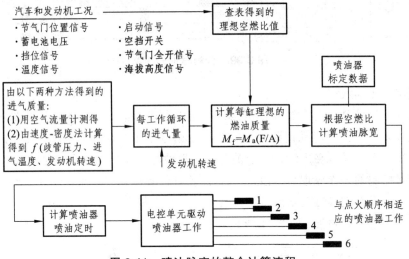

图 3.41　喷油脉宽的整个计算流程

1. 喷油量确定

现代汽车电控燃油喷射系统确定喷油量的方法普遍是在系统设计制造完成之后，通过对发动机进行多次台架试验，测定发动机不同工况下各种传感器和执行器的有关数据，确定出最佳喷油量及其相关数据，并将这些参数存入 ECU 的存储器中。

在发动机工作过程中，ECU 首先采集反映发动机工况的各种传感器信号，然后经过数学计算和逻辑判断确定出最佳喷油量和喷油时刻，再通过输出接口电路控制喷油器阀门的开启时间来控制喷油量。

在喷油器结构一定的情况下，喷油嘴流量和喷头面积是固定不变的，油压调节器控制的燃油压力与进气压力之差为定值（一般为 300 kPa）。因此，燃油喷射系统的喷油量仅取决于喷油器阀门开启的时间（即 ECU 向喷油器电磁线圈发出的控制脉冲信号的宽度 T）。脉冲宽度越大，喷油持续时间越长，喷油量就越大，反之则小。一般喷油时间为 2 ~ 12 ms。

2. 喷油量修正

汽车在实际运行过程中，发动机节气门位置传感器向 ECU 提供反映发动机负荷大小的信号；冷却液温度传感器向 ECU 提供反映发动机温度高低的信号；氧传感器向 ECU 提供反映发动机可燃混合气浓度的信号等。这些信号的输入就意味着喷油量需要增加或减少，还有如车速传感器提供反映车速的信号，判断发动机运行的情况；当节气门开度变化、车速为 0 时是否停止供油等。

在汽油机电控燃油喷射系统中，当喷油器的结构和喷油压差一定时，喷油量的多少就取决于喷油时间。喷油量的控制是通过对喷油器喷油时间的控制来实现的。喷油量与喷油时间成正比，故喷油控制主要是对喷油时间的计量和控制。通过控制喷油开始及结束的时间来实现燃油的喷射控制。喷油时间取决于基本喷油时间、修正喷油时间和电压修正时间。基本喷油时间由发动机工作时吸入的空气量和转速来计算。修正喷油时间包括：空燃比修正、进气温度修正、启动增量修正、暖机修正及功率修正等。电压修正时间主要是指根据蓄电池电压（如蓄电池亏电时，怠速控制系统提高发动机转速给蓄电池充电）、喷油量的工况进行修正。

喷油量增加：暖车期间、发动机启动时、加速时、大负荷高速工作。

喷油量减少：发动机减速时、发动机高速运转、冷却液温度过高。

在发动机实际工作过程中，不管在什么工况下，实际喷入各气缸燃烧室的燃油量=各工况下的基本喷油量+修正喷油量。喷油量控制原理如图3.42所示。

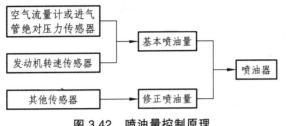

图3.42　喷油量控制原理

发动机工况不同，对混合气浓度的要求也不相同。特别是在一些特殊工况下，如冷启动、怠速、急加减速等特殊工况，对混合气浓度都有特殊要求。因此，喷油量的控制大致可分为发动机启动时的喷油量控制和发动机启动后（运行过程中）的喷油量控制两种情况。

3. 发动机启动时的同步喷油量的控制

当启动机驱动发动机运转时，发动机转速低且不稳，空气流量信号误差大，故ECU不以空气流量信号或进气压力信号作为计算喷油量的依据，而是按照可编程只读存储器中预先编制的启动程序和预定空燃比采用开环控制喷油。

启动时喷油量的控制过程：ECU首先根据点火开关、曲轴位置传感器和节气门位置传感器信号，判定是否处于启动状态，以便决定是否按启动程序控制喷油；然后根据冷却液温度传感器信号确定基本喷油量，如图3.43所示。

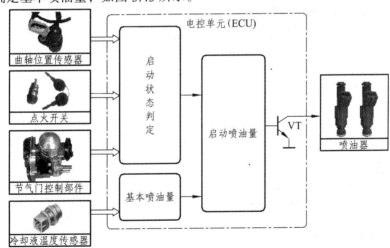

图3.43　发动机启动时喷油量的控制原理

（1）点火开关接通启动挡位时，ECU收到一个高电平信号，此时，ECU根据曲轴位置传感器、节气门位置传感器信号判定是否处于启动状态。如果曲轴位置信号表明发动机转速低于300 r/min，且节气门位置传感器信号表明节气门处于关闭状态，则判定发动机处于启动状态，并控制运行启动程序。

（2）在喷油系统具有"清除溢流"功能时，当发动机转速低于300 r/min且节气门开度大于80%时，ECU判定为"清除溢流"控制，喷油器停止喷油。

（3）当冷车启动时，温度低燃油不易蒸发，则进入气缸的混合气浓度较小，为了保证正常启动，ECU 根据冷却液温度传感器信号控制喷油量。温度低时增加喷油量，反之则减小，如图 3.44 所示。

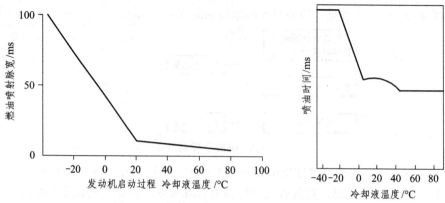

图 3.44　发动机启动过程与喷油量的关系

4. 发动机启动后的同步喷油量的控制

在发动机启动后正常运转过程中，实际喷油总量是由基本喷油量、喷油修正量和喷油增量 3 部分组成的。

（1）基本喷油量由空气流量计或歧管压力传感器、曲轴位置传感器（转速）信号和试验设定的空燃比（目标空燃比）计算确定。

（2）喷油修正量由与进气量有关的进气温度、大气压力、氧传感器等信号和蓄电池电压信号计算确定。

（3）喷油增量由发动机工况的点火开关信号、冷却液温度和节气门位置等传感器信号计算确定。燃油喷射修正只有在发动机启动和故障保护模式下，采用同时多点喷射。

发动机启动后喷油量控制原理如图 3.45 所示，发动机启动后暖机过程的喷油量控制如图 3.46 所示。

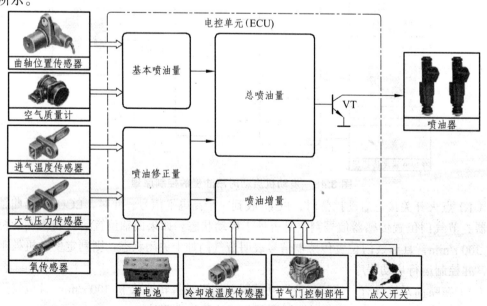

图 3.45　发动机启动后喷油量控制原理

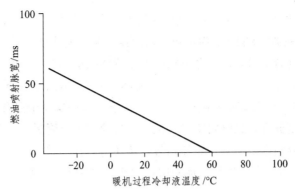

图 3.46　发动机启动后暖机过程的喷油量控制

3.5.4　喷油提前角与喷油持续时间的控制

喷油提前角和喷油持续时间与发动机工作循环、曲轴位置、凸轮轴位置传感器有着密切的关系。

1. 喷油提前角的控制过程

喷油提前角是从喷油器喷油开始至活塞运行到排气上止点的时间内，发动机曲轴转过的角度。

2. 喷油持续时间的控制过程

喷油器开始喷油后，电子控制单元使喷油脉冲保持高电平不变，并根据内部晶振周期控制喷油时间。当喷油脉冲宽度达到 2 ms 时，立即将喷油脉冲转变为低电平，使三极管截止，切断喷油器线圈电流而停止喷油。喷油持续时间=基本喷油持续时间×喷油修正系数+电压修正（蓄电池）。

D 型发动机根据发动机转速信号和进气管绝对压力信号确定基本喷油时间；L 型发动机根据发动机转速信号和空气流量计信号确定基本喷油时间。同时，还必须根据各种传感器输送来的各种运行工况信息，对基本喷油量时间进行修正。

异步喷油量控制：发动机启动和加速时的异步喷油量是固定值，各气缸喷油器以一个固定的喷油持续时间同时向各气缸增加一次喷油。

发动机断油控制是指在某些特殊工况下，燃油喷射系统暂时中断喷油器喷油，以满足发动机运行的特殊要求。断油控制包括发动机超速断油控制、减速断油控制和清除溢油控制。

3. 燃油喷射修正

燃油喷射修正就是对基本喷射时的反馈补偿值，燃油修正包括短时燃油修正和长时燃油修正。

（1）短期燃油修正系数。

短期燃油修正系数（STFT）是电子控制单元内部的一个程序，用于修正喷油脉宽，短期燃油修正系数根据氧传感器信号确定，因为氧传感器不能直接测出混合气空燃比，只能告诉电子控制单元混合气是浓或者稀，所以发动机管理系统为了方便修正喷油脉宽，采用短期燃油修正系数。在诊断仪器上（如 NGS），该系数为一个百分数。

① 短期燃油修正系数（STFT）=0%，表示喷油不需要修正，ECU 按照基本喷油量喷油；

② 短期燃油修正系数（STFT）为正数，如 5%，表示需要增加喷油量；

③ 短期燃油修正系数（STFT）为负数，表示需要减少喷油量。

当氧传感器显示混合气过浓时，电子控制单元持续减小短期燃油修正系数以减少喷油量。当喷油量减少到一定程度后，氧传感器会显示混合气过稀，电子控制单元此时又持续加大短期燃油修正系数（STFT）以增加喷油量，直到氧传感器再一次显示混合气过浓。

控制过程如此往复循环，最终将空燃比控制在理论空燃比附近，如果 ECU 持续加大（减小）短期燃油修正系数而不能使氧传感器信号"切换"，则电子控制单元认为有故障，将记录一个故障码（DTC）。闭环燃油控制只能对喷油量进行"微调"，基本喷油量还是通过进气量来计算。

（2）长期燃油修正系数。

长期燃油修正系数（LTFT）也是电子控制单元内修正喷油的软件，这种控制策略又称为"自适应燃油策略"。这种控制策略能够"学习"闭环控制状态下的燃油控制的结果，调整基本喷油量，并将结果记录在电子控制单元内，即使发动机停机后也不会丢失。如果短期燃油修正系数长时间保持为正数或长时间为负数，电子控制单元知道喷油量出现了偏差，这时电子控制单元调整基本喷油量，使得长期燃油修正系数的基准回到 0%，此时，调整喷油量的幅度就是长期燃油修正系数。

长期燃油修正系数一旦确定后就存储到电子控制单元内，以后计算喷油量时直接使用这个系数修正基本喷油量，无论在开环还是闭环状态都适用。

3.5.5　燃油切断控制

燃油切断控制（断油控制）是电控单元（ECU）根据相关传感器信息，在某些特殊工况下暂时中断燃油喷射，以满足发动机运行的特殊要求。断油控制包括发动机超速断油控制、减速断油控制和高温断油控制以及清除溢流控制等，如表 3.2 所示。

表 3.2　燃油切断控制

传感器	到 ECM 信号	ECM 功能	执行器
车速传感器	车　速	燃油切断控制	喷油嘴
空挡开关	空挡位置		
节气门位置传感器	节气门位置		
冷却液温度传感器	冷却液温度		
凸轮轴位置传感器 曲轴位置传感器	发动机转速		

1. 超速断油控制

（1）限速断油控制（发动机转速、汽车行驶速度）。

限速断油控制是指在加速工作过程中，发动机超过安全转速或汽车行驶速度超过设定的最高安全车速时，电子控制单元将切断燃油喷射控制电路，停止喷油，防止超速，保证行车安全。一般情况下，若发动机转速在设定控制转速（一般在 2 500 r/min）以上且无负载时，工作一段时间发动机将执行燃油切断控制，燃油切断的准确时间由转速决定。燃油切断功能会执行到发动机转速降到设定最低转速（一般在 2 000 r/min），然后恢复供油。

（2）发动机无负荷高转速燃油切断。

发动机工作过程中，如果处于无负荷状态时，或在负荷状态下，转速越高，曲轴连杆机构的离心力就越大。当离心力过大时，发动机就会有因"飞车"而损坏的可能，故每台发动机都有一个极限转速值，一般为 6 000 ~ 7 000 r/min。在发动机运行过程中，电子控制单元随时都将曲轴位置传感器测得的发动机实际转速与存储器中存储的极限转速进行比较。当实际转速达到或超过极限转速 80 ~ 100 r/min 时，电子控制单元就发出停止喷油指令，控制喷油器停止喷油，限制发动机转速进一步升高。喷油器停止喷油后，发动机转速将降低。当发动机转速下降至低于极限转速 80 ~ 100 r/min 时，电子控制单元将控制喷油器恢复喷油，超速断油控制如图 3.47 和 3.48 所示。

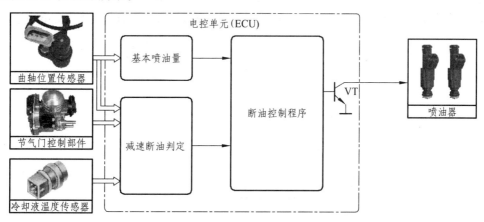

图 3.47　发动机超速断油控制

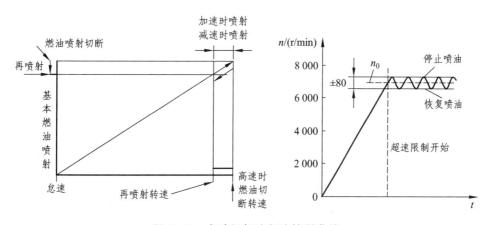

图 3.48　发动机超速断油控制曲线

2. 减速断油控制

减速断油控制过程是当汽车减速时，ECU 根据节气门位置、发动机转速和冷却液温度传感器信号，切断燃油喷射控制电路，停止喷油，以降低碳氢化合物及一氧化碳的排放量。通常情况下，在冷却液温度达到正常工作温度时，节气门完全关闭；发动机转速高于某一转速

（燃油停供转速）时，ECU 就发出停止喷油指令，控制喷油器停止喷油，如图 3.49 所示。

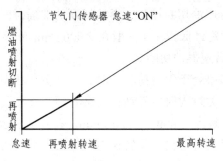

图 3.49　减速时切断燃油

3. 高温燃油切断

当发动机温度超过正常工作温度以上且持续一定时间时，电子控制单元则根据节气门位置传感器、转速传感器和冷却液温度传感器信号，切断燃油喷射控制电路，停止喷油，以防因高温损毁机件和保证三元催化转换器的效率，降低氮氧化物排放量，如图 3.50 所示。

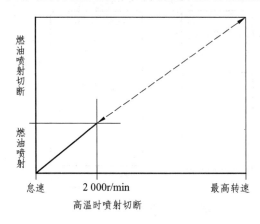

图 3.50　高温燃油切断

现代汽车电控燃油喷射系统除上述工况实施断油控制外，在装配电子控制自动变速器的汽车上，当行驶中变速器自动升挡时，变速器电子控制单元会向燃油喷射系统电子控制单元发出一个减扭矩信号。燃油喷射电子控制单元接收到这一信号后，将立即发出控制指令，暂时中断个别气缸喷油，降低发动机转速，以便减轻换挡冲击，这种控制功能称为减扭矩断油控制。

3.5.6　清除溢流控制

电控燃油喷射系统在发动机启动时，喷射系统将向发动机提供很浓的混合气。如果多次启动未能成功，那么淤积在气缸燃烧室内的浓混合气就会浸湿火花塞，使其短路不能跳火而导致发动机不能启动。火花塞被混合气浸湿造成短路的现象称为"溢流"或"淹缸"。

清除溢流功能就是将发动机油门踏板踩到底，接通启动开关启动发动机时，ECU 接收到点火开关"启动位置"信号、节气门"全开状态"信号和发动机转速信号（低于 500 r/min 以下且波动大）时，实施控制喷油器中断喷油，以便排除气缸内的燃油蒸气，使火花塞干燥，从而能够跳火，点燃可燃混合气。

当驾驶员踩下油门而发动机又不能启动时，可利用电控系统的清除溢流功能先将溢流清除，然后再进行启动。

电控系统清除溢流控制条件：点火开关处于启动位置；节气门全开；发动机转速低于500 r/min。

3.5.7 空燃比反馈控制

为了满足发动机在各种工况下获得最佳可燃混合气浓度的要求，现代发动机燃油喷射系统对混合气空燃比的控制广泛采用闭环控制、开环控制以及二者相结合的混合控制方式。如冷启动和冷却液温度低时，通常采用开环控制方式，以保证顺利启动和尽快升温；在中等负荷以及怠速等常用负荷状态下运行时，进行空燃比闭环控制，以保证经济性和低排放；当节气门全开、大负荷及急加速时，采用开环控制，以保证动力性。空燃比反馈控制是由 ECU 根据氧传感器输入的电压信号判断可燃混合气体浓度，再发出指令对喷油量进行修正。故氧传感器是该系统的关键部件，氧传感器输出电压的平均值，称为限制电平。

虽然 ECU 通过复杂的方法计算出最佳的喷油脉宽来控制混合气的空燃比，但是发动机的工作状态很复杂，有些时候并不能使混合气的空燃比达到最佳，所以发动机管理系统需要采用氧传感器对喷油进行修正，以达到更精确的空燃比，如图 3.51 所示。

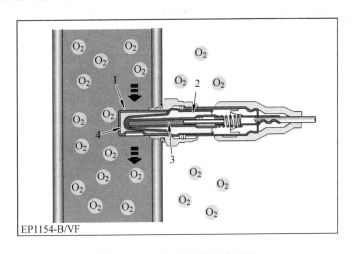

EP1154-B/VF

图 3.51　氧传感器的工作原理

1—钢质护管及涂层；2—铂电极；3—陶瓷加热元件；4—二氧化锆固体电解质陶瓷管（锆管）

氧传感器通过比较废气与外界空气中氧的浓度差异来判断混合气空燃比，如果废气中氧的含量很低，则混合气浓；反之混合气就稀。

氧传感器发出直流电压信号，信号电压介于 0~1 V，如果信号接近 0 V，表示混合气稀；信号接近 1 V，表示混合气浓。

当发动机处在相对稳定的工作状态时，电子控制单元根据氧传感器的反馈修正喷油，使空燃比尽可能接近理论空燃比，这个控制过程就是"闭环燃油喷射控制"。

1. 闭环控制

当氧传感器达到正常工作温度，能够正常工作后，电子控制单元就可以进入闭环燃油喷射控制状态。电子控制单元首先计算喷油脉宽，然后根据氧传感器反馈进行修正：如果氧传感器反馈空燃比浓，电子控制单元就减少喷油脉宽；反之，电子控制单元增加喷油脉宽。

闭环控制的结果使得发动机的混合气在理论空燃比（14.7）左右很小的范围内"摆动"，氧传感器的信号也在 0.45 V 左右"摆动"。

2. 开环控制

虽然闭环控制可以达到很好的效果，但有些情况下，不能进入闭环控制状态，这时发动机处于开环状态。典型情况如下：

发动机冷启动：发动机冷启动后，氧传感器还没有达到正常的工作温度，不能给出正常信号，这时，电子控制单元将等待氧传感器信号正常。

发动机大负荷：当发动机大负荷运转时，PCM 故意加浓混合气以求更大的功率，这时氧传感器信号被忽略。

三元催化器保护模式：当 PCM 监测到排气温度过高，有可能损坏三元催化器时，将放弃闭环控制以降低排气温度。

3. 空燃比反馈控制过程

当混合气偏浓时，电子控制单元收到氧传感器输入高于限制电平电压（0.5 V）的信号，电子控制单元首先发出控制指令使空燃比反馈修正系数骤降一个值，缩短喷油时间，减少喷油量，然后逐渐减小修正系数，使混合气逐渐变稀，空燃比逐渐增大。

当混合气偏稀时，ECU 收到氧传感器输入低于限制电平电压（0.5 V）的信号，ECU 首先发出控制指令使空燃比反馈修正系数骤升一个值，增长喷油时间，增加喷油量，然后逐渐增加修正系数，使混合气逐渐变浓，空燃比逐渐减小。

4. 空燃比反馈控制环境

为保证发动机具有良好的工作性能，空燃比反馈控制（闭环控制）必须满足：①发动机冷却液温度达到正常温度（80 ℃）；②发动机运行在怠速或部分负荷工况；③氧传感器达到正常工作温度（氧化钛型 300 ℃、氧化锆型 600 ℃）；④氧传感器输入 ECU 的信号电压变化频率不低于 10 次/min。

5. 空燃比开环控制

在发动机启动、启动后暖机、大负荷（节气门全开）工况、加速工况、减速工况、氧传感器温度低于正常工作温度以及氧传感器输入子控制单元的信号电压持续 10 s 以上时间保持不变时，子控制单元对空燃比进行开环控制。

6. 空燃比自学习功能

空燃比修正就是对基本喷射时的反馈补偿值，燃油修正包括短时燃油修正和长时燃油修正。

短时燃油修正就是短时期的燃油补偿，用来保持油气的混合比在理论的数值上，来自加热式氧传感器的信号指出油气的混合比是比理论混合比的数值浓或稀，根据此信号子控制单元在混合比过浓时会触发减少燃油喷射量，而在混合比过稀时会增加燃油喷射量。

长时燃油修正是指短期燃油补偿持续偏离中央值所实施的长期燃油补偿，此种偏离是因个别发动机的不同，由于磨损和使用环境的改变所造成的。

3.6　燃油供给系统的常见故障与检测

3.6.1　燃油供给系统的压力检测

　　燃油供给系统的压力检测一般是在燃油压力调节器进油口与进油管之间串接燃油压力表，检测工作压力（正常为 250 ~ 370 kPa，各车不同）。图 3.52 为燃油压力测试时燃油压力表的连接方法。

　　燃油压力检测方法步骤为：释放燃油压力；拆开燃油滤清器和主供油管（发动机侧）之间的燃油软管；安装压力表到燃油压力检测接头上；启动发动机，检测燃油是否泄漏；读取压力表上的数值。正常情况下在怠速时，有真空管连接燃油压力约为 235 kPa，无真空管连接燃油压力约为 294 kPa。

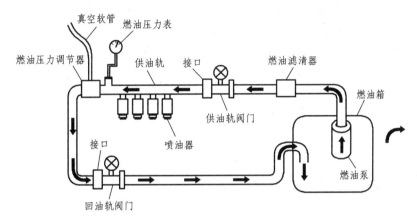

图 3.52　燃油供给系统的压力检测

3.6.2　释放和预置燃油压力

　　释放和预置燃油压力的目的是防止拆卸油管时，系统内燃油喷出造成人身伤害和火灾；为避免首次启动发动机时，因系统内油压不足而导致发动机不易启动。

　　释放燃油压力的方法步骤为：拆下燃油泵熔断丝；启动发动机；至发动机熄火后，再启动发动机 2 ~ 3 次以彻底释放燃油压力；将点火开关置于"OFF"位置，再重新连接燃油泵熔断丝。

　　预置燃油系统压力的方法步骤如下：

　　方法一：通过多次反复"打开"3 ~ 5 s 和"关闭"3 ~ 5 s 点火开关来完成；

　　方法二：在燃油系统元件和油管接头安装完好的情况下，在相应保险盒内预留备用保险和油泵专用插座，可将备用保险插入 10 s 以上。

3.6.3　燃油压力调节器的常见故障与检测

　　如果在燃油系统测试中，燃油压力下降而喷油器不渗漏，燃油可能是通过压力调节器漏到回油管路中，堵住这条管路重复检测，如果压力不再下降，说明压力调节器漏油。

燃油压力调节器检测：发动机熄火时，拆下燃油压力调节器与发动机进气管之间的真空软管。堵住发动机进气管端的接口，在燃油压力调节器端的接口处连接一个真空产生器。启动发动机并读取真空改变时燃油压力表的读数。当真空增加时，燃油压力应该下降，否则更换燃油压力调节器。

3.6.4 燃油泵的常见故障与就车检测

当燃油泵出现故障时，其表现为：燃油泵运转噪声大、供油系统的燃油压力低以及发动机启动困难和加速不良等。可能导致的原因有使用劣质燃油导致胶质堆积形成绝缘层；油泵轴套与电枢抱死；油箱储量不足情况下工作时间过长；油面传感器组件腐蚀等。

就车检测方法为：用专用导线将诊断座上的燃油泵测试端子跨接到 12 V 电压上；将点火开关转至"ON"位置，不启动发动机；旋开油箱盖能听到燃油泵工作的声音，或用手捏油管应感觉有压力；若听不到燃油泵的工作声音或油管无压力，应检修或更换燃油泵。

在上述检测正常的情况下，进一步检测燃油泵的电路导线、继电器、易熔丝有无断路。拆装燃油泵时注意：首先关掉用电设备并释放燃油系统压力。拆下燃油泵后，测量油泵两端子之间的电阻，阻值应为 $2 \sim 3 \, \Omega$（不为零或无穷大）。用蓄电池直接给燃油泵通电，应能听到油泵电机高速旋转的声音，或手握泵体有振动感（注意："+"、"−"不得接错，通电时间不宜太长）。

3.6.5 喷油器的常见故障及诊断

当喷油器发生故障时，表现为发动机怠速不良、启动困难、加速困难、发动机功率不足、发动机熄火、冷机启动慢等。一般故障原因是由于缺少保养，导致喷油器内部出现胶质堆积而失效或使用劣质燃油。常见的检测方法有平衡测试和检测线圈阻值的大小。对于多缸多点顺序喷射方式发动机进行喷油器平衡测试（单位时间内喷油量测试，在专用设备上进行），以诊断是否有节流，在平衡测试之前要检测燃油压力、燃油喷油器清洁、用欧姆表对喷油器的电阻值进行检测、进行喷油器性能测试等。维修时，须注意 O 型密封环不可重复使用，以确保密封性能；安装 O 型密封环时，先将其涂上汽油。

4 发动机电子控制点火系统

4.1 点火系统的基本原理与组成

电控点火系统（ESA）最基本的功能是对发动机各工况下的点火提前角，即点火正时、点火能量（电火花强弱）以及爆震燃烧实施有效的控制。电控点火系统根据凸轮轴和曲轴位置进气温度、发动机转速等传感器信号，判断发动机的运行工况和运行条件，选择最佳点火提前角，以较强的电火花点燃混合气，从而改善发动机的燃烧过程，使发动机在各种工况下均获得"最佳"的点火提前角和最大的点火能量，实现提高发动机动力性、经济性和降低排放污染的目的。

4.1.1 点火系统的基本原理

点火系统的作用就是依照发动机各缸工作循环，在恰当的时刻以足够强的火花点燃气缸内的混合气。点火对汽油发动机的燃烧过程非常重要，点火系统工作的好坏将直接影响发动机的动力性、燃油经济性以及排放性等指标。

各种点火系统的基本工作原理都是相似的，由点火线圈产生电火花，点火线圈分为初级线路和次级线路。初级线路首先充电，在适当的时刻，初级线路被切断，点火线圈的次级线路就会感应出高电压，这个高电压击穿火花塞间隙形成电火花。不同类型的点火系统区别在于初级线路接通/断开的方式以及次级线路分配高压电到火花塞的形式。

4.1.2 点火系统的基本组成

所有的点火系统均由初级、触发、次级3个电路部分或子系统构成。

1. 初级电路

点火系统的所有初级电路的部件和导线均在低电压（12 V 电压或称系统电压）下工作。初级电路包括点火开关、点火线圈初级绕组、转换装置（点火模块）以及所有的相关导线和插头等，如图4.1所示。

电流通过初级绕组在绕组周围产生磁场，磁场强度取决于通过绕组电流的大小，当初级电流达到最大值时（绕组饱和），磁场强度最大。大多数绕组达到目标电流值需 1.5 ~ 4.0 ms，具体时间与点火线圈初级绕组的形式有关。

闭合角是初级电路通电的时间（线圈接通时间）所对应的曲轴转角的大小。

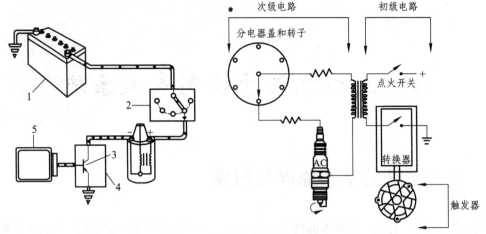

图 4.1　电控点火系统的组成

1—蓄电池；2—点火开关；3—晶体管开关；4—点火模块；5—ECU

2. 触　发

所有的点火系统均要求在点火线圈的初级绕组内，实现电路电流的接通和关闭。触发部分就是所有向点火模块或PCM提供输入的各种形式的信号，以便实施线圈的接通和关闭转换。触发信号包括感应线圈信号、曲轴转角传感器信号以及点火模块向 PCM 提供的输入和来自PCM的输入，如参考高和点火控制（IC）信号等。触发装置有 4 种类型：永磁发电机（PM，也被称为可变磁阻传感器）、霍尔效应开关、光波感应以及磁控电阻（MR）等。在本章节中，将分别对点火系统所使用的各个类型的装置进行详细介绍。

3. 次级电路

点火系统的次级部分是高电压部分（高达 100 000 V），它包括：点火线圈、火花塞导线以及火花塞等。在分电器点火系统中，还包括分电器盖和转子等。

线圈是次级电路的主要部件，它提供了克服次级电路电阻所要求的电压。该线圈的设计使其可以采用一个小电压（12～14 V），即可产生非常高的电压。在这些点火系统中，次级电压一定是在 6～100 kV。该线圈是一个升高型变压器，其可以极大地提高次级电压。该线圈是初级和次级电路的一部分。当初级线圈转换到开启时，磁场消失，在次级绕组中将感应到次级电压，如图 4.2 所示。

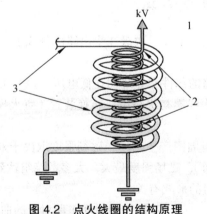

图 4.2　点火线圈的结构原理

1—点火线圈；2—次级绕组；3—初级绕组

当电流流过初级线圈绕组时，将产生一个穿过次级线圈绕组的磁场，这些绕组均缠绕在一个共同的钢制芯上。当初级电流被切断时，磁场消失，在次级绕组上将"感应"出电流，即互感原理，如图4.3所示。

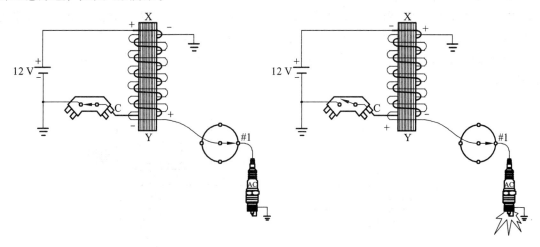

图4.3 点火线圈互感原理

线圈的输出受到 3 个因素的影响。一是流过初级绕组的电流大小，电流越大，则产生的磁场就越强；二是次级侧的导线的圈数，圈数越多，则输出的电压越高；三是所使用导线的直径。这些因素的综合作用将决定该线圈的输出。

还有几个因素限制了点火线圈的输出。当增大线圈电压，电流的强度则相应地降低；若流过初级绕组的电流很小，则流过次级绕组侧的电流就会变小；若次级电阻过大，则击穿火花塞间隙的能量就可能不足，这将造成跳火或损坏线圈和点火模块等。

4.2 电控点火系统的基本组成与结构

4.2.1 电控点火系统的类型

电控点火系统按其发展过程及其对点火的控制方式可分为传统点火方式和电子点火系统两大类。

电控汽车发动机点火系统主要采用分电器电子控制点火系统和现代广泛应用的无分电器电子控制点火系统两种。分电器电子控制点火系统由于分电器中运动部件的磨损，会导致驱动部件松动，无法保证在各种工况下点火提前角的最佳控制；无分电器电子控制点火系统可以避免此类现象。另外，分电器电子控制点火系统和无分电器电子控制点火系统所用的火花塞跳火间隙大小几乎相同，所以，两种系统所需的火花塞跳火电压也相近，如果无分电器电子控制点火系统中附加能量不是以电压形式表现出来，就会以较长时间通过火花塞电极的电流形式表现出来。通过火花塞电极电流的平均时间，分电器电子控制点火系统是 1 ms，无分电器电子控制点火系统是 1.5 ms。无分电器电子控制点火系统多出的 0.5 ms 似乎微不足道，然而对如今采用较稀空燃比的发动机来说，这一点很重要，较长的火花持续时间有利于防止气缸因较稀的空燃比造成缺火而影响燃烧速率。因此，目前汽车发动机普遍应用无分电器电子控制点火系统。

1. 传统（分电器）点火系统

传统点火方式包括：触点式点火系统、晶体管辅助点火系统以及无触点式电子点火系统（按触发信号产生不同分为磁感应式、光电式、霍尔效应式）三大类。

分电器点火系统一般由初级绕组、次级绕组、点火线圈、点火模块、分电器、火花塞、线路等组成，如图 4.4 所示。

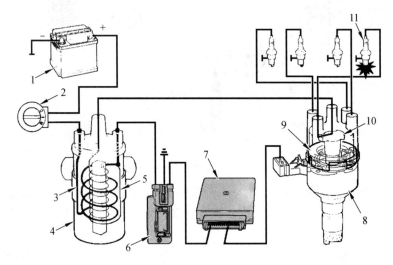

图 4.4　分电器点火系统的组成

1—蓄电池；2—点火开关；3—初级绕组；4—点火线圈；5—次级绕组；6—点火模块；

7—ECU；8—分电器；9—曲轴位置传感器；10—分火头；11—火花塞

其特点是分电器点火系统通常只有一个点火线圈，点火线圈次级线路产生的高电压首先输送到分电器，通过分电器内部分火头的转动依次分配到各气缸的火花塞。

传统点火系统的缺点为：高速易断火，不适合高速发动机；断电器触点易烧蚀，工作可靠性差；点火能量低，点火可靠性差，点火正时难以精确控制。

2. 电子控制点火系统

电子控制点火系统也称无分电器电控点火系统，其最大的特点是用电子控制装置取代了分电器，利用电子分火控制技术将点火线圈产生的高压电直接送给火花塞实施点火，点火线圈的数量比有分电器电控点火系统多。

电控点火系统根据其发展过程可分为：有分电器式（磁感应式、光电式、霍尔效应式）和无分电器式（凸轮轴和曲轴位置传感器）。现代汽车电控系统全部应用无分电器点火系统。电子点火系统（即无分电器点火系统）与传统的系统相比，最大的区别就是取消了分电器。

电子控制点火系统根据点火线圈的数量和高压电分配方式的不同，该点火系统又可分为同时点火方式、分组点火方式和独立点火方式 3 种（同时点火方式已淘汰，故不再赘述）。

（1）分组点火方式。

该点火方式有多个点火线圈，每两个相对的气缸共用一个点火线圈，这两个气缸就是通常所说的伴侣缸，如图 4.5 所示。这就意味着 4 缸发动机有 2 个点火线圈，而 6 缸和 8 缸发动机分别有 3 个和 4 个点火线圈。"伴侣缸"是指在运行过程中活塞的运动方向相同，但是其中一个处在压缩冲程，另一个处在排气冲程的两个气缸。

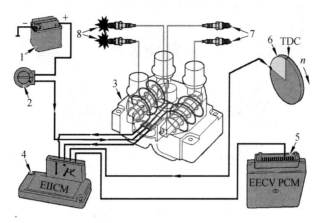

图 4.5　典型 4 缸发动机分组直接点火系统

1—蓄电池；2—点火开关；3—点火线圈；4—点火模块（ICM）；5—ECU；6—曲轴位置传感器；
7—火花塞（2/3 缸）；8—火花塞（1/4 缸）

在 4 缸发动机中，点火顺序为"1—2—4—3"或"1—3—4—2"，在发动机运转过程中，第 1 缸和第 4 缸活塞运动方向以及到达地点是相同的。当它们同时到达上止点时，如果第 1 缸处在压缩上止点，则第 4 缸处在排气上止点。对于 4 缸发动来说，1/4 缸是一对"伴侣缸"、2/3 缸是另一对"伴侣缸"。分组点火原理如图 4.6 所示。

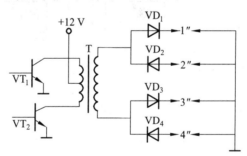

图 4.6　分组点火原理

如图 4.7 所示，直接点火系统点火线圈的次级线路分别连接到相对的两个气缸的火花塞，点火线圈次级线路在工作时，产生的高压击穿两个火花塞间隙形成回路。

系统工作时，两个火花塞同时产生火花，但是，这两个火花所消耗的能量是不同的，处在压缩冲程的气缸内压力大，点火线圈产生的点火能量大部分消耗在这里。

从另一方面来看，一个气缸在一个完整的 4 冲程工作循环中点火两次，其中一次在压缩冲程，用于点燃混合气；另一次点火在排气冲程，此时，气缸内只有燃烧完毕的废气。

（2）独立点火方式。

点火系统独立点火方式也称为多点顺序点火，其结构特点是每一个气缸配有一个点火线圈并直接安装在火花塞上方。发动机工作时，点火系统则按照发动机各缸工作循环顺序实施点火。其基本组成和工作原理与分组点火方式相同。其优点是由于没有高压线，点火能量损失就减少，也就是进一步提高了点火能量。此外，所有高压不是都可安装在发动机气门室罩盖内，降低了点火系统对其他电子部件的电磁干扰，如图4.8所示。

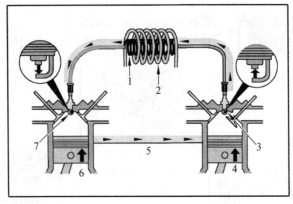

图 4.7　直接点火工作原理

1—点火线圈初级线路；2—点火线圈次级线路；3，7—火花塞间隙；4—排气冲程的气缸；
5—气缸盖；6—压缩冲程的气缸

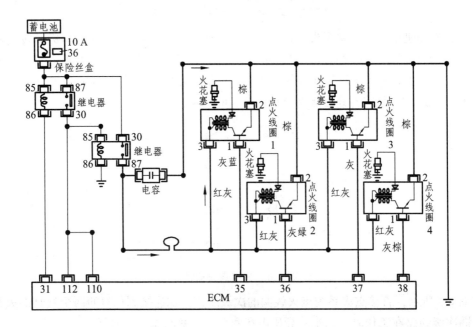

图 4.8　独立点火控制线路原理

4.2.2　电控点火系统的基本组成及工作原理

电控点火系统主要由曲轴位置传感器（曲轴转速与转角）、凸轮轴位置传感器（活塞上止点位置）、空气流量计、节气门位置传感器、发动机进气与冷却液温度传感器、爆震传感器及各种相关控制开关、点火控制器、点火线圈、火花塞控制单元（ECU）和电源等组成，如图4.9所示。

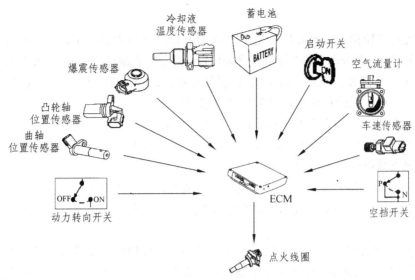

图 4.9　电控点火系统的基本组成

1. 电源及传感器信号

（1）电源。

汽车上配置的电源由发电机和蓄电池两部分组成。其向外供电特点为：低压直流电用电设备均为并联方式。电源主要是给点火系统中点火线圈提供低压直流电，以便点火系统正常工作。

（2）传感器。

传感器主要是用来检测与发动机点火功能相关的各工况信息，同时将检测的结果输送给ECU，通过运算处理确定最佳点火时刻，从而使发动机在各种工况下均获得"最佳"的点火提前角和点火能量，达到提高发动机动力性、经济性和降低排气污染以及使用可靠性的目的。现代各品牌汽车所采用的传感器的类型、数量、结构以及安装位置各不相同，但其结构原理和功能基本相同。

曲轴位置传感器和凸轮位置传感器是点火控制系统中最重要的传感器之一。曲轴位置传感器用来判别气缸、检测曲轴转角以及决定点火时刻的原始设定位置；凸轮位置传感器是根据各缸气门的开闭状态，判别活塞压缩上止点位置。曲轴位置传感和凸轮轴位置传感器的信号是保证ECU控制电子点火系统正常工作的最基本信号。

① 凸轮轴位置传感器（CIS）（又称气缸识别或相位传感器），是用来采集配气凸轮轴的位置信号并输入ECU，以便确定活塞处于压缩（或排气）上止点的位置。在多点顺序喷射系统中，对于ECU来说，只有上止点、转速信号是不足以确定正处于进气行程中的气缸喷油和点火所需曲轴的正确位置。因此，相位传感器用来识别曲轴转角的基准位置（第一缸压缩上止点），进而识别气门位置，为ECU提供燃油喷射和准时点火控制的主控信号。

② 曲轴位置传感器（CPS），其作用是检测活塞上止点位置，采集发动机曲轴转速与转角信号，并将其输入ECU，以便计算确定并控制点火正时与喷油提前角。发动机工作时，曲轴位置传感器（CPS）将曲轴转过的角度不断地转变为电信号输入ECU，当曲轴每转过一个角度就发出一个脉冲信号，ECU通过不断地检测脉冲个数，可计算出发动机转速。在电子控制点火系统中，发动机曲轴转角信号用来计算具体的点火时刻，转速信号用来计算和读取基本

点火提前角。

曲轴位置和凸轮位置传感器信号是保证 ECU 控制电子点火系统正常工作的最重要和最基本的信号。在相当一部分车上将凸轮轴和曲轴位置传感器二者制成一体，称为曲轴位置传感器。

③ 进气温度传感器，检测并给 ECU 提供发动机冷却液温度信号，给 ECU 提供进气温度信号，作为修正点火提前角和燃油喷射控制的修正信号。

④ 各种开关信号。当点火开关打开时，给 ECU 提供一个高电位信号，作为确定点火初始角；启动开关、空调开关、挡位开关、动力转向开关、巡航控制开关等分别给 ECU 提供信号，用以在各工况下修正点火提前角。

⑤ 空气流量传感器，是测量发动机进气量的装置，它能将吸入气缸的空气转变成电信号传送给电控单元（ECU），作为电控汽油喷射系统确定基本点火提前角和基本喷油量的重要信号之一。

⑥ 节气门位置传感器，又称节气门开度传感器，其作用是检测节气门开度大小，并将其转变成电信号输送给 ECU，以便确定空燃比和发动机负荷的大小而对点火提前角进行必要的修正。

2. 爆震传感器

（1）爆震传感器的功用。

爆震传感器是电控点火系统闭环控制的重要部件。现代汽车发动机为了提高燃烧效率及单位输出功率，通过在爆震临界区设定点火时刻，避免发动机进入爆震区，以达到节油和提高输出功率的目的。爆震传感器的作用是检测发动机在工作过程中，是否发生爆震燃烧及产生一定的爆震强度，并将其转变为电信号输送到 ECU，使计算机对点火提前角进行修正而消除爆震，实现点火系统的闭环控制。

发动机爆震可以通过检测发动机气缸压力、发动机机体振动、燃烧噪声等方法进行。其中常用的方法是检测发动机机体振动。因此，一般车辆发动机爆震传感器安装在缸体侧面或缸盖上。根据发动机机体振动检测爆震的传感器有多种类型，最常见的有压电晶体式和电感式爆震传感器。

（2）爆震传感器的结构与工作原理。

① 压电晶体式爆震传感器（非共振型）。

压电晶体式爆震传感器是根据压电晶体的压电效应原理制成的。压电晶体在一定的方向上受到机械应力作用时，晶体表面产生电荷，当外力作用消除后，电荷随之消失。压电元件和配重用螺栓固定在壳体上，调整螺栓的拧紧力矩可调输出电压。输出特性一般出厂时已调好，使用中不得随意调整。压电晶体式爆震传感器的结构如图 4.10 所示。

爆震传感器在工作过程中，不断地检测发动机缸壁的振动情况，同时，以压电元件感应缸体振动并转换为振动压力，将压力转换为电压模拟信号传送给 ECU。当发动机缸体爆震时，振动信号中包含高频成分 5～10 kHz。当发动机运行过程中出现爆燃造成振动时，其振动作用引起缸体振动、传感器壳体振动、配重振动，然后作用于压电元件，产生压电效应。信号电压与振动频率和强度成比例。

试验证明：当爆震频率为 6～9 kHz 时，振动强度较大，信号电压也较高。而且发动机转速越高，信号电压幅值越大，如图 4.11 所示。

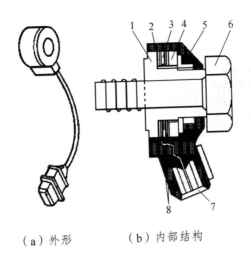

（a）外形　　　（b）内部结构

图 4.10　压电晶体式爆震传感器的结构

1—套筒底座；2—绝缘垫圈；3—压电元件；4—惯性配重；5—塑料壳体；

6—固定螺栓；7—接线插座；8—电极

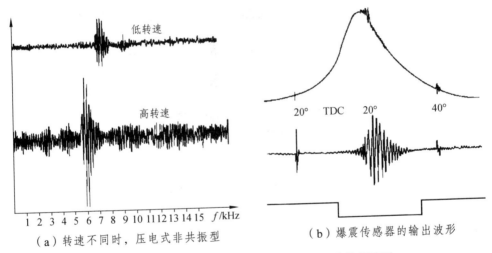

（a）转速不同时，压电式非共振型　　　　（b）爆震传感器的输出波形

图 4.11　缸体振动强度与爆震传感器的输出信号波形

② 电感式爆震传感器。

电感式爆震传感器是应用最早的一种传感器，它安装在发动机缸体的适当部位。该传感器由永久磁铁、铁心及铁心周围的传感线圈壳体等组成，如图 4.12 所示。其中，永久磁铁产生磁场，信号线圈产生信号电压，伸缩杆构成导磁回路，输出信号利用电磁感应原理检测发动机爆震与否。

电感式爆震传感器的原理是根据电磁感应原理，通过传感线圈的磁通变化时，传感线圈产生电动势，这个电动势为爆震传感器输出的电压信号。输出电压大小取决于发动机振动频率，当传感器固有振荡频率与设定爆震强度时发动机的振动频率产生共振时，传感器输出最大信号，即缸体振动、铁心振动、线圈磁通变化，产生电动势 U_S。当出现爆震时，传感器与发动机共振，使 $U_S = U_{S\,max}$（共振频率为 6 ~ 9 kHz）。

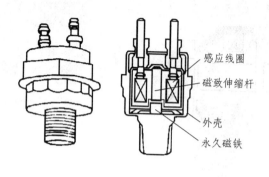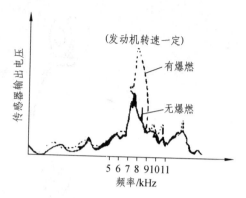

图 4.12　电感式爆震传感器的组成及信号波形

③ 压电式火花塞座金属垫型爆震传感器（非共振型压力传感器）。

其安装在火花塞垫圈与发动机气缸盖之间，如图 4.13 所示，每缸一个，根据各缸的燃烧压力直接检测各缸的爆燃信息，并转换成电信号输送给 ECU。其原理为：燃烧压力传给火花塞及火花塞垫圈，然后传给传感器，以间接测量燃烧压力。

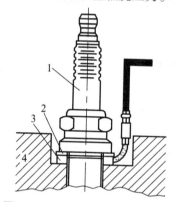

图 4.13　垫圈压力型爆震传感器

1—火花塞；2—垫圈；3—爆震传感器；4—气缸盖

点火控制器的结构随车型电控系统的结构形式不同而异，控制单元组合在同一计算机面板上，现代汽车均采用这种方式。

3. 电子控制单元与点火控制器

电子控制单元在点火系统工作过程中的主要功能是控制点火正时和通过控制点火线圈初级电路的电流而达到对点火能量的控制。ECU 根据发动机工况计算出当前的点火提前角，然后通过点火模块来控制点火正时。

点火模块（点火器）的主要功能是在适当的时刻，按照正确的顺序接通或断开点火线圈的初级线路，以便驱动点火线圈工作。点火模块需要与电子控制单元互相配合才能正常工作。在早期的有分电器点火控制系统中，点火器是一个单独的模块，安装在分电器外壳或点火线圈上。而后期的无分电器电控点火系统，通常把点火器功能以软件的形式集成到电子控制单元内部，外部不再有单独的点火器模块。

4. 电控点火系统的其他部件及功能

（1）曲轴位置传感器。

曲轴位置传感器是一个电磁感应式传感器，电子控制点火系统利用这个传感器来判定曲轴相对位置和发动机转速。曲轴位置传感器工作时，需要一个信号触发轮，如触发轮共有 35（36-1）个轮齿，每个轮齿之间相隔 10°，但故意缺失一个轮齿，这个缺齿位置发出的信号与其他位置的信号不同，系统利用这个信号判定上止点位置。

在每个发动机工作循环中曲轴要旋转 2 圈，曲轴位置传感器将发出两个缺齿的信号，所以曲轴位置传感器判定曲轴位置时，不能区分气缸处在压缩行程还是排气行程（指没有配置凸轮轴位置传感器型电控点火系统）。曲轴位置传感器的结构及信号如图 4.14 所示。

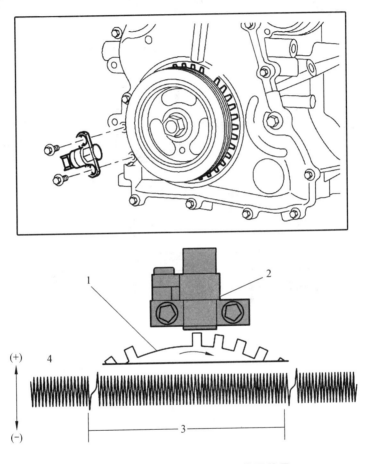

图 4.14　曲轴位置传感器的结构及信号

1—目标轮（齿缺）；2—磁感应式曲轴位置传感器；3—目标轮旋转一周产生 58 个脉冲信号；
4—脉冲信号波形图

对于 6 缸发动机，曲轴位置传感器触发轮缺齿位置被安排在第 1 缸上止点前 60°；4 缸发动机则在 1 缸上止点前 90°；8 缸发动机为 1 缸上止点前 45°，如图 4.15 所示。

部分发动机在装配有曲轴位置传感器的同时，还配置有凸轮轴位置传感器，利用凸轮轴位置传感器来判别发动机四行程过程中的压缩或排气行程。电控点火系统工作时，应用曲轴位置传感器和凸轮位置传感器两个信号来准确判断目标气缸的压缩上止点位置，保证发动机工作时实施准确的顺序点火，如图 4.16 所示。

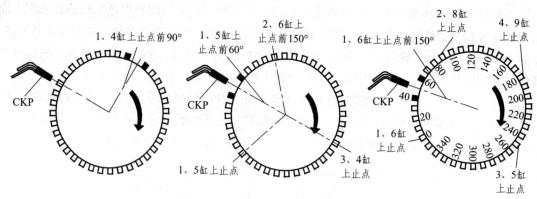

图 4.15　曲轴位置传感器判缸原理

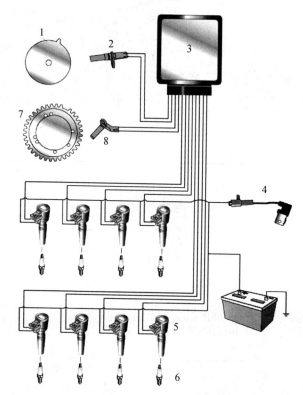

图 4.16　应用曲轴位置传感器和凸轮轴位置传感器两个信号判别目标气缸

1—凸轮轴目标轮；2—凸轮轴位置传感器；3—电子控制单元（ECU）；4—爆震传感器；

5—点火线圈；6—火花塞；7—曲轴位置目标轮；8—曲轴位置传感器

（2）点火线圈。

在分组点火系统中，点火线圈称为"线圈排"，对于 4 缸发动机，两个点火线圈组成一个线圈排；6 缸发动机是 3 个点火线圈组成一个线圈排，如图 4.17 所示。

现代汽车发动机电控点火系统广泛采用独立顺序点火方式，点火线圈的数量与气缸数相同，即每个气缸均配置独立的点火线圈，在 ECU 的控制下实施各缸单独点火。其结构如图 4.18 所示。

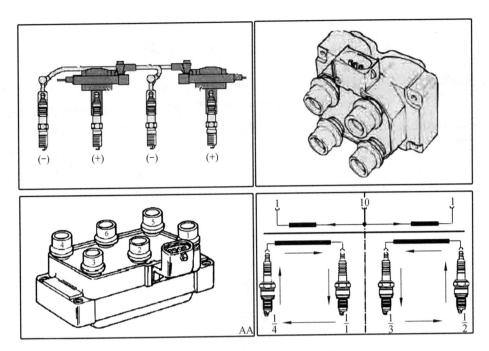

图 4.17　分组点火方式及点火线圈布置

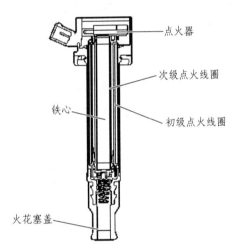

图 4.18　独立点火方式点火线圈的结构

4.3　点火系统的控制

　　在电控点火系统中，ECU 对点火系统的控制内容是对发动机点火系统的点火正时提前角（点火提前角）、点火线圈初级绕组通电时间（闭合角）、爆震以及点火分配控制 4 个方面实施有效控制。确保点火系统按照发动机各缸工作循环和点火做功顺序，在各种工况下均获得"最佳"的点火提前角和最大的点火能量，达到提高发动机动力性、经济性和降低排气污染的目的。

4.3.1　点火提前角对发动机工作性能的影响

　　汽油发动机工作时，可燃混合气在气缸内燃烧需经过诱导期、明显燃烧期和补燃期 3 个阶段。为了使混合气及时完全燃烧提高动力性能，必须按一定的点火提前角实施点火。点火提前角是从火花塞发出电火花，到该缸活塞运行到压缩上止点时曲轴所转过的角度。当汽油机保持节气门开度、转速以及混合气浓度一定时，汽油机功率和耗油率随点火提前角的改变而变化。对应于发动机每一工况都存在一个"最佳"点火提前角，如图 4.19 所示。"最佳"点火提前角，可使发动机每循环一次所做的机械功最多，油耗最低，排污较小。

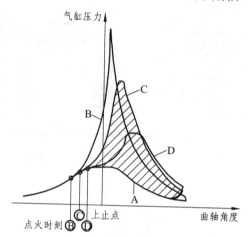

图 4.19　点火提前角与可燃混合气压力以及做功数量曲线图

A—不点火；B—点火过早；C—点火适当；D—点火过迟

　　点火提前角是一个数值参数，它表示由 ECU 控制的总点火提前角（包含基本点火提前角），其变化范围为 $-10° \sim 90°$。在发动机运转过程中，该参数值取决于发动机的工况及相关传感器的信号，通常在 $10° \sim 60°$ 变化。在进行数值分析时，应检测该参数能否随发动机工况不同而变化。通常在发动机怠速运转时，该参数为 15°左右；发动机加速或中高速运转时，该参数增大。如果该参数在发动机不同工况下保持不变，则说明控制系统有故障，也可以用正时灯检测发动机点火提前角的实际数值，并与该参数进行比较。如果发现实际点火提前角与该参数不符，说明曲轴位置传感器可能出现故障。

4.3.2　点火提前角的构成

　　点火正时，指的是相对于活塞在压缩冲程的位置，火花塞点火的早晚。为了发动机有效运行和降低排放，燃烧过程应尽量在预定的时间内完成。在电控点火系统中，点火提前角通常由初始点火提前角、基本点火提前角和点火提前角修正值 3 部分组成。最佳点火提前角是由 ECU 将这 3 部分按一定程序和方法计算出来的。ECU 确定点火提前角的方法有多种，不同形式的电控系统，点火提前角的确定方法也不尽相同，常见的有以下几种：

　　（1）求代数和。发动机实际工作时，实际点火提前角（最佳点火提前角）=初始点火提前角+基本点火提前角+点火提前角修正系数。

（2）乘修正系数。发动机实际工作时，实际点火提前角（最佳点火提前角）=初始点火提前角+基本点火提前角×修正系数，或最佳点火提前角=（初始点火提前角+基本点火提前角）×修正系数（修正系数与传感器及发动机工况信号有关）。

4.3.3　最佳点火提前角的确定与控制

1. 最佳点火提前角的确定

通常把发动机功率最大、油耗最低时的点火提前角称为最佳点火提前角。点火提前角控制可使发动机在不同转速、进气量因素影响下，实现最佳点火提前角，从而提高发动机功率或转矩，降低油耗和将排气降低到最低程度。

汽车出厂时，发动机各种工况及运行条件下最理想的点火提前角已存储记忆在 ECU 中。发动机在实际工作过程中，最佳点火提前角是随发动机转速、负荷等变化而变化的，每一工况都存在一个"最佳"点火提前角。发动机工作时，ECU 根据曲轴位置传感器、凸轮轴位置传感器、转速传感器、空气流量计、冷却液温度传感器、节气门位置传感器等信号，进行运算对比得到各工况下的"最佳"点火提前角。所以，发动机转速、发动机负荷、燃料性质等因素是确定点火提前角的依据。发动机在工作过程中，当转速变化时，电控系统控制点火提前角随着转速的升高而增大，以提供理想的点火提前角，使缸内燃烧最大压力在活塞上止点后 10°～15°出现。当发动机负荷减小时，进气量少，缸内的温度和压力均降低，要求点火提前角增大；反之点火提前角减小。电控点火系统控制发动机的实际点火提前角接近于理想点火提前角，另外，汽油辛烷值越高（牌号高），抗爆性越好，电控点火系统控制点火提前角增大，反之则减小。当发动机压缩比、燃烧室形状、燃烧室内温度、空燃比、大气压力、冷却液温度等某因素发生变化时，电控点火系统则采取在基本点火提前角的基础上进行对点火提前角修正的方法实施控制点火。

综上所述，发动机在不同工况下都有一个最佳的点火提前角，ECU 通过收集喷油脉宽和发动机转速信号（见图 4.20），按存储器内存储的表计算点火提前角，并收集冷却液温度传感器、节气门位置传感器、爆震传感器、点火开关、空挡开关、车速等信号进行修正以后发出点火指令，执行器实施点火。

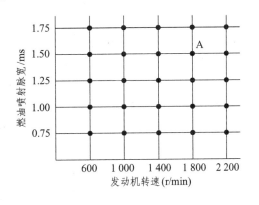

图 4.20　利用发动机转速与喷油脉宽确定点火提前角

2. 点火提前角的控制

点火提前角控制包括初始点火提前角、基本点火提前角、修正点火提前角以及点火线圈初级绕组恒流控制。发动机工作时，每一工况下的实际点火提前角=初始点火提前角+基本点火提前角+修正点火提前角。

初始点火提前角是指发动机启动时，由于曲轴转速不均匀，空气流量计信号不稳致使点火提前角无法确定。所以，ECU内设定存储有针对启动时的一个初始点火提前角，达到对点火提前角的控制。设定值随发动机型号不同而各不相同，对结构一定的发动机而言，启动时的点火提前角一般固定在10°~15°。当发动机启动后正常运转时，ECU根据发动机的转速和负荷等信号，确定基本点火提前角，并根据其他有关信号进行修正，最后确定实际的点火提前角，并向电子点火控制器输出点火指令信号，以控制点火系统的正常工作。

基本点火提前角是在发动机测功机上确定的。在不同的转速与负荷点，对点火正时进行调整以获得最大的扭矩，这一正时称为最佳扭矩的最小点火提前角。这些点火提前角值一般保存在ECU中的转速负荷表里。发动机在实际工作过程中，ECU根据节气门位置传感器信号、发动机转速传感器信号和空调开关信号以及负荷大小，进行运算、对比处理来确定各工况下的基本点火提前角。修正点火提前角是在初始和基本点火提前角的基础上，根据发动机在不同工况下受其他因素以及点火反馈信号的影响，对点火提前角再次微量调整（点火系统闭环控制）。

（1）点火提前角的控制方式。

点火提前角的控制方式和其他电控系统控制方式相同，也有开环和闭环控制两种。开环控制方式：ECU根据转速和空气流量传感器（或进气管压力传感器）提供的发动机转速负荷信号，从存储器中读取相应的基本点火提前角，并通过辅助传感器提供发动机其他工况信号，确定点火提前角的修正值，加以修正后，得出最佳点火提前角数值来控制发动机点火，而对控制结果好坏不予考虑。开环控制方式的优点是控制系统及运算程序简单，运算速度快。但控制精度取决于传感器的精度及修正计算方法的适用程度，它对一些使用因素，如发动机制造精度、磨损状况、积炭等对点火提前角的影响均未考虑。

闭环控制方式，又称反馈控制方式，ECU在控制点火提前角的同时，根据发动机实际运行结果不断反馈信息，如发动机是否爆震及爆震程度、怠速稳定情况等，及时对点火提前角进一步修正，使发动机始终处于最佳点火状态，而不受发动机磨损、老化等因素影响。

（2）闭合角控制。

闭合角也称导通角，是指点火线圈初级电路在ECU的控制下，开始接通电源通电至完全断电时间间隔内曲轴所转过的角度。初级电路断开电流值及点火线圈存储的能量，直接影响次级点火电压的高低（见图4.21）。而点火线圈初级电流的大小及所存储的能量取决于发动机的转速及电源电压。为保证在不同转速和供电电压下，都具有相同的断开电流，并防止点火线圈因长时间通过大电流过热烧毁，必须对初级电路导通时间加以控制，即闭合角的控制。

现代电控点火系统和传统的分电器不同，传统的点火线圈初级电路的通电时间取决于断电器触点的闭合角和发动机转速。而现代点火线圈初级电路的通电时间由ECU控制，根据发动机的转速信号和电源电压信号确定最佳的闭合角（通电时间），并控制点火器输出指令信号，以控制点火器中晶体管的导通时间。

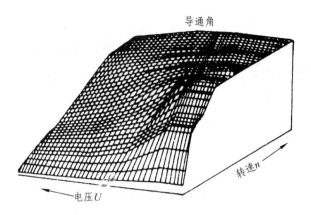

图 4.21 发动机转速和导通角与点火次级电压的关系

（3）点火提前角的修正。

不同形式的发动机控制系统，对点火提前角的修正项目和修正方法也不尽相同。常见的修正方法有修正系数法和修正点火提前角法两种。点火提前角修正的主要内容包括：发动冷却液温度变化时、怠速稳定转速时以及空燃比反馈和发动机过热的修正等。点火修正时机包括：发动机启动时、暖车时、怠速时、蓄电池电压过低时、加速时，当爆震传感器探明发动机爆震时，将传输信号给 ECU，ECU 推迟点火提前角，以消除爆震。

① 冷却液温度变化时点火提前角的修正。

冷却液温度变化时，点火提前角修正又可分为暖机修正和过热修正。发动机冷车启动后的暖机过程中，随着冷却液温度的提高，混合气的燃烧速度加快，燃烧过程所占的曲轴转角减小，点火提前角也应适当减小，如图 4.22 所示。

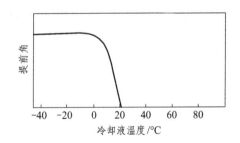

图 4.22　点火提前角与冷却液温度的关系

② 怠速稳定转速下的修正。

ECU 根据实际转速与目标转速的差来修正点火提前角，低于目标转速，应增大点火提前角；反之，推迟点火提前角，如图 4.23 所示。控制信号有：发动机转速信号、节气门位置传感器信号、车速传感器信号、空调开关信号。

③ 空燃比反馈修正。

由于空燃比反馈控制系统是根据氧传感器的反馈信号调整喷油量的多少来达到最佳空燃比控制的，所以这种喷油量的变化必然带来发动机转速的变化。为了稳定发动机转速，点火提前角需根据喷油量的变化进行相应的修正，如图 4.24 所示。

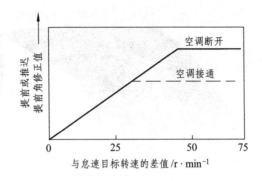

图 4.23　怠速目标转速与点火提前角修正值的关系

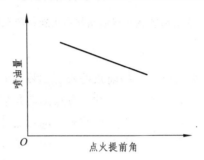

图 4.24　喷油量与点火提前角的关系

（4）启动时点火提前角的控制。

在发动机启动过程中，因进气管绝对压力传感器信号或空气流量计信号不稳定，ECU 无法正确计算点火提前角，此时，ECU 则根据发动机转速信号和启动开关信号，将点火时刻固定在设定的初始点火提前角范围内，以保证发动机正常启动。

当发动机启动后怠速运转时，ECU 根据节气门位置传感器信号、发动机转速传感器信号和空调开关信号确定基本点火提前角。当发动机启动后在除怠速以外的工况下运转时，ECU 则根据发动机的转速和负荷（单位转数的进气量或基本喷油量）确定基本点火提前角。

（5）发动机不同转速时点火提前角的控制。

发动机正常工作时，因为各燃烧过程完成的时间基本相同，当发动机转速增加时，通常点火也需相应提前。如在压缩冲程点火时刻早于基本正时，则称正时"提前"。ECU 主要根据转速与负荷计算点火提前角，力图在当前工况下实现最佳的发动机性能。

发动机在混合气过稀且转速高、进气温度和压力较低、冷却液温度较低，同时 EGR 参加工作等工况下工作时，点火提前角将增大。

（6）点火正时延迟。

点火正时延迟，即推迟点火提前角。发动机转速降低时，点火提前角一般相应减小。提前角减少的量称为正时延迟。当正时延迟时，在压缩冲程中的点火时间推迟。

发动机在混合气过浓、大负荷低转速以及进气和冷却液温度过高等工况下时，点火提前角将减小。

（7）爆震控制。

爆震会导致发动机冷却液温度过高，功率下降，油耗上升，发动机工作粗暴、敲击异响，严重时会烧毁活塞。电控系统对爆震控制是通过识别安装在缸体上的爆震传感器检测发动机不同频率范围内的机械振动信号来完成的。发生爆燃时，传感器电压信号有较大的振幅。ECU 把爆震传感器输入的信号滤波处理后，并判定其爆震的程度，以推迟点火角。爆震强时，推迟点火角度大；爆震弱时，推迟点火角度小。每次调整都以一个固定的角度递减，直到爆震消失为止。爆震燃烧控制系统的组成及工作原理如图 4.25 所示。

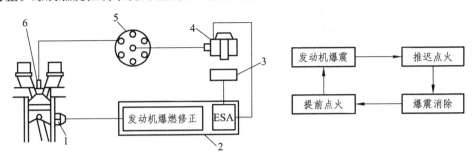

图 4.25　爆震燃烧控制系统的组成及工作原理

1—爆震传感器；2—ECU；3—其他传感器；4—点火器和点火线圈；5—分电器；6—火花塞

（8）点火线圈恒电流控制。

由于现代汽车采用了高能点火线圈，改善了点火性能。为了防止初级电流过大，烧坏点火线圈，在部分电控点火系统的点火控制电路中增加了恒流控制电路。恒流的基本方法是在点火器功率晶体管的输出回路中增设一个电流检测电阻，用电流在该电阻上形成的电压降反馈控制晶体管的基极电流，只要这种反馈为负反馈，就可使晶体管的集电极电流稳定，从而实现恒流控制。

4.4　点火系统部件的检测与故障分析

4.4.1　点火系统部件的检测

1. 点火线圈的检测

（1）观察：查看胶木壳体裂纹、接线柱损伤、填充物外溢等，并及时更换。

（2）绝缘性检测：万用表置于 R×10k 欧姆挡，两表笔分别接初级绕组线柱和外壳，正常时，R 为无穷大，否则应更换。

（3）初级绕组的检测：万用表置于 R×1 欧姆挡，两表笔分别接初级绕组两针脚，正常情况下 R 为 1.5 ~ 4 Ω。

（4）次级绕组的检测：万用表置于 R×1 欧姆挡，两表笔分别接点火线圈 "+" 极和高压端之间的电阻，正常情况下 R 为 5 ~ 15 kΩ。

2. 爆震传感器的检测

（1）用万用表在传感器侧检测传感器端子与传感器壳体之间的电阻，应不导通（电阻为无穷大或大于 1 MΩ），否则说明内部短路，应更换传感器。

（2）测量爆震传感器的 1 脚和发动机搭铁之间的电压，在急速时直流电压为 1 ~ 4 V。

（3）卸下接头，万用表打到毫伏挡，两表笔分别接传感器 1 号、3 号，1 号、2 号针脚，用小锤在爆震传感器附近轻敲，此时，应有电压信号输出。

（4）目前，国产、日本、欧系车广泛采用压电式非共振型传感器，有些发动机装一个，另有装两个的，用螺栓按规定力矩紧固在缸体上。螺栓力矩大小可改变传感器的输出电压特性，故出厂时，已匹配好，因此，力矩大小有规定，不得随意改动。

采用示波器检测发动机工作时爆震传感器输出的电压波形如图4.26所示，以此来判断爆震传感器是否正常。如有不规则振动波出现，并随发动机爆震和情况变化有明显的变化，说明爆震传感器工作正常；如果没有波形输出或输出波形不随发动机工作情况的变化而变化，说明爆震传感器有故障，应予以更换。

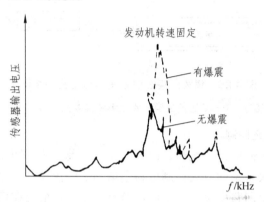

图 4.26　示波器检测发动机工作时的爆震传感器输出电压波形

爆震传感器故障时，发动机会出现加速不良等现象。一般故障原因为各种液体长时间接触，对传感器造成腐蚀。爆震传感器故障运行模式：当爆震传感器发生故障时，发动机 ECU 检测此信号后将各缸点火提前角推迟约15°运行，即点火系统进入故障模式和故障保护模式下运行（故障灯点亮，可调出故障码，实现自救）。

4.4.2　点火系统故障分析

1. 点火系统部件的故障现象及诊断

（1）初级点火线路的故障诊断。

① 在点火线圈与发动机地线之间连一个12 V的测试灯，并把点火器开关打开，在分电器点火系统中，由于模块的初级电路是开路的，所以，测试灯亮。如果测试灯不亮，则表明从点火开关到线圈接线端之间的电路中或初级线圈绕组中有断路。在其他系统中，测试灯不亮，因为点火器组件电路是闭合的，由于初级线圈有电流，电压经过初级线圈绕组时便产生压降，在接线端子上呈低压，不足以点燃测试灯。在有些系统中，如果测试灯点亮，就表明在线圈和组件之间、组件或导线中有断路。

② 启动发动机，观察测试灯。如果发动机启动过程中测试灯微亮，表明感应线圈信号和点火器组件正常；如果测试灯无反应，表明有故障。用欧姆表测试感应线圈，如果线圈正常，则表明组件有故障。

（2）初级电路测试。

初级电路通用测试包括电路一般状况、线圈供电电压、线圈初级电路接地、线圈初级电阻、线圈闭合和磁饱和。只有点火线圈能产生强磁场，才可能有高品质的点火火花。为此，线圈的初级绕组必须有正确的电阻、良好的供电电压、适当的磁饱和以及良好的接地。

次级点火线路的故障诊断如下：

① 如果在对初级电路无法启动故障诊断时测试灯微亮，在次级线圈导线与火花塞外壳地线之间接一个测试火花塞。测试火花塞在进行点火系统检测时必须有准确的电压供应。

② 启动发动机，观察火花塞。如果火花塞点火，说明点火系统正常。如果火花塞上未点着火，说明线圈可能有故障，原因在于初级线圈不工作，证明初级线圈正处于接通与断开之间。

③ 在观察火花塞时，把这个火花塞和其他几个火花塞用导线相连，再启动发动机。如果用上述步骤②测试火花塞点火状况时，有的火花塞点火，而在某个火花塞位置上不点火，则可能是次级电压或电流经有故障的分电器盖、转子或火花塞导线漏电，也可能是那个火花塞电线断开。如果所有的火花塞都能点着火，说明点火系统是正常的。

（3）次级电路测试。

无火花或者火花弱可能是次级电路子系统故障造成的。如缺火或者悠车可能是由火花塞高压线短路或断路造成的，而火花弱引起的启动困难可能是次级绕组故障所致。其检测内容包括线圈次级电阻、次级导线电阻、所需的次级电压、火花持续时间、火花塞状况等。

（4）火花塞的检测。

在拆卸火花塞之前，先用喷气嘴把火花塞凹槽中的外来物吹干净。火花塞积炭状况最能反映气缸的工作环境。如果所有的火花塞都是浅褐色或灰色积炭，气缸可以在正常的油气混合比的条件下正常工作。

（5）点火模块测试。

随车附带的和测试设备制造商提供的各种点火模块测试仪是通用的。用这些点火模块测试仪可以检测点火模块，但一定要按照汽车制造或测试设备制造商提供的说明书进行。

注意：不同的点火系统有不同的点火模块拆卸和更换程序。

（6）点火线圈的检测与测试。

检测点火线圈的目的在于找出线圈支架上是否有裂纹或泄漏的迹象。检测线圈外壳的目的是察看是否漏油。如果从线圈内向外漏油，线圈内部一定有空气，这些空气冷凝后留在壳内，导致高压泄漏，使发动机点火不良。

用欧姆表测试初级和次级绕组，能表明绕组正常、断路或短路。用一个火花塞与线圈次级接地线相连而进行的线圈最大电压输出测试能准确地表明线圈的状态，能进一步解释无法启动的故障原因。

（7）分电器的诊断与维修。

检查分电器盖和转子，察看是否有表明高压泄漏的裂纹、接线端腐蚀和炭迹等迹象。如果分电器盖和转子上有裂纹、高压泄漏的迹象，或是接线端磨损，需要更换故障件。仔细检查分电器盖接线端是否有腐蚀和过度磨损。可以用一把小圆导线刷清理盖上的接线端，用清洁的抹布擦拭分电器盖和转子。但要避免用溶剂或压缩气气流冲击的方法清理这些零件，以免使零件变湿。用溶剂或压缩空气清理这些零件会导致高压渗漏。

2．电子点火控制系统的检测与诊断

（1）火花的强弱和持续时间。

当电子击穿气隙时，便生成火花，增加击穿气隙的电子流数量可以增加火花产生的能量；

减少击穿气隙的电子流数量会使火花产生的能量减小。击穿火花塞间隙的电子流很小时称为"弱火花"。弱火花产生的能量不足以可靠点燃混合气。与火花的强弱有关，火花可能只是瞬时点燃混合气，也可能根本没有点燃。火花在燃烧室中维持的时间称为火花持续时间，以毫秒（ms）计。典型的火花持续时间为 0.8 ~ 3 ms，具体与点火线圈和发动机的型号有关。要保证混合气正常点火，足够的火花持续时间是必不可少的，这样才能使火焰正常传播。稀混合气由于燃料分子相距远，点燃起来比较困难；浓混合气由于燃料分子靠得比较近，点燃起来就比较容易。电子点火系统常见故障有缺火、火花弱、点火正时不当、无火花等。其中，无火花是最严重的点火故障，无火花可能是初级或次级子系统内的故障造成的。

缺火指一个或者多个气缸间歇性缺失火花的情况，在不同的工况下都可能发生。发生缺火的典型原因是初级控制系统故障或者次级分电器部件损坏。所造成的故障现象取决于缺火发生的频率和严重程度，如怠速时的间歇性缺火表现为熄火或怠速不稳等。次级电压缺火如图 4.27 所示。

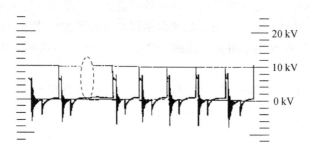

图 4.27　次级电压缺火

火花弱指火花强度减小，可发生在不同的工作模式下。出现什么样的故障现象取决于火花弱的严重程度。如果火花极弱，会出现不能启动的故障；而如果火花强度只是稍差，可能会出现启动困难或重载时缺火。初级、次级子系统内的故障或缺陷可能导致火花弱，如初级电压低、线圈电阻过大或次级绝缘不良都能导致火花弱，如图 4.28 所示。

图 4.28　电火花弱

点火正时不当可能导致多种故障现象，出现何种故障取决于点火正时不当发生的频率和严重程度，如点火正时不能随发动机转速增加而提前，可能导致动力输出不足。

通常在故障现象验证后，便可开始诊断程序，首先确认可能产生故障现象的情况。表 4.1 列出了故障现象及相关情况。

表 4.1　故障现象及相关情况

故障现象	情　况			
	没有火花	缺火	火花弱	正时
不启动	√		√	√
启动困难			√	√
启动后停止		√		
失　速		√		√
怠速（过快/过慢）				√
缺火/怠速粗暴		√	√	
悠　车		√	√	
发动机运行不稳			√	
进气管回火				√
缺功率			√	√
点火爆震				√
燃油经济性差		√	√	√
排放过量		√	√	√

（2）点火波形分析。

发动机分析仪可帮助人们迅速了解一台发动机是否有故障。目前，不少厂家都生产发动机分析仪。各种产品的控制机构和显示装置可能不一样，但基本测试功能和操作方式并没有太大的差别。尽管发动机分析仪的多种功能因生产者而异，但几乎所有分析仪的中心设备都是示波器，最大的特点为波形显示可供直观分析，判断故障。

5 发动机辅助控制系统

5.1 怠速控制系统

发动机怠速是指油门踏板完全松开，节气门完全关闭（旁通气道式）或开度极小（节气门直动式），发动机对外无动力输出并且能保持最低稳定转速运转的工况。此时，若发动机机械负荷或电负荷发生变化时，如空调系统、动力转向开关开启等辅助装置进入工作，将会引起发动机机械负荷增大，导致发动机怠速不能正常工作，甚至熄火。因此，在现代电控发动机结构方面都设置有怠速控制系统。

怠速的高低直接影响燃油消耗和排气污染。怠速转速过高，燃油消耗增加；但怠速转速过低，会增加排放污染，同时，当冷车运转、空调打开、电负荷增加、动力转向工作时，会因负载增加导致发动机运转不稳或熄火。

5.1.1 怠速控制系统的功能与组成

在汽车使用过程中，发动机怠速工作的时间约占发动机整个工作过程的 30%，同时，发动机怠速工作过程中，一般采取开环和闭环相结合的控制模式，因此，怠速工作过程中转速的高低直接影响发动机的正常工作以及燃油消耗和排放污染。

1. 怠速控制系统的功能

随着电子技术的不断发展和电子技术在汽车制造方面的应用，怠速控制已成为发动机电子控制系统的主要控制内容之一。

怠速控制的目的是在保证发动机排放要求且运转稳定的前提下，尽量使发动机的怠速保持最低，以降低怠速时的燃油消耗量。

电控燃油喷射发动机在怠速工况时，空气通过进气系统的旁通气道或节气门缝隙的怠速空气道，进入发动机气缸燃烧室，并由空气流量计进行检测。电控燃油喷射系统根据各传感器信号控制喷油量，以保证发动机怠速正常运转。

由此可见，发动机怠速控制系统的主要作用是根据发动机工作温度机械负荷、电负荷的变化，由 ECU 自动控制怠速工况下的空气供给量，维持发动机以稳定怠速运转。如发动机启动后能迅速暖机，空调、自动变速器、动力转向开关接通等机械负荷以及根据远光灯开关、后风窗除霜开关及鼓风电机工作等信号确定电负荷状态。

电负荷变化时，由 ECU 通过执行元件控制怠速工况下的进气量，实现调节和保证发动机在各种怠速条件下的稳定运转。

2. 怠速控制系统的组成

怠速控制系统是电控发动机的一个子系统，主要由传感器、ECU 及执行机构组成，如图 5.1 所示。

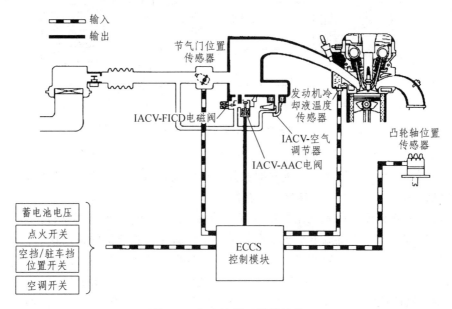

图 5.1 怠速控制系统的结构

3. 怠速控制系统的工作原理

现代汽车怠速控制均采用发动机转速反馈法的闭环控制方式，即发动机转速传感器将发动机的实际转速通过 ECU 和目标转速进行比较，根据比较的差值使发动机达到目标值的控制量，并通过执行机构调节发动机进气量对发动机怠速转速进行校正，实现怠速的有效控制。在怠速控制系统中，ECU 需要根据车速传感器信号和节气门位置传感器信号来判断发动机是否处于怠速工况。只有在车速为零、节气门完全关闭（旁通气道式）的状态时，才进行怠速控制，以防与油门踏板控制进气量时发生干涉。怠速控制系统的原理如图 5.2 所示。

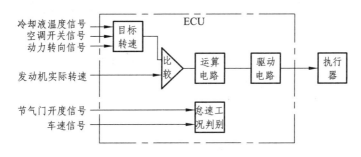

图 5.2 怠速控制系统的原理

4. 怠速控制系统的类型

在发动机电控燃油喷射系统中，发动机怠速控制实质上就是对发动机怠速工况下的进气量实施控制。怠速控制系统的类型按进气量调节方式的不同，一般可分为两种类型：一是改变旁通空气道截面面积的旁通气道式；二是直接改变节气门开度的节气门直动式，如图 5.3 所示。

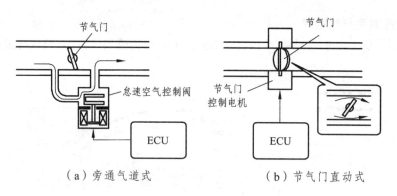

（a）旁通气道式　　　　　（b）节气门直动式

图5.3　怠速控制系统类型

（1）节气门直动式怠速控制系统。

节气门直动式怠速控制系统是通过直接控制节气门开启程度，调节节气门处空气流通的截面，达到控制进气量，实现怠速转速的控制。

节气门直动式怠速控制系统主要由直流电动机、减速齿轮、丝杆等部件组成，如图 5.4 所示。其工作过程为：当直流电动机通电转动时，经减速齿轮机构减速增扭后，再由丝杠机构将其旋转运动转换为传动轴的直线运动。传动轴顶靠在节气门最小开度限制器上，发动机怠速运转时，ECU 根据各传感器的信号，控制直流电动机的正反转和转动量，以改变节气门最小开度限制器的位置，从而控制节气门的最小开度，实现对怠速进气量进行控制的目的。

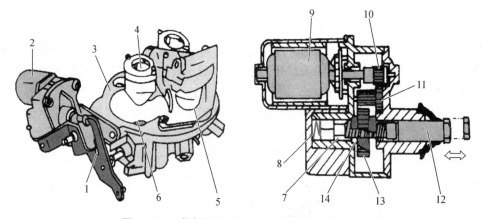

图5.4　节气门直动式怠速控制系统的结构

1—节气门操纵臂；2—怠速控制器；3—节气门体；4—喷油器；5—燃油压力调节器；6—节气门；
7—防转动六角孔；8—弹簧；9—直流电动机；10，11，13—减速齿轮；12—转动轴；14—丝杆

节气门直动式怠速控制系统，应用在早期单点电控汽油喷射系统中。由于采用了减速机构，动态响应性较差，同时，怠速执行机构出现磨损后影响控制精度，且体积也较大，现代汽车基本不再使用。

（2）旁通气道式怠速控制系统。

旁通气道式怠速控制系统，在节气门旁通空气道内设立一个阀门。阀门开大，旁通空气道流通截面增大，空气流量增大，进气量增加，怠速转速提高；反之，怠速转速降低。

旁通气道式怠速控制系统按阀门工作原理可分为步进电机式和旋转电磁阀式两种。早期生产的汽车发动机怠速控制系统采用旋转电磁阀式控制阀，近年来生产的汽车发动机怠速控

制系统广泛应用步进电机式怠速控制系统，其结构与工作原理如图5.5所示。

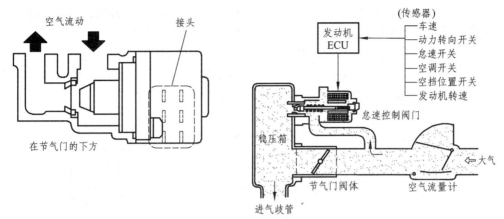

图 5.5　步进电机式怠速控制系统的结构与工作原理

① 步进电机式怠速控制阀的结构。

如图5.6所示，步进电机式怠速控制阀的步进电机由转子和定子组成且与怠速控制阀制成一体，步进电机的转子8由具有16个（8对）磁极的永磁铁制成，沿圆周呈N、S交错排列。步进电机有2个定子，上、下两层叠放在一起，每个定子铁心上也有16个齿和绕向相反的两个线圈。2个定子铁心上的齿也沿圆周交错排列，丝杆进给机构5由转子驱动，将步进电机的旋转运动转变为阀芯的直线运动。阀轴与丝杆制成一体，阀轴下端装有阀。步进电机式怠速控制阀总成件安装在节流阀体上。

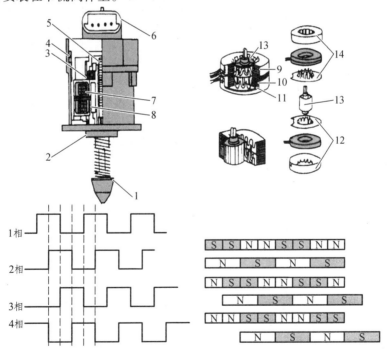

图 5.6　步进电机式怠速控制阀的结构

1—控制阀；2—前轴爪；3—后轴承；4—密封圈；5—丝杆进给机构；6—线束连接器；

7，12，14—定子；8，13—转子；9，10—线圈；11—爪极

② 步进电机式怠速控制阀的工作原理。

控制阀是由一个步进电机所驱动，以作为辅助空气量供应的统一控制，步进电机有 4 组不同相位的线圈，由 ECU 的输出信号所驱动，而且 ECU 依次使两组线圈接通和断开。每次 ECU 传送一个脉冲信号到步进电机，使控制阀打开或关闭，以改变辅助的空气量，当不需要改变辅助的空气量时，ECU 不会传送脉冲信号，而会输出一个固定电压信号，以使阀门保持开度不变。步进电机式怠速控制阀的工作原理如图 5.7 所示。

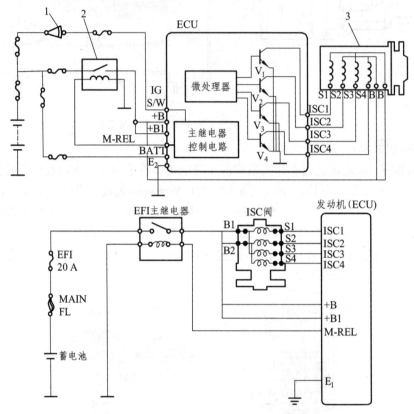

图 5.7　步进电机式怠速控制阀的工作原理

1—点火开关；2—主继电器；3—怠速控制电动机

当 ECU 控制定子上的 4 个线圈按 1、2、3、4 的正序通电时，定子上形成的磁极与转子磁极间同性相斥，异性相吸，在磁力的作用下，转子转动，并通过丝杆进给机构带动阀及阀轴移动，使阀远离阀座，直到与定子上的异性磁极相对应的位置。此时，阀门大开。线圈依次通电 1 次，转子转动一步，即转过 1/32 圈。

当 ECU 控制 4 个线圈按 4、3、2、1 的逆序通电时，转子按相反的方向旋转，阀门关小。阀门从全关到全开或从全开到全关，其升程为 10 mm，转子需转动 125 步，即阀具有 125 种不同的开启位置，故可对进气量进行精确调节怠速控制过程。

在 ECU 的存储器中，存有与冷却液温度、空调工作状态等相对应的目标怠速转速，当 ECU 根据节气门位置传感器和车速信号判断发动机已处于怠速工况时，按一定顺序输出的控制脉冲使三极管 $V_1 \sim V_4$ 依次导通，使怠速步进电机的 4 个线圈通电。驱动步进电机转过相应的步数，调节适当的旁通空气量，将怠速转速控制在目标转速稳定运转。发动机暖机、空调开关处于"OFF"位置、无负荷，步进电机工作范围在 5 ~ 30 步。

③ 步进电机急速控制阀的控制电路。

急速空气控制步进电机共有 6 个接线柱，用不同颜色的导线分别与 ECU 的相应管脚连接，如接线柱 5 使用红灰色线连接蓄电池正极。步进电机急速控制阀的控制电路如图 5.8 所示。

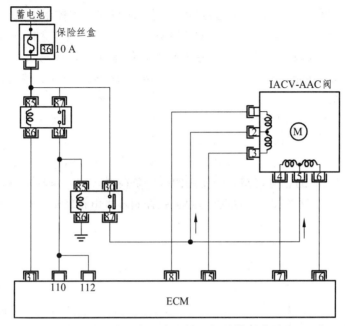

图 5.8　步进电机急速控制阀的控制电路

主继电器触点闭合后，蓄电池电源经主继电器到达急速控制阀的 B1 和 B2 端子、ECU 的 +B 和+B1 端子，B1 端子向步进电动机的 1、3 相两个线圈供电，B2 端子向 2、4 相两个线圈供电。4 个线圈分别通过端子 S1、S2、S3 和 S4 与 ECU 端子 ISC1、ISC2、ISC3 和 ISC4 相连，ECU 控制各线圈的搭铁回路，以控制急速控制阀的工作。

5.1.2　急速控制内容与自适应控制

1. 急速控制内容及其控制

（1）急速控制的主要内容。

急速控制的方法及执行元件的类型因车型不同而各不相同，其控制的内容也不完全相同。目前，应用较广泛的是步进电机控制的旁通气道式急速控制系统，主要控制内容包括启动初始位置的设定、启动控制、暖机控制、急速稳定控制、急速预测控制以及机电负荷增加时的急速控制、减速控制反馈和自适应控制等几个方面。

（2）步进电机式急速控制系统。

① 启动初始位置的设定。步进电机断电后，不具备自动回位功能，因此，在点火开关断开后，为使发动机能再次顺利启动，ECU 在点火开关关闭后，通过内部主继电器控制电路、输出端"M-REL"继续向主继电器供电约 2 s，使主继电器继续保持接通状态，向控制系统继续供电，在急速控制阀全开，完成启动初始位置的设定后，主继电器才断电。

② 启动控制。发动机启动时，急速控制阀预先设定在全开位置，在启动期间流经急速控

制阀的旁通空气量最大，发动机启动容易。但发动机启动后，若怠速阀仍保持全开，转速会升得过高，因此，在启动期间或启动后，当转速达到规定值（该值由冷却液温度确定）时，ECU 开始控制怠速阀，将阀门关小到由冷却液温度确定的开度位置。

③暖机快怠速控制。在暖机快怠速控制过程中，ECU 根据冷却液温度的变化逐渐控制步进电机关小阀门，一般当冷却液温度达到 70 ℃ 时，暖机快怠速控制结束。

④反馈控制。在正常怠速运转中，ECU 根据发动机工况，如空挡启动开关、空调开关、动力转向开关等是否接通，来确定目标怠速转速。如果实际转速与目标怠速转速相差超过 20 r/min，ECU 就控制步进电机转动相应的步数，增、减旁通空气量，使发动机实际运转与目标怠速转速保持一致。

⑤发动机机械负荷变化的预控制。当空挡启动开关、空调开关等接通或断开时，均使发动机负荷立即发生变化。为避免此时发动机熄火或怠速转速波动，在怠速转速出现变化之前，ECU 就将怠速阀门开大或关小一个固定的行程，使发动机在目标怠速转速下稳定运行。

⑥电气负荷增大时的怠速控制。当使用的电气负荷增大到一定程度时，将引起电源系统供电电压降低，蓄电池过多放电。此时，ECU 就控制步进电机转动步数，以增大阀门开度，提高发动机怠速转速，使发电机的充电能力提高。

2. 怠速自适应控制（自学习控制）

怠速自适应控制，也可称为怠速空气量自学习控制，它是一个用来学习怠速空气量的过程。ECU 通过步进电机正、反转的步数来控制怠速阀的位置，达到调节怠速转速的目的。但由于发动机在整个使用期间，其使用性能会发生某些变化，虽然步进电机控制阀门的位置未变，怠速转速也会与初设的数值不同。此时，ECU 用反馈控制方式输出信号，使怠速转速达到目标值，同时，ECU 将此时步进电机转过的步数存入备用存储器中，可在今后的怠速控制中使用。怠速控制工作表如表 5.1 所示。

表 5.1　怠速控制工作表

传感器	输送至 ECM 信号	ECM 功能	执行器
曲轴位置传感器	发动机转速		
冷却液温度传感器	冷却液温度		
点火开关	启动信号		
节气门位置传感器	节气门位置		
驻车/空挡开关	驻车/空挡位置		
空调开关	空调的状态	怠速空气量控制	怠速控制阀
动力转向油压开关	动力转向负荷信号		
蓄电池电压	蓄电池电压		
车速传感器	车速		
冷却风扇	冷却风扇的状态		
电气负荷	电气负荷信号		

3. 维修保养作业时进行怠速自学习

（1）怠速自适应控制。

怠速自适应控制，是一个用来自适应怠速空气量的操作，其实质是消除 ECU 存储器内因在使用过程中，由其他因素而导致 ECU 存储的修正量，以保持发动机在怠速工况下的转速在规定范围内。汽车在使用过程中当出现下列任一现象时，需进行自适应（自学习）过程：

① 发动机保养清洗或更换怠速控制阀体后；

② 保养清洗或更换节气门阀体、更换 ECU 后；

③ 怠速或点火正时超出规范。

（2）怠速空气量自适应控制的条件。

① 蓄电池电压大约在 12.9 V（在怠速工况时）；

② 发动机冷却液温度正常（即 70 ~ 99 ℃）；

③ 电气负荷开关处于 "OFF" 位（包括空调、头灯、后挡玻璃除雾器）；

④ 冷却风扇（电磁扇）没有参加工作（静止状态）；

⑤ 方向盘处于正中央位置（即朝正前方位置）；

⑥ 车速为零，即车辆处于静止状态；

⑦ 变速箱处于暖机状态且在空挡位。

上述任一个条件即使仅有短时间的不符合，自适应控制的作用也会被停止。

（3）怠速系统自适应控制方法。

① 诊断仪进入怠速设置功能，设置怠速目标转速。

② 简易方法如下：

a. 系统自适应：现象是当冷车第一次启动后，发动机出现转速忽高忽低然后自行熄火，当第二次启动后，发动机运转正常；

b. 自适应控制：蓄电池负极断开 1 min 以上后重新接上（根据车型规定是否可摘掉蓄电池线而定），点火开关接通 30 s 以上后关闭 30 s 以上，重复 3 次（注意在整个过程中节气门处于关闭状态）。

说明：

① 发动机熄火后隔 30 s 以上再拆下蓄电池负极线，传感器参数才能恢复正常；

② 当电气系统电压低于 12.2 V 时，发动机怠速会自动提升至 1 200 r/min，说明系统具有检测发电机输出电压的作用；

③ 在怠速状态下，变速器由一挡逐渐增加至高挡位时（不踩油门踏板），发动机不熄火，表明步进电机工作的效果（仅限在一定范围内）。

4. 步进电机式怠速控制阀回零校正

在汽车维修过程中，经常遇到如摘掉蓄电池线、摘掉怠速控制阀接插件、摘掉 ECU 线束接插件、更换新的怠速电磁阀等造成怠速转速不正常（600 ~ 1 000 r/min 正常）的现象。

当出现以上 4 种任何一种情况，会破坏发动机 ECU 的怠速控制阀记忆状态，需要进行发动机怠速控制阀回零操作。方法为：打开点火开关置于 "ON" 位置 5 s 以上，然后关闭 5 s 以上，重复此操作 2 ~ 3 次即可。

5.1.3 其他怠速控制形式

1. 旋转电磁阀型怠速控制阀

旋转电磁阀的工作原理是由 ECU 控制两个线圈的通电或断开，来改变两个线圈产生的磁场，两线圈产生的磁场与永久磁铁形成的磁场相互作用，可改变控制阀的位置，从而调节怠速空气口的开度，以实现怠速控制。ECU 控制旋转电磁阀型怠速控制阀工作时，控制阀的开度是通过控制两个线圈的平均通电时间（占空比）来实现的。控制内容包括启动控制、暖机控制、怠速稳定控制、怠速预测控制和学习控制。旋转电磁阀型怠速控制阀的结构与组成如图 5.9 所示。

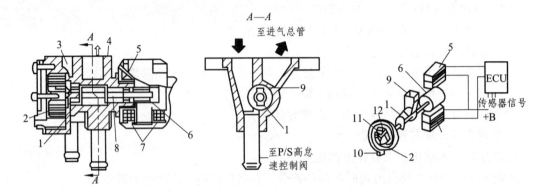

图 5.9　旋转电磁阀型怠速控制阀的结构与组成

1—控制阀；2—双金属片；3—冷却液腔；4—阀体；5, 7—线圈；6—永久磁铁；8—阀轴；
9—怠速空气口；10—固定销；11—挡块；12—阀轴限位杆

2. 占空比控制电磁阀怠速控制阀

控制阀的结构如图 5.10 所示，主要由控制阀、阀杆、线圈和弹簧等组成。其工作原理为控制阀的开度取决于线圈产生的电磁力大小，与旋转阀型怠速控制阀相同，ECU 是通过控制输入线圈脉冲信号的占空比来控制电场强度，以调节控制阀的开度，从而实现怠速空气量的控制。控制内容包括启动控制、暖机控制、怠速稳定控制、怠速预测控制和学习控制，由于旁通气量少，为此需要快怠速控制辅助控制发动机暖机过程的空气量。快怠速控制阀的结构如图 5.11 所示。

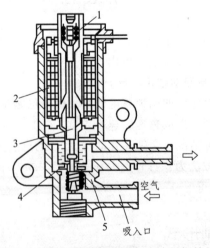

图 5.10　占空比控制电磁阀怠速控制阀的结构

1—弹簧；2—线圈；3—阀杆；4—控制阀；5—阀体

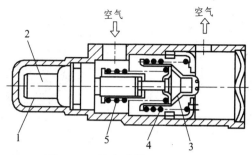

图 5.11　快怠速控制阀的结构

1—冷却液腔；2—石蜡感温器；3—控制阀；4，5—弹簧

3. 开关型怠速控制阀

开关型怠速控制阀的结构主要由线圈和控制阀组成，如图 5.12 所示。其工作原理与占空比电磁阀相同，不同的是开关型怠速控制阀工作时，ECU 只对阀内线圈通电和断电两种状态进行控制。

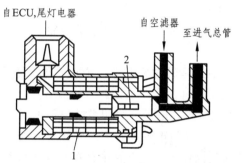

图 5.12　开关型怠速控制阀的工作原理

1—线圈；2—控制阀

控制阀的控制内容只进行通、断电的控制。由于旁通气量少，为此需要快怠速控制辅助控制发动机暖机过程的空气量。

5.1.4　怠速组成件的检测及故障诊断分析

1. 步进电机式控制阀的检修

（1）检测方法。

① 拆下控制阀线束连接器，点火开关置于"ON"，不启动发动机，分别检测 B1 和 B2 与搭铁间的电压，为蓄电池电压；

② 发动发动机后再熄火，2~3 s 内在怠速控制阀附近应能听到内部发出的"嗡嗡"响声；

③ 拆下控制阀线束连接器，测量 B1 与 S1 和 S3、B2 与 S2 和 S4 之间的电阻，20 ℃时额定电阻值一般应为 10~30 Ω。

④ 拆下怠速电磁阀，将蓄电池正极接至 B1 和 B2 端子，负极按顺序依次接通 S1、S2、S3、S4 端子时，随步进电动机的旋转，控制阀应向外伸出，如图 5.13 所示，若负极按反方向接通 S4、S3、S2、S1 端子，则控制阀应向内缩回。

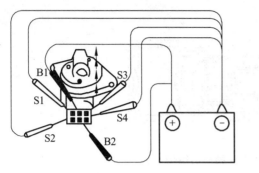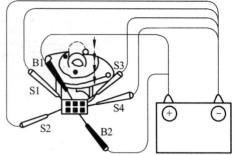

图 5.13　步进电机式控制阀的检测

（2）作业注意事项。

① 不要用手推或拉控制阀，以免损坏丝杆机构的螺纹；

② 不要将控制阀浸泡在任何清洗液中，以免损坏步进电机；

③ 安装时，检测密封圈不应有任何损伤，并在密封圈上涂少量润滑油；禁止用油脂或润滑油涂在螺栓和螺母的螺纹上；

④ 分两次紧固螺栓，按规定拧紧力矩，要求安装可靠。

2. 故障诊断分析

（1）故障现象：发动机怠速运转时不平稳，转速过高、过低或怠速熄火等。

（2）一般故障原因：由于内部污染严重使调节元件卡滞而导致失效、缺少保养或进气系统部件存在漏气、脱附电磁阀故障、电子节气门系统操作不当、电子节气门系统的怠速识别未完成、气门正时不准确、可变气门正时控制系统操作不准确、来自空气流量传感器的不稳定信号、空气/燃油混合比控制操作不当、电路中存在开路或短路、燃油质量低劣、空气滤清器未固定好、电气系统线束连接器断开、真空泄漏等。

（3）诊断与维修如下：

① 预热发动机，使发动机怠速运转 5 min，检查症状是否消失；

② 检测适当的燃油品质（如适当的辛烷值、杂质、冬/夏燃油混用），进气系统不漏气，进气歧管以及安装在进气歧管上的部件正确密封，节气门平稳操作，检索相关的故障码；

③ 目测曲轴位置传感器和曲轴皮带轮的靶轮齿圈；

④ 检查电子节气门系统的操作。

3. 常见故障及排除

（1）高怠速/持续运转。

故障症状是在预热后，发动机持续以高怠速运转，在点火开关断开后，发动机仍然运转。

故障原因：温度传感器故障、进气系统漏气、节流阀体故障、加速踏板位置传感器误调整、巡航车速控制系统操作不当、负载信号输入不正确、电子节气门系统操作不当。

（2）低怠速状态/在减速期间停机。

故障症状表现为当发动机在减速开始或从减速恢复时意外停止运转。

故障原因：真空泄漏、电子节气门系统操作不当、进气系统漏气、空气/燃油混合比例控制不当。

（3）怠速阀故障。

故障症状为怠速不稳或者怠速熄火。

故障原因：怠速阀卡住或者有积炭。

维修诊断方法：测试怠速空气控制（IAC）系统，清洗怠速阀或者予以更换。

5.2 汽车排放控制系统

目前，对发动机的要求越来越高，一方面用户要求有更大的功率和扭矩，另一方面还要满足燃油消耗低及更为严格的排放标准。为了进一步改进发动机的燃烧、提高发动机的功率和扭矩、降低有害气体的排放，因此，在发动机系统中采用了大量的先进技术，如废气再循环技术、二次空气引入技术、涡轮增压技术等。

大气污染是环境污染的主要根源，汽车是大气中的流动污染源。近年来，随着汽车工业的迅速发展，汽车保有量急剧增大，汽车的排放已是大气污染的主要来源，约占整个大气污染的 50% 以上，汽车排放污染已成为损害人体健康、破坏生态平衡的社会公害。汽车发动机在工作中排放的废气中的主要有害物质是一氧化碳（CO）、碳氢化合物（HC）、氮氧化物（NO_x）、二氧化硫（SO_2）和烟尘微粒等。

据统计分析，一氧化碳（CO）是汽油机有害排放物中浓度最高的一种成分，城市大气中的一氧化碳大部分来自汽车尾气。CO 是无色、无味、有毒的气体，极易与血红素结合，阻止血红素和氧的结合。人吸入过多的 CO 后，因缺氧而导致头痛、头晕等，严重时甚至死亡。HC 对人眼及呼吸系统均有刺激作用，对农作物也有害。NO_x 是 NO、NO_2 等的总称，刺激人眼黏膜，引起结膜炎、角膜炎，严重时还会引起肺气肿。CO_2 虽对人体无直接危害，但大气中 CO_2 浓度增大，会导致地球变暖，对地球环境的破坏更为严重，在发动机上控制 CO_2 的排放，越来越受到人们的重视。

综上所述，大气污染是环境污染的一个主要方面，汽车发动机的排放已是大气污染的主要根源，成为威胁人体健康、损害动植物生存及生长和破坏生态平衡的一大公害。因此，解决汽车的排气污染成为汽车制造商亟待认真研究的课题。现代汽车在结构方面大量采用电子技术来抑制汽车排放污染。

汽车的排放污染主要来源于发动机工作过程中所排出的废气中的有害成分（约占 65% 以上），其次就是燃料供给系统产生的燃油蒸气、曲轴箱窜气等。为了控制汽车排放，世界各国相继出台了一系列关于《机动车尾气污染排放标准》，开始颁布了统一的"欧洲排放标准"。

目前，汽车发动机抑制排污的方法有机内净化法和机外净化法两种。机内净化法是根据有害排放物的生成机理，对发动机结构及控制系统进行改造和改进设计，采用新材料、新工艺、新技术和新的控制方法，使发动机内的空气燃油混合气充分、高效地燃烧，从而达到减少有害气体排放的目的。机外净化法是将汽车排出的有害气体通过反馈或过滤等装置，使它们重新进入气缸燃烧或在排放过程中被氧化、还原，变成无害物质排出车外，确保汽车排放污染降低到最低程度。

现代汽车排放控制系统的基本组成按照各自工作性质可以分为曲轴箱强制通风装置、燃油蒸发排放控制装置、废气再循环装置、二次空气喷射装置、三元催化转换装置、氧传感器和空燃比闭环控制，其组成如图5.14所示。

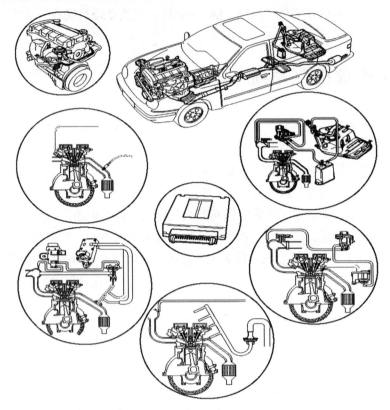

图5.14　排放控制系统的组成

5.2.1　轴箱通风装置（PCV）

　　发动机工作时，由于活塞、活塞环与气缸之间存在相对运动，故不能完全密封。一些没有燃烧的空气燃油混合气和已燃烧的其他物质，在四行程工作过程中，特别是在做功行程中，在气体压力差的作用下，通过活塞环与气缸之间的配合间隙进入曲轴箱。这些气体主要是碳氢化合物，人们把它称为曲轴箱蒸气或"窜气"。

　　"窜气"不仅会进入大气造成污染，而且还有其他严重危害。实质上"窜气"包括碳氢化合物、水蒸气、烟灰和尘土等，这些有害污染物一旦进入曲轴箱，首先与发动机机油混合，造成机油黏度和润滑性能下降；"窜气"中的水蒸气如果冷凝，就会与"窜气"中的其他物质、机油等混合形成稠密的、胶状的淤积物，这些含有碳、氢及硫黄的淤积物会很快形成盐酸、碳酸和硫酸，严重腐蚀和锈蚀发动机内部轴承的表面，加速零件的磨损，导致发动机早期损坏；"窜气"还会使曲轴箱中的压力上升，当压力上升到一定程度时，发动机上的油封和密封垫就会失去作用，导致机油泄漏。

　　PCV系统的作用是将发动机工作时窜入曲轴箱内的有害废气和燃油蒸气，根据发动机工况要求自动调节进入发动机进气系统（流量的控制），以免它们进入大气。此外，PCV系统还能平衡曲轴箱内的压力，防止损坏发动机以及排除曲轴箱内的潮气和腐蚀，最大限度地提高机油的清洁。

1. 曲轴箱强制通风装置的基本组成及工作原理

曲轴箱强制通风装置由连接空气滤清器与曲轴箱的软管、PCV 阀和将"窜气"导入发动机燃烧室的连接软管等组成，如图 5.15 所示。

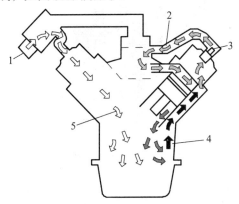

图 5.15 曲轴箱强制通风装置的基本组成及工作原理

1—空气滤清器；2—空气+气缸窜气；3—PCV 阀；4—气缸窜气；5—空气

PCV 阀控制曲轴箱窜气和进气混合的速率，在 PCV 阀内部有双头柱塞和弹簧。随着曲轴箱压力和进气歧管真空度的相对改变，柱塞前后移动以阻塞或释放曲轴箱窜气。PVC 阀的结构与组成如图 5.16 所示。

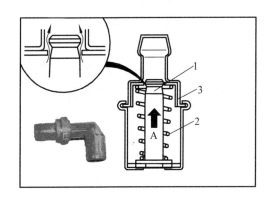

图 5.16 PCV 阀的结构与组成

A—通过真空动作活塞；1—曲线阀端；2—压缩弹簧；3—节流孔套

目前，大多数发动机采用真空控制的 PCV 阀调节进入进气歧管或节气门体的空气和曲轴箱蒸气量，同时，防止回火进入曲轴箱。新鲜空气从外置空气滤清器或空气出口管经封闭软管进入曲轴箱。

PCV 系统的工作原理：当发动机运转时，进气歧管真空度供给 PCV 阀，这个真空度使空气通过干净空气软管进入摇臂罩，从这个位置，空气流通过气缸盖的开口进入曲轴箱，在那里空气与燃烧室经活塞环漏出的气体混合。漏气和空气的混合体流过气缸盖开口到摇臂罩和 PCV 阀，进气歧管真空度把漏气混合气通过 PCV 阀吸入进气歧管，然后漏气通过进气门进入燃烧室被燃烧掉。

怠速时：发动机怠速运转时进气歧管的真空度很高，高真空度把 PCV 阀中的活塞（A）

吸到图 5.17 所示的顶端较窄的地方，使得通往进气歧管的通道（B）很窄，限制流量。

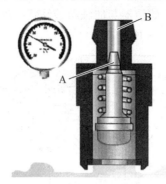

图 5.17 PCV 阀的工作原理

中等负荷时：当发动机中等负荷稳定运转时（巡航），进气歧管的真空度降低，弹簧驱动柱塞下移，使得更多的气体流过 PCV 阀。大负荷或重负荷工况（急加速或高速时）时，进气歧管真空度较低，使弹簧克服高的进气歧管压力，推动柱塞移出阀的窄端。PCV 阀不再像前面所述阻止气流流动，于是流量增加。当回火状况发生时，进气道压力大增，压力推动柱塞移向阀的另外一端，可以防止回火窜到曲轴箱侧。

有一些发动机没有采用 PCV 阀控制曲轴箱通风，在这些系统中，曲轴箱的气体通过一个油气分离器（A）连接到进气道中。曲轴箱通风量的大小与设计管径大小和进气道压力相关。也有发动机既采用了 PCV 阀，也使用了油气分离器，如图 5.18 所示。

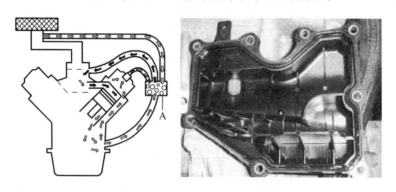

图 5.18 PCV 阀的工作原理

2. PCV 系统的检测与维修

PCV 系统的故障主要是 PCV 阀的故障。PCV 阀的故障现象主要有：阀卡滞在关闭位置；PCV 阀卡滞在打开位置或过度磨损；通风系统泄漏、曲轴箱的压力增高，导致发动机机油泄漏；当通风系统被堵塞时，混合气变浓；进气歧管真空度下降；空燃比变稀，并可能出现怠速不稳或发动机过载熄火。

检测维修如下（见图 5.19）：

① 检查所有发动机密封垫是否有机油泄漏的迹象，机油过滤器盖安装和密封是否正确。

② 检查净化空气软管和 PCV 软管是否裂开、变质、连接松动及堵塞。

③ 检查 PCV 净化空气过滤器是否污染，PCV 阀及软管是否堵住。

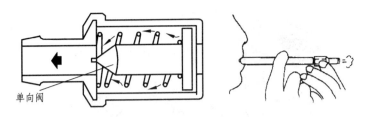

单向阀

图 5.19　PCV 阀的检测方法

5.2.2　三元催化转换装置（TWC）

所谓"三元"催化转换器，是指能同时处理 CO、HC 和 NO_x 3 种有害气体的装置，该装置一般安装在发动机排气管的中部（即消声器前方）。现代汽车发动机装配的三元催化器均具有控制 HC 与 CO 的氧化功能和控制 NO_x 的还原功能。还原功能是通过增加像二氧化铈这样的材料可将发动机排出废气中的有害气体 HC、CO 和 NO_x 转换为 H_2O、CO_2 以及 N_2 和水蒸气等对环境无害的气体。二氧化铈有存储与释放氧气的能力，因而不必再送入空气。三元催化转换器可以转换全部 3 种受控排放，因此，现代所有的汽车都装配三元催化转换器。

有些品牌汽车在其出口端装有排气温度传感器，当三元催化转换器（TWC）温度过高时，驾驶室排气温度警告灯亮。三元催化转换器（TWC）的优点是废气净化效果好，缺点是成本高。装有三元催化转换器（TWC）的汽车，不能使用含铅汽油。三元催化转换器的结构如图 5.20 所示。

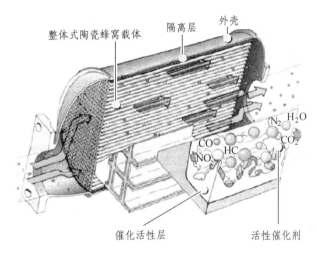

图 5.20　三元催化转换器的结构

三元催化转换器主要由 4 部分组成：载体、涂在载体上的催化活性层、承纳载体的钢板壳体和钢板壳体之间的隔离层或缓冲层等组成，如图 5.21 所示。

三元催化转换器用的催化剂是贵重的金属铂（或钯）和铑的混合物，催化剂填充在氧化铝等颗粒状或蜂窝状的载体中，其催化作用是利用废气本身的热量激发的，理想的使用温度是 400～800 ℃。

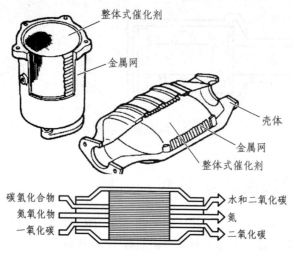

图 5.21　三元催化转换器的结构

1. 三元催化转换器的工作原理

三元催化转换器的工作过程是一个较为复杂的化学反应过程（见图 5.22）。工作时，三元催化转换器先利用内含的贵重金属铑作催化剂，将 NO_x 还原成无害的氮气（N_2）和二氧化碳（CO_2）。还原过程中所生成的 O_2，再加上三元催化转换器内由二次空气导管所导入的新鲜空气中的 O_2（个别车型配有），以铂（Pt）或钯（Pd）作催化剂一起和 CO、HC 进行氧化反应，使其转变成无害的 CO_2 和 H_2O，这种还原-氧化的过程又称为二段式转换，其工作原理如图 5.23所示。

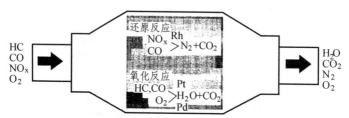

图 5.22　三元催化转换器内部的化学反应过程

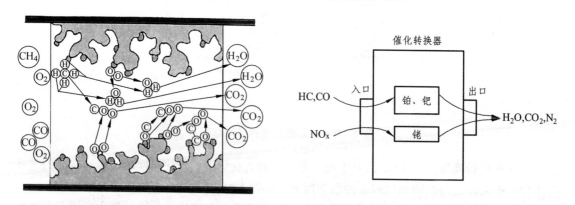

图 5.23　三元催化转换器的工作原理

三元催化转换器的工作过程反应方程式如下：

$$HC+O_2 \rightarrow CO_2+H_2O$$

$$CO+O_2 \rightarrow CO_2$$
$$NO_x+CO \rightarrow N_2+CO_2$$
$$NO_x+HC \rightarrow N_2+H_2O+CO_2$$
$$NO_x \rightarrow N_2+O_2$$

2. 三元催化转换器的转换效率与空燃比之间的关系

图 5.24 为三元催化转换器转换效率与混合气空燃比的关系曲线，从图中可知：汽油机只有在理论空燃比 14.7∶1 附近很窄的范围内工作时，三元催化转换器的转换效率最佳，因此，需对空燃比进行精确控制。此外，发动机的排气温度过高（815 ℃以上），三元催化转换器转换效率将明显下降。

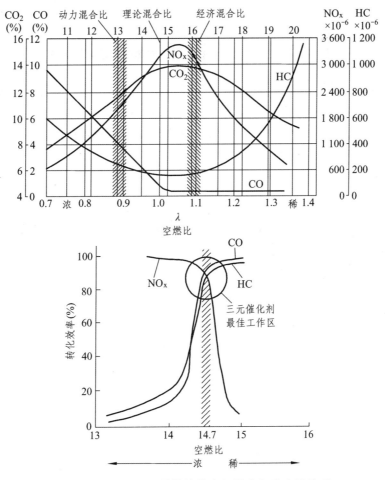

图 5.24　三元催化器的转换效率与混合气浓度的关系

现代汽车发动机为了更加有效地控制废气排放，则采用双氧传感器。两个氧传感器通常分别装在三元催化转换器前面和后面的排气管上，前氧传感器主要用来检测排气中的氧含量。ECU 根据氧传感器反馈的空燃比浓、稀信号，控制喷油量的增加或减少，达到将空燃比精确控制在 14.7∶1 附近很窄的范围内，有效地保证了三元催化转换器工作在最佳状态。这类空燃比控制称之为空燃比反馈控制（即闭环控制）。实验证明，当空燃比维持在 14.7∶1 上下 0.3%时，三元催化转换器的效率可达到 90%以上，如图 5.24 所示。若混合气过浓时，HC、CO 含量将增多，使转换的效率降低；但若混合气过稀时，NO_x 排量也会增加，也将会使转换的效率下降，如图 5.25 所示。

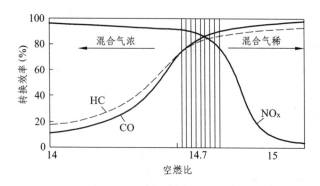

图 5.25　三元催化器的转换效率与混合气浓度的关系

后氧传感器信号用于 ECU 判断催化净化的效率，通过两个传感器电压幅值的差就可以测量出催化净化转换器转换有害废气的能力，如图 5.26 所示。通常后氧传感器的信号变化频率至少应低于前氧传感器的一半，否则催化转换器的转换效率可能降低。

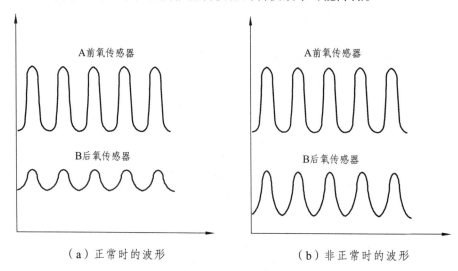

图 5.26　后氧传感器正常与否的波形对比

3. 三元催化转换装置的检测与维护

装有三元催化转换器的车辆应注意使用无铅汽油；当发动机长时间大负荷工作或燃烧不完全时，转换效率下降；排气温度过高时，应查明原因，及时排除；一般汽车每行驶 80 000 km 左右时，应更换三元催化转换器；固定不牢或汽车颠簸，催化剂截体易损坏；使用劣质燃油极易造成三元催化器活性物质脱落而堵塞排气管道，引起汽车加速不良等故障。

车载自诊断系统对三元催化转换效率的监控方法是：ECU 利用下游氧传感器来检测并控制催化转换器存储与释放氧气的能力。下游氧传感器的输出电压波形应是相当的平直，如图 5.27 所示。拥有高储氧量表示催化转换器好；低储氧能力则代表催化转换器已劣化。一个失效的催化转换器会出现与上游氧传感器相符的电压尖峰波形。

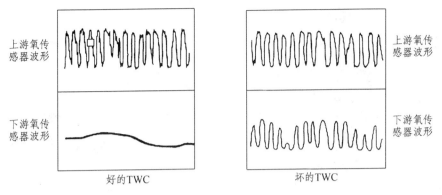

图 5.27 三元催化转换器上下游氧传感器的电压波形

4. 影响三元催化转换器的转换效率的原因

如果出现有关催化转换故障码时，就需要判断三元催化转换器是否失效。通常三元催化转换器不会损坏，主要是三元催化剂会失效，导致性能下降。原因有以下几个方面：

（1）发动机性能方面，如高转速时，功率损失大、难以启动、加速性能差或燃油经济性差等；理论空燃比（14.7∶1）附近转换效率较高；采用闭环控制系统。

（2）排气温度过高（815 ℃以上）造成催化转换器过热，由于混合气过浓或发动机熄火导致未燃烧的燃油排放太多，造成在催化转换器内的燃烧，而导致过热时转换效率下降，故有些发动机装有排气温度报警装置。

（3）过多的燃油和机油消耗，有关催化转换的故障码也可能是与使用旧零件或排放系统泄漏等有关。

5.2.3 二次空气导入装置（PAIR）

二次空气导入装置的功能是发动机在一定工况下，通过向排气系统直接注入新鲜的空气，促使废气中的一氧化碳以及未燃烧完全的碳氢化合物进一步燃烧（氧化还原），在发动机热机状态下，二次空气导入系统可帮助催化器迅速达到工作温度，从而降低一氧化碳和碳氢化合物的排放量。

发动机冷启动阶段，未燃烧的碳氢化合物及一氧化碳等有害物质排放相对较高，并且此时，三元催化反应器尚未达到工作温度（300 ℃以上），所以在汽车排放标准达到欧 3 或欧 4 要求时，必须装备此机外净化装置，即二次空气系统，以降低发动机冷启动阶段有害物质的排放；另一方面，再次燃烧的热量使三元催化反应器很快就达到所需的工作温度。

高速、高温、大负荷时，ECU 切断电磁阀电路，关闭二次空气供给通道，防止催化转换器温度过高。

二次空气导入系统按照空气泵的驱动方式不同可分为皮带传动的机械泵和电泵两种形式。注入空气的部位可以在上游注入排气歧管，也可在下游注入催化转换器，如图 5.28 所示。

典型的二次空气导入装置主要由空气泵、空气开关阀、止回阀、真空控制阀、空气导轨、继电器、ECU 和空气滤清器等组成，如图 5.29 所示。

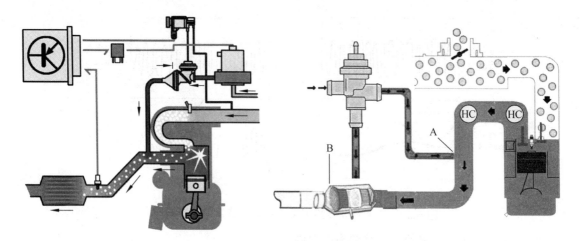

（a）向催化器上游的排气歧管注入空气 　　　　　（b）下游注入催化转换器

图 5.28　二次空气导入反应系统

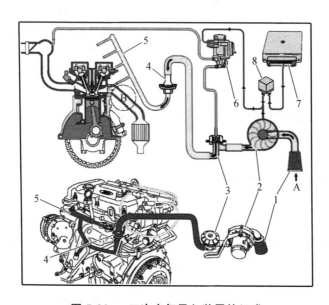

图 5.29　二次空气导入装置的组成

A—外部进空气；B—二次燃烧（氧化）区域；1—空气滤清器；2—空气泵；3—空气开关阀；
4—止回阀；5—空气导轨；6—真空控制阀；7—ECU；8—继电器

1. 二次空气导入装置系统的工作原理

（1）机械式气泵系统的工作原理。

机械驱动式二次空气系统由气泵、AIR 止回阀、常闭的 AIR 旁通电磁阀、常闭的 AIR 旁通阀等部件组成。其中，机械式气泵为皮带传动、叶片式容积泵，AIR 止回阀用来防止废气回流 AIR 系统及热废气烧坏部件的单向止回阀；常闭的 AIR 旁通电磁阀由 ECU 控制引导真空流的通与断装置；常闭的 AIR 旁通阀仅用于机械式 AIR 系统，该阀可以将气流引向排气流、导流阀或大气。机械式气泵系统的组成如图 5.30 所示。

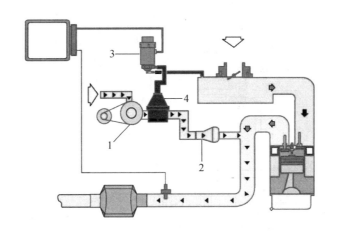

图 5.30　机械式气泵系统的组成

1—空气泵；2—单向阀；3—旁通电磁阀；4—旁通阀

机械式气泵系统的工作过程：当皮带带动气泵工作时，气泵的供气系统不断向常闭的旁通阀供应空气。在需要二次空气时，ECU 向旁通电磁阀发送一个接地信号，旁通电磁阀向旁通阀发送一个真空信号，使阀开启，通过单向止回阀将空气引入排气管。补充的空气进入排气管（上游）继续燃烧，使排气中的碳氢化合物进一步进行氧化还原反应。产生的热用来帮助催化转换器达到工作温度，从而减少 HC 和 CO 的排放量。

（2）电动气泵系统的工作原理。

电动气泵系统由电泵、电子控制继电器、二次空气导入旁通电磁阀、空气喷射导流阀等零部件组成，如图 5.31 所示。

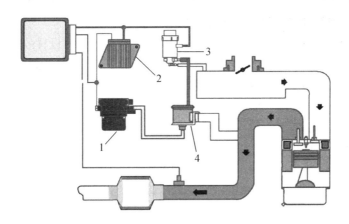

图 5.31　电动气泵系统的工作原理

1—电泵；2—电子继电器；3—二次空气导入旁通电磁阀；4—空气喷射导流阀

电动气泵系统的工作原理：点火开关接通后，蓄电池向二次空气导入电磁阀供电，ECU 控制电磁阀搭铁回路。电磁阀不通电时，关闭通向膜片阀真空室的真空通道，膜片阀弹簧推动膜片下移，关闭二次空气供给通道；ECU 给电磁阀通电时，进气管真空度将膜片阀吸起，使二次空气进入排气管，如图 5.32 所示。

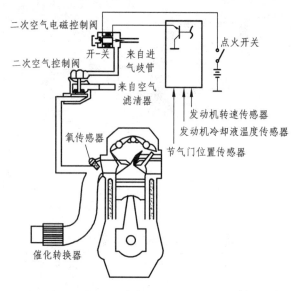

图 5.32　电动气泵系统的工作原理

　　典型的电动气泵系统不需要旁通阀，仅在冷启动时将空气送到上游的排气歧管。ECU 根据发动机对该系统的需求通过一个继电器接通或断开来控制二次空气泵工作，因而，不会有多余的空气需要放空。

　　2. 二次空气导入系统的诊断与维修

　　诊断二次空气导入系统首先应该检查该系统上所有真空软管、电路连接以及空气泵带轮和滤清器弯曲、磨损或损坏，一般不检修泵总成。

　　如果该系统中的软管有烧坏的迹象，这表明单向止回阀有泄漏，会使废气进入该系统。空气歧管和管道的泄漏会导致废气漏出和产生大量噪声。

　　如果在系统中相应的导线或者电磁元件有故障，会在 ECU 内设置故障码；如果来自气泵的气流连续逆流或顺流，会在 ECU 内设置故障码，所以，需要利用诊断仪进行诊断维修。

　　一般常规检测可通过下列方法进行检测：

　　（1）低温启动发动机后，拆下空气滤清器盖，应听到舌簧阀发出的"嘶嘶"声。

　　（2）拆下二次空气供给软管，用手指盖住软管口检测，发动机在 18～63 ℃急速运转时，有真空吸力；温度在 63 ℃以上时，启动后 70 s 内应有真空吸力，启动 70 s 后应无真空吸力；发动机在转速 4 000 r/min 急减速时，应有真空吸力。

　　（3）拆下二次空气阀，从空气滤清器侧软管接头吹入空气，应不漏气。

　　（4）电磁阀的检测，阻值应为 36～44 Ω。

5.2.4　废气再循环系统（EGR）

　　废气再循环系统的主要功能是抑制发动机工作过程中 NO_x 的形成，最大限度降低 NO_x 的排放量。发动机正常工作时，燃烧室可以达到很高的温度，当温度接近 1 370 ℃时，氮气与氧气开始化合生成氮氧化合物（NO_x）。为了抑制 NO_x 的生成量，必须降低燃烧温度。降低燃烧温度可以通过冷却燃烧室的方式实现，而加浓混合气、降低压缩比、废气再循环（EGR）或燃烧室内滞留废气（可变凸轮正时）都是降低燃烧温度的基本方法。

废气再循环系统的实质是将适量的排放尾气与进气管的相对较冷的混合气混合后，引入气缸燃烧室，使发动机燃烧室的热容量降低，可有效防止早燃和爆燃的产生，达到降低 NO_x 的生成浓度。现代汽车广泛应用该装置，其组成原理如图 5.33 所示。

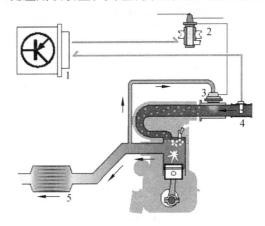

图 5.33 废气再循环系统组成原理

1—电控单元；2—EGR 电磁阀；3—EGR 阀；4—空气流量计；5—三元催化器

ECU 控制 EGR 阀只在功率降低不会明显影响动力性能的情况下向发动机引入废气。在启动或发动机处于冷机状态、怠速、重负荷或急加速时，因为降低功率将导致驾驶性能故障，故不希望 EGR 阀起作用。由于废气再循环的流量对发动机的性能影响较大，所以对废气再循环的流量必须加以限制。废气再循环控制阀接收发动机控制单元发出的相应信号，并将其转换为一个脉冲控制信号，来控制再循环阀的动作。

电子控制 EGR 系统工作时，ECU 根据各种传感器的信号，确定发动机当前的运行工况，并输出控制信号，控制 EGR 电磁阀的打开或关闭，同时控制 EGR 阀的工作状态，使废气再循环进行或停止。EGR 阀工作时所采集的传感器信号如图 5.34 所示。

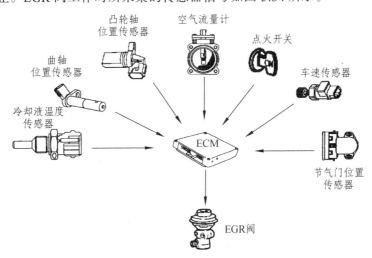

图 5.34 EGR 阀工作时所采集的传感器信号

现代汽车采用的 EGR 系统，根据 EGR 控制阀的结构不同可分为真空调节 EGR 控制阀和步进电机 EGR 控制阀两种，其组成如图 5.35 和 5.36 所示。二者的区别在于调节阀的结构不同，真空调节 EGR 控制阀是靠真空压力带动阀体工作，而步进电机 EGR 控制阀是靠步进电机带动阀体工作。

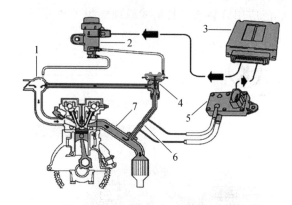

图 5.35　真空调节 EGR 控制阀

1—进气歧管；2—真空调节 EGR 阀；3—ECU；4—EGR 阀；5—EGR 压力传送器；6—节流处；7—排气管

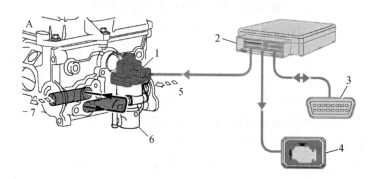

图 5.36　步进电机 EGR 控制阀

A—步进电机 EGR；1—步进电机；2—ECU；3—故障诊断插座（OBD）；4—故障警示灯；

5—废气进入缸盖；6—EGR 阀；7—废气进入进气道

1. 真空调节 EGR 控制阀

真空调节 EGR 控制阀是一种密封部件，内带一个弹簧加载的真空操纵膜片。膜片控制一个针阀，调节进入进气歧管的排气流量。加真空时，膜片被向上吸，打开通向进气歧管的孔口，废气随之被引入进气歧管，可以调节加到膜片的真空来控制针阀的位置；当真空从膜片上撤掉时，弹簧压力将通向进气歧管的孔口关闭，如图 5.37 所示。

EGR 真空调节器（EVR 阀）是一个常闭阀，接收到动力控制系统的指令后，开启并调节加给 EGR 阀的真空流。

真空调节 EGR 控制阀是根据 ECU 输出的占空比脉冲信号来控制 EGR 电磁阀的通电或断电，通过改变 EGR 阀真空室的真空度达到调节废气的循环量。当 EGR 阀工作时，它会使废气和进气歧管相通，当需要 EGR 时，ECU 操作 EGR 控制电磁阀，EGR 电磁阀允许真空到达 EGR 阀，顶住阀上升，废气可以通过再循环回到进气歧管；当不需要 EGR 时，ECU 切换 EGR 控制电磁阀，使通向 EGR 阀的真空管路连接。

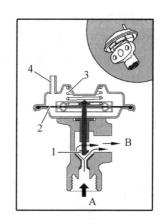

图 5.37 真空调节 EGR 控制阀结构

A—来自排气歧管的废气；B—进入进气歧管；1—针阀；2—膜片；3—弹簧；4—真空管

当需要进行废气再循环时，ECU 输出占空比为 0 的脉冲信号（持续低电平信号），EGR 电磁阀断电，EGR 控制阀真空室的真空度达到最大，使 EGR 控制阀开启到最大，一定量的废气回流至气缸再燃烧；在不需要废气再循环时，ECU 输出占空比为 100% 的脉冲信号（持续高电平信号），EGR 电磁阀通电，EGR 控制阀因无真空度而将阀门关闭，截断了废气的回流。

EGR 控制阀的控制过程：在发动机启动时，怠速触点接通时，发动机液温度低时，发动机转速低于 900 r/min、高于 3 200 r/min（因车型而异）的工况下，EGR 电磁阀位于关闭位置时（EGR 电磁阀接通，EGR 控制阀关闭），EGR 系统不起作用。除上述工况外，发动机在其他工况下，EGR 电磁阀位于开启位置时（EGR 电磁阀断电、EGR 控制阀打开），EGR 起作用，如图 5.38 所示。

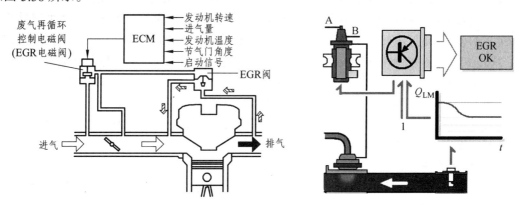

图 5.38 真空 EGR 阀的工作原理及过程

Q_{LM}—空气流量；1—来自海拔高度传感器的信号；A—真空；B—大气压力

2. 步进电机 EGR 控制阀

步进电机 EGR 控制阀，采用内置的步进电机来控制从排气歧管进入进气管的废气流量。步进电机根据 ECM 的输出脉冲信号，移动阀芯来改变旁通气道的开度。阀的开度根据发动机最佳工况控制进行变化。步进电机 EGR 控制阀的结构如图 5.39 所示。

步进电机 EGR 控制阀的工作与真空控制 EGR 系统基本相同，唯一的区别是控制排气的方式。步进电机式废气再循环系统由电机 EGR 阀总成、ECU 和连接线束组成，此外，还需要一个进气歧管绝对压力传感器。步进电机式废气再循环系统由发动机冷却液温度传感器、节气门位置传感器、空气流量传感器、曲轴相位角传感器和进气歧管绝对压力传感器接收信号，向 ECU 提供发动机工况信息。

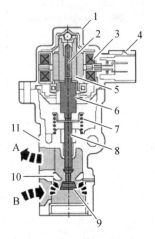

图 5.39　步进电机式 EGR 阀结构

A—到进气道；B—自排气道；1—电机壳体；2—轴；3—电磁线圈；4—插头；5—电机转子；
6—中间推杆；7—弹簧；8—阀推杆；9—阀芯；10—阀座

要接通步进电机式废气再循环系统，发动机需热机并以中等负荷与转速稳定运行。在怠速、长时间节气门大开、系统部件或 EGR 所需输入发现故障时，ECU 将关闭此系统。ECU 针对给定的发动机工况，计算所需的 EGR 量，然后 ECU 向 EGR 电机输出信号，使其移动（进或退）一定的步阶。步进电机直接操纵 EGR 阀，与发动机真空无关，通过 0 ~ 52 个增量或步阶（EGR 的型号不同，其增量步阶不同）的指令进行控制，使 EGR 阀从全闭进到全开的状态。EGR 阀的位置决定 EGR 流量。EGR 引入进气歧管时，利用空气流量传感器测量歧管压力的变化，所用的 EGR 变化将与空气流量信号相关联（增加 EGR 将增加歧管压力值）。

相对于传统的废气再循环系统，采用步进电机式废气再循环控制能够更为准确地控制废气再循环的流量，且结构简单、工作可靠。但由于没有流量传感器，步进电机式的废气再循环系统只能操作在"开环系统"。

3. EGR 温度传感器

EGR 温度传感器处于 EGR 阀下游，作用是检测 EGR 阀的工作是否正常。通过检测再循环气体的温度变化情况，由此来监测 EGR 阀的工作情况。在普通行车条件下，EGR 阀附近的废气温度为 100 ~ 200 ℃；在高速、大负荷条件下，升高到 300 ~ 400 ℃；当 EGR 系统有故障时，温度会立刻下降，温度值主要与进气温度、发动机舱内温度有关。目前，EGR 温度传感器主要是热敏电阻传感器。

EGR 温度传感器检测 EGR 通道处的温度变化，当 EGR 阀打开时，高温废气流入，通道处温度升高。EGR 温度传感器采用热敏电阻结构，向 ECU 提供一个电压信号，不用来控制发动机系统，只用作故障诊断。

通常情况下，根据发动机转速、负荷等条件，ECU 使 EGR 阀流量处于最优状态。但在下列条件下，为提高发动机动力性和燃油经济性，EGR 阀处于关闭状态。

在启动、怠速、发动机转速超过 6 300 r/min、节气门开度超过 70°、冷却液温度在 55 ℃以下或者 110 ℃以上、蓄电池电压低于 10 V、空气流量计或其他传感器发生故障、高负荷、汽油发动机在中小负荷时将一定量的废气引入燃烧室参与燃烧，而怠速、全负荷时，不起作用。柴油发动机在怠速、中小负荷时将一定量的废气引入燃烧室参与燃烧，全负荷时，不起作用。欧洲商用汽车、柴油汽车废气排放标准如表 5.2 和 5.3 所示。

表 5.2　欧洲商用汽车废气排放标准（仅供参考）

标准类别	欧洲Ⅰ号标准	欧洲Ⅱ号标准	欧洲Ⅲ号标准	欧洲Ⅳ号标准
实施时间	1995 年底前	1995 年—2000 年	2000 年—2005 年	2005 年底起
HC/（g/km）	9	4	3	2
CO/（g/km）	15	10	7	4
NO_x/（g/km）	19	9	6	3
PM/（g/km）	2	2	2	2

表 5.3　欧洲柴油汽车废气排放标准（仅供参考）

标准类别	欧洲Ⅰ号标准	欧洲Ⅱ号标准	欧洲Ⅲ号标准	欧洲Ⅳ号标准
实施时间	1995 年底前	1995 年—2000 年	2000 年—2005 年	2005 年底起
HC/（g/km）	4	3	2	1
CO/（g/km）	4	3	2	2
NO_x/（g/km）	29	21	13	7
PM/（g/km）	55	31	20	10

4. 废气再循环（EGR）控制系统的诊断与维护

（1）一般诊断。

在诊断 EGR 系统之前，发动机必须处于正常工作温度。如果 EGR 阀在怠速和发动机低速时保持打开，怠速不会稳定，且在低速时，发生喘振，或者减速之后过载熄火，或冷启动后过载熄火。如果 EGR 阀未打开，发动机将爆燃。

（2）使用诊断仪对 EGR 进行故障码诊断。

在 EGR 系统发生电路故障时，在 ECU 存储器内常设置故障码。诊断任何 EGR 系统时，第一步对排气系统进行初步检测，然后利用诊断仪与车辆连接，读取故障码，按照故障码对应的诊断步骤进行。

（3）使用诊断仪对 EGR 进行数据流诊断。

在道路上以不同的车速行驶过程中，EGR 数据会显示在诊断仪上，通过读取或者记录数据流，分析 EGR 的状况，某些应用方面，诊断仪会指示出期望的 EGR 位置、实际的 EGR 位置及从 EGR 阀位置传感器到 ECU 的电压信号。

（4）EGR 阀诊断。

通常情况下，对 EGR 阀需实施运行控制测试、电阻检测、电路断路或短路的检测，拆下 EGR 阀，检查是否存在任何损伤或者堵塞现象。如果 EGR 阀损坏或堵塞，则予以更换。

5.3　发动机进气控制系统

发动机工作过程中，进入气缸内的空气数量和质量对发动机动力性、经济性以及排放性影响很大。进气控制系统是根据发动机负荷的大小和转速的变化，充分利用进气管内进气过程中的空气动力效应、气门的开闭时间、打开过程中的运动规律以及增压等方式，增大各种工况下的进气量，达到改善发动机动力性和经济性的目的。当前，对进气控制的方式有进气增压控制装置和可变凸轮正时（VCT）控制装置两种类型。

5.3.1　进气增压控制系统

现代电控发动机上均采用增压技术来提高发动机的动力性和经济性。增压控制系统的功能是根据发动机进气压力的大小，通过控制进气增压装置的工作状态，对进气系统的空气进行压缩，提高进气压力，增大气体密度，从而增大进入燃烧室的空气量，增加循环供油量，提高升功率和升扭矩，达到提高燃烧效率、提高整机使用动力性和经济性以及降低排放污染。目前，汽车发动机采用的进气增压装置按驱动方式不同（驱动力），可分为动力与非动力驱动进气增压装置和其他增压装置。动力驱动增压系统是利用发动机输出动力或电源驱动装置完成增压功能；非动力增压系统一般指废气涡轮增压机构，是目前最常见和广泛应用的进气增压装置。

1. 废气涡轮增压系统的结构

废气涡轮增压是最常见的非动力型进气增压系统，也称为涡轮增压器。目前，汽车采用的增压器有旁通阀式、可调叶片式以及带中冷器的涡轮增压系统 3 种，如图 5.40 ~ 5.42 所示。其中，最常用的有旁通阀式涡轮增压器和可调整叶片式涡轮增压器两种，带中冷器的涡轮增压系统常用在大型载重车上。

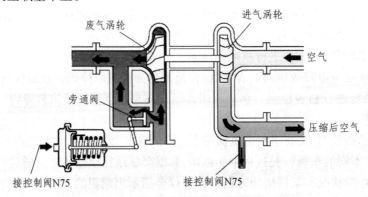

图 5.40　旁通阀式涡轮增压器的结构与组成

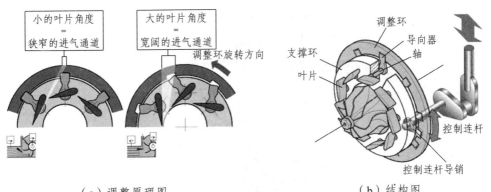

（a）调整原理图　　　　　　　　　　　（b）结构图

图 5.41　可调整叶片式涡轮增压器的结构与工作原理

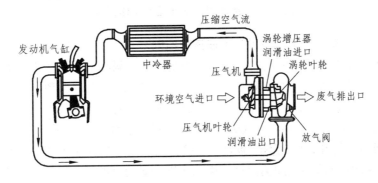

图 5.42　带中冷器的涡轮增压系统的组成与结构

废气涡轮增压器的结构与工作原理基本相同，均由涡轮壳、泵轮壳、涡轮、泵轮及轴（涡轮与泵轮装在同一轴上）、驱动器等组成，如图 5.43 所示。

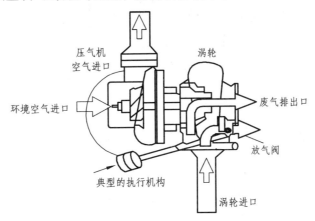

图 5.43　废气涡轮增压装置的组成结构

涡轮增压器装在发动机排气歧管与排管之间，涡轮接触来自发动机排出的废气。泵轮安装在空气进气系统侧。驱动涡轮的动力来自发动机做功后排出的废气，发动机负荷越大，涡轮转动越快，同轴的压缩轮以相同的速度转动，并压缩来自进气歧管的新鲜空气，提高进气压力，增加进气量。为满足发动机各种工况下的进气量，系统设有废气旁通阀控制装置，控制装置可以控制废气旁通直接排放，达到对进气压力的调节，如图 5.44 所示。

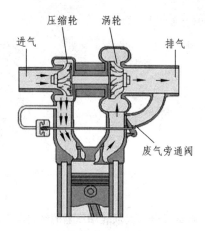

图 5.44　废气涡轮增压器的工作原理

2. 废气涡轮增压系统的工作原理与增压压力控制

废气涡轮增压控制方式有机械控制和电子控制两种，涡轮增压器是离心式空气压缩机。当 ECU 检测到的进气压力在 0.098 MPa 以下时，释压电磁阀关闭，涡轮增压器出口引入压力空气，废气进入涡轮室的通道打开，排气旁通道口关闭，此时，废气流经涡轮室使增压器工作；当 ECU 检测到的进气压力高于 0.098 MPa 时，释压电磁阀打开，关闭进入涡轮室的通道，同时，排气旁通道口打开，废气不经涡轮室直接排出，增压器停止工作，直到进气压力降至规定的压力时，ECU 又将释压阀关闭，切换阀将进入涡轮室的通道口打开，废气涡轮增压器又开始工作，如图 5.45 所示。

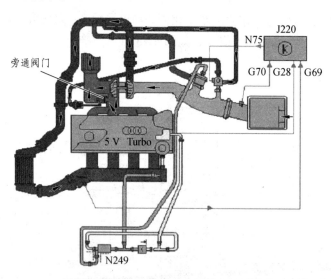

图 5.45　增压器的工作控制原理图

电控涡轮增压系统根据发动机的不同工况对进气压力的调整，是通过控制废气阀的开度来完成的。发动机工作过程中，当电磁阀开关开启时，执行器内的受压空气经电磁阀开关逸出到压缩轮侧的进气管内，此时，执行器内的受压气体压力减小，执行器内的膜片受压变形减小，废气阀开度也相应减小，废气绕过涡轮的旁通量减少，增压压力上升，如图 5.46 所示。

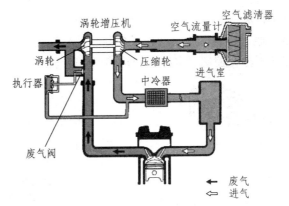

图 5.46　提高增压压力时的增压器工作图

当电磁阀开关关闭时，受压缩轮增压的气体直接作用在执行器的膜片上，膜片受压变形增大，废气阀开度也相应增大，废气绕过涡轮的旁通量增多，增压压力下降，如图 5.47 所示。

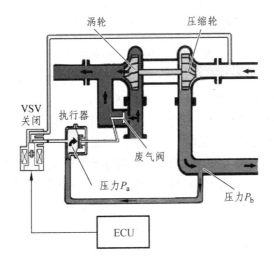

图 5.47　减小增压压力时的增压器工作图

另外，中冷器一般安装在被增压后的发动机进气道上，其作用是冷却被增压后的新鲜空气。因为增压后，气体温度升高，空气密度减小且进气阻力增大，影响进气质量。为了提高进气质量，故对增压后的空气进行冷却，工作原理如图 5.48 所示。

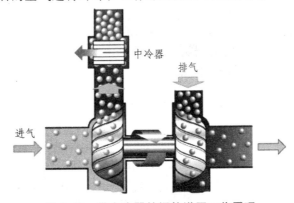

图 5.48　带中冷器的涡轮增压工作原理

增压压力控制电磁阀，是一个受 ECU 控制电磁线圈电流通断的开关。工作时，ECU 根据相关传感器输入的信号，通过控制电磁阀动作来控制驱动废气涡轮的废气量，达到控制废气涡轮增压器的转速，即增压压力控制。电磁阀结构如图 5.49 所示。

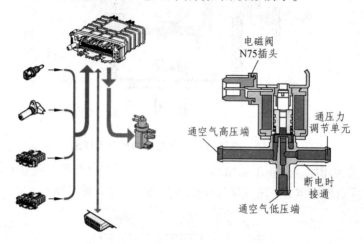

图 5.49　电磁阀及控制原理

　　当 ECU 检测到进气压力在某一规定值以下时，废气旁通电磁阀的接地回路断开，废气旁通电磁阀关闭。此时，由涡轮增压器出口引入的进气压力，经废气旁通阀进入驱动气室中，克服气室弹簧的弹力，推动切换阀，将废气进入涡轮室的通道打开，同时，将废气旁通道关闭，使排放的废气流经涡轮室，涡轮增压器工作，使进气增压。

　　当 ECU 检测到进气压力高于某一规定值时，则将释压电磁阀的接地回路接通，通往驱动室的压力空气被切断，驱动气室在弹簧弹力的作用下，驱动切换阀，关闭废气进入涡轮室的通道。同时，将废气旁通道打开，排放的废气不流经涡轮室，而是直接排出，涡轮增压器停止工作，进气压力下降。直到进气压力降到规定的压力时，ECU 又将释压电磁阀关闭。切换阀又将废气进入涡轮室的通道打开，增压器开始工作，使进气增压。废气涡轮增压控制如图 5.50 所示。

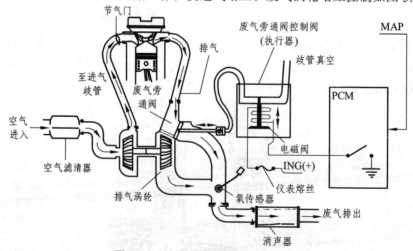

图 5.50　废气涡轮增压控制原理图

　　废气涡轮增压系统在使用、维护、保养及对涡轮增压电控系统进行检测时，主要应检查进气室和真空管路有无漏气、真空开关阀电路有无短路或断路、真空开关阀的电阻是否符合标准，应视情维修或更换损坏的元件。

3．其他进气增压方式控制系统

早期生产的发动机为了达到改善进气质量和数量的目的，进气系统分别采用控制进气通道面积、可变进气通道长度和利用进气压力波谐波增压等方式。

控制进气通道面积装置是根据发动机转速和负荷的不同，通过控制发动机进气道的空气流通截面大小来控制进气流量，以适应发动机不同工况下对进气量的要求，达到改善发动机的动力性和排放性。其工作原理如图 5.51 所示，受真空控制的动力阀在进气管上，控制进气管空气通道的大小。ECU 根据各传感器信号通过真空电磁阀控制真空罐与膜片真空气室的真空通道。

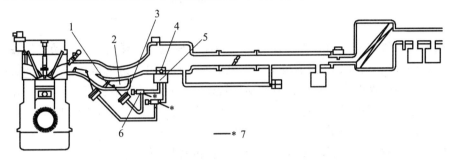

图 5.51　控制进气通道面积装置的结构原理图

1—可变进气截止阀；2—动力室；3—可变进气截止阀执行器；4—止回阀；5—真空室；

6—可变进气电磁阀；7—到 ECU

可变进气通道长度控制系统结构主要由可变进气电磁阀、可变进气截止阀、可变进气截止阀执行器和真空室组成。可变进气通道长度控制系统工作过程为：当发动机转速小于设定目标转速时，在可变进气电磁阀的作用下，进气歧管真空吸力施加在可变进气截止阀上，将其关闭。在这种情况下，进气歧管的长度是从进气门到动力室（A→C），如图 5.52 所示，通过延长进气歧管长度就可以达到惯性充气效果，增大进气量，使发动机在低速和中速时可以获得较大的扭矩。

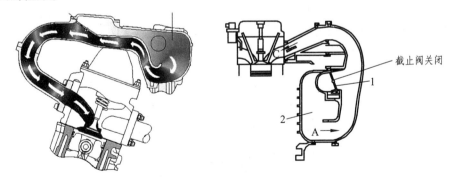

图 5.52　可变进气截止阀关闭

A—进气门；C—动力室；1—截止阀；2—真空室

当发动机转速超过设定的目标转速时，可变进气截止阀打开。在这种情况下，进气歧管的长度是从进气门到动力室（B→C），如图 5.53 所示，由于进气管缩短，在发动机转速较高时可达到进气惯性效果，增大气缸进气量，使发动机在高速运转时获得较大的扭矩。

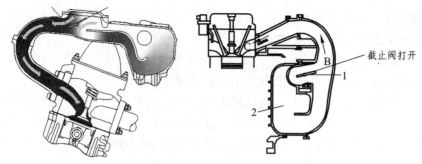

图 5.53　可变进气截止阀打开

B—进气门；C—动力室；1—截止阀；2—真空室

　　为提高惯性充气效果，可根据发动机转速控制可变进气电磁阀。当发动机转速低于电控系统设定的目标转速时，ECU 接通可变进气电磁阀，打开可变进气截止阀，从而提高在发动机的低转速范围内的惯性充气效果；当发动机转速高于目标转速或更高时，ECU 使可变进气电磁阀断电，关闭可变进气截止阀，从而提高在发动机的高转速范围内的惯性充气效果。

　　电磁阀控制系统工作时的主要控制信号有发动机转速、温度、空气流量等。谐波进气增压控制系统是依靠发动机转速改变进气道内压力波的传播距离，即压力波。

　　压力波的产生是当气体高速流向进气门时，如进气门突然关闭，进气门附近气流流动突然停止，但由于惯性，进气管仍在进气，于是将进气门附近气体压缩，压力上升。当气体的惯性消失后，被压缩的气体开始膨胀，向进气气流的相反方向流动，压力下降。膨胀气体的波传到进气管口时又被反射回来，形成压力波。一般而言，进气管长度长时，压力波长大，可使发动机中低转速区功率增大；进气管长度短时，压力波短，可使发动机高速区功率增大。

　　波长可变的谐波进气增压控制是由 ECU 根据转速信号控制电磁真空通道阀的开闭。当发动机转速低速时，电磁真空孔道阀的电路不通，真空通道关闭，真空罐的真空度不能反映到真空气室，受真空气室控制的进气增压控制阀处于关闭状态。此时，进气管长，压力波长大，以适应低速区域形成的气体动力增压效果；高速时，ECU 接通电磁真空道阀的电路，真空通道打开，真空罐的真空度反映到真空气室，吸动膜片，从而将进气增压控制阀打开，由于大容量空气室的参与，缩短了压力波的传播距离，使发动机在高速区域也得到较好的气体动力增压效果。压力波增压系统的原理如图 5.54 所示。

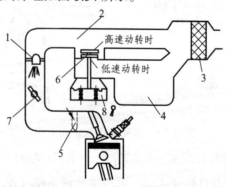

图 5.54　压力波增压系统的原理

1—喷油器；2—进气道；3—空气滤清器；4—进气室；5—涡流控制气门；
6—进气控制阀；7—节气门；8—真空驱动器

5.3.2 可变进气凸轮正时（VCT）控制系统

可变进气凸轮正时系统使发动机气门相对曲轴转角的正时能够在发动机运转中改变，从而减小具有固定的凸轮轴曲轴关系的发动机在选择气门正时中对性能的影响。采用可变凸轮正时后，气门正时可以针对发动机各种工况（如怠速、部分负荷、节气门大开）进行个别优化。该系统确定进气凸轮轴相对曲轴的位置或排气凸轮轴相对曲轴的位置，前一形式称为"仅进气"凸轮调相，后一形式称为"仅排气"凸轮调相。利用这种简单的比例、积分、微分反馈控制器实现精确的位置控制。可变进气凸轮正时未使用前反馈控制信号，由硬件和装配偏差造成的对标准凸轮正时的偏离通过学习保存在存储器中，供工作中改善控制精度用；同时对曲轴转速偏差造成的凸轮相角测量误差也进行校正。

可变进气凸轮正时控制系统使凸轮轴相对曲轴转角的转动随发动机的运行工况而改变。目前，广泛使用的有进气相位调整（IPS）系统（即进气凸轮成为正在提前的激活凸轮）和双等相位调整（DEPS）系统（进、排气凸轮同时移相，进行等量提前或推迟）两种类型。

1. 可变进气相位调整（IPS）系统的工作原理

进气相位调整（IPS）系统和双等相位调整（DEPS）系统均有怠速、部分节气门开、节气门全开和默认模式4种工作模式。在发动机关闭节气门进行怠速或低速运转时，ECU根据空气流量、机油温度和发动机冷却液温度确定相角；在节气门半开或全开时，ECU根据发动机转速、负荷与节气门位置确定相角。VCT系统可以减少排放，提高发动机功率、燃料经济性与怠速质量，IPS系统还有改善扭矩的好处。此外，有的VCT车型可以不必再使用外部的废气再循环（EGR）系统，控制好进气门打开与排气门关闭的重叠时间就可以取消EGR系统。目前，IPS与DEPS系统均在使用，以达到使油耗最低并在所有工况下保持行驶性能优良的目的。所需的凸轮相位VCT角根据工况计算，然后对此角进行滤波，尽量消除输入参数高频变化的影响，读取实际的凸轮角位置，得出要求位置与实际位置之间的偏差，然后利用简单的参数识别控制器控制VCT执行器，使凸轮进入所要位置。IPS的工作原理如图5.55所示。

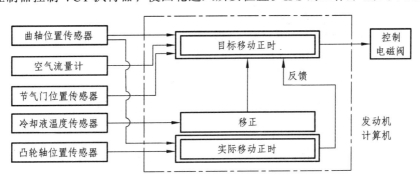

图 5.55 IPS 的工作原理

VCT系统由电液定位控制电磁阀、凸轮轴位置传感器和触发轮组成。ECU接收来自进气温度传感器、发动机冷却液温度传感器、机油温度传感器、凸轮轴位置传感器、节气门位置传感器、空气流量传感器和曲轴位置传感器的输入信号确定发动机的运行工况。在发动机关闭节气门进行怠速或低速运转时，ECU根据进气温度传感器、发动机冷却液温度传感器和空气流量控制凸轮轴位置。在节气门半开或大开时，根据发动机转速、负荷与节气门位置确定凸轮轴位置。在发动机达到正确工作温度之前，VCT 系统不工作。满足正确的条件时，ECU 便启动 VCT 系统。曲轴位置传感器信号用来作曲轴位置传感器的定位基准。

VCT 电磁阀是 VCT 系统的一个组成部分，该电磁阀控制 VCT 执行器总成中的机油流量。ECU 通过控制电磁阀的占空比控制机油压力和流量，来提前或推迟凸轮正时占空比接近 0% 或 100%，相对于凸轮轴快速运动。凸轮轴维持固定位置时，电磁阀占空比会伴有抖动。

2. 可变进气相位调整（IPS）系统的工作过程

根据需要，发动机机油将由 VCT 机油控制电磁阀从油底壳泵送到进气和排气凸轮轴的控制单元。此时，凸轮轴正时将根据 ECU 的输入信号提前或推迟。当发动机由于簧压锁定销的接合而停机时，进气和排气凸轮轴的 VCT 控制单元借助进气 VCT 控制单元正时皮带的张力，会移入锁定的基本位置。排气管 VCT 控制单元内的一个弹簧也为此提供了推力。在锁定的基本位置上，进气 VCT 控制单元处于"正时延迟"位置，而排气 VCT 控制单元处于"正时提前"位置。当发动机启动并达到某一 EOP（发动机机油压力）时，锁会通过液压打开。因此，在进行调整作业时，必须严格遵守操作程序。进气和排气 VCT 控制单元在维修时只能更换总成。

（1）当可变进气相位调整（IPS）正时延迟时：发动机机油从油底壳抽取后，先通过发动机机油管路输送到凸轮轴润滑油道，然后再输送到 VCT 润滑油调节电磁阀 7 和锁销 2，将锁销 2 释放，并分离凸轮轴皮带轮 1 与转子 3 的接合。控制单元被延迟后，液压作用腔 B 会充满发动机机油，使转子 3 开始顺时针方向转动。从液压腔 A 返回的机油通过回油道 D 流向 VCT 润滑油控制电磁阀，再由此流回油底壳，如图 5.56 所示。

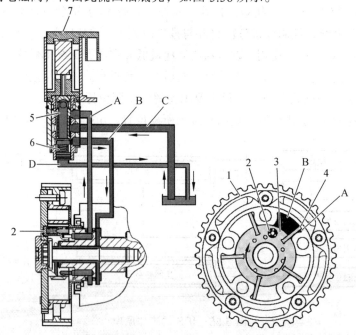

图 5.56　可变进气相位调整（IPS）正时延迟时的工作原理

1—凸轮轴皮带轮；2—预载锁销；3—转子；4—转子滑片；5—定位活塞；6—复位弹簧；

7—电磁阀；A，B—液压作用腔；C—供油；D—回油

（2）当可变进气相位调整（IPS）正时提前时：VCT 控制单元被提前后，液压腔 A 充满

机油。使转子 3 开始逆时针转动，完成提前调整。从液压腔 B 返回的机油通过回油道 D 流向 VCT 润滑油控制电磁阀，再由此流回油底壳，如图 5.57 所示。

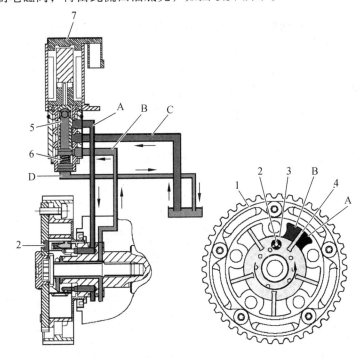

图 5.57　可变进气相位调整（IPS）正时提前时的工作原理

1—凸轮轴皮带轮；2—预载锁销；3—转子；4—转子滑片；5—定位活塞；6—复位弹簧；
7—电磁阀；A，B—液压作用腔；C—供油；D—回油

（3）工作模式：VCT 子系统调整凸轮轴相对曲轴的位置，指令位置应是可校正的并反映发动机的不同工况和驾驶员提出的不同要求。根据发动机的不同工况，可变进气凸轮正时系统工作分为启动、怠速、关闭 3 种不同的工作模式。启动模式是指发动机启动、提速，直到达到充分运行状态之前，可变进气凸轮正时系统不工作，此时，使用基本凸轮正时。怠速模式，即节气门处于关闭状态，发动机低速运转时，根据进气与冷却液温度确定相位角。当节气门半开与全开时，根据发动机转速、负荷与节气门位置确定相位角。当发动机温度没达到正常工作温度、主要传感器输入信号故障、凸轮执行器提前或推迟过量任一情况时，可变进气凸轮正时系统将被关闭而停止工作。为防止可变进气凸轮正时系统开始工作或关闭时出现突变，所要的凸轮相位角移动是逐渐增加或逐渐减少。

5.4　其他辅助控制系统

电子控制系统除对发动机燃油喷射、点火、进气、怠速以及排放等主要功能实施有效的控制以外，还对一些与发动机运转相关的辅助装置实施控制。常用的辅助控制装置有：电动冷却风扇控制、空调压缩机离合器控制、发电机控制等。

5.4.1　冷却风扇控制

发动机冷却系统风扇的功能是根据发动机最佳工作温度（85～95 ℃）的要求，通过改变流过冷却系统散热器的空气流量，实现对发动机温度的有效调节。目前，汽车发动机冷却风扇转速均采用电子控制形式。发动机工作时，ECU 根据发动机冷却液温度等相关传感器信号控制冷却风扇转速。目前，常见的控制方式有继电器控制风扇与模块控制风扇两种形式。

继电器控制风扇：ECU 通常是通过一组继电器来控制冷却风扇电机的运转，根据不同的车型，风扇电机可能有一个或两个（低速和高速两级），风扇的转速也可能有数种以满足发动机各种工况的需要。ECU 根据发动机温度、空调压缩机状态以及车速等信息控制继电器，从而控制冷却风扇，如图 5.58 所示。

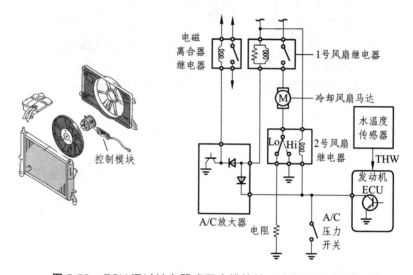

图 5.58　ECU 通过继电器或风扇模块控制冷却风扇的原理

目前，现代车型广泛应用了风扇模块控制风扇。该控制方式的主要特点是风扇的转速由 ECU 根据发动机冷却液温度、车速、电压和空调开关等相关信号控制风扇控制模块，再由风扇控制模块控制风扇电机转速连续可变。这样可使冷却有效合理，同时，还可以降低风扇噪声和降低燃油消耗。

5.4.2　空调压缩机离合器控制

由 ECU 来控制空调压缩机最初的原因只是在紧急加速时，禁用空调以减小发动机功率消耗，提高汽车的行驶动力性。随着汽车制造业技术的不断发展和电子控制内容的增多，控制系统考虑的因素越来越多，如防止发动机失速、改善怠速质量、防止发动机过热等。现代汽车空调系统工作一般是电子控制单元根据发动机运转条件接通或断开 A/C 继电器（电磁离合器）的电源，提高了发动机的加速性和可靠性，如图 5.59 所示。

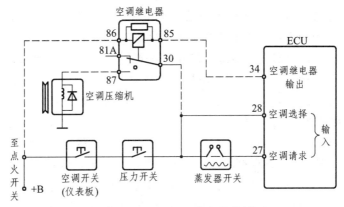

图 5.59　空调压缩机离合器的控制

5.4.3　发电机控制

1. 概　述

由于交流发电机的工作特性所定,其工作时的输出电压随发动机转速的提高而增大,为了满足汽车用电设备对电源电压的要求,前期汽车装备发电机在其结构方面,采取在发电机内加装一个电压调节装置(即电压调节器)。因此,发电机输出的电压是经过调节器调节控制的电压,其电压值是由内电压调节器预先设定的,同时也是固定电压值。

现代汽车装备交流发电机属于智能充电交流发电机。对其电压的调节是由控制单元(ECU)按照用电设备的需求设定发电机输出的电压值,并通过发电机内置电压调节器进行控制,而控制电压设定值是由 ECU 提前计算好的。智能充电系统不需要额外部件,在 ECU 内有一个自我测试功能,可以用诊断仪测试有无故障。另外,如果发电机负荷过高,ECU 会提高怠速,增加发电机的输出。

2. 工作原理

ECU 通过发电机输出信号线路,从发电机的旋转励磁线圈接收信号来确定发电机的负荷状态。信号在前台回路内经过处理后传到后台回路,以便提前对提高怠速的怠速控制阀信号进行计算,信号的频率和占空比会改变。其工作原理如图 5.60 所示。

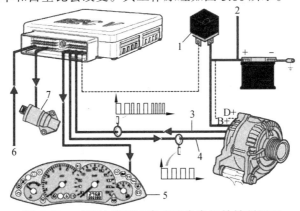

图 5.60　ECU 控制充电交流发电机的控制原理

1—继电器;2—用电负荷;3—发电机输出信号(ECU 输入信号);4—发电机输入信号(ECU 输出信号);
5—充电系统警告灯(仪表板上);6—外界温度信号;7—怠速控制阀

发电机内置的电压调节器对于 ECU 而言，既是一个传感器，同时也是一个执行器。电压调节器感应发电机发出的电压，并把这个信号直接传送给 ECU，ECU 根据这个信号判断发电机当前的负荷。由电压调节器发出的这个信号是一个占空比信号，其频率为 100～200 Hz，占空比为 9%～97%，占空比越大，表示发电机负荷越大。

　　另外，输入信号线路还监测发电机的输出信号，向 ECU 报告任何发现的故障，如占空比超出 9%～97%或发电机收不到有效的电压信号等。如果 ECU 输入信号的电压信号太低，说明充电电流的电压太低。发电机必须产生更大的功率以确保蓄电池得到足额充电，使电荷保持平衡（通过提高怠速）。ECU 根据输入的信号（如电压不足）和蓄电池的温度，通过至发电机输入的信号线路，对发电机电压进行调节。ECU 通过探测瞬时进气温度，可以计算出蓄电池电解液的温度，将此温度与发动机上一次停机时存储的 IAT 值进行比较，就能计算出设定新电压值所需的蓄电池电解液温度。

　　ECU 控制发电机电压调节器，频率与 ECU 输入信号的频率（100～200 Hz）相同，电压调节器使用的占空比为 15%～95%，相当于 12.5～16.5 V 的电压值。

6　发动机电控故障自诊断系统

为了能在汽车运行过程中及时发现电子控制系统的故障，现代汽车电子控制系统都具有故障自诊断功能。它能有效地检测、诊断电控系统的工作状况及工作中出现的故障，在发现系统故障时，点亮系统故障警示灯，通知驾驶员系统出现故障，同时把故障以编码的形式存入存储器中，供修理人员维修时将存储器中的故障码调出，可快速准确地诊断出故障原因和部位，以提高维修质量、降低维修成本。

6.1　故障自诊断系统的功能

当接通点火开关时，自诊断系统就开始进入工作状态，ECU 进入初始化程序，并对系统进行自检。此时，位于仪表板上的故障指示灯随之点亮并闪烁几秒后便熄灭（有些车辆待发动机启动后几秒故障灯才熄灭），表示电子控制系统正常，车辆可正常启动运行；如果不亮，则表示故障警示灯线路有故障。自诊断系统常用此办法来检测其输出装置故障警示灯是否正常。

发动机启动后，检测警示灯应熄灭，如没有熄灭，表示自诊断系统已检测到故障。在工作过程中，一旦发现电控系统中的传感元件、开关以及执行机构反馈的信号异常时，自诊断系统就会采取报警和启动相应的应急措施。故障自诊断系统的功能归纳为 4 个方面：一是通过自诊断测试判断电控系统有无故障，若出现故障时，接通故障灯电路，点亮故障指示灯向驾驶员报警；二是存储故障内容（即故障码），以便在维修时使用专用诊断仪将故障码调出，进行针对性的检测与维修；三是当传感器或其他电路发生故障时，自动启动失效保护功能；四是当发生故障导致车辆无法行驶时，自动启动应急备用系统，维持车辆在特定的条件下继续行驶。

6.1.1　故障报警

发动机电控系统在工作过程中，当自诊断系统发现任何一个传感元件、开关以及执行元件和连接线路发生故障时，伴随着相应故障现象的出现，电控单元（ECU）便立即接通仪表盘上的故障指示灯电路，故障警示灯被点亮，以警示车辆驾驶员电控系统出现了故障，应立即检测维修，否则会造成不必要的损失。

现代汽车电子控制系统的数目较多，各种电子控制系统都具有自检功能，同时均设有故障警示灯且设置在仪表盘上不同的位置，如发动机故障警示"ECU"系统、制动防抱死"ABS"系统、安全气囊"SRS"系统等。

6.1.2 故障存储

当电控系统配置在任意一款发动机上时，都会将每个传感器、执行器、开关以及线路的电控部分的异常现象以相应固定的编码对应排列，以便检测维修。

电控系统在工作过程中，当自诊断系统发现某一（或几个）传感元件、开关以及执行元件和连接线路发生故障时，电控单元（ECU）会将检测到的故障内容以相应代码的形式存储在随机存储器中，只要不采取消除措施和不切断存储器电源，故障码就会一直保留在存储器中。电子控制系统在工作过程中，自检功能随时且不断地将检测到的故障存储起来，维修时，通过专用故障诊断接口（OBD-Ⅱ16端子）数据线和诊断仪提取对应的故障代码及汉语提示。

6.1.3 自动进入保护状态

该功能也叫失效保护系统，当电控系统出现故障后，对整个电控系统采取安全保护措施，防止发动机或其他部件发生新的故障，同时保证车辆在一定的条件下继续运行。该系统是 ECU 内部软件的组成部分。

失效保护系统的主要功能是：在电控系统工作时，当自诊断系统检测到某传感器、开关以及电路出现故障（即失效）时，ECU 随即启动失效保护系统进入工作状态，用设定的标准信号取代故障信号，以满足控制系统工作，保证发动机在一定条件下继续运转（如自动切断空调等辅助电气系统）。此外，当个别传感器或其他线路出现故障造成发动机无法安全运转时，失效保护系统会通过 ECU 随即采取强制措施，切断燃油喷射和点火系统，使发动机停止运转而保证车辆安全。

汽车发动机在工作过程中，电子控制系统失效保护功能主要反映在以下几个方面：

（1）冷却液温度信号。冷却液温度及其线路发生故障时，会造成传输信号失常或无信号传输。一般情况下，在发动机正常工作时，冷却液温度传感器输送给 ECU 的电压信号为 0.3 ~ 4.7 V（相当于冷却液-35 ~ 125 ℃的温度）。若冷却液温度传感器或其电路发生故障时，冷却液温度传感器输送给 ECU 的电压信号会超出正常范围值或无信号传输（即发生故障），失效保护系统给 ECU 提供一个设定的冷却液温度信号。通常按冷却液温度为 80 ℃所对应的固定喷油量实施喷油来控制发动机工作，防止混合气过浓或过稀而导致其不能工作。

（2）进气温度传感器信号。当进气温度传感器或其电路发生故障时，失效保护系统给 ECU 提供设定的进气温度信号，通常按进气温度为 20 ℃控制发动机工作时的喷油量，防止混合气过浓或过稀。

（3）点火确认信号。点火系统发生故障造成不能点火，ECU 接收不到点火控制反馈的点火确认信号时，失效保护系统使 ECU 立即切断燃油喷射，使发动机停止运转，以免造成故障扩大。

（4）节气门位置传感器信号。当节气门位置传感器或其电路发生故障时，ECU 将始终接收节气门处于全开或全关状态的信号，无法对喷油量进行精确控制。此时，失效保护系统中，通常按节气门开度为 0°或 25°设定标准的节气门位置传感器。

（5）点火提前角。当爆震传感器或其电路发生故障时，失效保护系统使 ECU 将点火提前角固定在一个适当值。

（6）凸轮轴位置传感器。当凸轮轴位置传感器发生故障时，导致 G1 和 G2 两个信号不能输送给 ECU，则只能利用应急备用系统维持发动机的基本运转。

（7）空气流量计信号。若空气流量计或其电路发生故障，ECU 无法按进气量计算基本喷油量，将引起发动机失速或不能启动。此时，失效保护系统使 ECU 根据启动信号和节气门位置传感器信号按固定的喷射时间控制发动机工作。

（8）进气管绝对压力传感器信号。如此传感器发生故障，ECU 无法按进气流量计算基本喷油量，失效保护系统使 ECU 按设定的固定值控制喷油量，或启动应急备用系统维持发动机运转。

6.1.4　应急备用系统

应急备用系统的功能是由 ECU 内的备用 IC 来完成，当 ECU 内的微处理器或少数重要的传感器出现故障、车辆无法行驶时，该系统使 ECU 把燃油喷射和点火正时控制在设定的水平上，作为一种备用功能使汽车能维持基本行驶，以便把汽车开到最近的维修站或适宜的地方，所以又可称为回家系统。

该系统只能维持汽车的基本功能，而不能保证发动机的正常性能运行。应急系统的工作原理如图 6.1 所示，当启动备用系统工作后，备用 IC 根据控制所需的几个基本传感器信号，按照固定的程序对执行元件进行简单的控制。应急备用系统工作时，只能根据启动开关信号和怠速触点信号将发动机的工况简单地分为启动、怠速和非怠速，并按预先设定的固定数值输出喷油控制和有关控制信号。

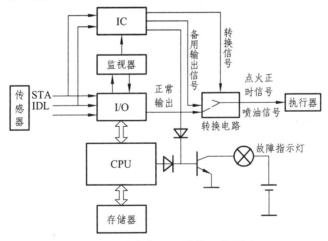

图 6.1　应急备用系统的工作原理

6.2　故障自诊断系统的组成及工作原理

6.2.1　故障自诊系统的组成

汽车故障自诊断系统主要由传感器检测电路、执行器检测电路、故障编码存储器、软件程序、故障指示灯以及诊断通信接口（故障检测插座）等组成。传感器检测电路和执行器检测电路以及软件程序一般集成在 ECU 内。故障检测插座（OBD-Ⅱ16 端子插接件）一般安装在仪表台下的适当位置，以便维修人员测试维修。

6.2.2　故障自诊断系统的工作原理

汽车发动机正常运行时，电子控制系统各传感元件对 ECU 以及 ECU 对各执行元件之间相互传输，即输入、输出信号电压值各自都有一定的变化范围。当某一电路信号电压值超出了规定的范围或送入 ECU 不能识别的信号，并且这一现象在一段时间内不会消失时，ECU 即判定这一信号电路有故障，并把这一故障存入其内部的随机存储器（RAM）中，同时点亮仪表板上的故障指示灯，这就是故障自诊断系统的基本原理。

对于自诊断系统，正常的输入、输出信号电平都是在规范的范围内变化，如某款发动机冷却液温度传感器工作正常时，输出电压在 0.1～4.8 V 变化，如果冷却液温度传感器输出电压小于 0.1 V，相当于冷却液温度高于 139 ℃时，自诊断系统就会判断冷却液温度传感器出现故障。

自诊断对于传感器性能不佳之类的故障无法确认，只能由人工方法确定和排除。由上述原理可知，自诊断系统一般只能监测电控系统的电路信号，并且只能监测信号的范围，并不能监测传感器的特征变化。如线性节气门位置传感器要输出与节气门开度成比例的电压信号，ECU 根据其输入的电压信号来判断节气门的开度，即负荷的大小，从而决定喷油量的控制。如果传感器的特性发生了变化，传感器输出的电压信号虽然在规定范围内，但并不与节气门开度成规定的比例变化，这时就会出现发动机工作不良，而故障指示灯却并不会亮，当然也不会有故障代码。由此可见，单靠读取代码功能不能解决所有的故障。事实上，各种传感器出现的模拟性故障，如工作不正常、偏差严重等是无法靠这一功能检测出来的。因此，在诊断故障时，不能完全依赖此项功能，而是把它作为分析故障时的参考。

1. 传感器故障自诊断原理

若传感器输入 ECU 的信号超出正常范围，或在一定时间内 ECU 接收不到该传感器信号，或该传感器输入 ECU 的信号在一定时间内不发生变化，自诊断系统均判定为"故障信号"。

如冷却液温度传感器，当传感器向 ECU 输送的信号电压低于 0.3 V 或高于 4.7 V 时，自诊断系统会判断为故障信号。

2. 执行元件故障自诊断原理

在没有反馈信号的开环控制中，执行元件如有故障，自诊断系统只能根据 ECU 输出的执行信号来判断，其原理与传感器类似。

带有反馈信号的闭环控制工作时，自诊断系统还可根据反馈信号判别故障。对于自诊断系统，正常的输入、输出信号电平都是在规范的范围内变化，当某一电路出现超出范围的信号时，自诊断系统就判定该信号线路出现故障。偶尔一次出现超出范围的不正常信号，诊断系统并不判定为故障，只有不正常信号持续一段时间才能确定。当故障指示灯检测到有故障时，仪表盘上的故障指示灯点亮，以警告驾驶员或维修人员。

6.3 故障自诊断使用

在使用中，点火开关接通，发动机没有启动或启动后的短时间内，"故障指示灯"点亮是正常现象，当启动后几秒钟内或发动机达到一定转速（一般为 600 r/min）后，"故障指示灯"应熄灭。

6.3.1 OBD-Ⅱ简介（16 端子插接件）

OBD 是 "On-Board Diagnostic" 的缩写，是由美国汽车工程学会提出的，经环保机构和加州资源协会认证通过的。20 世纪 70 年代，汽车电控系统中开始采用了第一代随车诊断系统（OBD-I）；1994 年以后，美国、日本和欧洲的主要汽车制造厂家生产的电控汽车逐步开始采用第二代随车诊断系统（OBD-Ⅱ）。目前，在我国汽车维修行业广泛使用第二代随车诊断系统。

OBD-Ⅱ的主要特点如下：

（1）汽车按标准装用统一的 16 端子诊断座，如图 6.2 所示，并将诊断座统一安装在驾驶室仪表盘的下方；

（2）OBD-Ⅱ具有数据传输功能；

（3）OBD-Ⅱ具有行车记录功能；

（4）装用 OBD-Ⅱ的汽车，采用相同的故障码代号及故障码意义。

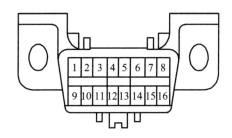

图 6.2　16 端子故障诊断仪诊断数据线插接端子插座

OBD-Ⅱ诊断插座各端子代号与含义如表 6.1 所示。

表 6.1　OBD-Ⅱ诊断插座各端子代号与含义

端子代号	含　义	端子代号	含　义
1	供制造厂应用	9	供制造厂应用
2	SAE-JI850 资料传输+	10	SAE-JI850 资料传输+
3	供制造厂应用	11	供制造厂应用
4	车身搭铁	12	供制造厂应用
5	1S-9141 资料传输 K	13	供制造厂应用
6	供制造厂应用	14	供制造厂应用
7	信号回路搭铁	15	1S-9141 资料传输 K
8	供制造厂应用	16	接蓄电池正极

丰田车系列，跨接 6、5，仪表盘故障灯闪码；

通用车系列，跨接 6、5，仪表盘故障灯闪码；

福特车系列，跨接 13、5，仪表盘故障灯闪码；

三菱车系列，跨接 1、4，仪表盘故障灯闪码；

沃尔沃车系列，"专用工具线"跨接 3（-极）、15（+极），仪表盘故障灯闪码。

6.3.2 故障代码的读取与清除

1. 故障代码的类型

故障代码的测试分为静态和动态测试模式两类，一般多采用静态测试模式。静态测试的特点是接通点火开关，但不启动发动机或车辆处于静止状态；动态测试的特点是在发动机正常运转或车辆运行中进行故障诊断的一种测试方法，可检测到静态无法判断的故障。

故障代码也分为两类：一类称为硬码，另一类称为软码。硬码是指当发动机运转时，故障警示灯亮，然后一直闪亮，说明 ECU 已检测到一个故障，该故障一直存在，称其对应的故障码为硬码。软码是指当发动机运转时，故障警示灯亮，然后熄灭，表示 ECU 检测到一个间歇性故障，其对应的代码称为软码。软码一般由接触不良引起，应采取症状模拟法来排除。

2. 故障码的显示方法

因生产厂家、车型及电控系统的不同，故障代码的读取和清除方法也各不相同，但故障码的显示方法基本相似，一般有利用故障灯闪烁规律记数显示法和利用专用或通用故障诊断仪提取法两种。

故障灯显示法：用跨接线跨接自诊断插座的某两个端子，并打开点火开关时，故障警示灯会闪亮，显示故障代码，可根据灯光闪亮的方式采取直接计数法读取。故障码等于故障警示灯闪烁的次数，若只有一个故障码，将循环显示该故障代码，循环显示中间有一个时间时隔，叫作循环间隔时间；若有两个以上故障码时，两故障码间也有一个时间间隔，叫作代码间隔时间。循环间隔时间一般大于代码间隔时间。

利用故障诊断仪提取故障码：现代汽车电控系统结构中设有 OBD-Ⅱ16 端子插接口，通过插接数据线与专用（或通用型）故障诊断仪通信提取故障码。该方法比较简单，在蓄电池电压正常、点火开关处于关闭状态下，插接故障诊断仪通信电缆插接器，然后打开点火开关和诊断仪开关，故障诊断仪进入初始化，然后按照诊断仪界面的提示操作，可完成故障码的提取、数据流的读取以及传感器信号、波形和编程等工作项目。16 端子插接口的位置，各车型有差异，一般设在驾驶员侧仪表台下的某个位置，如图 6.3 所示。值得说明的是，只有在发动机运行过程中故障灯出现常亮时，才具有故障码可提取。

电控汽车的故障检测仪（俗称解码器）除了具有对电控汽车故障自诊断系统的读码与消码功能外，还具有动态测试以及编程功能（数据流功能）。

注意：利用故障诊断仪测试和提取故障代码时，首先要检测下列条件：

① 蓄电池电压高于 11 V；

② 节气门完全关闭；

③ 普通变速器的变速杆处于空挡位置，自动变速器的挡位控制开关处于"P"挡位置；

④ 断开所有用电设备开关;

⑤ 检测组合仪表盘上的发动机故障指示灯及其线路是否良好。

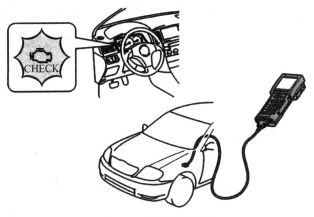

图 6.3　故障码的提取

7　CNG-汽油两用燃料发动机电控系统

7.1　概　述

随着社会经济和汽车工业的不断发展，汽车的数量不断增多，汽油和柴油的消耗量越来越大，能源危机和排放污染等社会矛盾越来越突出。基于能源的综合利用和环境保护的需要，数十年来，世界上许多国家和地区在汽车上推广使用以天然气燃料为代表的新燃料汽车。

7.1.1　天然气及其特性

天然气简称 NG，天然气的主要成分为甲烷（CH_4），甲烷的特性决定了天然气的性能。产地不同，天然气中的甲烷含量也不同。

1. 天然气的密度和热值

天然气密度小于空气，当从存储容器、管道中泄漏出来后，天然气将向上移动，扩散到空气中。常温常压下的甲烷、天然气的密度以及与空气密度的比值如表 7.1 所示。

表 7.1　甲烷、天然气的密度以及与空气密度的比值

气　体	密度/（kg/m^3）	与空气密度的比值
甲　烷	0.71	55%
天然气	0.78	60%

热值是指单位质量或体积的燃料完全燃烧后产生的热量，分为高热值和低热值。汽油的低热值为 $4.44×10^4$ kJ/kg，天然气的单位质量热值高于汽油，按体积计量计算，1 m^3 天然气的热值高于 1 L 汽油的热值。天然气主要成分的热值如表 7.2 所示。

表 7.2　天然气主要成分的热值

成　分	高热值	低热值
甲　烷	$5.55×10^4$ kJ/kg	$5.01×10^4$ kJ/kg

2. 天然气的状态、沸点颜色以及味道和毒性

在常温常压下，天然气为气体状态，甲烷的沸点为-162 ℃，在此温度以上，天然气呈气态。由于非常低的沸点，天然气非常难于液化，一般采用气体状态存储和输送天然气。

甲烷（天然气）是一种无色、无味的物质，且没有毒性，天然气在空气中的浓度较高时，对人体有一定的麻醉作用。为便于识别其在空气中的存在，在生产过程中添加了少量的臭味剂（硫醇、硫醚等物质）。

7.1.2　天然气的应用特性

（1）辛烷值：是燃料抗爆震燃烧的能力，辛烷值越高，表示抗爆性越好，发动机可以采用更高的压缩比。目前，使用的汽油辛烷值一般为 90、93，天然气的辛烷值一般为 120~130，其抗爆性要好于汽油。

（2）自燃温度和点火极限：在没有外界火源的条件下，由于天然气内部的氧化、本身温度或介质的温度变化而引起天然气自行着火燃烧，天然气自行着火燃烧的最低温度即为自燃温度，天然气的自燃温度为 630~730 ℃，汽油的自燃温度为 220~471 ℃。较高的自燃温度表明天然气的安全性好于汽油。

天然气的点火极限：气态的天然气与空气形成混合气，混合气浓度在一定范围内时，能够被点燃，超过这个范围将不能被点燃，这个范围的上下限即为点火上限和点火下限。天然气的点火上限和点火下限分别为 5% 和 15%。

（3）理论空燃比：单位质量（或体积）燃料完全燃烧需要的空气质量（或体积）即为该燃料的理论空燃比，汽油、甲烷的（质量）理论空燃比分别为 14.7、16.7，相同质量的燃料完全燃烧，天然气需要更多的空气。按照体积计算，天然气的理论空燃比约为 10 : 1。

（4）起燃方式：天然气自燃温度高，难于压燃，适宜外火源点燃，同时高的辛烷值，适合在较高的压缩比下点燃工作。天然气在汽车上使用一般采取两种方式工作，即在天然气单燃料或两用燃料车上，采用电火花点燃的工作方式；在柴油/天然气双燃料车上，天然气工作时，一般喷射少量的柴油，利用被压燃的柴油点燃天然气的工作方式。

7.1.3　天然气的存储

常温常压下的天然气密度非常低，为有效地存储天然气，一般采用以下方式存储天然气，以提高天然气的存储压力：

（1）压缩天然气，简称 CNG，汽车上使用的 CNG 的最高压力为 20 MPa（相当于将天然气压缩 200 倍）；

（2）液化天然气，简称 LNG，液化后的天然气的密度是常温常压下的气态天然气密度的625 倍；

（3）吸附天然气，简称 ANG，存储的能量密度介于 CNG 和 LNG 之间，且存储压力大为降低（在 4 MPa 左右）。

7.2　天然气汽车

天然气汽车按存储方式分为压缩天然气汽车、液化天然气汽车、吸附天然气汽车 3 种；按使用燃料种类又分为单一燃料的 CNG 汽车，汽油、CNG 两用燃料汽车，柴油、CNG 双燃料汽车 3 种。

7.2.1　天然气汽车的特点

1. 排放性

天然气作为一种气体燃料，与空气混合更均匀，燃烧更加充分，排放的 CO、HC 等有害物质更少，其他一些没有受排放法规控制的有害成分（如对区域环境影响的毒性物质、烟雾、酸性物质等）也比汽油、柴油要少。在所有碳氢燃料中，天然气的碳氢比小，碳与氢的比例为 4∶1，CO_2 排放量比汽油少 25% 左右，有利于保护全球的环境质量。发达国家基于天然气的这一特性，将天然气确定为真正的清洁燃料而加以推广使用。

2. 经济性

维护费用：天然气不会稀释润滑油，燃烧后没有积炭，可减少发动机磨损、延长润滑油更换周期、降低维护保养费用、延长发动机寿命。

燃料费用：按 1 m^3 天然气相当于 1.1 L 汽油计算，可减少燃料费用 50% 以上，使用 CNG 作为汽车燃料，可大大降低燃料费用。

3. 动力性

目前，CNG 车基本是在汽油车上增加 CNG 系统而成为两用燃料车，发动机的压缩比、点火系统和进气系统等均没有变动，使用 CNG 时的性能没有得到充分发挥。

天然气的理论空燃比为 10∶1，在进入发动机时，天然气将占有约 10% 的体积空间，导致吸入发动机的空气量减少约 10%，进气效率下降，从而引起动力性的下降。

天然气性质稳定，燃烧速度慢，点燃需要更多的能量，与使用汽油相比，使用 CNG 时的动力性约下降 15%。

4. 安全性

系统的每一个部件的设计、生产、检验充分考虑了安全性。储气瓶必须有指定的专业厂家生产；储气瓶的承压能力是 CNG 工作压力的数倍；每一个储气瓶出厂之前必须进行检验；储气瓶上设有安全阀、手动截止阀，保证安全使用和便于维护；减压器上设有安全阀，保证在系统出现故障时的安全性。

天然气性质稳定，密度小，自燃温度高，安全性好于汽油燃料。国内外的使用经验表明，因 CNG 系统发生的安全事故要远低于汽油车、柴油车。

天然气汽车的特性：压缩存储天然气，存储燃料的能量密度低，相同体积的存储容器、续驶里程仅相当于汽油的 1/4，且存储容器的质量大，导致整车自重增加。对于小型车，在设计时考虑到自重增加的限制，以及车上有限的空间，不允许安装过多的天然气储气瓶，使用天然气的续驶里程较少。

7.2.2　常用燃气系统

1. CNG 供给系统的分类

（1）混合气方式的开环供给系统：类似于汽油机化油器技术的 CNG 系统，利用发动机的真空度进行供气，使用在化油器式汽车上。

（2）混合气方式的闭环供给系统：在开环供给系统的基础上增加闭环控制系统而成，应用在电喷车上。

（3）CNG 燃料喷射系统：完全不同于以上两种系统，供气方式由依靠发动机真空度的被动供气发展到利用燃料的压力主动供气。

2. 不同燃气系统的特点

（1）混合气方式的开环供给系统：稳定性差、需要经常调试；可能产生回火放炮现象；排放性较差，不能满足高排放要求；加装成本低。

（2）混合气方式的闭环供给系统：稳定性较差、需要经常调试；有可能产生回火放炮现象；对汽油系统有影响，长时间使用 CNG 后再用油会产生冒黑烟或动力不足的现象；加装成本较低。

（3）燃料喷射系统：工作稳定性高，正常使用不需要调试；解决了早期燃气汽车存在的回火放炮问题；对汽油系统没有任何影响；加装成本高。

3. CNG 燃料喷射系统的分类

（1）按燃料喷射点数划分：单点喷射、多点喷射；

（2）按燃料喷射时间划分：同时喷射、顺序喷射；

（3）按喷射燃料位置划分：缸内喷射、缸外喷射；

（4）按喷射状态划分：气态喷射、液态喷射。

目前，国内外的电喷车上普遍采用混合气方式的闭环控制系统；采用混合气方式的闭环控制系统匹配的两用燃料车，其动力性、排放性、燃料经济性等指标基本能够满足国家有关标准的规定和使用的要求，但是其系统稳定性和性能的一致性难以保证。

7.3 电子控制燃气喷射系统

按照完成的功能划分，电子控制燃气喷射系统可分为：CNG 供给系统和 CNG 供给控制系统两个部分。CNG 供给系统主要是用来充装、存储天然气，并向发动机输送天然气，对 CNG 压力进行调节，并执行天然气的分配和喷射；CNG 供给控制系统，根据输入的各个发动机工作信号，对天然气的工作过程进行控制。

7.3.1 CNG 供给系统的基本功能组成与流程

GNG 供给系统的基本功能：①有效充装、存储和过滤 CNG 中的杂质，并向发动机供给或截止 CNG 的供给；②CNG 状态调节（减压、稳压）并实施向发动机定时分配所需的燃气。

CNG 供给系统通常由储气瓶及阀、充气阀、减压器、低压管路、高频电磁阀组、分配管路等组成，工作时的流程如图 7.1 所示。

1. CNG 储气瓶

CNG 储气瓶即存储 CNG 的容器。CNG 储气瓶一般为中间圆柱体、两端椭圆形结构，在一端有钢瓶阀接口，整体为无缝结构。目前，广泛应用的 CNG 储气瓶有钢瓶和复合材料气瓶两种类型，如图 7.2 所示。水容积为 55 L 的储气瓶，按照最大充装压力 20 MPa 计算，55 L 储气瓶在标准状态下的最大充装量为 11 m^3 天然气。

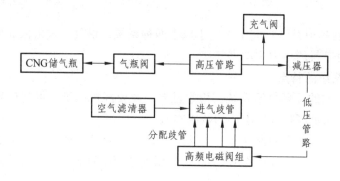

图 7.1　CNG 供给系统的组成与流程

图 7.2　复合材料气瓶

2. 充气阀

充气阀是用来充装 CNG 时，与加气枪连接的接口。其结构与组成如图 7.3 所示。充气阀按结构分为快装式和插销式两种。

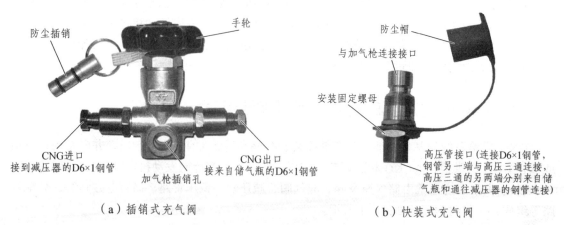

（a）插销式充气阀　　　　　　　　　　　　　（b）快装式充气阀

图 7.3　充气阀的结构与组成

3. 减压器的结构和功能

从储气瓶输送出的 CNG 最大压力一般可达 20 MPa，且使用过程中压力在不断变化，不能满足发动机工作的需要。为了满足工作需要，必须对 CNG 通过减压器将其状态进行调节。减压器的主要功能是将由储气瓶输出的最大压力为 20 MPa 的 CNG 减压和调节成满足发动机工作需要的具备一定压力的天然气。减压器的结构如图 7.4 所示。

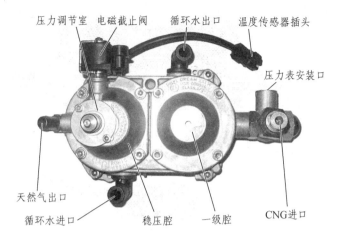

图 7.4 减压器的结构与组成

减压器对 CNG 的减压过程为吸热过程，需要吸收大量的热量，为保证减压器的正常工作，将发动机循环水引入减压器内，为减压过程提供热量。

目前，应用的减压器为双级减压结构，一级为减压，当 CNG 进入一级减压腔后，压力降低到 0.23 MPa；二级为稳压，一级腔输送来的低压天然气，经过调节后，通过稳压结构的作用，输出 0.19 MPa 稳定压力的天然气。

减压器上的温度传感器的作用是测量其温度，通过设定，在温度低于限值时，只能使用汽油工作；温度升高到限值以上后，才能使用 CNG。

减压器稳压腔上设有电磁截止阀，在停车或使用汽油工作时，电磁截止阀关闭，同时一级进口关闭；在使用 CNG 工作时，电磁截止阀打开。

为避免因温度变化过大引起的工作不稳，在循环水的出口处，安装有恒温结构，保证在正常状态下减压器腔内温度的恒定。在安装时，需保证正确的循环水流动方向，否则将造成循环水不能流动，使系统工作不稳。另外，为避免因减压器故障造成的腔内压力异常升高，在一级腔内设有安全保护阀。

4. CNG 供给控制系统的组成部分

CNG 供给控制系统主要包括控制器（又称高频电磁阀）、模拟器及其线束（与控制器集成在一起）、转换开关、剩余燃气压力传感器、截断油泵继电器以及喷气压力和进气压力传感器等。

7.3.2 高频电磁阀组

高频电磁阀组是燃料供给的执行部件，如图 7.5 所示，其主要功能是完成共轨和喷嘴的功能。高频电磁阀组是利用 4 个高频电磁阀按照发动机工作循环，控制每一个气缸的燃料供应。发动机工作过程中，控制器（ECU）通过对各种传感器信号的采集、分析、运算、处理，发出指令控制高频电磁阀组依照气缸的工作顺序，依次打开对应气缸的高频电磁阀，供应与发动机吸入空气量对应数量的燃料。高频电磁阀组一般按照从左到右或从右到左的顺序，控制一缸至四缸的燃料喷射。

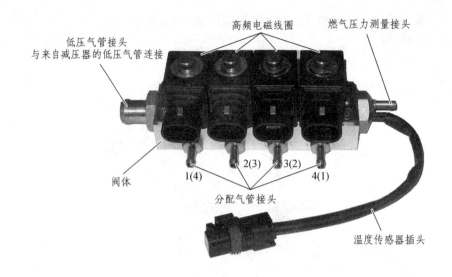

图 7.5　高频电磁阀组的结构

（1）转换开关分为翘板式开关和触摸式开关。转换开关的作用是实现使用燃气和使用汽油之间的燃料转换过程，并显示燃气的燃料量以及使用的燃料模式，如图 7.6 所示。双燃料车燃气系统可以简单分为燃料供给系统和电控系统两大部分。燃料供给系统实现燃料的随车存储，以及在管路内的输送、充装和向发动机供给等功能；电控系统与原车 ECU 配合，实现燃料的定时、定量供给，如图 7.7 所示。

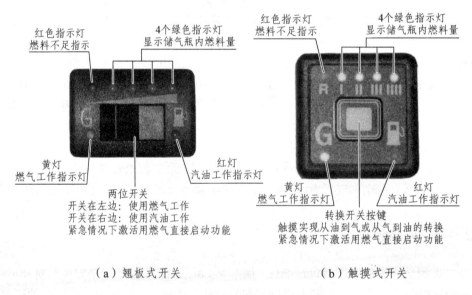

（a）翘板式开关　　　　　　　　（b）触摸式开关

图 7.6　燃油、燃气转换开关

（2）减压器电磁阀：电磁阀打开，CNG 供给系统接通，向发动机供给天然气。

（3）模拟器：在保证汽油喷射电路导通的情况下，切断汽油喷嘴喷射动作。

（4）压差传感器：测量进气压力和喷气压力的信号。

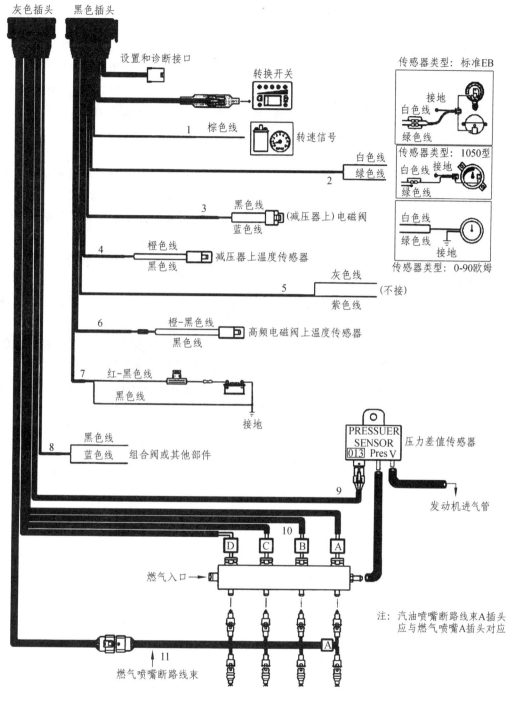

图 7.7　燃气喷射控制系统的原理

7.4　燃气控制的工作过程及使用注意事项

完成燃气过程控制需要的信号有：进气压力、发动机转速、减压器、燃气温度、喷气压力、剩余燃气压力等传感器信号。各气缸喷油信号，控制系统确定喷气顺序和高频电磁阀开启时刻；同时，根据该信号反映的喷油时间确定喷气的时间。

1．燃气控制系统的工作过程

（1）控制器输出+12 V 电压，控制减压器上 CNG 电磁阀的开启，给发动机供气；给模拟器供电，模拟器工作，停止汽油喷嘴的喷油动作；给截断油泵继电器信号，停止油泵工作。

（2）控制器输出+12 V 喷气信号，控制高频电磁阀组工作，向发动机喷气。

（3）控制器向转换开关输出相关显示信号，控制开关显示。

2．燃气工作的基本要求

（1）在两用燃料车上，增加的燃气系统只是根据发动机的需要定时、定量地向发动机供应燃气，发动机正常工作需要的点火、怠速等控制还需要汽油系统进行控制。

（2）为保证发动机正常工作，发动机各个传感器信号必须处在正常状态，包括汽油喷射信号、氧传感器信号等。

（3）在使用 CNG 时，必须切断汽油的喷射动作。切断汽油喷射动作的同时，正常的汽油喷射信号也被切断，在这种情况下，汽油 ECU 将判断出汽油喷射停止，将不会正常工作。为了避免在使用 CNG 时出现这种不正常的现象，使汽油 ECU 保持在正常工作状态，必须在切断汽油喷射的同时，向汽油 ECU 输入模拟的汽油喷射信号。

（4）氧传感器信号的控制，CNG 控制系统与汽油控制系统共用氧传感器。发动机在使用 CNG 时的控制过程与使用汽油时的控制过程基本相同。在使用 CNG 时，氧传感器信号直接输入汽油控制系统，燃气控制器根据汽油 ECU 给出的喷油信号来控制喷气时间，汽油 ECU 具有自适应功能，可以对各工况下的喷气时间进行修正。

3．控制系统工作的条件

（1）主工作电源：连接汽车上蓄电池正极或与其连接的电源线；

（2）接地：与汽油 ECU 地线同时接地；

（3）工作电压：与受点火钥匙控制的电源线连接。

4．使用注意事项

CNG 两用燃料车使用的基本要求如下：

（1）出车前的例行检查：使用 CNG-汽油两用燃料汽车，每次出车前，除进行通常的车辆检查外，还必须检查压缩天然气供给系统管路、接头组件是否泄漏以及系统中有无其他异常现象。发现有天然气泄漏、管路损坏及供给系统中其他异常现象，要及时修复和排除。

（2）燃料转换注意事项：进行燃料转换时，会出现燃料供给的过渡期，此时，发动机可能出现转速下降或轻微停顿的现象。为避免燃料转换时发动机熄火，应尽量在发动机中、高速工况下进行转换，同时不要在交通拥挤、上下坡、转弯或视线不好的地方进行。

（3）油箱内汽油保有量的要求：当车辆使用天然气时，为保证车辆正常的启动过程，同时为保证燃气系统出现故障时能够使用汽油正常行驶，建议在油箱中必须有 10 L 以上的汽油。为保持汽油系统的正常状态，使用 CNG 每行驶 3 000 km 左右，建议转换使用汽油连续行驶 50 km 以上。

（4）出现事故时的处理：在行驶中，如发生轻微的天然气泄漏，应立即停车，关闭电源和储气瓶上的手动阀，等天然气挥发、确保安全后，再转用汽油行驶到服务站维修；如有大量天然气泄漏，应立即停车，关闭电源和储气瓶上的手动阀，在现场严格控制并隔离火源。

在对系统进行检查、确认无泄漏事故隐患后，转用汽油行驶到服务站进行维修；如发生撞车事故，应先关闭电源和储气瓶上的手动阀，检测汽油和压缩天然气系统以及各部分支架是否完好，确认无任何问题和泄漏后，方可继续行驶。

（5）停驶：CNG-汽油两用燃料汽车长期停放时，应将储气瓶中的压缩天然气用完。

（6）储气瓶的定期检查：按照国家标准的要求，储气瓶需要定期进行强制的安全性检查，检查在劳动部门指定的单位或部门进行。

（7）日常使用和维护：新车在走合期内，建议在 5 000 km 之内不要使用 CNG。在使用中要经常检查储气瓶、管路的连接是否良好，有无干涉和泄漏现象。

在发动机启动前，减压器应不工作，不得有天然气排出，若有臭味可使用肥皂水涂抹各接头，出现漏气故障时，应及时请专业人员排除。

发生火灾时，应立即关闭点火钥匙，关闭储气瓶上的手动阀，使用干粉灭火器灭火，并设法给储气瓶降温。在检查或校正汽车电气设备前，必须确认压缩天然气装置周围无气味散发。

8 发动机电控系统的故障诊断与检测

汽车发动机随着使用时间和行驶里程的延长，部分或完全失去工作能力的现象称为汽车故障。发动机电子控制系统是以电子控制单元（ECU）为核心控制元件。在工作过程中，ECU作为核心控制元件，一般情况下很少发生故障。所以，发动机电子控制系统的故障诊断主要是电子元件性能和连接线路的检测诊断。根据电控系统的结构特点，在分析、判断故障时，要充分利用现代控制技术理论和专用故障诊断仪器设备。其中，故障诊断仪是汽车电子控制系统常用和必备的故障诊断工具。

发动机电子控制系统由各电子元件组成，并按其各自功能进行工作。电控系统主要元件故障与发动机故障现象之间具有一定的对应关系。不同元件或其电路发生故障时，会产生和表现出不同的故障现象。常见的故障有：传感元件及执行元件线路短路、断路或接触不良；电控元件电路电压过高或过低；传感器输出电压信号失准或无信号输出；系统电压过高或过低；执行元件控制目标值失常等。

8.1 故障诊断及诊断方法

汽车故障诊断通常是指在不解体的条件下，利用相应的工具设备和技术手段，确定其技术状况，查明故障部位与原因的检测。诊断参数一般是指状态参数，是描述汽车技术状态的参数，它用于故障诊断时叫作诊断参数，如静态数据流和各工况下的动态数据流等。

8.1.1 故障诊断的策略

随着汽车工业的不断发展，汽车故障诊断技术及其手段也具有新的特点。首先，电子控制系统故障自诊断测试技术已成为故障诊断的一个重要组成部分，而且自动化和智能化水平越来越高；其次，计算机以及网络技术的应用和发展将使汽车电控系统乃至机械故障诊断向多参数综合化方向发展。

故障诊断最关键的是要准确找出故障症状。进行故障诊断时，准确找出故障症状是非常重要的，确定预估的故障原因，以便找出真正的故障原因。要准确快速地进行故障诊断，必须进行系统的操作，推测必须有逻辑和事实作依据，不可依赖没有任何逻辑支持的第六感觉凭空想象造成故障的原因。为了快速、准确地分析和判断故障原因以及彻底排除故障，避免类似故障再次发生，通常在分析故障时，注意考虑该故障是不是由别的零件或者是零件的使用寿命过短造成的；该故障是不是由于不正确的操作或者不正确的保养造成的；然后考虑故障是不是由于路况不好等客观因素造成的。

一般情况下，当汽车发动机出现故障时，首先检测故障指示灯（DTC）的指示以及诊断故障码及其所对应的故障。如果存在故障码，则对适用的故障码检测进行诊断；如果不存在故障码，而且故障灯不亮或不闪烁，则对适用的故障症状检修进行诊断。对一些间接性或不能直接利用故障诊断仪检测的故障，通常利用振动、加热、水淋、电器全负荷（用电设备全部接通）、道路试验、零部件代替等模拟辅助诊断手段进行。故障诊断流程如图8.1所示。

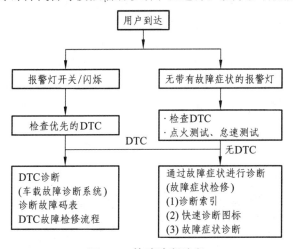

图8.1 故障诊断流程

8.1.2 故障诊断的基本方法

　　根据发动机的故障现象进行故障诊断之前，首先应完成初步检查。检查内容包括：确认发动机故障指示灯工作正常；确认没有故障信息记录；确认故障现象的存在；并确认发生该故障的出现条件。然后进行外观检查。外观检查包括：检查燃油管路是否有泄漏现象；检查真空管路是否有断裂、扭结，连接是否正确；检查进气管路是否堵塞、漏气等；检查点火顺序是否正确，高压线是否老化、漏电；检查线束接地处是否干净、牢固；检查各传感器、执行器接头和线束是否有松动或接触不良等情况。

　　在进行汽车电控系统故障诊断时，必须遵照故障码优先的原则，按照科学的方法、步骤和程序进行。故障诊断基本程序大体分为验证故障、分析推测原因、寻找发生根源和彻底排除故障4个阶段。

　　验证故障，即验证重现故障症状。验证重现故障症状是故障诊断的第一步，故障诊断中最为重要的一个因素是正确观察实际故障（症状）并以此做出正确的判断。其次，就是判定这种症状是不是一种故障。车辆在使用过程中，并不是所有症状都是故障，往往有些症状很可能与车自身特点有关。

　　分析推测原因是进一步推测故障发生的原因，推测故障发生的原因应当在所确定的故障症状基础上系统性地进行。

　　寻找发生根源是检测可能有故障的部位，找出故障产生的原因。故障诊断是在通过验证、检测所获取数据的基础上逐渐寻找正确的故障根源的一个反复和循序渐进的过程。

　　彻底排除故障是避免类似故障再次发生的根本，只有当故障顺利排除，防止类似故障再次发生，才意味着故障被排除。

8.1.3 电控系统线路的故障检测

电控系统电路常见故障与常规电器电路故障基本相同，常见故障有断路、短路以及插接件接触不良和元件损坏等。进行故障诊断时，主要通过使用高阻抗数字万用表、测试灯等工具对其实施检测，或检测电路电阻及电压数值来分析判断。

在实施电路故障检测时，使用万用表的电阻挡或电压挡，首先是选择测点，当需要把线束连接器端子作为测点时，则应拆开线束连接器。如果必须在线束连接器处于插接状态时，测量参数（如传感器输出信号电压），则应先将线束连接器上的橡胶防水套向后脱出，将万用表测量表笔从后端以适当角度插入并触及端子进行检测，如图 8.2 所示。

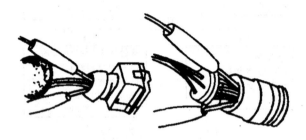

图 8.2　电路故障诊断

当需要进行断路故障诊断时，图 8.3 为一典型传感器电路，拆开 3 个线束连接器 A、B、C 中的任意两个，分别测量端子 1—1 和 2—2 之间的电阻。若电阻值为 0 Ω，说明两测点间无断路；若电阻为无穷大，说明两测点之间断路。

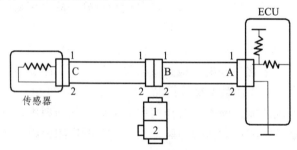

图 8.3　传感器电路故障诊断

如果需要进行短路故障诊断测试时，可通过测量连接器端子与车身或搭铁线之间是否导通（电阻值为 0 Ω）来检测判断。

8.2　故障诊断与检测

8.2.1　应用故障诊断仪进行故障诊断

现代汽车电子控制系统均具备故障自诊断功能，故障自诊断是指电子控制系统自己检测运行过程情况，确定汽车技术状况和诊断系统有无故障的过程。目前，各汽车制造厂家根据其品牌车辆配备不同的电子控制系统而开发专用故障诊断系统及诊断仪，并将电控系统的常见故障编为相应的故障代码，在进行故障诊断和故障码的提取以及数据流的检测时，故障码和相应的故障以语言形式显示出来，为故障判断与排除提供了既方便又可靠的依据，具有操作简单、使用方便、诊断故障准确直观等特点。

1. 故障诊断仪的功能

（1）快速诊断、读取或者清除故障码；

（2）对发动机控制系统进行动态测试，显示瞬时信息，为诊断提供依据（动态和静态数据流）；

（3）能在静态或动态下，向电控系统各执行元件发出检测作业需要的动作指令，以便检测执行元件的工作状况；

（4）在车辆允许或路试时，检测并记录数据流；

（5）具有示波器功能、万用表功能和打印功能；

（6）有限诊断仪能显示系统控制电路图和维修指导，以供故障诊断和检修时参考；

（7）有些功能强大的专用诊断仪能对发动机控制单元进行某些数据的重新输入编程工作，如发动机怠速、转速的设定等。

2. 故障诊断仪的类型

目前，广泛使用的故障诊断仪，按其对汽车电控系统故障的检测功能分为专用型和通用型两大类。专用型：是汽车制造厂为自己生产的品牌汽车配备的电控系统而专门设计制造的，一般只适合在"4S"维修站配备，以便提供专业良好的售后服务；通用型：是汽车保修设备制造公司为适应诊断检测多种车型而设计制造的，一般都配有不同车系的测试卡和适合各种车型的检测连接电缆连接器，测试卡存储有几十种甚至上百种不同厂家、不同车型电控系统的检测程序、检测数据和故障码等资料，适合综合性维修企业使用。

3. 故障诊断仪的操作方法和步骤

现代汽车电子控制系统的类型较多，故障诊断仪的形式也不尽相同，操作方法和步骤也有一定的区别，大体可按以下方法和步骤进行：

（1）选择相应车型电控系统的测试卡和配套的连接电缆及连接器（现已统一为16端子连接插接器）；

（2）在点火开关"OFF"状态下，连接故障诊断仪与车上的专用诊断插接器；

（3）根据被测车型和检测仪界面提示，选择测试地址、功能以及车辆等相关信息；

（4）依照使用目的要求和故障诊断仪界面提示的方法和步骤进行测试，如图8.4所示。

4. 故障代码的分类

故障代码的测试分为静态和动态测试模式两类。目前，多数车型采用静态测试模式。静态测试是指接通点火开关，但不启动发动机或车辆处于静止状态；动态测试是指在发动机正常运转或车辆运行中进行故障诊断的一种测试方法，其特点是可检测到静态无法判断的故障。

在车辆使用与维修过程中，为了对各种故障进行分析、判断，通常将故障代码分为硬码和软码两类。硬码是指当发动机运转时，故障警示灯一直在亮，说明ECU已检测到一个故障，该故障一直存在，称其对应的故障码为硬码；软码是指当发动机运转时，故障警示灯偶然被点亮后又熄灭，或出现闪烁现象，则表示ECU检测到一个间歇性故障，其对应的代码称为软码。软码一般由接触不良引起，应采取症状模拟法来排除。

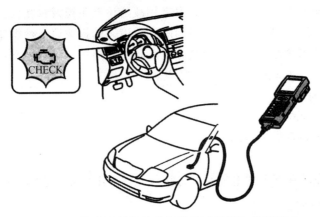

图 8.4　故障诊断仪就车进行故障诊断时的连接

8.2.2　故障码的提取

提取故障代码前要求蓄电池电压大于 11 V；各种插接器、各接线端子连接正确牢固；各系统机械装置工作正常；变速器置于空挡位；拉紧驻车制动器；三角木抵住车辆前、后车轮。

目前，在汽车故障诊断时，提取故障码的方法分为应用随车自诊断系统显示功能和专用故障诊断仪提取故障码两种。

1. 随车自诊断系统提取故障码

利用随车自诊断系统提取故障码，操作方法简单、方便易行，但各车型显示位置和方法不尽相同。常见类型有利用仪表板盘上"故障指示灯"的闪烁规律读取故障码；利用电控单元上红、绿色发光二极管灯的闪烁规律读取故障码；利用车上显示器读取故障码等。应用时，参照各车型技术资料提供的方法和步骤进行。

2. 故障诊断仪提取故障码

利用专用测试仪直接读取故障码。现代电控系统的自诊断代码都可通过各种专用测试仪直接读取，其故障代码显示在仪器的显示器上，并能直接显示故障代码内容，同时还可以进行各电控系统的动态检测。选用对应车型的专用或通用故障诊断仪，按说明和提示操作进行提取故障码。现代故障诊断仪智能化程度高，对检测存储的故障提取时，全部汉语显示，且操作简单、方便。

8.2.3　故障代码的清除

在故障诊断作业过程中，当彻底排除故障后，通过 OBD-II 诊断功能或其他方法实施从ECU 存储器中清除故障代码。目前，常见的清除方法有：诊断系统自动清除、应用故障诊断仪功能清除以及切断电源清除法 3 种。

（1）诊断系统自动清除：如果存储于存储器中的故障已经被排除，诊断执行指令将会计算"热机"循环次数，一旦达到 40 次连续"热机"循环而没有检测出先前的故障，则该故障码将自动从 ECU 存储器中被清除（不跳火及燃油调整需要 80 次热机循环）。

（2）应用故障诊断仪清除故障码：使用故障诊断仪清除信息方式来清除故障码（DTC），

这将会清除所有冻结故障状态和故障记录数据，但是只有那些系统中已存有的故障代码、统计过滤及 I/M 就绪信息才会被清除。

（3）采用切断电源方法清除故障码：应用该方法清除故障码时，要注意，除非相关车型维护手册中的诊断程序明确告诉必须如此做，否则不要轻易采用该方法清除故障码。因为当蓄电池的正极或 ECU 的接地被切断 30 s 或更长时，所有目前与故障码信息相关的信息（包括冻结故障状态、故障记录、统计过滤及相关就绪信息）均将失去。

8.2.4 故障分析

在对电控系统进行故障诊断时，按故障码提示或无故障码时，如果通过基本检测不能查明故障原因，则可根据故障现象，按故障诊断表进行检测分析。下面简要列举故障与故障元件之间的关系，以便帮助故障分析诊断，如表 8.1 和表 8.2 所示。

表 8.1　无故障码故障诊断

步骤	检测内容	正常	不正常时的处理方法
1	发动机不工作时，检测蓄电池电压	不低于 11 V	充电或更换蓄电池
2	转动发动机，检测曲轴能否转动	能转动	按"故障诊断表"诊断
3	启动发动机检测能否启动	能启动	直接转到相应步骤进行检查
4	检测空气滤清器滤芯是否过脏或损坏	滤芯良好	清洁或更换滤芯

表 8.2　故障元件与故障现象的关系

序号	元件名称	发动机故障现象
1	ECU	发动机不能启动、发动机性能失常
2	空气流量计	发动机启动困难、发动机性能失常、怠速不稳、加速时回火、放炮、油耗大、爆燃
3	进气绝对压力传感器	发动机启动困难、性能失常、怠速不稳、油耗大
4	大气压力传感器	发动机性能不良、怠速不稳
5	节气门位置传感器	发动机启动困难、性能不良、怠速不稳、易熄火
6	进气温度传感器	发动机性能不良、怠速不稳、易熄火、油耗大、混合气浓
7	冷却液温度传感器	发动机启动困难、性能不良、怠速不稳、易熄火
8	怠速控制阀	发动机启动困难、怠速不良、发动机失速
9	P/N、P/S、A/C	发动机不能启动、怠速不稳、易熄火
10	曲轴位置传感器	发动机不能启动、加速不良、怠速不稳、间歇性熄火
11	喷油器	发动机启动困难、工作不稳、易熄火、怠速不良
12	冷启动开关	冷启动困难、混合气过浓、怠速不稳
13	冷启动喷油器	启动不良、怠速不稳、混合气过浓、油耗大、易熄火、排污
14	燃油泵	发动机不能启动、运转中易熄火
15	燃油压力调节器	发动机启动困难、性能不良、怠速易熄火
16	燃油滤清器	发动机不能启动、运转不稳

序号	元件名称	发动机故障现象
17	节气门	发动机不能启动或启动困难、发动机性能不良
18	氧传感器	发动机性能不良、油耗大、急速不稳、排放大、空燃比失常
19	曲轴箱通风阀	发动机不能启动或启动困难、急速不稳或无急速、加速不良
20	EGR 阀	发动机不能启动或启动困难、过热、熄火、爆燃、动力不足
21	活性炭罐电磁阀	发动机性能不良、急速不稳、空燃比失常
22	爆震传感器	爆燃、点火正时失准、发动机工作不稳
23	点火线圈	发动机不能启动、无高压火花、次级电压过低
24	点火控制器	发动机不能启动、无高压火花、次级电压过低、急速不良
25	点火信号发生器	发动机不能启动、工作不稳、急速不稳、易熄火
26	可变进气相位电磁阀	发动机抖动、急速不稳、爆燃、动力不足、三元催化器损坏

8.3   根据故障代码进行故障诊断与检测

发动机电控系统运行过程中，一旦发生故障，故障自诊断测试系统将故障警示灯点亮，同时，随机存储器将此故障以代码的形式存入存储器中，以帮助技术服务人员进行故障诊断与排除。值得一提的是自诊断系统一般只能检测电控系统的电路信号，并且只能检测信号的范围，并不能检测传感器的特征变化。事实上，各种传感器出现的模拟性故障，如工作不正常、偏差严重等等是无法靠这一功能检测出来的。因此，在诊断故障时，不能完全依赖此项功能，而是把它作为分析故障时的参考。要准确判断故障所在并加以排除还需要借助数字式万用表检测等辅助手段来完成。下面就几种常用电控元件常见故障时（有故障码）的检测方法和步骤进行介绍。

8.3.1   故障诊断注意事项

根据故障代码就车进行故障诊断与检测时，务必注意以下几点：

（1）已确认为当前稳态故障（即有故障码存在，且各车型不尽相同），方可进行如下检修，否则将导致诊断失误。

（2）检修具有防盗系统的车辆，若在"后续步骤"栏中出现更换 ECU 的场合，注意当更换了 ECU 后要对其进行编程工作（按照各车型技术手册进行）。

（3）若故障代码说明为某电路电压过低，指的是该电路中有可能对地短路；若故障代码说明为某电路电压过高，指的是该电路中有可能对电源短路；若故障代码说明为某电路故障，指的是该电路中有可能存在断路或存在多种相关线路故障。

（4）故障码无法清除，故障属稳态故障；若为偶发故障，应重点检测线束接头是否存在松脱现象。

（5）已按上述步骤检测，并无发现异常情况。

（6）检修过程中不要忽略汽车正常保养情况、气缸压力、进气系统漏气等机械部分和点火正时对系统的影响。

（7）更换 ECU，进行测试。若此时故障码能清除，则故障部位在 ECU；若此时故障码仍然无法清除，则故障不再 ECU，应换回，同时重复诊断流程，需进一步诊断检测。

8.3.2 电控元件故障诊断检测

发动机工作过程中，当电控元件发生故障时，在发动机工作出现异常现象的同时故障警示灯被点亮，且伴随有相对应的故障代码被存储。对现代汽车而言，当车型不同时，由于所应用的电子控制系统不尽相同（如德尔福管理系统、联电管理系统等），故元件故障的编码也不相同。下面针对普遍装配的电控元件常见故障的诊断、检测方法步骤加以叙述（注：在具体车型上，当以下列举元件发生故障时，会存储相对应的故障代码）。

（1）进气压力传感器电路电压过低，如表 8.3 所示。

表 8.3　进气压力传感器电路电压过低

序号	操作步骤	检测结果	后续步骤
1	接上诊断仪及转接器，将点火开关置于"ON"		下一步
2	观察数据流中"进气压力"项，是否为 101 kPa 左右（具体数值与当时环境气压有关）	是	到步骤 5
		否	下一步
3	拔下线束上进气压力传感器的接头，用万用表检测该接头电源与搭铁针脚之间的电压值是否为 5 V 左右	是	到步骤 5
		否	下一步
4	检测 ECU 的相关针脚分别与传感器各对应接头针脚之间线路是否对地短路	是	修理或更换线束
		否	下一步
5	启动发动机，怠速运转。缓慢踩下油门到接近全开，观察诊断仪上"进气压力"项数值的变化，此时，显示数值应该变化不大；快速踩下油门到接近全开，此时，显示数值应该可瞬间达到 90 kPa 以上	是	进行注意事项 4~7
		否	更换传感器

（2）进气压力传感器电路电压过高，如表 8.4 所示。

表 8.4　进气压力传感器电路电压过高

序号	操作步骤	检测结果	后续步骤
1	接上诊断仪及转接器，将点火开关置于"ON"		下一步
2	观察数据流中"进气压力"项，是否为 101 kPa 左右（具体数值与当时环境气压有关）	是	到步骤 5
		否	下一步
3	拔下线束上进气压力传感器的接头，用万用表检测该接头电源和接地针脚间的电压值是否为 5 V 左右	是	到步骤 5
		否	下一步
4	检测 ECU 的相关针脚分别与传感器接头对应针脚之间线路是否断路或对电源短路	是	修理或更换线束
		否	下一步
5	启动发动机，怠速运转。缓慢踩下油门到接近全开，观察诊断仪上"进气压力"项数值的变化，此时，显示数值应该变化不大；快速踩下油门到接近全开，此时，显示数值应该可瞬间达到 90 kPa 以上	是	进行注意事项 4~7
		否	更换传感器

（3）进气温度传感器指示温度过低，如表8.5所示。

表8.5　进气温度传感器指示温度过低

序号	操作步骤	检测结果	后续步骤
1	接上诊断仪及转接器，将点火开关置于"ON"		下一步
2	观察数据流中"进气温度"项，是否与进气管内温度相当（具体数值与当时发动机温度有关） 注意：此时，若显示数值常为-40℃，则表示线路中可能出现断路故障	是	到步骤5
		否	下一步
3	拔下线束上进气温度传感器的接头，用万用表检测传感器两针脚间的电阻值是否与其温度相称（具体参考各车型维修手册中的相关部分）	是	下一步
		否	更换传感器
4	拔下线束上进气温度传感器的接头，用万用表检测该接头接地和电源针脚间的电压值是否为5V左右	是	到步骤5
		否	下一步
5	检测ECU的相关针脚分别与传感器接头所对应针脚之间线路是否断路或对电源短路	是	修理或更换线束
		否	下一步
6	启动发动机，怠速运转。观察诊断仪上"进气温度"项数值的变化，此时，显示数值应该随着发动机进气温度的升高而升高	是	进行注意事项4~7
		否	更换传感器

（4）冷却液温度传感器指示温度过高，如表8.6所示。

表8.6　冷却液温度传感器指示温度过高

序号	操作步骤	检测结果	后续步骤
1	接上诊断仪及转接器，将点火开关置于"ON"		下一步
2	观察数据流中"冷却液温度"项，是否与发动机温度相当（具体数值与当时发动机温度有关）。此时，若显示数值在-40℃左右时，则表示线路中可能出现断路故障	是	到步骤6
		否	下一步
3	拔下线束上冷却液温度传感器的接头，用万用表检测传感器两针脚间的电阻值是否与其温度相称（具体参考本维修手册中的相关部分）	是	下一步
		否	更换传感器
4	拔下线束上冷却液温度传感器的接头，用万用表检测该接头接地和电源针脚间的电压值是否为5V左右	是	到步骤6
		否	下一步
5	检测ECU的相关针脚分别与传感器相对应接头针脚之间线路是否对地短路	是	修理或更换线束
		否	下一步
6	启动发动机，怠速运转。观察诊断仪上"冷却液温度"项数值的变化，此时，显示数值应该随着发动机冷却液温度的升高而升高	是	进行注意事项4~7
		否	更换传感器

（5）节气门位置传感器电路电压过低，如表8.7所示。

表 8.7　节气门位置传感器电路电压过低

序号	操作步骤	检测结果	后续步骤
1	接上诊断仪及转接器，将点火开关置于"ON"		下一步
2	观察数据流中"节气门绝对开度"项，数值是否在 4%～10%（具体数值与车型有关）	是	下一步
		否	到步骤 5
3	缓慢踩下油门到全开，观察数据流中"节气门绝对开度"项，数值是否随节气门开度增大而增大至85%～95%（具体数值与车型有关）	是	下一步
		否	到步骤 5
4	重复步骤 3，观察数据流中"节气门绝对开度"项，数值在变化的过程中是否存在跃变	是	更换传感器
		否	下一步
5	拔下线束上节气门位置传感器的接头，检测 ECU 的相关针脚分别与传感器相对应接头针脚之间线路是否对地短路	是	修理或更换线束
		否	下一步
6	用万用表检测该接头接地和电源针脚间的电压值是否为 5 V 左右	是	更换传感器
		否	进行注意事项4～7

（6）节气门位置传感器电路电压过高，如表 8.8 所示。

表 8.8　节气门位置传感器电路电压过高

序号	操作步骤	检测结果	后续步骤
1	接上诊断仪及转接器，将点火开关置于"ON"		下一步
2	观察数据流中"节气门绝对开度"项，数值是否在 4%～10%（具体数值与车型有关）	是	下一步
		否	到步骤 5
3	缓慢踩下油门到全开，观察数据流中"节气门绝对开度"项，数值是否随节气门开度增大而增大至85%～95%（具体数值与车型有关）	是	下一步
		否	到步骤 5
4	重复步骤 3，观察数据流中"节气门绝对开度"项，数值在变化的过程中是否存在跃变	是	更换传感器
		否	下一步
5	拔下线束上节气门位置传感器的接头，检测 ECU 相关针脚分别与传感器接头相对应针脚之间的线路是否断路或对电源短路	是	修理或更换线束
		否	下一步
6	用万用表检测接头接地和电源针脚间的电压值是否为 5 V 左右	是	更换传感器
		否	进行注意事项4～7

（7）上游氧传感器信号电路故障，如表 8.9 所示。

表 8.9　上游氧传感器信号电路故障

序号	操作步骤	检测结果	后续步骤
1	接上诊断仪及转接器，将点火开关置于"ON"		下一步
2	启动发动机，怠速运行至冷却液温度达到正常值。观察诊断仪上"氧传感器电压"项数值的变化，此时，显示数值应该在 100～900 mV 快速变化	是	进行注意事项4～7
		否	下一步

续表 8.9

序号	操作步骤	检测结果	后续步骤
3	检测 ECU 的两相关针脚分别与传感器接头相对应针脚之间线路是否对地短路	是	修理或更换线束
		否	下一步
4	① 检测进气系统中是否存在较为严重的漏气; ② 喷油器是否堵塞; ③ 火花塞是否间隙过大; ④ 分火线电阻是否过大; ⑤ 进气门导管磨损等	是	根据诊断情况进行检修
		否	进行注意事项 4~7

（8）上游氧传感器电路电压过高，如表 8.10 所示。

表 8.10　上游氧传感器电路电压过高

序号	操作步骤	检测结果	后续步骤
1	接上诊断仪及转接器，将点火开关置于"ON"		下一步
2	启动发动机，怠速运行至冷却液温度达到正常值。观察诊断仪上"氧传感器电压"项数值的变化，此时，显示数值应该在 100~900 mV 快速变化	是	诊断帮助
		否	下一步
3	检测 ECU 的两相应针脚分别与传感器接头相对应针脚之间线路是否对电源短路	是	修理或更换线束
		否	进行注意事项 4~7

（9）上游氧传感器加热电路故障，如表 8.11 所示。

表 8.11　上游氧传感器加热电路故障

序号	操作步骤	检测结果	后续步骤
1	接上诊断仪及转接器，将点火开关置于"ON"		下一步
2	拔下线束上氧传感器的接头,用万用表检测该接头与氧传感器连接线相对应针脚间的电压值是否为 12 V 左右	是	下一步
		否	到步骤 4
3	用万用表检测氧传感器相关针脚间的电阻值(在常温下一般在 2~5 Ω)	是	下一步
		否	更换传感器
4	检测氧传感器加热电路中的保险丝是否熔断	是	更换保险丝
		否	下一步
5	检测 ECU 与主继电器对应针脚分别与氧传感器连接线相对应针脚之间线路是否断路或对电源、对地短路。	是	修理或更换线束
		否	进行注意事项 4~7

（10）空燃比闭环控制自适应超上限。

以下诊断流程适用于进气压力传感器、炭罐控制阀、氧传感器等故障码没有同时发生，若有关故障码同时存在，请先处理其他故障，然后再按下述流程进行检修，如表 8.12 所示。

表 8.12 空燃比闭环控制自适应超上限

序号	操作步骤	检测结果	后续步骤
1	接上诊断仪及转接器，将点火开关置于"ON"		下一步
2	启动发动机，怠速运行至冷却液温度达到正常值。全工况下，观察诊断仪上"氧传感器电压"项数值的变化，此时，显示数值是否在某些工况下长时间保持在 100 mV 附近，变化不大	是	下一步
2		否	进行注意事项 4~7
3	在燃油系统进油管端，接上燃油压力表，观察全工况下，油压是否保持在 350 kPa 左右	是	下一步
3		否	检修燃油系统
4	检测 ECU 的针脚分别与氧传感器连接线相对应针脚之间线路是否对地短路	是	修理或更换线束
4		否	下一步
5	① 检测进气系统中是否存在较为严重的漏气； ② 喷油器是否堵塞； ③ 火花塞是否间隙过大； ④ 分火线电阻是否过大； ⑤ 进气门导管磨损等	是	根据诊断情况进行检修
5		否	进行注意事项 4~7

（11）空燃比闭环控制自适应超下限。

以下诊断流程适用于进气压力传感器、炭罐控制阀、氧传感器等故障码没有同时发生，若有关故障码同时存在，请先处理其他故障，然后再按下述流程进行检修，如表 8.13 所示。

表 8.13 空燃比闭环控制自适应超下限

序号	操作步骤	检测结果	后续步骤
1	接上诊断仪及转接器，将点火开关置于"ON"		下一步
2	启动发动机，怠速运行至冷却液温度达到正常值。全工况下，观察诊断仪上"氧传感器电压"项数值的变化，此时，显示数值是否在某些工况下长时间保持在 900 mV 附近，变化不大	是	下一步
2		否	进行注意事项 4~7
3	在燃油系统进油管端接上燃油压力表，观察全工况下，油压是否保持在 350 kPa 左右	是	下一步
3		否	检修燃油系统
4	检测 ECU 的两针脚分别与氧传感器对应接头两针脚之间线路是否对电源短路	是	修理或更换线束
4		否	下一步
5	① 喷油器是否存在滴漏； ② 排气管是否漏气； ③ 点火正时是否正确等	是	根据诊断情况进行检修
5		否	进行注意事项 4~7

（12）喷油器电路故障，如表 8.14 所示。

表 8.14　喷油器电路故障

序号	操作步骤	检测结果	后续步骤
1	接上诊断仪及转接器，将点火开关置于"ON"		下一步
2	拔下线束上一缸喷油器的接头，用万用表检测该接头 1 号针脚与电源负极间的电压值是否为 12 V 左右	是	到步骤 4
		否	下一步
3	检测喷油器相关接头针脚与主继电器之间线路是否断路或对地短路	是	修理或更换线束
		否	下一步
4	用万用表检测喷油器两针脚之间的电阻值在常温下一般在 11～13 Ω	是	下一步
		否	更换喷油器
5	用万用表检测喷油器另一接头针脚与电源负极间的电压值是否为 3～4 V	是	进行注意事项 4～7
		否	下一步
6	检测喷油器接头针脚与 ECU 的对应针脚之间线路是否断路或对电源、对地短路	是	修理或更换线束
		否	进行注意事项 4～7

（13）油泵控制电路故障，如表 8.15 所示。

表 8.15　油泵控制电路故障

序号	操作步骤	检测结果	后续步骤
1	接上诊断仪及转接器，将点火开关置于"OFF"		下一步
2	拔下油泵继电器，将点火开关置于"ON"，分别检测油泵继电器供电端，即继电器插脚与电源负极间的电压值是否在 12 V 左右	是	到步骤 4
		否	下一步
3	检测继电器供电端线路是否断路或对地短路。	是	修理或更换线束
		否	到步骤 2
4	用万用表检测油泵继电器控制端，即继电器插脚与电源负极间的电压值是否为 3.7 V 左右	是	更换油泵继电器
		否	下一步
5	检测继电器控制端，即继电器插脚与 ECU 的对应针脚之间线路是否断路或对电源、对地短路	是	修理或更换线束
		否	进行注意事项 4～7

（14）爆震传感器电路故障，如表 8.16 所示。

表 8.16　爆震传感器电路故障

序号	操作步骤	检测结果	后续步骤
1	接上诊断仪及转接器，将点火开关置于"OFF"		下一步
2	拔下线束上爆震传感器的接头，用万用表检测爆震传感器两针脚之间的电阻值是否大于 1 MΩ 左右	是	下一步
		否	更换传感器
3	检测爆震传感器两接头分别与 ECU 对应的两插接端子之间的线路是否断路或对电源、对地短路	是	修理或更换线束
		否	下一步
4	按照规范，更换爆震传感器，试车并使发动机转速超过 2 200 r/min。重新检测故障代码 P0325 是否再次出现	是	进行注意事项 4～7
		否	检测是否为偶发故障

（15）曲轴位置传感器信号故障，如表8.17所示。

表8.17 曲轴位置传感器信号故障

序号	操作步骤	检测结果	后续步骤
1	接上诊断仪及转接器，将点火开关置于"OFF"		下一步
2	拔下线束上转速传感器的接头，用万用表检测转速传感器两针脚之间的电阻值在常温下一般在770~950Ω	是	下一步
		否	更换传感器
3	检测转速传感器两接头分别与ECU对应的两接头之间的线路是否断路或对电源、对地短路	是	修理或更换线束
		否	下一步
4	检测飞轮信号盘是否完好	是	进行注意事项4~7
		否	更换信号盘

（16）曲轴位置传感器信号不合理，如表8.18所示。

表8.18 曲轴位置传感器信号不合理

序号	操作步骤	检测结果	后续步骤
1	接上诊断仪及转接器，将点火开关置于"OFF"		下一步
2	拔下线束上转速传感器的接头，用万用表检测转速传感器两针脚之间的电阻值在常温下在770~950Ω	是	下一步
		否	更换传感器
3	检测转速传感器两接头分别与ECU相对应的两接线端子之间的线路是否断路或对电源、对地短路	是	修理或更换线束
		否	下一步
4	检测飞轮信号盘是否完好	是	进行注意事项4~7
		否	更换信号盘

（17）凸轮轴位置传感器信号故障，如表8.19所示。

表8.19 凸轮轴位置传感器信号故障

序号	操作步骤	检测结果	后续步骤
1	接上诊断仪及转接器，将点火开关置于"ON"		下一步
2	拔下线束上凸轮轴位置传感器的接头，用万用表检测凸轮轴位置传感器两接头针脚之间的电压值是否在12V左右	是	到步骤4
		否	下一步
3	检测凸轮轴位置传感器针脚与主继电器对应针脚之间的线路是否断路或对地短路；检测凸轮轴位置传感器接地针脚是否接地不良	是	修理或更换线束
		否	下一步
4	检测凸轮轴位置传感器相关接头针脚与电源负极之间的电压值是否在9.9V左右	是	到步骤6
		否	下一步
5	检测凸轮轴位置传感器接头针脚与ECU相对应针脚之间的线路是否断路或对电源、对地短路	是	修理或更换线束
		否	下一步
6	检测凸轮轴信号盘是否完好	是	进行注意事项4~7
		否	更换信号盘

（18）凸轮轴位置传感器电路电压过低，如表8.20所示。

表 8.20　凸轮轴位置传感器电路电压过低

序号	操作步骤	检测结果	后续步骤
1	接上诊断仪及转接器，将点火开关置于"ON"。		下一步
2	拔下线束上凸轮轴位置传感器的接头，用万用表检测凸轮轴位置传感器电源与接地接头针脚之间的电压值是否在12 V左右	是	到步骤 4
		否	下一步
3	检测凸轮轴位置传感器针脚与主继电器对应针脚之间的线路是否断路或对地短路；检测凸轮轴位置传感器接地针脚是否接地不良	是	修理或更换线束
		否	下一步
4	检测凸轮轴位置传感器接头电源针脚与电源负极之间的电压值是否在9.9 V左右	是	到步骤 6
		否	下一步
5	检测凸轮轴位置传感器接头针脚与ECU的对应针脚之间的线路是否断路或对电源、对地短路	是	修理或更换线束
		否	下一步
6	检测凸轮轴信号盘是否完好	是	进行注意事项4~7
		否	更换信号盘

（19）凸轮轴位置传感器电路电压过高，如表8.21所示。

表 8.21　凸轮轴位置传感器电路电压过高

序号	操作步骤	检测结果	后续步骤
1	接上诊断仪及转接器，将点火开关置于"ON"		下一步
2	拔下线束上凸轮轴位置传感器的接头，用万用表检测凸轮位置传感器接头电源与接地针脚之间的电压值是否在12 V左右	是	到步骤 4
		否	下一步
3	检测凸轮轴位置传感器针脚与主继电器对应针脚之间的线路是否断路或对地短路；检测凸轮轴位置传感器接地针脚是否接地不良	是	修理或更换线束
		否	下一步
4	检测凸轮轴位置传感器接头电源针脚与电源负极之间的电压值是否在9.9 V左右	是	到步骤 6
		否	下一步
5	检测凸轮轴位置传感器接头针脚与 ECU 对应针脚之间的线路是否断路或对电源、对地短路。	是	修理或更换线束
		否	下一步
6	检测凸轮轴信号盘是否完好	是	进行注意事项4~7
		否	更换信号盘

（20）炭罐控制阀驱动级控制电路故障，如表8.22所示。

表 8.22　炭罐控制阀驱动级控制电路故障

序号	操作步骤	检测结果	后续步骤
1	接上诊断仪及转接器，将点火开关置于"ON"		下一步
2	拔下线束上炭罐控制阀的接头，用万用表检测该接头 1 号针脚与电源负极间的电压值是否为 12 V 左右	是	到步骤 4
		否	下一步
3	检测炭罐控制阀供电端线路是否断路或对地短路	是	修理或更换线束
		否	到步骤 2
4	用万用表检测炭罐控制阀电磁线圈两针脚之间的电阻值在常温下一般为 22～30 Ω	是	下一步
		否	更换控制阀
5	用万用表检测炭罐控制阀接头针脚与电源负极间的电压值是否为 3.7 V 左右	是	进行注意事项 4～7
		否	下一步
6	检测炭罐控制阀接头针脚与 ECU 的对应针脚之间的线路是否断路	是	修理或更换线束
		否	进行注意事项 4～7

（21）炭罐控制阀驱动级控制电路电压过低，如表 8.23 所示。

表 8.23　炭罐控制阀驱动级控制电路电压过低

序号	操作步骤	检测结果	后续步骤
1	接上诊断仪及转接器，将点火开关置于"ON"		下一步
2	拔下线束上炭罐控制阀的接头，用万用表检测该接头针脚与电源负极间的电压值是否为 12 V 左右	是	到步骤 4
		否	下一步
3	检测炭罐控制阀供电端线路是否断路或对地短路	是	修理或更换线束
		否	到步骤 2
4	用万用表检测炭罐控制阀两线圈街头针脚之间的电阻值在常温下应为 22～30 Ω	是	下一步
		否	更换控制阀
5	用万用表检测炭罐控制阀接头针脚与电源负极间的电压值是否为 3.7 V 左右	是	进行注意事项 4～7
		否	下一步
6	检测炭罐控制阀接头针脚与 ECU 相对应针脚之间的线路是否对地短路	是	修理或更换线束
		否	进行注意事项 4～7

（22）炭罐控制阀驱动级控制电路电压过高，如表 8.24 所示。

表 8.24　炭罐控制阀驱动级控制电路电压过高

序号	操作步骤	检测结果	后续步骤
1	接上诊断仪及转接器，将点火开关置于"ON"		下一步
2	拔下线束上炭罐控制阀的接头，用万用表检测该接头针脚与电源负极间的电压值是否为 12 V 左右	是	到步骤 4
		否	下一步
3	检测炭罐控制阀供电端线路是否断路或对地短路	是	修理或更换线束
		否	到步骤 2

序号	操作步骤	检测结果	后续步骤
4	用万用表检测炭罐控制阀线圈两接头脚之间的电阻值在常温下应在 22～30 Ω	是	下一步
		否	更换控制阀
5	用万用表检测炭罐控制阀接头针脚与电源负极间的电压值是否为 3.7 V 左右	是	进行注意事项 4～7
		否	下一步
6	检测炭罐控制阀接头针脚与 ECU 相对应针脚之间的线路是否对电源短路	是	修理或更换线束
		否	进行注意事项 4～7

（23）车速信号不合理，如表 8.25 所示。

表 8.25　车速信号不合理

序号	操作步骤	检测结果	后续步骤
1	接上诊断仪及转接器，将点火开关置于"OFF"		下一步
2	如装备 ABS 系统的车辆，请检测 ABS 系统是否存在故障代码	是	检修 ABS 系统
		否	下一步
3	检测车速表指针是否工作正常	是	下一步
		否	检修仪表线路
4	检测车速传感器工作是否正常	是	下一步
		否	更换车速传感器
4	检测车速传感器信号线与 ECU 的相对应针脚之间的线路是否断路或对电源、对地短路	是	修理或更换线束
		否	进行注意事项 4～7

（24）怠速转速低于目标怠速值，如表 8.26 所示。

表 8.26　怠速转速低于目标怠速值

序号	操作步骤	检测结果	后续步骤
1	接上诊断仪及转接器，将点火开关置于"OFF"		下一步
2	检测节气门调节螺钉、油门拉索、节气门工况等是否工作良好	是	下一步
		否	进行必要的检修、保养
3	检测怠速调节器的工作状况是否良好	是	下一步
		否	进行必要的检修、保养
4	① 检测供油系统的压力是否过低；② 检测喷油器是否存在堵塞；③ 检测系统排气是否不畅	是	进行必要的检修
		否	进行注意事项 4～7

（25）怠速转速高于目标怠速值，如表 8.27 所示。

表 8.27　怠速转速高于目标怠速值

序号	操作步骤	检测结果	后续步骤
1	接上诊断仪及转接器，将点火开关置于"OFF"		下一步
2	检测节气门调节螺钉、油门拉索、节气门工况等是否工作良好	是	下一步
		否	进行必要的检修、保养
3	检测怠速调节器的工作状况是否良好	是	下一步
		否	进行必要的检修、保养
4	① 检测系统是否存在漏气；② 检测喷油器是否存在滴漏；③ 检测供油系统的压力是否过高	是	进行必要的检修
		否	进行注意事项 4～7

（26）系统电压信号不正常，如表 8.28 所示。

表 8.28　系统电压信号不正常

序号	操作步骤	检测结果	后续步骤
1	接上诊断仪及转接器，将点火开关置于"OFF"		下一步
2	用万用表检测蓄电池电压是否在 12 V 左右	是	下一步
		否	更换蓄电池
3	检测 ECU 的相关针脚分别与主继电器一针脚之间的线路是否断路或对地短路	是	修理或更换线束
		否	下一步
4	启动发动机，检测发电机充电电压在不同转速范围内是否都在 9～16 V	是	下一步
		否	更换发电机
5	检测发动机线束接地点是否良好	是	进行注意事项 4～7
		否	修理或更换线束

（27）系统电压过低，如表 8.29 所示。

表 8.29　系统电压过低

序号	操作步骤	检测结果	后续步骤
1	接上诊断仪及转接器，将点火开关置于"OFF"		下一步
2	用万用表检测蓄电池电压是否在 12 V 左右	是	下一步
		否	更换蓄电池
3	检测 ECU 的相关针脚分别与主继电器对应针脚之间的线路是否电阻过大	是	修理或更换线束
		否	下一步
4	启动发动机，检测发电机充电电压在不同转速范围内是否都在 9～16 V	是	下一步
		否	更换发电机
5	检测发动机线束接地点是否良好	是	进行注意事项 4～7
		否	修理或更换线束

（28）系统电压过高，如表 8.30 所示。

表 8.30　系统电压过高

序号	操作步骤	检测结果	后续步骤
1	接上诊断仪及转接器，将点火开关置于"OFF"		下一步
2	用万用表检测蓄电池电压是否在 12 V 左右。	是	下一步
		否	更换蓄电池
3	启动发动机，检测发电机充电电压在不同转速范围内是否都在 9~16 V	是	下一步
		否	更换发电机
4	检测发动机线束接地点是否良好	是	进行注意事项 4~7
		否	修理或更换线束

（29）电子控制单元校验码错误，如表 8.31 所示。

表 8.31　电子控制单元校验码错误

序号	操作步骤	检测结果	后续步骤
1	接上诊断仪及转接器，将点火开关置于"ON"		下一步
2	清除故障代码，并再次确认该故障是否为稳态故障	是	下一步
		否	系统正常
3	更换 ECU		结束

（30）故障灯控制电路故障，如表 8.32 所示。

表 8.32　故障灯控制电路故障

序号	操作步骤	检测结果	后续步骤
1	接上诊断仪及转接器，将点火开关置于"ON"		下一步
2	利用诊断仪"执行器动作测试"项对发动机故障灯进行动作测试，观察其是否一直处于熄灭状态或点亮状态	是	下一步
		否	系统正常
3	检测发动机故障灯供电端线路是否断路或对地短路	是	修理或更换线束
		否	下一步
4	检测发动机故障灯控制端插脚与 ECU 的相对应针脚之间的线路是否断路或对电源、对地短路	是	修理或更换线束
		否	进行注意事项 4~7

9 汽车安全性控制系统

随着汽车行驶速度的提高和道路行车密度的增大，人们对汽车及行驶安全性的要求也越来越高。为了保证车辆不被偷盗，现在的汽车都装有电子防盗装置。为了保证汽车的行驶安全，装备有主动安全装置和被动安全装置。主动安全装置的功用是避免车辆发生交通事故，可形象地称为"有惊无险"；被动安全装置的功用是减轻交通事故导致的伤害程度，可形象地称为"车损人不亡"。

现在的汽车普遍装备的主动安全装置主要有汽车防滑控制系统、电子控制制动力分配系统、电子控制辅助制动系统、车身稳定性控制系统、车辆防撞控制系统等；被动安全装置主要有安全气囊和安全带控制系统等。

9.1 汽车防滑控制系统

9.1.1 概　述

防滑控制系统已经成为汽车电子化发展的一个重要方面。防滑控制系统最初只是在制动过程中防止车轮被制动抱死，避免车轮在路面上进行纯粹的滑移，提高汽车在制动过程中的方向稳定性和转向操纵能力，缩短制动距离，所以称之为制动防抱死系统（Anti-Lock Brake System，ABS）。随着对汽车性能要求的不断提高，防滑控制系统的功能进一步得到完善和扩展，不仅能够在制动过程中防止车轮发生抱死，而且能够在驱动过程中，特别是在起步、加速、转弯等过程中，防止驱动车轮发生滑转，使汽车在驱动过程中的方向稳定性、转向操纵能力和加速性等也都得到提高。驱动过程中，防止驱动车轮发生滑转的控制系统称为驱动防滑转系统（Acceleration Slip Regulation，ASR）。汽车防滑控制系统就是对制动防抱死系统和驱动防滑转系统的统称。

汽车的行驶状态主要是由轮胎与路面之间的纵向作用力和横向作用力决定的，因此，驾驶员对汽车的控制实质上是在控制车轮与路面之间的作用力。车轮与路面之间的作用力要受到轮胎与路面之间附着力的限制，如汽车的加速和减速运动主要受车轮纵向附着力的限制，汽车的转向运动和抵抗外界横向力作用的能力则主要受车轮横向附着力的限制。在硬实的路面上，轮胎与路面之间的附着力就是轮胎与路面之间的摩擦力。所以，轮胎与路面之间的附着力也遵循摩擦定律，即轮胎与路面之间的附着力取决于其间的垂直载荷和附着系数，其关系式如式（9-1）所示。

$$F_\mu = G\mu \qquad\qquad (9\text{-}1)$$

式中　F_μ——轮胎与路面之间的附着力，N；

G ——轮胎与路面之间的垂直载荷，N；

μ ——轮胎与路面之间的附着系数。

在汽车的实际行驶过程中，轮胎与路面之间的垂直载荷和附着系数会随许多因素而变化，因此，轮胎与路面之间的附着力实际上是经常变化的。在影响附着力的诸多因素中，车轮滑动率有非常重要的影响，特别是在湿滑路面上，其影响更为明显。

1. 车轮滑动率对附着系数的影响

车轮滑动率表征汽车行驶过程中车轮转动中滑动成分所占的比例。车轮在路面上的纵向运动可以区分为两种形式，即滚动和滑动，车轮相对于路面的滑动又可区分为滑移和滑转两种形式。汽车在制动过程中，车轮可能相对于路面发生滑移，滑移成分在车轮纵向运动中所占的比例可以由负滑动率来表征，车轮的负滑动率可以通过式（9-2）来确定。

$$S_B=(r\omega - v)/v \times 100\% \tag{9-2}$$

式中　S_B ——车轮的负滑动率；

r ——车轮的自由滚动半径，m；

ω ——车轮的转动角速度，r/s；

v ——车轮中心的纵向速度，m/s。

当车轮在路面上自由滚动时，车轮中心的纵向速度完全是由车轮滚动产生的，此时，$v=r\omega$，滑动率 $S_B=0$；当车轮被制动到完全抱死在路面上进行纯粹的滑移时，车轮中心的纵向速度则完全是由车轮滑移产生的，此时，$\omega=0$，因此，滑动率 $S_B=-100\%$；当车轮在路面上一边滚动一边滑移时，车轮的中心纵向速度的一部分是由车轮滚动产生的，另一部分则是由车轮滑移产生的，此时，$r\omega < v$，因此，$-100\% < S_B < 0$。车轮中心纵向速度中，车轮滑移所占的成分越多，滑移率 S_B 的数值就越大。

汽车在驱动过程中，驱动车轮可能相对于路面发生滑转，滑转成分在车轮纵向运动中所占的比例可由正滑动率来表征，车轮的正滑动率可由式（9-3）来确定。

$$S_A=(r\omega - v)/r\omega \times 100\% \tag{9-3}$$

式中　S_A ——车轮的正滑动率；

r ——车轮的自由滚动半径，m；

ω ——车轮的转动角速度，r/s；

v ——车轮中心的纵向速度，m/s。

当车轮在路面上自由滚动时，车轮中心的纵向速度完全是由车轮滚动产生的，此时，$v=r\omega$，因此，滑动率 $S_A=0$；当车轮在路面上完全滑转时，车轮中心的纵向速度 $v=0$，因此，滑动率 $S_A=100\%$；当车轮在路面上一边滚动一边滑转时，$r\omega > v$，因此，$0 < S_A < 100\%$。在车轮转动中，滑转所占的比例越大，车轮滑动率 S_A 的数值也就越大。

车轮滑动率可以总结为如下一般性的关系。

当车轮滑移时：$S_B=(r\omega - v)/v \times 100\%$；

当车轮自由滚动时：$S=0$；

当车轮滑转时：$S_A=(r\omega - v)/r\omega \times 100\%$。

通过试验发现，在硬实的路面上，弹性车轮与路面间的附着系数（μ）和滑动率（S）存在如图 9.1 所示的一般性关系。

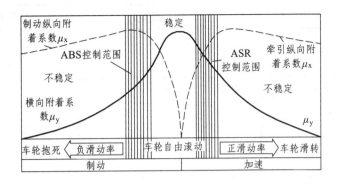

图 9.1　附着系数与滑动率的一般性关系

从图 9.1 可以看出：当车轮在路面上自由滚动时，其间的横向附着系数 μ_y 最大，随着车轮滑动率 S 数值的增大，横向附着系数（μ_y）会迅速减小；当轮胎在路面上完全滑动时（$|S|$ = 100%），轮胎的横向附着系数几乎减小到零，轮胎与路面之间的横向附着力也就接近于零，车轮将完全丧失抵抗外界横向力作用的能力，此时，如果车轮上存在外界横向力的作用（如汽车重力的横向分力、路面不平整产生的横向力、横向风力等），车轮将会发生横向滑移。

从图 9.1 还可以看出：当车轮的滑动率处于峰值附着系数滑动率（S_p）的附近范围内时，横向附着系数约为最大横向附着系数的 50%~75%。如果将车轮的滑动率控制在这一范围内时，车轮的纵向附着系数最大，车轮的横向附着系数也较大，最大的纵向附着系数可使汽车获得制动和驱动所需的纵向附着力最大，而较大的横向附着系数可使汽车获得转向或防止汽车横向滑移所需的较大横向附着力。

通常，当车轮滑动率处于 15%~30% 时，轮胎与路面间的纵向附着系数（μ_x）有其最大值，该最大值称为峰值附着系数（μ_p），与其相对应的车轮滑动率称为峰值附着系数滑动率（S_p）。当车轮在路面上自由滚动时，由于轮胎与路面之间没有产生相对运动趋势，其间的纵向附着系数（即摩擦系数）就是零，当车轮滑动率从零增大到峰值附着系数滑动率（S_p）时，尽管车轮滑动率不等于零，但轮胎与路面之间并没有发生真正的滑动，滑动率不等于零完全是由于弹性车轮变形产生的。因此，当车轮滑动率处于这一范围时，车轮与路面间的纵向附着系数实质上就是其间静摩擦系数的表现，所以，随着轮胎与路面间纵向相对滑动趋势的增大，其间的纵向附着系数就会迅速增大，当车轮滑动率达到峰值附着系数滑动率（S_p）时，弹性车轮与路面之间即将发生相对滑动，此时，其间的纵向附着系数就是最大静摩擦系数的表现。此后，直到车轮将完全滑动（$|S|$ = 100%）的范围内，轮胎与路面之间的纵向附着系数就是从最大静摩擦系数到滑动摩擦系数的过渡，轮胎与路面间的纵向附着系数称为滑动附着系数（μ_s），由于物体间的滑动摩擦系数总是小于最大静摩擦系数，所以，轮胎与路面间的滑动附着系数（μ_s）总是小于峰值附着系数（μ_p）。通常，在干燥硬实的路面上，μ_s 比 μ_p 要小 10%~20%；在湿滑硬实的路面上，μ_s 比 μ_p 要小 20%~30%。在各种路面条件下，轮胎与路面间峰值附着系数（μ_p）和滑动附着系数（μ_s）的平均值如表 9.1 所示。

表 9.1　峰值附着系数（μ_p）和滑动附着系数（μ_s）的平均值

路面种类及状况	峰值附着系数（μ_p）	滑动附着系数（μ_s）
沥青路面和水泥路面（干）	0.8～0.9	0.75
沥青路面（湿）	0.5～0.7	0.45～0.6
水泥路面（湿）	0.8	0.7
石子路	0.6	0.55
土路（干）	0.68	0.65
土路（湿）	0.55	0.45～0.5
雪（压实）	0.2	0.15
冰	0.1	0.07

2. 防滑控制系统的作用

为使汽车获得较大的纵向和横向附着力，现在的汽车已经广泛地装备了防滑控制系统（制动防抱死和驱动防滑转系统），其作用就是使汽车能够自动地将车轮控制在纵向和横向附着系数都很大的滑动率范围内。制动防抱死系统在制动过程中，通常将车轮的滑动率控制在 15%～30%；驱动防滑转系统在驱动过程中，通常将驱动车轮的滑动率控制在 5%～15%。

控制车轮的滑动率是通过控制作用于车轮上的力矩（制动力矩或驱动力矩）来实现的，即控制作用于车轮上的力矩与车轮所能获得的最大纵向附着力相适应。

车轮所能获得的纵向附着力取决于轮胎与路面间的垂直载荷和附着系数，这两个方面又会受到许多因素的影响，其中的一些因素在汽车的实际行驶过程中又是随机变化的，如附着系数除了受到车轮滑动率的影响外，还要受到轮胎结构、轮胎表面花纹、轮胎胎压、路面种类、路面状况、车轮偏转角、汽车行驶速度等因素的影响。而垂直载荷除了受汽车的实际装载质量及静态分布情况影响外，各车轮的垂直载荷在汽车行驶过程中还会发生动态变化，如汽车上坡时，前轮的垂直载荷会减小，而后轮的垂直载荷会增大，汽车下坡时相反；汽车转弯时，内侧车轮的垂直载荷会减小，而外侧车轮的垂直载荷会增大；汽车加速时，前轮的垂直载荷会减小，而后轮的垂直载荷会增大，汽车减速时则相反。此外，空气的作用和路面干扰引起的车轮跳动也会使车轮的垂直载荷发生变化。

由于车轮附着力受到诸多随机因素的影响，因此，车轮的附着力实际上是一个随机变量。所以，为了控制车轮的滑动率，就要对作用于车轮上的力矩进行实时的自适应调节，即要求防滑控制系统具有足够快的反应速度和足够高的调节精度；否则，就难以将车轮的滑动率控制在理想的范围内。

制动防抱死系统是在制动过程中通过调节制动轮缸（或制动气室）的制动压力，使作用于车轮的制动力矩受到控制，而将车轮的滑动率控制在较为理想的范围之内；而防滑驱动控制系统是在驱动过程中通过调节发动机的输出转矩、传动系统的传动比、差速器的锁紧系数等控制作用于驱动车轮的驱动力矩，以及通过调节驱动车轮制动轮缸（或制动气室）的制动压力控制作用于驱动车轮的制动力矩，实现对驱动车轮牵引力矩的控制，将驱动车轮的滑动率控制在较为理想的范围之内。

9.1.2　防滑控制系统的基本组成及工作过程

汽车防滑控制系统包括制动防抱死系统（ABS）和驱动防滑转系统（ASR），制动防抱死系统在制动过程中防止车轮发生制动抱死，驱动防滑转系统在驱动过程中防止驱动车轮发生驱动滑转，其作用都是将被控制车轮的滑动率控制在峰值附着系数滑动率的附近范围内，使被控制车轮获得尽可能大的纵向附着力和较大的横向附着力。

1. ABS 的基本组成及工作过程

ABS 通常由车轮转速传感器、制动压力调节器、电子控制单元（ECU）和 ABS 警示装置等组成，在不同的 ABS 系统中，制动压力调节器的结构形式和工作原理往往不同，电子控制单元（ECU）的内部结构和控制逻辑也不尽相同。

在图 9.2 所示的 ABS 系统中，每个车轮上各安置一个转速传感器，将关于各车轮转速的信号输入电子控制单元（ECU），电子控制单元（ECU）根据各个车轮转速传感器输入的信号对各个车轮的运动状态进行检测和判定，并形成相应的控制指令。制动压力调节器主要由调压电磁阀总成、电动泵总成和储液器等组成一个独立的整体，通过制动管路与制动主缸和各制动轮缸相连，制动压力调节器受电子控制单元（ECU）的控制，对各制动轮缸的制动压力进行调节。

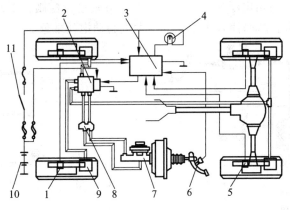

图 9.2　典型的 ABS 系统的组成

1—前轮转速传感器；2—制动压力调节装置；3—ABS 电控单元；4—ABS 警告灯；5—后轮转速传感器；
6—停车灯开关；7—制动主缸；8—比例分配阀；9—制动轮缸；10—蓄电池；11—点火开关

图 9.3 所示的 ABS 的工作过程可以分为常规制动、制动压力保持、制动压力减小和制动压力增大 4 个阶段。在常规制动阶段，ABS 并不介入制动压力控制，调压电磁阀总成中的各进液电磁阀均不通电而处于开启状态，各出液电磁阀均不通电而处于关闭状态，电动泵也不通电运转，制动主缸至各制动轮缸的制动管路均处于沟通状态，而各制动轮缸至储液器的制动管路均处于封闭状态，各制动轮缸的制动压力将随制动主缸的输出压力而变化，此时的制动过程与常规制动系统的制动过程完全相同，如图 9.3（a）所示；在制动过程中，电子控制单元（ECU）根据车轮转速传感器输入的车轮转速信号判定有车轮趋于抱死时，ABS 就进入防抱死制动压力调节过程，如电子控制单元（ECU）判定右前轮趋于抱死时，电子控制单元（ECU）就使右前轮制动压力的进液电磁阀通电，使右前进液电磁阀转入关闭状态，制动主

缸输出的制动液不再进入右前制动轮缸，此时，右前出液电磁阀仍未通电而处于关闭状态，右前制动轮缸中的制动液也不会流出，右前制动轮缸的制动压力就保持一定，而其他未趋于抱死的车轮的制动压力仍会随制动主缸输出压力的增大而增大，如图（9.3b）所示；如果在右前制动轮缸的制动压力保持一定时，电子控制单元（ECU）判定右前轮仍然处于抱死时，电子控制单元（ECU）又使右前出液电磁阀也通电而转入开启状态，右前制动轮缸中的部分制动液就会经过处于开启状态的出液电磁阀流回储液器，使右前制动轮缸的制动压力迅速减小，右前轮的抱死趋势将开始消除，如图 9.3（c）所示；随着右前制动轮缸制动压力的减小，右前轮会在汽车惯性力的作用下逐渐加速，当电子控制单元（ECU）根据车轮转速传感器输入的信号判定右前轮的抱死趋势已经完全消除时，电子控制单元（ECU）就使右前进液电磁阀和出液电磁阀都断电，使进液电磁阀转入开启状态，使出液电磁阀转入关闭状态，同时也使电动泵通电运转，向制动轮缸泵送制动液，由制动主缸输出的制动液和电动泵泵送的制动液都经过处于开启状态的右前进液电磁阀进入右前制动轮缸，使右前制动轮缸的制动压力迅速增大，右前轮又开始减速转动，如图 9.3（d）所示。ABS 通过使趋于抱死车轮的制动压力循环往复地经历保持—减小—增大的过程，而将趋于抱死车轮的滑动率控制在峰值附着系数滑动率的附近范围内，直至汽车速度减小到很低或者制动主缸的输出压力不再使车轮趋于抱死时为止，制动压力调节循环的频率可达 3 ~ 20 Hz。在该 ABS 中对应于每一个制动轮缸各有一对进液和出液电磁阀，可由电子控制单元（ECU）分别进行控制，因此，各制动轮缸的制动压力能够被独立地调节，从而使 4 个车轮都不发生制动抱死现象。

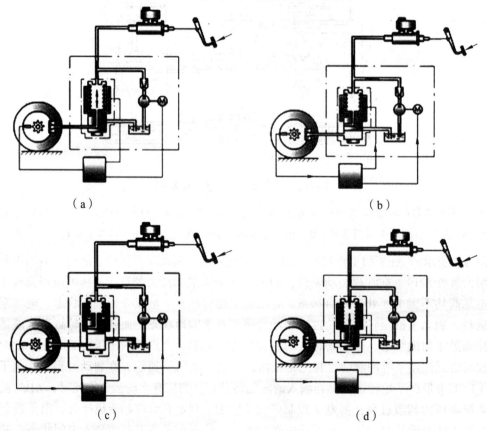

图 9.3　ABS 的工作过程

尽管各种ABS的结构形式和工作过程不完全相同，但都是通过对趋于抱死车轮的制动压力进行自适应调节，来防止被控制车轮发生制动抱死，各种汽车ABS系统都具有以下特点：

　　（1）ABS只是在汽车的速度超过一定值以后（如5 km/h或8 km/h），才会对制动过程中趋于抱死的车轮进行防抱死制动压力调节。当汽车速度被制动降低到一定时，ABS就会自动中止防抱死制动压力调节，此后，装备ABS的汽车制动过程将与常规制动系统的制动过程相同，车轮仍然可能被制动抱死。这是因为在汽车的速度很低时，车轮被制动抱死对汽车的制动性能和稳定性能的影响已经很小，而且要使汽车尽快制动停车，就必须使车轮制动抱死。

　　（2）在制动过程中，只有当被控制车轮趋于抱死时，ABS才会对趋于抱死车轮的制动压力进行防抱死调节，在被控制车轮还没有趋于抱死时，制动过程与常规制动系统的制动过程完全相同。

　　（3）ABS系统都具有自诊断功能，能够对系统的工作情况进行检测，一旦发现存在影响系统正常工作的故障将自动关闭ABS，并将ABS警告灯点亮，向驾驶员发出警示信号，汽车的制动系统仍然可以像常规制动系统一样进行制动。

　　综上所述，ABS系统具有以下优点：

　　（1）增加了汽车制动时的稳定性。资料表明，有ABS系统的车辆，可使因车轮侧滑引起的事故比例下降8%左右。

　　（2）缩短制动距离。这是因为在同样紧急制动的情况下，ABS系统可以将滑动率控制在峰值附着系数滑动率附近的范围内，从而可获得最大的纵向制动力。需要说明的是，当汽车在积雪路面上制动时，若车轮被抱死，则车轮前的楔状积雪可阻止汽车前进，在此条件下，装有ABS系统的汽车，其制动距离可能会更长。

　　（3）改善了轮胎的磨损状况。事实上，车轮抱死会加剧轮胎磨损，而且使轮胎胎面磨耗不均匀。经测定，在汽车的使用寿命内，将紧急制动时车轮抱死造成的轮胎磨损而引起的花费进行累加，已超过一套防抱死制动系统的造价。因此，装用ABS系统具有一定的经济效益。

　　（4）使用方便，工作可靠。ABS系统的使用与普通制动系统几乎没有区别，制动时，只要把脚踏在制动踏板上，ABS系统就会根据情况自动进入工作状态，如遇雨雪路滑，驾驶员也没有必要用一连串的点刹车方式进行制动，ABS系统会使制动状况保持在最佳点。

2. ASR的基本组成及工作过程

　　ASR也被称为TCS（驱动力控制系统），ASR可以通过调节作用于驱动车轮的驱动力矩和制动力矩，在驱动过程中防止驱动车轮发生滑转。

　　调节作用于驱动车轮的驱动力矩可以通过调节发动机的输出转矩、变速器的传动比、差速器的锁紧系数等方面来实现。目前，调节变速器的传动比和差速器的锁紧系数的方式在ASR中尚采用较少，而调节发动机的输出转矩又可通过调节节气门开度、点火提前角、燃油喷射量以及中断燃油喷射和点火来实现。由于发动机已经实现了电子控制，因此，可以通过发动机电子控制系统对发动机的点火和供油进行控制，对发动机的输出转矩进行调节。虽然中止部分气缸的点火可以使发动机的输出转矩迅速减小，但如果不能及时完全地中断相应气缸的燃油供给，将会对三元催化转换器造成严重的损害，因此，中止部分气缸点火的方式在ASR中也很少采用。所以，目前在ASR中通常通过控制节气门开度和点火提前角的方式调节发动机的输出转矩，从而对作用于驱动车轮的驱动力矩进行调节。

　　为了使驱动车轮的转速迅速降低，或者使两侧驱动车轮获得不同的牵引力，通常ASR都可以通过对驱动车轮施加一定的制动力矩得以实现。

在 ASR 中，为了确定驱动车轮是否滑转，可以利用 ABS 中的车轮转速传感器获得车轮的转速信号，ASR 电子控制单元（ECU）既可是独立的，又可与 ABS 共用，ASR 的制动压力调节器通常与 ABS 的制动压力调节器共用，为了控制节气门开度，通常设有电动控制的副节气门及节气门开度传感器，点火提前角的控制则通过发动机电子控制系统进行。因此，ASR 通常都与 ABS 和发动机电子控制系统交织在一起，此外，ASR 中都具有 ASR 关闭指示灯和 ASR工作指示灯。

图 9.4 是一种较为典型的具有制动防抱死和驱动防滑转功能的 ABS/ASR 防滑控制系统。其中的 ASR 与 ABS 共用车轮转速传感器和电子控制单元（ECU），只在通往驱动车轮制动轮缸的制动管路中增设一个 ASR 制动压力调节器，在由加速踏板控制的主节气门上方增设一个由步进电机控制的副节气门，并在主、副节气门处各设置一个节气门开度传感器，即可实现驱动防滑转控制。

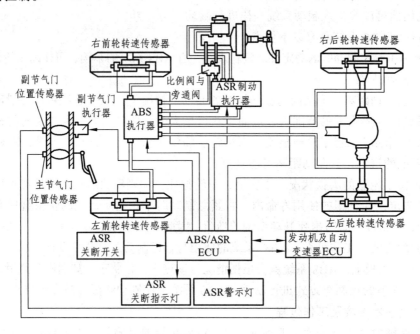

图 9.4 典型的 ABS/ASR 系统的组成

图 9.4 所示的 ABS/ASR 中的 ASR 在汽车驱动过程中，ABS/ASR 电子控制单元（ECU）根据各车轮转速传感器产生的车轮转速信号，确定驱动车轮的滑动率和汽车的参考速度。当ABS/ASR 电子控制单元判定驱动车轮的滑动率超过设定的限值时，就使驱动副节气门的步进电机转动，减小副节气门的开度，此时，即使主节气门的开度不变，发动机的进气量也会因副节气门开度的减小而减小。如果驱动车轮的滑动率仍未降低到设定的控制范围内，ABS/ASR电子控制单元（ECU）又会控制 ASR 制动压力调节器和 ABS 制动压力调节器，对驱动车轮施加一定的制动压力，就会有制动力矩作用于驱动车轮。

图 9.4 所示的 ABS/ASR 中的 ASR 制动压力调节器主要包括制动供能装置和电磁控制阀总成两部分，制动供能装置主要由电动泵和蓄能器组成，电磁阀总成中有 3 个二位二通电磁阀，ASR 制动压力调节器与 ABS 制动压力调节器所组成的制动液压系统如图 9.5 所示。

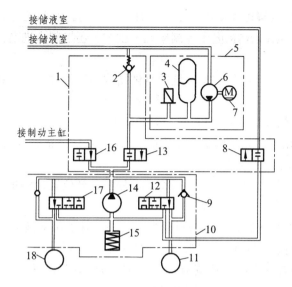

图 9.5 ABS/ASR 制动液压系统

1—ASR 电磁阀总成；2，9—单向阀；3—压力开关；4—蓄能器；5—制动供能装置；6—泵；
7—电动机；8—电磁阀 I；10—ABS 制动压力调节器；11—左后驱动车轮；12—电磁阀 IV；
13—电磁阀 II；14—回油泵；15—储液器；16—电磁阀 III；
17—电磁阀 V；18—右后驱动车轮

当 ABS/ASR 电子控制单元（ECU）判定需要对驱动车轮施加制动力矩时，ABS/ASR 电子控制单元（ECU）就使 ASR 制动压力调节器中的 3 个二位二通电磁阀都通电，电磁阀 III 将制动主缸至后制动轮缸的制动管路封闭，电磁阀 II 将蓄能器至 ABS 制动压力调节器的制动管路沟通，电磁阀 I 将 ABS 制动压力调节器至储液室的制动管路沟通。蓄能器中具有一定压力的制动液就会经过处于开启状态的电磁阀 II、电磁阀 IV 和 V 进入两后制动轮缸，驱动车轮的制动力矩随着制动轮缸制动压力的增大而增大；当 ABS/ASR 电子控制单元（ECU）判定需要保持两驱动车轮的制动力矩时，ABS/ASR 电子控制单元（ECU）就使 ABS 制动压力调节器中的两个三位三通电磁阀 IV 和 V 的电磁线圈中通过较小的电流，使电磁阀 IV 和 V 都处于中间位置，将两后制动轮缸的进、出液管路都封闭，两后制动轮缸的制动压力就保持一定；当 ABS/ASR 电子控制单元判定需要减小两驱动车轮的制动力矩时，就使电磁阀 IV 和 V 的电磁线圈中都通过较大的电流，使电磁阀 IV 和 V 分别将两后制动轮缸的进液管路封闭，而将两后制动轮缸的出液管路接通，两后制动轮缸中的制动液就会经电磁阀 IV 和 V、电磁阀 I 流回制动主缸储液室，两后制动轮缸的制动压力就会减小。在 ASR 制动压力调节过程中，ABS/ASR 电子控制单元根据车轮转速传感器输入的车轮转速信号，对驱动车轮的运动状态进行连续监测，通过控制电磁阀 IV 和 V 的通电情况，使后制动轮缸的制动压力循环往复地进行增大—保持—减小的过程，从而将驱动车轮的滑动率控制在设定的理想范围内；当 ABS/ASR 电子控制单元（ECU）判定需要对两驱动车轮的制动力矩进行不同控制时，ABS/ASR 电子控制单元（ECU）就对电磁阀 IV 和 V 分别进行控制，使两后制动轮缸的制动压力进行各自独立的调节。

当 ABS/ASR 电子控制单元（ECU）判定无需对驱动车轮实施防滑转控制时，ABS/ASR 电子控制单元（ECU）使各个电磁阀均不再通电，各电磁阀恢复到图 9.5 所示的状态，后制动轮缸中的制动液可经电磁阀Ⅳ和Ⅴ流回制动主缸，驱动车轮的制动力矩将完全消除，在解除驱动车轮制动的同时，ABS/ASR电子控制单元（ECU）还控制步进电机转动，将副节气门完全开启。

目前，在各种车型上装备的ASR系统的具体结构和工作过程不尽相同，但在如下几个方面却是相同的：

（1）ASR可以由驾驶员通过ASR选择开关对其是否进入工作状态进行选择，在ASR进行防滑转调节时，ASR工作指示灯会自动点亮，如果通过ASR选择开关将ASR关闭，ASR关闭指示灯会自动点亮。

（2）ASR处于关闭状态时，副节气门将自动处于全开位置，ASR制动压力调节器也不会影响制动系统的正常工作。

（3）如果在ASR处于防滑转调节过程中，驾驶员踩下制动踏板进行制动时，ASR将会自动退出防滑转调节过程，而不影响制动过程的进行。

（4）ASR通常只在一定的车速范围内才进行防滑转调节，而当车速达到一定值以后（如120 km/h或80 km/h），ASR将会自动退出防滑转调节过程。

（5）ASR在其工作车速范围内通常具有不同的优先选择性，在车速较低时，以提高牵引力作为优先选择。此时，对两驱动车轮施加的制动力矩可以不同，即对两后制动轮缸的制动压力分别进行调节。而在车速较高时，则以提高行驶方向稳定性为优先选择，此时，对两驱动车轮施加的制动力矩将是相同的，即对两后制动轮缸的制动压力一同进行调节。

（6）ASR都具有自诊断功能，一旦发现存在影响系统正常工作的故障时，ASR将会自动关闭，并向驾驶员发出警示信号。

3. ABS与ASR的比较

ABS和ASR都可以通过控制作用于被控制车轮的力矩，而将车轮的滑动率控制在设定的理想范围之内，从而缩短汽车的制动距离或提高汽车的加速性能，改善汽车的行驶方向稳定性和转向操纵能力；ABS和ASR都要求系统具有快速的反应能力，以适应车轮附着力的变化；都要求控制偏差尽可能达到最小，以免引起汽车及传动系统的振动；都要求尽量减少调节过程中的能量消耗。

ABS和ASR在以下几个方面又是不同的：ABS对驱动和非驱动车轮都可进行控制，而ASR则只对驱动车轮进行控制；在ABS控制期间，离合器通常都处于分离状态（指装备手动变速器的汽车），而在ASR控制期间，离合器则处于接合状态，发动机的惯性会对ASR控制产生较大的影响；在ABS控制期间，汽车传动系统的振动较小，由此对ABS控制产生的影响也较小，而在ASR控制期间，很容易使传动系统产生较大的振动，由此对ASR控制产生的影响也就很大；在ABS控制期间，各车轮之间的相互影响不大，而在ASR控制期间，由于差速器的作用会使驱动车轮之间产生较大的相互影响；ABS只是一个反应时间近似一定的制动控制单环系统，而ASR却是由反应时间不同的制动控制和发动机控制等组成的多环系统。

4. 控制通道

在防滑控制系统中，能够独立进行制动压力调节的制动管路称为控制通道。如果某车轮的制动压力可以进行单独调节，称这种控制方式为独立控制；如果对两个或两个以上车轮的制动压力是一同进行调节的，则称这种控制方式为一同控制。在对两个车轮的制动压力进行一同控制时，如果以保证附着力较大的车轮不发生制动抱死或驱动滑转为原则进行制动压力调节，称这种控制方式为按高选原则一同控制；如果以保证附着力较小的车轮不发生制动抱死或驱动滑转为原则进行制动压力调节，称这种控制方式为按低选原则一同控制。

一般来说，如能在汽车 4 个车轮上独立地进行压力调节控制，意味着汽车有可能在 4 个车轮上都发挥出地面上最大的附着能力。按照 ABS 通道数目和传感器数目的多少可以对 ABS 控制系统进行分类。

按照传感器数目的不同，ABS 可以分为四传感器（4S）、三传感器（3S）、两传感器（2S）和单传感器（1S）等几种系统；按照通道数目的不同，也可将 ABS 分为四通道式、三通道式、二通道式和一通道式等。

四传感器四通道（四轮独立）控制方式如图 9.6（a）所示，该系统是通过各车轮轮速传感器的信号分别对各车轮制动压力进行单独控制。其制动距离和转向控制性能好，但在附着系数不对称的路面上制动时，由于汽车左右侧车轮地面制动力的差异较大，因此形成较大的偏转力矩，从而导致汽车在制动时的方向稳定性较差。

四传感器四通道（前轮独立、后轮选择）控制方式如图 9.6（b）所示，该系统适用于 X 型制动管路系统，由于左、右后轮不共用一条制动管路，故对它们实施同时控制（一般为低选控制）需采用两个通道。此种控制方式的操纵性和稳定性较好，制动效能稍差。

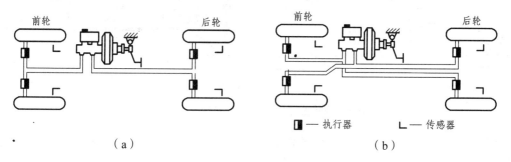

图 9.6　四传感器四通道控制系统

四传感器三通道（前轮独立、后轮选择）控制方式如图 9.7 所示，该系统使用在制动管路前后布置的后轮驱动汽车上，后轮一般采用低选控制，其控制效果是操纵性和稳定性较好，制动效能稍差。

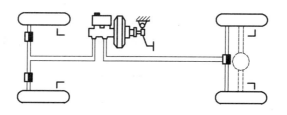

图 9.7　四传感器三通道控制系统

三传感器三通道（前轮独立、后轮选择）控制方式如图 9.8 所示，该系统适用于 X 型制动管路系统，由于左、右后轮不共用一条制动管路，故对它们实施同时控制（一般为低选控制）需采用两个通道。此种控制方式的操纵性和稳定性较好，制动效能稍差。

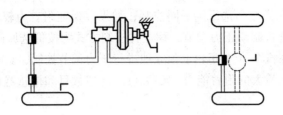

图 9.8　三传感器三通道的控制系统

四传感器二通道（前轮独立）控制方式如图 9.9 所示，此结构多用于 X 型制动系统中，前轮独立控制，制动液通过比例阀（PV 阀）按一定比例减压后传至对角后轮。采用此种控制方式的汽车在不对称的路面上制动时，高附着系数路面一侧的前轮产生高制动压力，该压力传至低附着系数路面一侧的后轮时，会导致该后轮抱死。而低附着系数路面一侧的前轮制动压力较低，对应的高附着系数一侧的后轮不会抱死。从而有利于制动时方向的稳定性，但与三通道和四通道控制系统相比较，其后轮制动力稍有降低，制动效能稍有下降，但后轮侧滑较小。

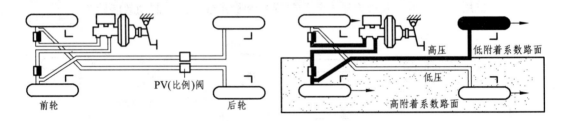

图 9.9　四传感器二通道（前轮独立）控制系统

四传感器二通道（前轮独立、后轮低选）控制方式如图 9.10 所示，在通往后轮的两通道上增设一个低选择阀（SLV 阀）。当汽车在不对称路面制动时，高附着系数一侧的前轮的高压不直接传至低附着系数侧对角后轮，而通过低选阀只上升到与低附着系数侧前轮相同的压力，这样就可以避免低附着系数侧后轮抱死。

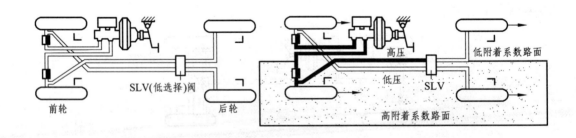

图 9.10　四传感器二通道（前轮独立、后轮低选）控制系统

一传感器一通道控制系统如图 9.11 所示，此种控制方式用于制动管路前后布置的汽车，只对后轮进行控制，一个传感器装于后桥差速器上，只对后轮采用低选控制的方式。该控制方式能较有效地防止后轮抱死，但由于前轮无控制，故易抱死，转向操纵性差，制动距离较长。

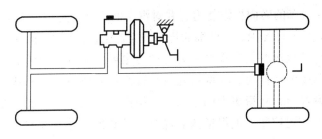

图 9.11　一传感器一通道控制系统

在各种汽车制动系统上采用不同类型的 ABS 可以产生不同的使用效果,综合性能比较如表 9.2 所示。

表 9.2　不同类型 ABS 所产生的不同使用效果

系统名称	传感器数	通道数	适用制动回路类型	控制方法	特　点
4S4M	4	4	HH	四轮独立控制	四轮均可充分利用地面附着力,但在对分路面或左右轮载荷差别较大时制动,汽车方向稳定性不好,较少采用
			X	前轮独立控制,后轮低选控制	制动效能稍差,但汽车方向稳定性较好
4S3M	4	3	X 或 HH	前轮独立控制,后轮选择控制	占总附着力 80%的两前轮独立控制,两后轮按低选同时控制,是大多数汽车采用的形式之一
3S3M	3	3	HH	前轮独立,后轮近似选择控制	
4S2M	4	2	X	前轮独立控制,后轮选择控制	在各种复杂路面上难以使方向稳定性、制动距离和转向操纵能力得到兼顾,较少采用
2S2M	2	2	X	前轮独立,后轮对角前轮控制	
1S1M	1	1	H	前轮无控制,后轮近似选择控制	后轴车轮按低选原则控制,可改善汽车方向的稳定性

装备于后轮驱动汽车的 ASR,为了使汽车在低速驱动时获得尽可能大的驱动力,在高速驱动时获得良好的方向稳定性,各种 ASR 通常在汽车速度较低时对两驱动车轮进行独立控制或按高选原则一同控制;而在汽车速度较高时对两驱动车轮按低选原则一同控制。汽车在低速范围内,尽管两驱动车轮进行独立控制或按高选原则一同控制会造成两驱动车轮驱动不平衡,但驱动力不平衡对汽车行驶方向稳定性的影响并不大,但由于能够充分地利用两驱动车轮的附着力产生尽可能大的驱动力(特别是独立控制时),汽车的起步加速性能将会明显提高;而在高速范围内,由于两驱动车轮将按低选原则一同控制,因此,两驱动车轮的驱动力处于平衡,从而提高了汽车的行驶方向稳定性,特别是当汽车处于附着系数分离的路面上时其效果更为显著。

装备于前轮驱动汽车的 ASR,对两驱动车轮进行独立控制,既可增大驱动力,提高汽车的加速性能，又可保证汽车的转向操纵能力，并对汽车的方向稳定性影响不大。

装备于四轮驱动汽车的 ASR，对两前轮进行独立控制，保证两前轮具有较高抵抗外界横向力作用的能力，提高了汽车的转向操纵能力，同时也可以充分利用两前轮的附着力，获得更大的驱动力。在汽车速度较低时，对两后轮进行独立控制或按高选原则一同控制，则可以充分地利用两后轮的附着力，获得更大的牵引力，提高汽车的加速性能；在汽车速度较高时，对两后轮按低选原则一同控制，能保证两后轮具有较高抵抗外界横向力作用的能力，使汽车在高速行驶时具有良好的方向稳定性。

9.1.3　防滑控制系统主要组成部件的结构及工作原理

1. 车轮转速传感器

车轮转速传感器的作用是检测车轮的速度，并将速度信号输入防滑控制系统的电子控制单元。目前，用于防滑控制系统的转速传感器主要有电磁式和霍尔式两种。

（1）电磁式转速传感器。

电磁式转速传感器是一种通过磁通量的变化产生感应电压的装置，主要由传感头和齿圈两部分组成，如图 9.12 所示。齿圈一般安装在轮毂或轴座上，对于后轮驱动且后轮采用一同控制的汽车，齿圈也可安装在差速器或传动轴上，齿圈随车轮或传动轴一起转动。传感头通过固定在车身上的支架安装在齿圈附近，传感头与齿圈的间隙约为 1 mm。传感头必须安装牢固，以保证汽车制动过程中的振动不干扰传感信号。

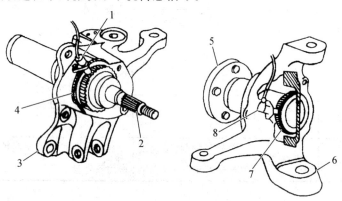

图 9.12　电磁式转速传感器在车轮上的安装位置

1—电磁感应式传感器；2—半轴；3—悬架支承；4—齿圈；5—轮毂；6—转向节；
7—齿圈；8—电磁感应式传感器

传感头的结构及工作原理如图 9.13 所示，它由永磁体 5、极轴 2 和感应线圈 4 等组成。极轴同永磁体相连，感应线圈套在极轴的外面。极轴的头部结构有凿式和柱式两种。齿圈 1 旋转时，齿顶和齿隙交替对向极轴。当齿顶对向极轴时，磁路的间隙最小，因此磁阻也最小，通过感应线圈的磁通量最大；当齿隙对向极轴时，磁路的磁隙最大，磁阻也最大，通过感应线圈的磁通量最小。所以在齿圈旋转过程中，感应线圈内部的磁通量交替变化从而产生感应电动势，此信号通过感应线圈末端的电缆输入防滑控制系统的电子控制单元。当齿圈的转速发生变化时，感应电动势的频率也随之变化，如图 9.13（c）所示，防滑控制系统电子控制单元即通过检测感应电动势的频率来检测车轮转速。

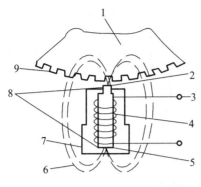

（a）齿隙与磁心端部相对时

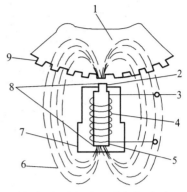

（b）齿顶与磁心端部相对时

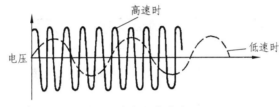

（c）传感器输出电压

图 9.13　传感头的结构与工作原理

1—齿圈；2—极轴；3—感应线圈引线；4—感应线圈；5—永磁体；6—磁力线；
7—电磁感应式传感器；8—磁极；9—齿圈齿顶

电磁式转速传感器结构简单、成本低，但存在以下缺点：一是其输出信号的幅值随转速的变化而变化，在规定转速范围内，其输出信号的幅值一般在 1～15 V 变化，若车速过慢，其输出信号低于 1 V，电子控制单元就无法检测；二是频率响应不高，当转速过高时，传感器的频率响应跟不上，容易产生错误信号；三是抗电磁波干扰能力差，尤其是其输出信号幅值较小时，在汽车这个电磁波干扰源很多的特定条件下，抗干扰能力尤为重要。

目前，国内外防滑控制系统的控制速度范围一般为 15～160 km/h，今后要求控制速度范围扩大到 8～240 km/h，甚至更大，显然电磁感应式转速传感器很难适应。因此，霍尔式转速传感器在防滑控制系统中应用越来越广泛。

（2）霍尔式转速传感器。

霍尔式转速传感器也是由传感头、齿圈组成。传感头由永磁体、霍尔元件和电子电路等组成，如图 9.14 所示，永磁体的磁力线穿过霍尔元件通向齿圈，齿圈相当于一个集磁器。

当齿圈位于图 9.14（a）所示的位置时，穿过霍尔元件的磁力线分散，磁场相对较弱；而当齿圈位于图 9.14（b）所示的位置时，穿过霍尔元件的磁力线集中，磁场相对较强。齿圈转动时，使得穿过霍尔元件的磁力线密度发生变化，因而引起霍尔电压的变化，霍尔元件将输出一个毫伏（mV）级的准正弦波电压，然后再由电子电路转换成标准的脉冲电压。

图 9.15 为霍尔式转速传感器电子线路框图，由霍尔元件输出的毫伏级准正弦波电压，经

运算放大器放大为伏级的电压信号后送至施密特触发器，施密特触发器将正弦波信号转换成标准的脉冲信号后再送至输出级放大后输出。

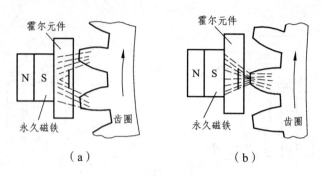

图 9.14　霍尔式转速传感器

图 9.15　霍尔式转速传感器电子线路框图

霍尔式转速传感器具有以下优点：一是输出信号电压幅值不受转速的影响，在 12 V 的汽车电源电压条件下，其输出信号电压保持在 11.5～12 V 不变，即使车速下降接近于零也不变；二是频率响应高，其频率响应高达 20 kHz，用于防滑控制系统时，相当于车速为 1 000 km/h 时所检测的信号频率；三是抗电磁波干扰能力强，由于其输出信号电压不随转速的变化而变化，且幅值高，故具有很强的抗电磁波干扰的能力。

2. 汽车减速度传感器

在 ABS 系统中，为了获得汽车的纵向或横向减速度，在汽车的车身上安装有减速度传感器。减速度传感器在结构上有光电式、水银式和差动式等几种形式。

（1）光电式传感器。

光电式传感器利用发光二极管和光敏三极管构成的光电耦合器所具有的光电转换效应，以沿径向开有若干条透光窄槽的偏心圆盘作为遮光板，制成了能够随减速度大小而改变电量的传感器，如图 9.16 所示。遮光板设置在发光二极管和光敏三极管之间，由发光二极管发出的光束可以通过遮光板上的窄槽到达光敏三极管，光敏三极管上便会出现感应电流。当汽车制动时，质量偏心的遮光板在减速惯性力的作用下，绕其转动轴偏转，偏转量与制动强度成正比，如图 9.16 所示，在光电式传感器中设置两对光电耦合器，根据两个三极管上出现电量的不同组合就可区分出图 9.16 中所示的 4 种减速度界限，因此，它具有感应多级减速度的能力。

（2）水银式传感器。

水银式传感器利用具有导电能力的水银作为工作介质，在传感器内设有通有导线两极柱的玻璃管，玻璃管中装有水银体，在静止或匀速状态时，由于水银的导电作用，传感器的电路处于导通状态，当汽车制动强度达到一定值后，在减速惯性力的作用下，水银体脱离导线极柱，传感器电路断电，如图 9.17 所示。这种开关信号可用于指示汽车制动的减速度界限。

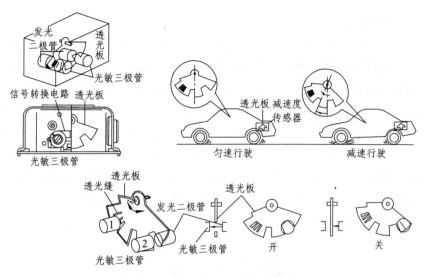

减速度速率	低减速率1	低减速率2	中减速率	高减速率
光敏三极管1	开	关	关	开
光敏三极管2	开	开	关	关

图 9.16　光电式减速度传感器

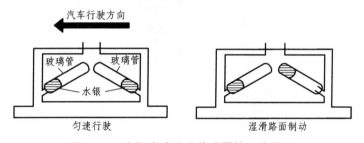

图 9.17　水银式减速度传感器的工作原理

（3）差动式传感器。

差动式传感器利用电磁感应原理工作，传感器由固定的线圈和可移动的铁心构成，铁心在制动减速惯性力的作用下沿线圈轴向移动，可导致传感器电路中感应电量的连续变化，如图 9.18 所示，从而指示减速度的大小。

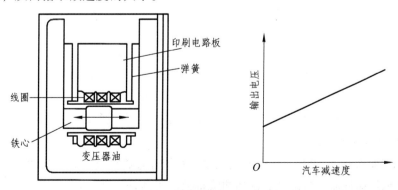

图 9.18　差动式减速度传感器的工作原理

3. 制动压力调节器

ABS/ASR 系统控制车轮滑动率的执行机构是制动压力调节装置，ECU 根据车轮速度传感器发出的信号，由计算机判断确定车轮的运动状态，向驱动压力调节装置的电磁阀线圈发出指令，通过电磁阀的动作来实现对制动分泵的保压、减压和增压控制。压力调节装置的电磁阀以很高的频率工作，以确保在短时间内有效地对车轮滑动率实施控制。液压式制动主要由供能装置（液压泵、储液器等）、电磁阀和调压缸等组成。从布置方式上看，有将压力调节装置独立于制动主缸、助力器的分离式布置方式，如图 9.19 所示，该方式具有布置灵活、成本低但管路复杂的特点；也有将压力调节装置用螺栓与主缸和助力器相连的组合式布置方式，它具有结构较紧凑、成本较低的优点；也有将压力调节装置与主缸和助力器制成一体的整体式布置方式，如图 9.20 所示，其结构更加紧凑，管路少，更加安全可靠。

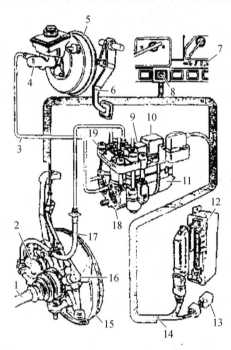

图 9.19　制动压力调节器分离式布置方式

1—轮轴；2—制动泵；3—限压油管；4—总泵；5—真空泵；6—制动踏板；7—储能板；8—指示灯；
9—电磁阀继电器；10—泵继电器；11—电动泵；12—ABS 主电源；13—安全继电器；14—导线；
15—制动盘；16—车速传感器；17—制动油管；18—液压系统总成；19—电磁阀

通常，制动压力调节器串联在制动主缸与轮缸之间，通过电磁阀直接或间接地调节轮缸的制动压力。当压力调节器直接控制轮缸制动压力时，称为循环式调压方式；当压力调节器间接控制制动轮缸时，称为可变容积式调压方式。各种调压方式又可细分为以下几种。

（1）再循环式调压方式。

其工作原理如图 9.21 所示，在调压过程中，系统通过将制动轮缸的压力油释放至压力控制回路以外的低压储油罐实现减压，随后再靠油泵将低压油送回主缸。

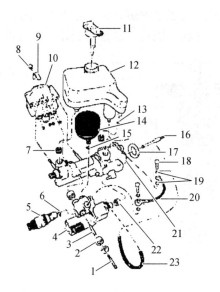

图 9.20 制动压力调节器整体式布置方式

1—泵固定螺栓；2，22—泵隔音材料；3—泵固定套管；4—泵电机；5—压力开关；6，13—O 型环；

7—金属固定环；8—储油室固定片螺栓；9—储油室固定片；10—控制阀体；11—液压计；

12—储油室；14—蓄压器；15—O 型垫片；16—推杆；17，19—垫片；

18—高压油管螺栓；20—高压油管；21—制动总泵；23—回油管

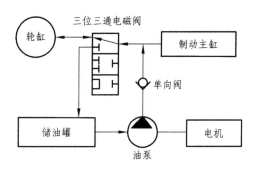

图 9.21 再循环式调压方式

此种调压方式的系统无需高压蓄能器，ABS 依靠油泵的启动实现增压，系统只需借助一个三位三通电磁阀和油泵的启动来完成 ABS 增压、减压、保压 3 个动作，在 ABS 增压过程中，驾驶员能明显感觉到制动踏板的抖动。

该系统中所采用的三位三通电磁阀的结构与工作原理如图 9.22 所示，它主要由阀体、进油阀、卸荷阀、检测阀、支架、托盘、主弹簧、副弹簧、无磁支撑环、电磁线圈和油管接头组成。

移动架 6 在无磁支撑环 3 的导向下，可沿轴向做微小的运动（约 0.25 mm），由此可以打开卸荷阀 4 并将进油阀 5 关闭。主弹簧 13 与副弹簧 12 相对设置且主弹簧刚度大于副弹簧。

检测阀 8 与进油阀 5 并联设置，在解除制动时，该阀打开，增大轮缸至主缸的回油通道，以使轮缸压力得以迅速下降，即使在主弹簧断裂或移动架 6 被卡死的情况下，也能使车轮制动器的制动得以解除。

　　当电磁线圈无电流通过时，由于主弹簧力大于副弹簧，进油阀 5 被打开，卸荷阀 4 关闭，制动主缸与轮缸的油路接通，此状态既可以是常规制动，也可以是 ABS 增压。

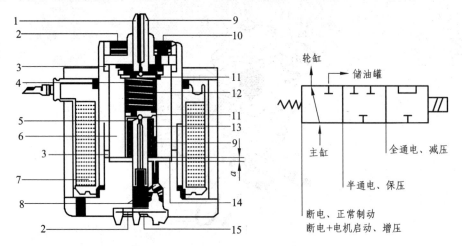

图 9.22　三位三通电磁阀的结构及原理

1—回油管接口；2—滤网；3—支撑环；4—卸荷阀；5—进油阀；6—移动架；7—电磁线圈；8—检测阀；
9—阀体；10—轮缸接口；11—托盘；12—副弹簧；13—主弹簧；14—凹槽台阶；15—主缸接口

　　当 ECU 向电磁阀线圈半通电时，电磁力使移动架 6 向下运动一定距离，将进油阀 5 关闭，由于此时的电磁力尚不足以克服两个弹簧的弹力，移动架 6 被保持在中间位置，卸荷阀 4 仍处于关闭状态，即三个阀孔相互封闭，ABS 处于保压状态。

　　当 ECU 向电磁线圈 7 输入大工作电流时，所产生的大电磁力足以克服主、副两弹簧的弹力，使移动架 6 继续向下运动，将卸荷阀 4 打开，从而轮缸通过卸荷阀与回油管相通，ABS 处于减压状态。

　　表 9.3 列出了再循环式调压方式中各电磁阀与 ABS 工作状态之间的关系。

表 9.3　再循环式调压方式中各电磁阀与 ABS 工作状态之间的关系

工作状态	电路状态	系统状态
正常制动	断　电	制动主缸与轮缸通
保　压	小电流（半通电）	制动轮缸与主缸、储油容器的通路截止
减　压	大电流（全通电）	轮缸与储油容器相通
增　压	电磁阀断电	油泵启动，主缸与轮缸相通

　　该调压方式再减压时，轮缸释放的压力油不再送回到储油器，而由油泵直接输送给制动主缸，其工作方式与再循环式相同，低压油容器被低压蓄能器代替，如图 9.23 所示。

　　再循环和循环式调压装置应用于博世的 ABS2 型产品中。图 9.24 是采用循环式调压系统的 LS400 汽车 ABS 结构的示意图，该制动系统采用双管路形式，ABS 调压采用三通道方式，前轮独立控制，后轮按低选控制。当 ABS 增压时，电磁阀线圈无电流通过，阀体在弹簧力作用下处于最左边位置，此时，制动主缸与轮缸接通，通往蓄能器的通道被阻断，电动机带动油泵高速运转，将高压油液送入轮缸；当 ABS 保压时，ECU 控制向电磁阀提供 2 A 的小电流，在弹簧和电磁力的共同作用下电磁阀处于中间位置，即制动主缸、轮缸和蓄能器各接口互不导通；当ABS减压时，ECU向电磁阀输出5 A的大电流，所产生的大电磁力克服弹簧力，将电磁阀设置在右位置，此时，轮缸和蓄能器接通，制动主缸油路被截断。

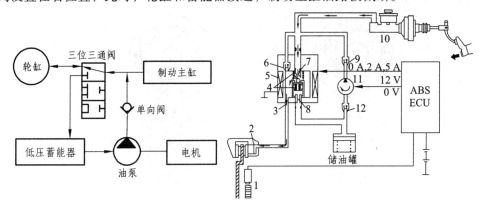

图 9.23　循环式调压方式

1—轮速传感器；2—轮缸；3—C 孔；4—复位弹簧；5—电磁阀线圈；6，9，12—单向阀；

7—A 孔；8—B 孔；10—制动主缸；11—泵电机

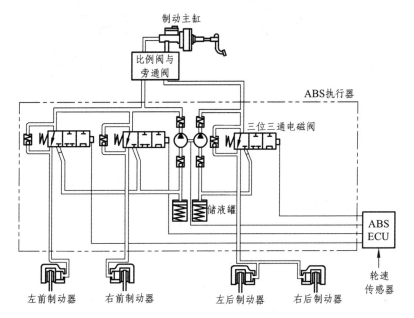

图 9.24　LS400 调压系统

系统中所采用的回油泵和蓄能器结构分别如图 9.25 和图 9.26 所示。回油泵为柱塞泵，通过电动机带动凸轮来驱动，泵内设有两个单向阀，下阀为进油阀，上阀为出油阀。柱塞上行时，轮缸及蓄能器的压力油推开下进油阀，进入泵体内；而当柱塞下行时，泵体内的压力油首先封闭进油阀，随后推开出油阀，将制动液压回制动主缸。

蓄能器可以是一个内部置有活塞和弹簧的油缸，当轮缸的压力油进入蓄能器作用在活塞上时，压缩弹簧，使油道容积增大，以暂时存储制动液。也可采用气囊式的结构（见图 9.26），在蓄能器中有膜片将容器分隔成两部分，下部气囊中充满氮气，上腔与回油泵和电磁阀回油口相连。蓄能器上的压力开关可根据蓄能器内部的压力高低，向计算机发出信号，以便控制电动机和油泵的工作，即当蓄能器内油压达到一定值以后，波登管在该压力作用下向外伸展，感应杆在弹簧拉力作用下将触点开关闭合，向计算机输入控制信号。

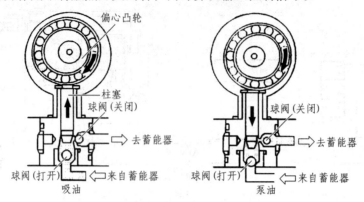

图 9.25　柱塞泵的结构

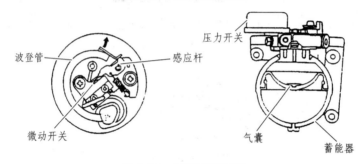

图 9.26　气囊式蓄能器

（2）可变容积式调压方式。

该方式是在汽车原有制动系统管路上增加一套液压控制装置，它采用压力调节装置将主缸与轮缸隔离，制动液在轮缸和压力调节装置间交换，通过机械方式如活塞运动使密闭的轮缸管路容积发生变化，实现加、减压调节。这种调压方式主要用于本田车系、美国德尔科 ABS 和博世部分产品中。可变容积式调压系统的基本结构如图 9.27 所示，主要由电磁阀、控制活塞、液压泵、蓄能器等组成。

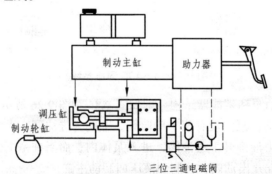

图 9.27　可变容积式调压系统的基本结构

可变容积式调压系统的基本工作原理如图 9.28 所示。

常规制动时，电磁阀线圈不通电，电磁阀将控制活塞工作腔与回油管路接通，控制活塞在强力弹簧的作用下移向左端，活塞顶端推杆将单向阀打开，使制动主缸与轮缸的制动管路接通，制动主缸的制动液直接进入轮缸，轮缸压力随主缸压力的变化而变化。

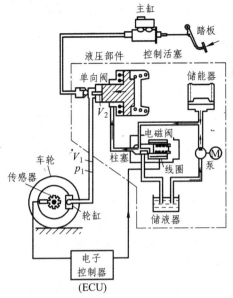

图 9.28 可变容积式调压方式的工作原理

减压制动时，ECU 向电磁阀线圈通入大电流，电磁阀内的柱塞在电磁力的作用下，克服弹簧力移到右边，将蓄能器与控制活塞工作腔管路接通，蓄能器的压力油进入控制活塞工作腔推动活塞右移，单向阀关闭，主缸与轮缸之间的通路被切断，由于控制活塞的右移，使轮缸侧容积增大，制动压力减小。

保压制动时，ECU 向电磁阀通入较小电流，由于电磁阀线圈的电磁力减小，柱塞在弹簧力作用下左移，将蓄能器、回油管和控制活塞工作腔管路相互关闭。此时，控制活塞左侧的油压保持一定，控制活塞在油压和弹簧的共同作用下保持在一定位置，此时，单向阀仍处于关闭状态，轮缸侧的容积也不发生变化，实现保压制动。

增压制动时，ECU 切断电磁阀线圈中的电流，柱塞回到左端的原始位置，控制活塞工作腔与回油管路接通，控制活塞左侧控制油压解除，控制液流回储液器，弹簧将控制活塞向左推移，轮缸侧容积减小，压力升高，当控制活塞处于最左端时，单向阀被打开，轮缸压力将随主缸压力的增大而增大。

该系统具有以下特征：①ABS 作用时，制动踏板无抖动感；②活塞往复运动可由滚动丝杆或高压蓄能器推动；③采用高压蓄能器作为推动活塞的动力时，蓄能器中的液体和轮缸的工作液是隔离的，前者仅仅作为改变轮缸容积的控制动力；④采用滚动丝杆时，由电机驱动活塞，每一通道各设置一个电机。

图 9.29 是美国德尔科公司 ABS 调节器的结构图，该系统为前轮独立控制、后轮低选控制的三通道 ABS 系统，主要用于美国通用系列汽车上（如别克、雪佛兰、旁蒂克等）。它以由可以正、反和停转的驱动电动机带动丝杆，并推动控制活塞实现变容积调压为特色。该液压调节器位于制动总泵和分泵之间，与总泵连为一体。液压调节器上装有电磁阀，分别控制两前轮和后轮，在计算机控制下关闭或开启通往制动分泵的油路。单向球阀受活塞上下运动控制开启，而活塞则靠电动机驱动齿轮由丝杆带动。

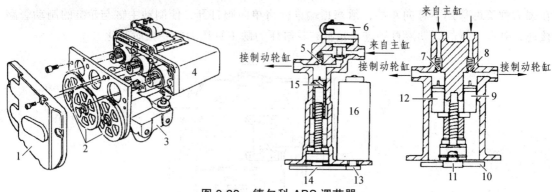

图 9.29 德尔科 ABS 调节器

1—齿轮盖板；2—齿轮螺杆总成；3—调压缸总成；4—电动机总成；5—单向截止阀；6—电磁阀；
7，8—截止阀；9，12，15—调压柱塞；10，14—齿轮螺杆总成；
11，13—电动机齿轮；16—电动机

常规制动时，电磁阀无电流通过，由它控制的油路处于开启状态，同时，活塞位于最上方，其顶端的小顶杆将单向球阀顶开，制动主缸的制动液可通过电磁阀控制通道和单向球阀所控制的通道流向前制动轮缸，制动轮缸的压力随着制动主缸的压力变化而变化。此时，电磁制动器不通电，处于制动状态，电动机不转动，活塞保持在上方位置不动。

当 ABS 系统工作时，电磁阀通电工作，它所控制的油路被切断。同时，电磁制动器通电，活塞在电动机和丝杆的驱动下，向下移动，单向球阀关闭，此时制动主缸与轮缸之间的通道完全隔断。调压活塞在 ECU 的控制下做上下运动，当活塞上移时，轮缸油路的空间变小，油压升高，制动力增加，实现 ABS 增压；若调压活塞维持不动，轮缸油路油压保持不变，车轮制动力恒定，实现 ABS 保压；而当调压活塞向下移动时，轮缸油路油压变大，车轮制动力减小，实现 ABS 减压。

图 9.30 是本田汽车的 ABS 调节装置的工作原理图，它也采用了可变容积式的调压方式。常规制动时，输入、输出间的电磁线圈断电，将输出阀打开，输入阀关闭。此时，调节器下端 C 腔与储油箱导通，滑动活塞在其上端主弹簧弹力作用下向下移动，直至顶开开关阀，将 B 腔与 A 腔接通，制动主缸经过 A 腔和 B 腔与轮缸导通，轮缸压力受主缸压力的控制而变化。

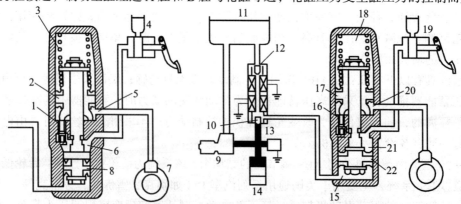

图 9.30 本田 ABS 调节器

1，16—开关阀；2，17—滑动活塞；3—弹簧；4，19—制动主缸；5，20—B 腔；6，21—A 腔；
7—制动钳；8，22—控制活塞；9—泵；10—输入阀；11—储油箱；12—输出阀；
13—压力开关；14—蓄能器；15—C 腔；18—D 腔

当开关阀未被顶开之前，可以通过对输出阀和输入阀线圈的通、断电控制，调节 C 腔的压力，靠改变滑动活塞的位置来改变 B 腔容积的大小，实现对轮缸压力的调节。如 ABS 减压时，ECU 同时向输出阀和输入阀线圈通电，将输出阀关闭，输入阀打开，由油泵和蓄能器提供的控制压力油进入 C 腔，推动控制活塞和滑动活塞上移，B 腔容积增大，轮缸压力下降；ABS 保压时，ECU 将输入阀电磁线圈的电流切断，让输出阀电磁线圈仍然通电，即同时关闭输入阀和输出阀，由于 C 腔油压保持恒定，滑动活塞不动，B 腔容积不变，轮缸油压维持不变；ABS 增压时，ECU 同时将输出阀和输入阀线圈断电，将输出阀打开，输入阀关闭，上腔压力下降，使控制活塞和滑动活塞下移，B 腔容积减小，轮缸压力增高。

此种压力调节器在 ABS 增压和减压过程中，由于控制活塞的缘故，A 腔的容积也在发生变化，即制动主缸内的油压有波动，所以，制动踏板上会出现抖动。

（3）回流泵式调压方式。

该压力调节装置采用两个二位二通电磁阀，其工作原理与再循环式调压器相似，如图 9.31 所示。减压时，轮缸释放的制动液被送回蓄能器和制动主缸，同时，油泵也参与将制动液送回主缸的工作，制动液在主缸和轮缸间控制制动液的交换，实现调节作用。ABS 工作时，油泵连续工作。电磁阀与油泵的工作状态如表 9.4 所示。

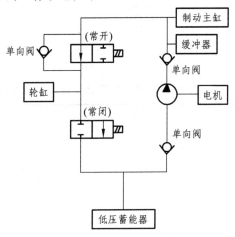

图 9.31　回流泵式调压方式

表 9.4　电磁阀与油泵的工作状态

工作状况	常开阀（增压）	常闭阀（减压）	油 泵
常规制动	断 电	断 电	不 转
ABS 工作：减压	通 电	通 电	旋 转
ABS 工作：保压	通 电	断 电	旋 转
ABS 工作：增压	断 电	断 电	旋 转

该系统具有以下一些特点：① 系统采用两个二位二通电磁阀取代循环调压方式中的一个三位三通电磁阀，实现 ABS 保压、减压和增压，工作可靠性更高；② 当 ABS 工作时，轮缸处于保压状态时，轮缸的压力和来自主缸的压力在单向阀处平衡；③ 主缸和油泵之间串联单向阀，并联缓冲器，减缓了制动踏板的抖动，但仍保留了轻微的感觉。

回流泵式调压方式是 ABS 调压方式中比较新的技术，目前博世 ABS5.3 和坦威斯 MK20

（桑塔纳 2000 时代超人）均采用这种方式。

（4）补给式调压方式。

在图 9.32 所示的调压系统中,当 ABS 系统工作时,轮缸的增压由高压蓄能器中的压力补给,而蓄能器中的压力则由油泵提供。油泵是否工作取决于高压蓄能器内的压力,当蓄能器内的压力低于设定压力值时,油泵便开始工作。轮缸减压时的制动液送回到储油罐。进行常规制动时,轮缸的减压液体直接流回制动主缸,系统的 3 个调压电磁阀的工作状态如表 9.5 所示。坦威斯 MK2 型 ABS 系统采用了此种结构,系统中所设置的高压蓄能器还取代了真空助力器,蓄能器中的高压液体兼用于制动助力。采用此种调压方式,当 ABS 处于增压状态时,因主缸、轮缸的油路与高压蓄能器相通,故制动踏板会有明显的抖动。

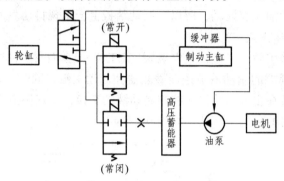

图 9.32 补给式调压方式

表 9.5 ABS 系统的 3 个调压电磁阀的工作状态

工作状态	二位二通阀（常开）	二位二通阀（常闭）	二位三通阀
正常制动	断　电	断　电	断　电
ABS 工作：减压	通　电	断　电	通　电
ABS 工作：保压	通　电	断　电	断　电
ABS 工作：增压	断　电	通　电	断　电

4. 电控单元（ECU）

ABS/ASR 的 ECU 接收由设于各车轮上的传感器传来的转速信号,经过电路对信号的整形、放大和计算机的比较、分析、判别处理,向执行器发出控制指令。一般来说,电控单元还具有初始检测、故障排除、速度传感器检测和系统失效保护等功能。图 9.33 显示了 ABS 电控单元（ECU）的基本作用。

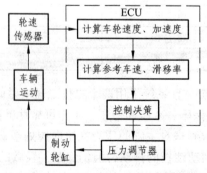

图 9.33 ABS 的 ECU 在系统中的作用

（1）电控单元的组成。

电控单元由硬件和软件两部分组成，前者由设置在印刷电路板上的一系列电子元器件（微处理器）和线路构成，封装在金属壳体中，利用多针接口（如坦威斯 MK2 采用 32 针接口），通过线束与传感器和执行器相连，为保证 ECU 可靠工作，一般被安置在尘土和潮气不易侵入、电磁波干扰较小的乘客舱、行李舱或发动机罩内的隔离室中；软件则是固存在只读存储器（ROM）中的一系列计算机程序。电控单元的输入和输出信号如图 9.34 所示。

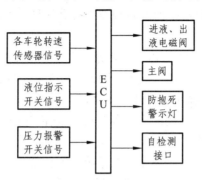

图 9.34　ECU 的主要输入和输出信号

（2）电控单元的内部结构。

ABS 电控单元的内部结构如图 9.35 所示。为确保系统工作的安全可靠性，在许多 ABS 的 ECU 中采用了两套完全相同的微处理器，一套用于系统控制，另一套则起监测作用，它们以相同的程序执行运算，一旦监测用 ECU 发现其计算结果与控制用 ECU 所算结果不相符时，则 ECU 立即让制动系统退出 ABS 控制，只维持常规制动。这种"冗余"的方法可保证系统更加安全。

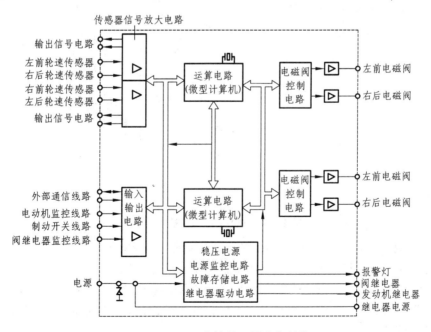

图 9.35　ABS 电控单元的内部结构

ECU 的内部电路结构主要包括以下几方面：

①输入级电路，以完成波形转换整形（低通滤波器）、抑制干扰和放大信号（输入放大器）为目的，将车轮转速传感器输入的正弦波信号转换成为脉冲方波，经过整形放大后，输给运算电路。输入级电路的通道数视 ABS 所设置的传感器数目而定，通常多采用三通道和四通道。

②运算电路（微型计算机），根据输入信号运算电磁阀控制参数。主要根据车轮转速传感器输入信号进行车轮线速度、开始控制的初速度、参考滑动率、加速度和减速度等运算，调节电磁阀控制参数的运算和监控运算，并将计算出的电磁阀控制参数输送给输出级。

③输出级电路，利用微机产生的电磁阀控制参数信号，控制大功率三极管向电磁阀线圈提供控制电流。

④安全保护电路，将汽车 12 V 电源电压改变并稳定为 ECU 工作所需的 5 V 标准电压，监控这种工作电压的稳定性。同时，监控输入放大电路、ECU 运算电路和输出电路的故障信号。当系统出现故障时，控制继动电动机和继动阀门，使 ABS 停止工作，转入常规制动状态，点亮 ABS 警示灯，将故障以故障码的形式存储在 ECU 内存中。

（3）电控单元的控制过程。

ECU 电路的控制过程如图 9.36 所示。该系统为四传感器三通道（前轮独立控制、后轮低选控制），传感器输入端（FR+ ~ RL-）。回油泵电机受 ECU 和油泵继电器共同控制，有以下两种工作状态：

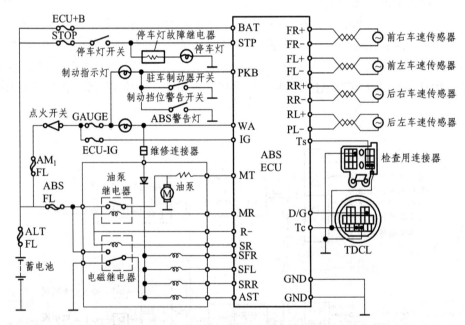

图 9.36 ABS 的 ECU 控制过程

①减压时高速运转。ECU 通过 MR 端口向油泵继电器线圈供电，继电器触点闭合，蓄电池直接向电机供电，电机高速运转，迅速将制动液泵回制动主缸。

②其余时间低速运转。ECU 停止向油泵继电器线圈供电，继电器触点断开，ECU 经由 MT 端子通过电阻向油泵电机加较小的电流（2 A），油泵低速运转，将蓄能器中制动液抽空，以备下次减压时储油。

制动压力调节器中 3 个电磁阀线圈与一个监测电阻并联，共同受 ECU 和电磁阀继电器控制。点火开关未接通时，电磁阀继电器线圈中无电流，继电器常闭触点使电磁阀继电器线圈搭铁，ABS 不工作；接通点火开关后，在短时间内，ECU 仍不向电磁阀继电器线圈供电，此时，ABS 警示灯经维修连接器、电磁阀继电器常闭触点搭铁而点亮，ECU 对系统自检。确认系统无故障后，ECU 向电磁阀继电器线圈供电，常闭触点断开，常开触点闭合，电磁阀线圈经常开触点与电源相连，此后，电磁阀的状态完全由 ECU 控制，也即电磁阀线圈可以经过 SR、SFL、SRR 和 GND 端口由 ECU 加以控制。

监测电阻用来检测电磁阀线圈的故障，当线圈出现故障时，电阻两端的电压发生变化，通过 AST 端子将此故障信息输入 ECU，同时切断调节器电路，ABS 退出工作。

9.1.4 防滑控制系统的维护与检修

1. 使用与维修中的注意事项

目前，大多数防滑控制系统都具有很高的工作可靠性，通常无需对其进行定期的特别维护，但在使用、维护和检修过程中，应在以下几个方面特别注意：

（1）在点火开关处于点火位置时，不要拆装系统中的电器元件和线束插头，以免损坏电子控制单元。若要拆装系统中的电器元件和线束插头，应先将点火开关断开。

（2）不可向电子控制单元供给过高的电压，否则容易损坏电子控制单元，所以，切不可用充电机启动发动机，也不要在蓄电池与汽车电气系统连接的情况下，对蓄电池进行充电。

（3）电子控制单元受到碰撞和敲击也极容易引起损坏，因此，要注意使电子控制单元免受碰撞和敲击。

（4）高温环境也容易损坏电子控制单元，所以，在对汽车进行烤漆作业时，应将电子控制单元从车上拆下。另外，在对系统中的电器元件或线路进行焊接时，也应将线束插头从电子控制单元上拆下。

（5）不要让油污沾染电子控制单元，特别是电子控制单元的端子更要注意，否则会使线束插头接触不良，影响系统的正常工作；要用砂纸打磨系统中各插头的端子，否则也会造成接触不良。

（6）在蓄电池电压过低时，系统将不能进入工作状态，因此，要注意对蓄电池的电压进行检测，特别是当汽车长时间停驶后初次启动时更要注意。

（7）不要使车轮转速传感器和传感器齿圈沾染油污或其他脏污，否则车轮转速传感器产生的车轮转速信号就可能不够准确，影响系统的控制精度，甚至使系统无法正常工作。另外，不要敲击转速传感器，否则很容易导致传感器发生消磁现象，从而影响系统的正常工作。

（8）由于在很多具有防滑制动功能的制动系统中都有供给防抱死制动压力调节所需能量的蓄能器，所以，在对这类制动系统的液压系统进行维修作业时，应首先使蓄能器中的高压制动液完全释放，以免高压制动液喷出伤人。在释放蓄能器中的高压制动液时，先将点火开关关闭，然后反复地踩下和放松制动踏板，直到制动踏板变得很硬时为止。另外，在制动液压系统未完全装好之前，不能接通点火开关，以免电动泵通电运转。

（9）具有防滑控制功能的制动系统应使用专用的管路，因为制动系统往往具有很高的压力，如果使用非专用的管路极易损坏。

（10）大多数防滑控制系统中的车轮转速传感器、电子控制单元和制动压力调节装置都是不可修复的，如果发生损坏，应该进行整体更换。

（11）在对制动液压系统进行过维修以后，或者在使用过程中发觉制动踏板变软时，应按照要求的方法和顺序对制动系统进行空气排除。

（12）应尽量选用汽车生产厂家推荐的轮胎，如要换用其他型号的轮胎，应该选用与原车所用轮胎的外径、附着性能和转动惯量相近的轮胎，但不能换用不同规格的轮胎，因为这样会影响防滑控制系统的控制效果。

（13）在防抱死警告灯持续点亮的情况下进行制动时，应注意控制制动强度，以免因制动防抱死系统失效而使车轮过早发生制动抱死。

2. 制动液及制动液的更换及补充

（1）对防滑控制制动系统制动液的要求。

防滑控制制动系统工作时，要以 7～8 次/s 的频率进行减压、保压、增压的循环动作，因此，对制动液的要求比普通制动系统的要求更高。对防滑控制制动系统制动液的基本要求如下：沸点要高（不低于 260 ℃），保证制动时不会产生“气阻”；运动黏度要低，以保证防滑控制制动系统工作时“减压—保压—增压”循环动作反应及时；对金属、橡胶等无腐蚀性；能长期保存，性能稳定，在使用中、高、低温频繁变化时其化学性能应无大的变化；吸湿沸点要高，吸湿沸点是指制动液在吸湿率（含水量）为 3.5% 时的沸点。

（2）制动液的更换及补充。

以乙二醇为基液的 DOT3 和 DOT4 制动液，是一种吸湿性较强的液体，一年的吸湿率可高达 3%，不同的使用条件和环境，其吸湿率不同。当制动液中含有水分后，其沸点下降，制动时易产生“气阻”，使其制动可靠性下降，含有水分的制动液其腐蚀性也增大了。因此，一般在吸湿率达到 3% 时，就应更换制动液。3% 的吸湿率是制动液使用过程中 1～2 年的自然吸湿程度，因此，一般要求每 2 年或 1 年更换制动液。现在，一些专家提出，防滑控制制动系统应每年更换一次制动液，以确保制动的可靠性。

在对具有液压动力或助力的制动系统进行制动液更换或补充时，由于蓄能器中可能蓄积有制动液，因此，在更换或补充制动液时，应按如下程序进行：① 先将新制动液加至储油室的最高液位标记处；② 如果需要对制动系统中的空气进行排除，应按规定的程序进行空气排除；③ 将点火开关置于点火位置，反复踩下和放松制动踏板，直到电动泵开始运转为止；④ 待电动泵停止运转后，再对储油室中的液位进行检测；⑤ 如果储油室中的制动液液位在最高液位标记以上，先不要泄放过多的制动液，而应重复以上的③和④过程；⑥ 如果储油室中的制动液液位在最高液位标记以下，应向储油室再次补充新的制动液，使储油室中的制动液液位达到最高标记处，但切不可将制动液加注到超过储油室的最高液位标记，否则，当蓄能器中的制动液排出时，制动液可能会溢出储油室。

在具有防滑控制功能的制动系统中，防滑控制系统的电子控制单元通常根据液位开关输入的信号对储油室的制动液液位进行检测，当制动液液位过低时，防滑控制系统将会自动关闭，因此，应定期对储油室中的制动液液位进行检测，并及时补充制动液。

另外，在采用可变容积调压方式的防滑控制系统中，调压介质通常采用矿物油，对矿物油储油室的液位也应定期检测，并根据需要及时补充规定规格的矿物油。

3. 制动系统的排气

当制动液压系统中有空气侵入时，就会感到制动踏板无力，制动踏板行程过长，致使制动不足，甚至制动失灵。因此，在制动液压系统中有空气侵入时，特别是在制动液压系统进行修理以后，必须对制动液压系统进行空气排除。由于具有防滑控制功能的制动系统比常规的制动系统更为复杂，将空气从制动液压系统中完全排除也就更为困难，特别是当制动压力调节装置中有空气存留时，往往需要依照特定的程序并借助专用的工具或仪器才能将其中的空气完全排除。

在进行空气排除以前，应先排除制动系统中存在的故障，并检测制动液压系统中的管路及其接头，如发现管路破裂或接头松动，应进行修理。另外，在进行空气排除以前，还应检测储油室中的液位情况，如果发现液位过低，应先向储油室补充制动液。

在对具有防滑控制功能的制动系统进行空气排除时，应特别小心，因为在蓄能器中往往蓄积着压力很高的制动液或矿物油，如果在松开排气螺钉时不注意，高压油液可能会喷出伤人。

4. 防滑控制系统的故障自诊断

防滑控制系统大都具有自诊断和故障保险功能，当点火开关开始处于点火位置时，电子控制单元（ECU）将会自动地对自身、车轮转速传感器、制动压力调节装置中的电器元件（如电磁阀、电动机）、继电器等进行静态测试。在此期间，防抱死警告灯（或者包括防滑转警告灯）将会自动点亮，由此可以检测防抱死警告灯及其线路是否存在故障，系统静态自检持续的时间很短，一般只需 3～5 s。在自检过程中，如果电子控制单元（ECU）发现系统中存在故障时，电子控制单元（ECU）将会以故障代码的形式存储记忆故障情况，防抱死警告灯将会持续点亮，防滑控制系统将不进入工作状态，汽车的制动系统恢复为常规的制动系统；在自检过程中，如果电子控制单元（ECU）未发现系统中有故障存在时，在自检过程结束以后，防抱死警告灯将会自动熄灭。

当汽车的速度达到一定值，如 5 km/h 或 8 km/h 时，防滑控制系统的电子控制单元（ECU）还要对系统中的一些电器元件（如车轮转速传感器、电磁阀和电动泵等）进行动态测试。在动态测试时，如果发现系统中有故障存在，电子控制单元（ECU）将会以故障代码的形式存储记忆故障情况，并使防抱死警告灯持续点亮，汽车的制动系统将恢复为常规制动系统。

此外，电子控制单元（ECU）在系统处于工作状态期间，通过对系统中的电器元件进行监测，检测系统中是否存在故障，一旦发现系统中发生故障，电子控制单元（ECU）将会以故障代码的形式存储记忆系统的故障情况，并使系统退出工作状态，防抱死警告灯也会持续点亮。

总之，当防抱死警告灯持续点亮时，就表明系统因故障已退出工作状态，已将故障情况以故障代码的形式存储记忆。但是，并非系统中的所有故障都可由电子控制单元（ECU）检测出来，因此，即使防抱死警告灯未持续点亮，但发觉系统的工作不正常时，也需对系统进行检测。

具有自诊断功能的防滑控制系统将故障代码存储在非易失存储器中，即使将点火开关断开，甚至拆下蓄电池，故障代码也不会自行消除。大多数具有自诊断功能的防滑控制系统可以通过跨接诊断插座中相应的端子，根据仪表板上的警告灯或电子控制单元（ECU）上的发光二极管的闪烁情况读取故障代码，然后从维修手册中查找故障代码所代表的故障情况，也可以利用解码器直接读取故障代码。也有一些防滑控制系统只能用解码器读取故障代码，如德尔科 ABS IV。

但是，即使是同一种防滑控制系统，在不同的车型上，诊断端子在诊断插座中的排列顺序也可能不同，所以，应根据维修手册确定所要跨接的端子。另外，不同的防滑控制系统在读取故障代码时，警告灯或发光二极管的闪烁情况和技术方法也不同，应该根据维修手册中说明的技术方法读取故障代码。如果电子控制单元（ECU）中存储有多个故障代码，在读取故障代码时，所存储的故障代码会以特定的顺序进行显示。通过警告灯或发光二极管闪烁的方式，读取故障代码的一般程序是：① 将点火开关置于断开位置（OFF）；② 用跨接线跨接诊断插座中的相应端子；③ 将点火开关置于点火位置，以正确的方法计数警告灯或发光二极管的闪烁次数，确定故障代码；④ 从维修手册中查找故障代码所代表的故障情况。

利用解码器读取故障代码时，选择合适插头的线束与诊断插座和解码器插接，再选择相应的软件，从解码器的显示屏上就可以直接读取简明的故障情况。

在防滑控制系统的故障排除以后，还需要通过特定的方法清除电子控制单元（ECU）中存储的故障代码。否则，尽管系统已经恢复正常，但电子控制单元（ECU）仍将存储记忆故障代码。

对于不同的车型，防滑控制系统故障代码的读取与清除方式可能不同，下面介绍凌志LS400 汽车防滑控制系统的故障代码读取与清除方法。

凌志 LS400 汽车的 ABS 和 TRC 故障代码的读取和清除方法基本相同，只是 ABS 故障代码由 ABS 警告灯闪烁显示，而 TRC 故障代码由 TRC 指示灯闪烁显示。

读取故障代码时，将点火开关转到"ON"位置，用专用诊断仪器 SST 与诊断插座插接，或者用跨接线跨接诊断插座中的 Tc 和 E_1 端子。如果电子控制单元（ECU）中没有存储故障代码，2 s 以后，ABS 警告灯（或 TRC 指示灯）将以 0.25 s 的间隔连续闪烁；如果电子控制单元（ECU）中存储有故障代码，则在 4 s 以后开始闪烁显示故障代码，ABS 警告灯（或 TRC 指示灯）先以 0.5 s 的间隔闪烁显示故障代码的十位数，在十位数闪烁显示结束以后，再隔 1.5 s 开始以 0.5 s 的间隔闪烁显示个位数。两个故障代码之间的闪烁间隔为 2.5 s。

清除故障代码时，用跨接线跨接诊断插座中的 Tc 和 E_1 端子，将点火开关转到"ON"位置，在 3 s 内踩下制动踏板 8 次或 8 次以上，存储在电子控制单元（ECU）中的故障代码即清除。然后，再检测 ABS 警告灯（或 ASR 指示灯）是否显示正常代码，显示正常代码后再从诊断插座中拆下跨接线（清除 ABS 故障代码后要接上维修连接器）。

5. 故障诊断与排除的一般步骤

当防滑控制系统的警告灯（包括防抱死警告灯和防滑转警告灯）持续点亮时，或感觉防滑控制系统工作不正常时，应及时对系统进行故障诊断和排除。在故障诊断和排除时应该按照一定的步骤进行，才能取得良好的效果。故障诊断与排除的一般步骤如下：

① 确认故障情况和故障症状；② 对系统进行直观检测，检测是否有制动液渗漏、导线破损、插头松脱、制动液液位过低等现象；③ 读取故障代码，既可以用解码器直接读取，也可以通过警告灯读取，再根据维修手册查找故障代码所代表的故障情况；④ 根据读取的故障情况，利用必要的工具和仪器对故障部位进行深入检测，确诊故障部位和故障原因；⑤ 排除故障；⑥ 清除故障代码；⑦ 检查警告灯是否仍然持续点亮，如果警告灯仍然持续点亮，可能是系统中仍有故障存在，也有可能是故障已经排除，而故障代码未被清除；⑧ 警告灯不再持续点亮后，进行路试，确诊系统是否恢复正常工作。

在故障诊断和维修过程中，应当注意：不仅不同型号的汽车所装备的防滑控制系统可能不同，而且即使是同一型号的汽车由于生产年份不同，其装备的防滑控制系统也可能不同。

防滑控制系统的故障大都是由于系统内的接线插头松脱或接触不良、导线断路或短路、电磁阀电磁线圈断路或短路、电动泵电路断路或短路、车轮转速传感器电磁线圈断路或短路、继电器内部发生断路或短路以及制动开关、液位开关和压力开关等不能正常工作引起的，另外，蓄电池电压过低、车轮转速传感器与齿圈之间的间隙过大或受到泥污沾染、储液室液位过低等也会影响系统的正常工作。

9.2 电子控制制动力分配系统（EBD）

9.2.1 电子控制制动力分配系统概述

电子控制制动力分配系统（Electronic Brake-force Distribution，EBD），其含义是当汽车制动时，会产生汽车重心的移动，为了发挥最佳制动效果，各车轮根据载重需要有效地分配制动力，前、后轮同时抱死的制动力分配称为理想的制动力分配。

当车轮抱死滑移时，车轮与路面间的侧向附着力完全消失。如果只是前轮（转向轮）制动到抱死滑移而后轮还在滚动，汽车将失去转向能力；如果只是后轮制动到抱死滑移而前轮还在滚动，受到侧向干扰力，汽车将产生侧滑（甩尾）现象，这些都极易造成严重的交通事故。为了避免此类现象的发生，根据重心的移动需要自动分配每个车轮的制动力，在一些车型中采用机械式分配阀（Proportional Valve）又叫 P 阀来完成这个作用。P 阀是为了在紧急制动时，提高前、后轮的制动均衡力，在发生高压时，减少后轮制动油压上升的速度。但机械式分配阀不能实现理想的制动力分配，它在轻微制动时，不起作用。理想的制动力控制曲线如图 9.37 所示。

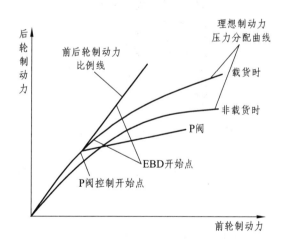

图 9.37 理想的制动力控制曲线

1. 电子控制制动力分配系统的作用
（1）紧急制动时，防止因后轮先被抱死造成汽车滑动及甩尾；
（2）取代 P 阀（比例阀）的功能，提高后轮制动力，缩短制动距离；
（3）可分别控制 4 个车轮的制动力；

（4）确保 ABS 工作时的制动安全性；

（5）实现后轮制动压力左右独立控制，确保转向制动时的安全性；

（6）提高后轮的制动效果，减少前轮制动摩擦片的磨损量及温度的上升，一般汽车把前、后轮制动力比例分配在约 7：3。

2. 制动力分配控制的内容

（1）前、后轮制动力分配。

因前、后轮荷重的不同，所需的制动力不同，在车辆后部无负荷时，适当增大车辆前轮的制动力，如图 9.38 所示，车辆后部的负荷质量加大时，就要加大后轮的制动力。

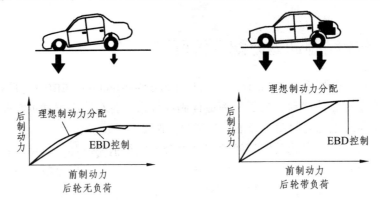

图 9.38 前、后轮制动力分配

（2）左、右轮制动力分配。

转弯时，车辆重心外移，为减少外侧车轮的侧滑，如图 9.39 所示，制动时，EBD 对外侧车轮要施加较大的制动力。

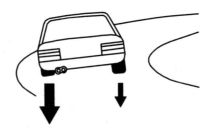

图 9.39 左右制动力分配的示意图

9.2.2 电子控制制动力分配系统的组成及控制原理

1. EBD 系统的组成

电子制动力分配（EBD）系统是 ABS 系统功能的扩展，系统主要利用 ABS 系统的车轮转速传感器、电子控制器和液压执行器，并没有增加新的元件，而是通过软件升级或改变计算机的程序来实现制动力的合理分配，降低了成本。ABS 和 EBD 系统的组成如图 9.40 所示。

2. EBD 的工作过程

车轮转速传感器检测到的轮速信号送至电子控制器，电子控制器根据这些信号计算汽车参考车速、车轮的转速及前、后轮的滑移率之差，并按一定的控制规律向液压执行器中的电磁阀发出信号，对车轮实行保压、减压和加压的循环控制，使前、后轮趋于同步抱死。在制动结束时，制动踏板松开，制动主缸内的制动压力为0，此时，再次打开常闭阀，低压蓄能器中的制动液经常闭阀、常开阀返回制动主缸，低压蓄能器排空，为下次电子制动力分配调节做好准备。在车轮部分制动时，电子制动力分配（EBD）功能就起作用，转弯时尤其如此。

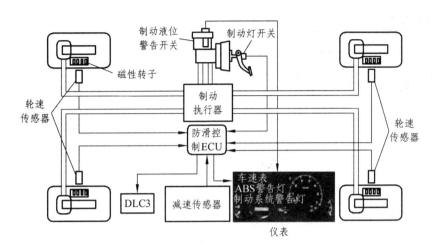

图 9.40 ABS 和 EBD 系统的示意图

同传统的制动力分配方式（如比例阀）相比，电子制动力分配（EBD）保证了较高的车轮附着力以及合理的制动力分配。当 ABS 起作用时，电子制动力分配（EBD）即停止工作。EBD 降压工作图如图 9.41 所示。

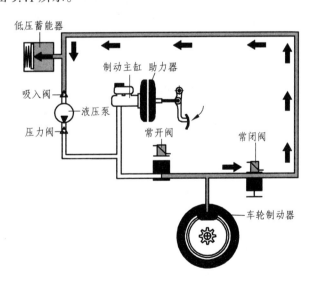

图 9.41 EBD 降压工作图

如果车轮转速传感器出现故障，ABS 警告灯、ASR/ESP 警告灯将亮起，ABS、ASR、ESP 系统均停止工作，但 EBD 系统仍工作。制动系统失效模式数据如表 9.6 所示。

表 9.6　制动系统失效模式数据

故 障 原 因	系　统		警　告　灯	
	ABS	EBD	ABS	EBD
无故障	不工作	工作	熄灭	熄灭
1 个轮速传感器故障	不工作	工作	点亮	熄灭
电动泵故障	不工作	工作	点亮	熄灭
低电压	不工作	工作	点亮	熄灭
• 2 个以上轮速传感器故障 • 电磁阀故障 • ABS ECU 故障 • 其他故障	不工作	不工作	点亮	点亮

9.3　车身稳定性控制系统

车身电子稳定性控制系统是汽车电控的一个标志性发明，不同的研发机构对这一系统的命名不尽相同，如博世、梅赛德斯-奔驰公司称为电子稳定性控制程序（Electronic Controlled Stability Program，ESP）；丰田公司称为汽车稳定性控制系统（Vehicle Stability Control System，VSC）；宝马公司称为动力学稳定控制系统（Dynamic Stability Control System，DSC）。尽管名称不尽相同，但都是在传统的汽车动力学控制系统，如 ABS/ASR 的基础上增加一个横向稳定控制器，通过控制横向和纵向力的分布和幅度，以便控制任何路况下汽车各种工况的动力性能。

9.3.1　车身稳定性控制系统的功用

统计资料显示，在重大死亡车祸中，约 1/6 是由车辆失控造成的，而在车辆失控事件中，由车辆打滑造成的比例占到了 75%。车身稳定性控制系统利用控制单元与制动系统及发动机系统相连，随时监测车身的动态状况，当出现打滑现象时，系统自动介入油门与制动的操作，控制发动机的功率输出，并适时对适当的车轮施加制动，以利用有附着力的轮胎，使车辆稳定减速，修正车辆的动态，使其稳定行驶在本来的行驶路线上，保证车辆安全。

车身稳定性控制系统能使车辆在紧急换道或转弯时不甩尾，在对开路面加速时不跑偏，调整车辆的转向不足和转向过度；实时监控驾驶员的操控动作、路面反应、汽车运动状态，并不断向发动机和制动系统发出指令；当驾驶员操作不当或路面异常时，ESP 会用警告灯警示驾驶员并修正操作及车身姿态。ESP 系统在转弯时的作用如图 9.42 所示。

需要注意，有 ESP 的车辆不是百分百地可以帮助驾驶员从极限状态下摆脱失控，所以日常驾驶还需谨慎。在沙石路面或越野行驶时，最好关闭 ESP，关闭 ESP 能使车辆反应更快、更敏捷，在冰雪湿滑路面不应该关闭。在开启 ESP 的情况下，ESP 指示灯闪烁不是故障报警，而是正在工作状态。

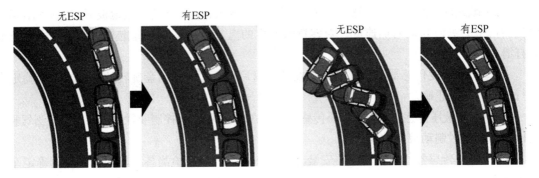

无ESP　　　　有ESP　　　　　　　无ESP　　　　有ESP

图 9.42　装有 ESP 系统在转弯时的作用

9.3.2　车身稳定性控制系统的组成

为了提高汽车行驶的安全性和稳定性，国产一汽马自达 6、天津一汽丰田皇冠 3.0、锐智等高档汽车都采用了车身稳定性控制系统（VSC）。图 9.43 为丰田系列汽车车身稳定性控制系统的组成部件及安装位置。

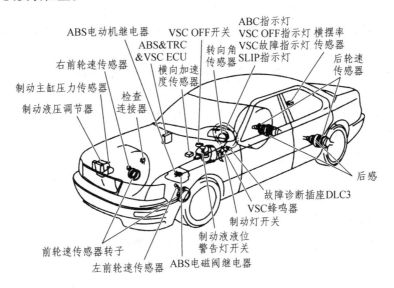

图 9.43　丰田系列汽车 VSC 的组成部件及安装位置

VSC 系统也是由传感器、电控单元和执行器 3 部分组成，且系统的大部分元件与 ABS/ASR 系统共用，该系统也装有 VSC 故障指示灯、VSC 蜂鸣器等指示与报警装置的信息显示部分。

1. VSC 传感器

VSC 传感器用于检测车辆状态和驾驶员操作，主要包括以下几种：

（1）车身横摆率传感器（也称横摆角速度传感器、侧滑传感器或翻转角速度传感器）。该传感器安装在汽车行李舱前部，与汽车垂直轴线平行，用于检测汽车的横摆率（汽车绕垂直轴旋转的角速度）。它记录汽车绕垂直轴线的运动，用来检测车辆后部因侧滑发生的甩尾，作用类似飞机陀螺，时刻监视着汽车方向的稳定性，确定汽车是否在打滑，使汽车保持相对于垂直轴线的稳定性。

（2）减速度传感器（G 传感器）。G 传感器水平安装在汽车重心附近地板下方的中间位置，以检测汽车的纵向和横向加速度，对转弯时产生的离心力起反应，确定车辆是否在通过弯道时打滑。

（3）转向角度传感器。传感器安装在转向盘后侧，检测转向盘旋转的角度，帮助确定汽车行驶方向是否正确。

（4）制动液压传感器。制动液压传感器安装在 VSC 的液压控制装置上部，用于检测驾驶员进行制动操作时制动液压的变化。

（5）轮速传感器。轮速传感器安装在每个车轮上，用于检测各车轮的角速度，确定车轮是否打滑。

（6）节气门开度传感器。节气门开度传感器安装在节气门执行器上，以检测节气门开启角度的变化。

2. VSC ECU

ECU 安装在车厢内，通过线束与每个传感器和执行器相连，用于估算汽车侧滑状态和计算恢复到安全状态所需的旋转动量和减速度。

3. VSC 执行器

执行器用于控制每个车轮制动力和发动机输出功率，主要包括以下部件：

（1）节气门执行器。该执行器安装在发动机进气通道上，在 VSC 控制发动机输出功率期间，由它来控制发动机节气门的开闭。

（2）液压控制装置。VSC 液压控制装置主要由供能装置、制动总泵及制动助力器、选择电磁阀、控制电磁阀 4 部分组成。

（3）供能装置。由电机驱动的液压泵和蓄压器组成，蓄压器储存由液压泵供应的液压油，作为液压装置的压力源。

（4）制动总泵和制动助力器。根据驾驶员的制动操作产生液压，并进行助力。

（5）选择电磁阀。当 VSC、TRC 或 ABS 系统工作时，它关闭制动总泵的液压油输送，并把从供能部分（动力液压）来的液压油或从制动助力器（调节液压）来的液压油送到控制电磁阀，从而控制每个车轮分泵的液压。

（6）控制电磁阀。当 VSC、TRC 或 ABS 工作时，通过增加或降低每个车轮分泵的液压，以控制各车轮的制动力。

4. 信息显示部分

VSC 系统以驾驶员为主要操作者，通过警示装置（指示灯和蜂鸣器）向驾驶员提供车辆或 VSC 系统的工作状态信息，预警车辆在高速转弯时可能出现的失控，确保安全行驶。信息显示部分主要由 VSC 工作指示灯、VSC 蜂鸣器、侧滑指示灯、多路信息显示器（含 VSC 故障警告指示）组成。

9.3.3　车身稳定性控制系统的工作原理

研究表明，车辆打滑最主要的原因，是由于路面状况的突然改变，使部分车辆失去附着力，造成车辆失去操控性；或是由于驾驶员为闪躲路面突然出现的情况而进行的过当操作，使车辆所需的动态超过车轮附着力的上限，因而造成打滑，产生危险。VSC 系统可在车辆行驶时随时监测由各传感器所提供的车辆动态信息，以了解车辆目前的状况。当车身打滑，各传感器信息与平稳行驶的数据不同时，系统据此判断出车辆出现打滑情况，自动介入车辆的操控，以油门及制动控制器来修正车辆的动态。由于所有打滑现象均是因为部分车轮超过了该轮所能承担的附着力而造成的，因此，针对打滑问题而开发的 VSC 系统可提供高标准的主动安全。

当前轮或后轮的附着力达到极限时，汽车转向的稳定性就会受到极大的影响。车辆转弯行驶时，如果前轮首先达到附着（抓地）极限，则会引起"漂出"现象（不足转向），此时，驾驶员怎样打转向盘也不能减小转弯半径，从而难以循踪行驶，出现转向失灵；而如果后轮首先达到附着极限，则将造成"甩尾"现象（过度转向），车辆本身会变得不稳定，汽车被快速拉向转向一侧。VSC 系统通过对不同车轮独立地实施制动，使车辆产生相应的回转力矩，以避免"漂出"和"甩尾"现象的产生。为抑制前轮的侧滑，首先制动后轮，以产生向内旋转运动，然后对 4 个车轮进行制动，使车速降到某一水平，以平衡旋转运动，使转向在转弯力的范围内进行。当出现后轮侧滑时，外前轮被制动，以产生向外旋转的运动，确保汽车的稳定性。

ESP 系统实际是一种牵引力控制系统，与其他牵引力控制系统比较，ESP 不但控制驱动轮，而且可控制从动轮。如后轮驱动汽车常出现的转向过多情况，此时后轮失控而甩尾，ESP 便会刹慢外侧的前轮来稳定车子；在转向过少时，为了校正循迹方向，ESP 则会刹慢内后轮，从而校正行驶方向。ABS 等安全技术主要是对驾驶员的动作起干预作用，但不能调控发动机。ESP 则可以通过主动调控发动机的转速，并调整每个轮子的驱动力和制动力，来修正汽车的过度转向和转向不足。ESP 系统包含 ABS（制动防抱死系统）及 ASR（驱动防滑转系统），是这两种系统功能上的延伸。有 ESP 与只有 ABS 及 ASR 的汽车，它们之间的差别在于 ABS 及 ASR 只能被动地作出反应，而 ESP 则能够探测和分析车况并纠正驾驶员的错误，防患于未然。因此，ESP 称得上是当前汽车防滑装置的最高级形式。

9.3.4 VSC 系统的工作过程

驾驶员对制动踏板的操作力传递到 VSC 液压控制装置，正常情况下，系统执行常规的制动助力功能；当车轮在加速或减速下出现滑移时，执行 ABS/ASR 功能；当汽车出现侧滑时，系统执行 VSC 功能，将受到控制的制动液压施加到每个车轮。由于 VSC 系统可在汽车高速转弯将要出现失控时，有效地增加汽车稳定性来减少事故的发生，因此，必须按照车辆的状态来自动地对各个车轮进行制动。系统通过检测汽车的状态和驾驶员的操作，根据估算出汽车失稳的程度来计算恢复汽车稳定所需的旋转运动和减速大小，并相应地控制每一个车轮的制动力和发动机的动力输出。VSC 抑制转向不足（左）和转向过度（右）过程如下：

（1）抑制前轮侧滑（转向不足）。前轮的侧滑造成汽车有朝转向外侧前轮偏移的趋势，形成不足转向，即在进入弯道时，汽车的转向半径大于弯道的半径，在这种情况下，汽车很容易冲出路面。为确保车辆的循迹行驶，首先要通过减速，有效地减小所需的转向力，并利用后轮保留的转向力，额外地增加向转向角内侧的旋转运动（此时，后轮也可以产生最大的转弯力）。因此，首先要制动后轮，以得到向内旋转的运动，然后对 4 个车轮进行制动，使车速降到某一水平来平衡旋转运动，使转向在转弯力的范围内进行，如图 9.44 所示。系统通过对位于转向内侧后轮施加经过精确计算的脉冲瞬时制动力，以产生预定的滑动率，导致该车轮受到的侧向力迅速减少而纵向制动力迅速增大，于是产生了一个与横摆方向相同的横摆力矩。其目的也是要产生回复至正常行驶路径的力量，从而使车辆在转弯的行驶过程中具有良好的行驶方向稳定性。当因前轮产生侧滑而出现"漂出"（不足转向）现象时，VSC 系统将制动力施加到 2 个后轮上。VSC 液压控制装置通过选择电磁阀和控制电磁阀的动作把经调节的供能部分的动力液压油送至 2 个后轮制动轮缸。

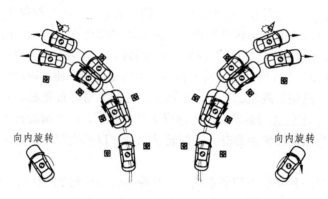

（a）右前轮侧滑的抑制　　　　　（b）左前轮侧滑的抑制

图 9.44　前轮侧滑抑制原理（图中箭头表示制动力）

（2）抑制后轮侧滑（转向过度）。为抵消后轮的侧滑，可以额外增加向外的旋转运动，以防止汽车的不稳定性。所以，当出现后轮侧滑时，制动外前轮，以产生向外的运动，确保汽车的稳定性。当后轮产生侧滑而使汽车滑移角增加时，VSC 系统立即将制动力施加到正在转弯的外前轮上。VSC 液压控制装置通过选择电磁阀和控制电磁阀的动作把经过调节的供能部分动力液压油送至正在转弯的外前轮制动轮缸，控制电磁阀由通断占空比来驱动，以把动力液压调节控制到合适的水平。如行驶在路滑的左侧弯道上的车辆，当过度转向开始使得车子向右甩尾时，VSC 传感器感觉到了滑动，就迅速让右前轮制动，使汽车产生顺时针方向的转矩，从而将汽车保持在原来的车道内，如图 9.45 所示。

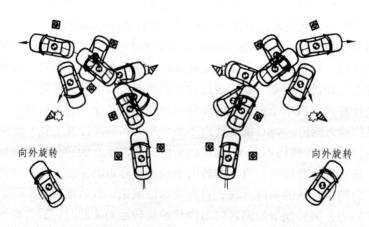

（a）右后轮侧滑的抑制　　　　　（b）左后轮侧滑的抑制

图 9.45　后轮侧滑抑制原理（图中箭头表示制动力）

9.3.5 车身稳定性控制新技术

为了确保行车安全并获得更好的驾驶性能，车身稳定性控制技术的发展趋势是将 ABS、EBD、EBA、ASR 和 VSC 等控制制动力和驱动力的主动安全系统，与电子控制制动力转向系统（EPS）和电子调节悬架系统（EMS）等组合成为车身动态综合管理系统（Vehicle Dynamics Integrated Management System，VDIM）。丰田汽车公司正在开发的由 ABS、EBD、EBA、ASR 和 VSC 等主动安全系统与电子控制制动力转向系统（EPS）组合而成的车身动态综合管理系统（VDIM）如图 9.46 所示，该系统具有以下特点：

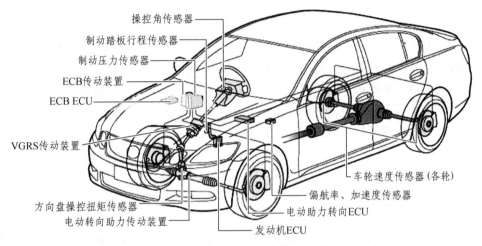

图 9.46 丰田汽车车身动态综合管理系统（VDIM）

丰田 VDIM 系统由 ABS、BA（Brake Assist，刹车辅助系统）、EBD（Electronic Brake force Distribution，电子制动力分配系统）、ECB（Electronically Controlled Brake，电控制动系统）、EPS（Electronic Power Steering，电子助力转向）、HAC（Hill-start Assist Control，坡道起步辅助控制系统）、TRC（Traction Control，牵引力控制系统）、VGRS（Variable Gear Ratio Steering，可变齿比转向系统）、VSC（Vehicle Stability Control，车身稳定控制系统）等系统组成。

VDIM 系统实现了制动控制系统、转向控制系统、悬挂控制系统的综合，其实质是以 ECB 系统为基础的综合协同控制，以让车辆在激烈操控下保持车身的安定与指向的正确。ECB 系统在作动时，检测的信号有：方向盘转角、车辆速度与加速度、摇摆率、刹车油泵压力、刹车卡钳活塞缸内压力、VGRS 系统控制角、EPS 助力扭矩、油门与刹车踏板行程、车轮转速、节气门开度等。ECB 系统根据检测到的车辆实时行驶数据对刹车、转向、驱动等各子系统进行综合控制，以实现 VDIM 的动态稳定功能，将转向的修正量控制在最小范围之内，降低极限下车辆操控的难度，并为驾驶员提供更好的主动安全性。

VDIM 系统内整合的 TRC 系统，虽然一般不被注意，但它甚至比 VSC 系统还重要。按照一般的理解来说，作为一种主动扭矩分配系统，TRC 系统可以在湿滑路面上为车辆提供更好的抓地力，尽量防止车轮空转导致失控，相当于一个为油门而设的 ABS。但实际上，其本身包括 TRC 在内的大多数主动式扭矩分配系统的开发初衷更在于让车辆输出较大的动力，在高速激烈驾驶当中拥有更好的干地抓地力，甚至，我们可以说最初此类系统完全是为赛车而生，为民用车提供更好的主动安全性只是后来逐渐发展出的额外用途而已。

VDIM 系统相对单纯的 ESP 类系统，能提供更为人性化的辅助，介入粗暴性降低，操控更具有直接感，同时，更为精细和综合化的控制提高了制动效能，VDIM 系统的综合化控制达成了各个电子辅助系统的有机配合，能提前检测到错误驾驶方式，比起 ESP 类系统的事后补救具有更好的效果和容忍度。

9.4　汽车防撞控制系统

汽车防撞控制系统能够自动发现可能与汽车发生碰撞的车辆、行人或其他障碍物，并能发出警报或同时采取制动或躲避等措施，以避免碰撞的发生。该系统既能减少碰撞事故的发生，增强驾驶安全性，又能在一定程度上减轻驾驶员的紧张和疲劳，提高驾驶舒适性。

汽车碰撞报警、碰撞避免等系统在 20 世纪 50 年代就已经开始研发，但由于电子技术和雷达等技术的发展水平所限，很难形成实用经济的产品。目前，随着这些技术的迅速发展和人们对汽车安全性要求的提高，汽车上先进防撞电控系统也迅速发展起来了。

目前，汽车上面的防撞控制系统按其作用不同主要有两种类型：汽车防追尾碰撞系统和汽车倒车防撞控制系统。

9.4.1　汽车防追尾碰撞系统

统计资料表明，追尾事故在整个交通事故中占很大的比例，如中国高速公路追尾事故数约占总事故数的 33.4%，美国高速公路上发生的追尾碰撞事故约占事故总数的 24%，而在追尾前，如果驾驶员能够得到 0.5 s 额外的报警时间，60% 的追尾碰撞可以避免；如果得到 1 s 额外的报警时间，则可以帮助驾驶员避免 90% 的追尾事故。装备防追尾碰撞系统的车辆，在汽车正常行驶时，该系统处于非工作状态，当后车车头非常接近前车车尾，有碰撞危险时，该系统将发出防追尾警告，在发出警告后，如果驾驶员没有采取制动减速措施，该系统便启动紧急制动装置，使追尾碰撞事故大幅度降低。

汽车防追尾碰撞系统主要由行车环境监测、防碰撞预测和车辆控制 3 部分组成，如图 9.47 所示。

（1）行车环境监测系统，由测量车间距离和前面车辆方位的雷达以及能够判定路面状态的道路传感器组成。

（2）防追尾碰撞判断预测，其过程分为两步：第一步，从雷达所测的距离及车速数据中抽取有用数据；第二步，进行安全/危险判定，即判定追尾碰撞的危险程度。首先，通过对车辆减速度及安全距离的分析建立数学模型，其次，根据路面状况（干/湿）、后面车速及相对车速，计算出临界车间距离，当实测车间距离接近临界车间距离时，报警器发出警告信号。

（3）车辆控制，当实测车间距等于或小于临界车间距离时，若驾驶员没有采取制动，则自动控制系统启动。由安全/危险预警信号控制的自动制动操作机构，配有防抱死制动系统（ABS），并采用高速电磁阀进行纵向加速度反馈控制。该自动制动操作机构的特点是：当自动制动操作机构处于工作状态时，驾驶员的脚制动力有效；如果自动制动操作机构失灵，脚制动机构系统并不受影响，由于采用制动分泵，不会使两液压回路之间产生压差。

根据行车环境监测所用传感器的不同，可分为激光扫描雷达防追尾系统和电磁波雷达防追尾系统。

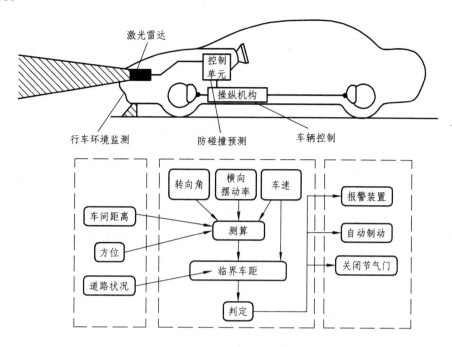

图 9.47　防追尾碰撞控制系统的结构

1. 激光扫描雷达防追尾系统

激光扫描雷达防追尾系统主要由激光扫描雷达、各种车辆状况传感器、电子控制单元 ECU 以及执行机构等组成，如图 9.48 所示。

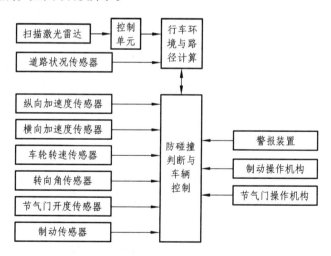

图 9.48　防追尾碰撞控制原理

（1）激光扫描雷达。

激光扫描雷达安装在汽车前端的中央位置，将激光发射至被测物体，然后反射回来被接收，其间所用时间即用来计算传感器至障碍物的距离，如图 9.49 所示。

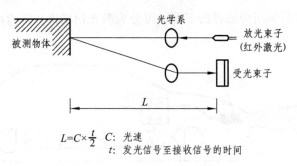

$$L = C \times \frac{t}{2} \quad C: \text{光速}$$
$$t: \text{发光信号至接收信号的时间}$$

图 9.49　激光雷达示意图

最早的车用激光雷达都是发送出多股激光光束，并依靠测量前行车的反射镜把该光束反射回来的时间来测定距离。由于前行车的反射镜等容易反射，故可以检测出稳定的较长距离。但在检测侧方及后方障碍物时，与检测前方障碍物的情况不同，如果障碍物上没有反射镜，那么由于各种障碍物的反射特性相差很大，测出的距离可能不会太准。因而现在开始采用扫描式激光雷达，如图 9.50 所示，不但至前方车辆的距离可测，而且其横向位置也可以准确地检测出来。

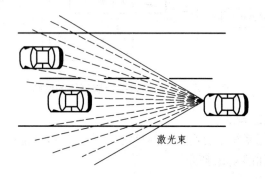

图 9.50　扫描式激光雷达

激光扫描雷达的扫描角和视域如图 9.51 所示，激光束的视域窄，在水平面上呈扇形，能在较宽的范围内快速扫描。根据物体的反射特性不同，激光的反射光量变化很大，因此，可能检测出的距离也是变化的。通过提高激光束的能量密度，可延长激光扫描雷达的检测距离，消除因车辆颠簸引起的误差，并能检测弯道上的障碍物。最小的激光扫描雷达检测范围（该值在 120 m 以上）是由实际车间距离确定的。该车间距离是指在潮湿路面状况下，保证后面车辆减速制动后，不致碰撞到前面的暂停车辆的距离。

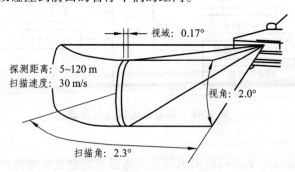

图 9.51　激光雷达的扫描

（2）ECU 的工作过程。

ECU 从激光扫描雷达所获车距与方位的数据组中抽取有用的数据，然后依据后车的动力学特性进行车辆路径的估算。行车路径估算的半径是根据车速和转角第一次估算的半径（R_1）与根据车速和横向摆动速率第二次估算的半径（R_2）来确定的，具体计算方法如下：

$$R_1 = \frac{(1 + Av_0^2)l \cdot n}{\theta}$$

$$R_2 = \frac{v_0}{r}$$

式中　A——稳定系数；

　　　v_0——车速；

　　　n——转向器传动比；

　　　θ——转向角；

　　　r——横向摆动速率。

通常在进入弯道之前，驾驶员应提前使汽车转向，因此，由转向角计算的曲率半径（R_1）就受此提前量的影响。尽管根据横向摆动率算出的 R_2 只有在车辆进入弯道入口时才能获得，但它不受车身倾斜的影响。因此，ECU 在 R_1 或 R_2 中选择一个较小的数值。在进行追尾碰撞危险程度的判定时，还要根据路面状况（湿/干）、后面车速及相对车速，计算出"临界车间距离 l_0"，其计算方法如下：

$$l_0 = \frac{1}{2}\left(\frac{v_0^2}{a_1} - \frac{v_0^2 - v^2}{a_2}\right) + v_0 t_1 + v t_2 + d$$

式中　l_0——临界车速；

　　　v_0——车速；

　　　v——相对车速；

　　　a_1——自动控制系统减速度；

　　　a_2——前面车辆的减速度；

　　　t_1——减速时间；

　　　t_2——延迟时间；

　　　d——车间允许的距离（后车停车时对前车最小车距）。

ECU 在计算出临界车距（l_0）后，就可以与实测车距进行比较。当实际测量的车间距离接近临界车距时，就会产生报警触发信号；当实际测量的车间距离等于或小于临界车间距离时，雷达防撞系统便立即启动紧急制动系统，在报警的同时自动采取减速措施，以防止车辆发生追尾事故。

2. 电磁波雷达防撞系统

汽车电磁波雷达防撞系统是利用电磁波发射后遇到障碍物反射的回波，对其不断检测和计算，得出前方障碍目标与后方车辆的相对速度和距离，控制单元经分析、判断后，对构成危险的障碍目标按程度不同进行报警、控制车辆自动减速或进行制动。

电磁波雷达防撞系统由雷达系统、信号处理与微处理器系统、控制电路、报警装置等组成，如图 9.52 所示。

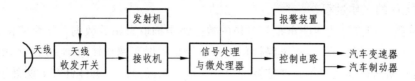

图 9.52　汽车电磁波雷达防撞系统的组成

（1）雷达系统。

雷达是利用目标对电磁波的反射来发现目标并测定其位置的，雷达系统的工作原理如图9.53所示。

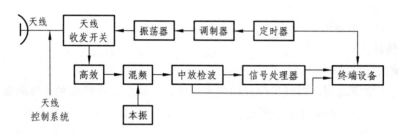

图 9.53　电磁波雷达的工作原理

由定时器触发调制器，产生调制脉冲，使振荡器产生大功率脉冲信号串，经天线向空间辐射电磁波（它的传播速度就是光速）。天线波束在天线控制系统的作用下，按规定的方式在空间扫描。当电磁波遇到目标时，目标反射回来的回波信号经天线送入接收机，再经信号处理后，送到终端设备，得到目标的坐标数据。

①雷达的工作频率。

雷达的工作频率在 3 MHz 到 300 GHz 的范围内，其对应波长为 100 m 到 1 mm，工作频率在 30 GHz 以下的雷达称为毫米波雷达。作为车载雷达，一般选用 60 GHz、120 GHz、180 GHz 等，其对应波长为毫米波，故该雷达也称为毫米波雷达。

②雷达对目标位置的测量。

任一空间目标 P 的位置必须由 3 个坐标来确定，即斜距 R、方位角 α，仰角 β 和高度 H，如图9.54所示。

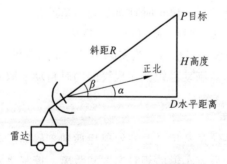

图 9.54　雷达对目标位置的测量

斜距 R 的测量：雷达经天线向空间发射一定重复周期的高脉冲，如遇到目标，由目标反射回来的回波将滞后于发射的高频脉冲一个时间 t_r，则目标到雷达的单程距离：

$$R = \frac{1}{2}C \cdot t_\mathrm{r}$$

式中　R——目标到雷达的单程距离；

　　　t_r——电波往返于目标与雷达之间的时间间隔，s；

　　　C——光速，3×10^8 m/s。

方位角 α 的确定：雷达天线在方位角方向转动，天线波束的指向就是目标的方位角。

仰角 β 的确定：雷达天线在仰角方向转动，按测方位角同样的原理测量目标的仰角。

高度 H 的确定：测得了斜距 R 和仰角 β，可计算出高度 H，其计算公式为 $H = R\sin\beta$。

相对速度 v_r 的测量：当雷达对运动目标测量时，如对正在运行中的汽车进行测量，目标与雷达之间存在相对速度，雷达接收到的回波信号频率相对于雷达发射时的电磁波频率产生一个频移，这个频移称为多普勒频移 f_a，其数值为

$$f_\mathrm{a} = \frac{2v_\mathrm{r}}{\lambda}$$

式中　f_a——多普勒频移；

　　　λ——雷达工作波长，m；

　　　v_r——雷达与目标之间的相对速度，m/s。

由此可计算相对速度 v_r。

（2）雷达的工作原理。

当发射机采用微波调频连续波调制时，在车辆行进中雷达窄波束向前发射调频连续波信号。当发射信号遇到目标时，反射回来被同一天线接收，经混频放大处理后，用其差频信号间的相差值来表示雷达与目标的距离，把对应的脉冲信号经微处理器处理/计算后得到距离数值，再根据差频信号相差与相对速度关系，计算出目标对雷达的相对速度。控制单元（ECU）将上述两个物理量代入危险时间函数数字模型后，即可算出危险时间。当危险程度达到各种不同级别时，分别输出报警信号或通过车辆控制电路去控制车速或进行制动。

9.4.2　汽车倒车防撞系统

为防止汽车在倒车时撞到障碍物上，汽车上面常装设倒车测距报警系统、倒车声呐系统或多媒体雷达倒车系统。

1. 倒车测距报警系统

倒车测距报警系统是利用超声波测距报警的。汽车角声呐检测系统作用范围较小，主要用于汽车在停车场狭小的车位中停车时，为防止与其他车辆相碰撞而设置的。

（1）倒车测距报警系统的基本组成。

图 9.55 是一种实用的超声波倒车防撞测距报警系统，主要由发射部分、接收部分、数字显示和报警四大部分组成。

① 发射部分：由低频调制器、编码器、双稳态电路、40 kHz 振荡器、功率发送器及发射探头等组成。40 kHz 振荡器受双稳态电路控制，断续送出经低频调制器调制的信号。同时，为防止误计数，提高抗干扰性，将此信号经编码器编码，再经功率放大器放大，由发射探头向车后发射。

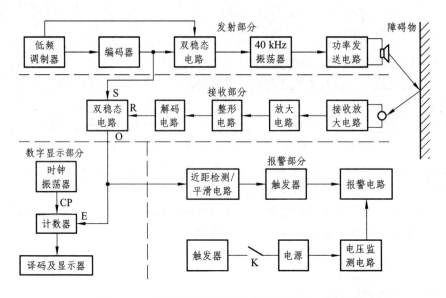

图 9.55　倒车防撞测距报警器的结构原理框图

　　② 接收部分：由接收探头、第 1 级放大电路、第 2 级放大电路、整形电路、解码器及双稳态电路组成。接收探头接收到反射信号后由第 1 级和第 2 级放大器放大后，再送入施密特触发器进行整形，再经解码器解码，最后经双稳电路送入数字处理部分。

　　③ 数字显示部分：由时钟振荡器、计数器、译码及显示器组成。时钟振荡器一接通电源即开始振荡，但只有计数器的闸门打开时，它才能进入计数器被计数，一旦接收到反射波信号，即关闭闸门，数据被锁存，经译码后通过显示器显示出来。

　　④ 报警部分：由电源电压检测电路、近距检测/平滑电路、触发器及语言声光报警电路组成。因探测到的反射波信号是一组脉冲信号，将其平滑后送入触发器，一旦超过触发阈值，报警电路就接通，发出声光报警，当电源电压低于 11.2 V 时，同样使报警电路导通发出声光报警。另外，在接通电源的同时，接通语言报警电路，不断输出"倒车，请注意"的语音警告声。

　　（2）倒车测距报警系统的工作原理。

　　接通电源，40 kHz 振荡器受双稳回路控制开始振荡，同时受低频调制器调制，编码器开始编码，编码完毕双稳电路即被复位，40 kHz 振荡器停振，期间产生的经调制、编码的超声波信号经功率放大器放大后，通过发射探头向空中辐射，遇到障碍物即反射回来（反射角＝入射角）。接收探头接收到反射信号后即将此信号放大，然后送入施密特触发器进行整形，形成标准的触发脉冲再去解码，解码后的信号再送入另一双稳态电路，此双稳态电路在发射信号的同时，被置位，同时打开了计数器的闸门，使时钟振荡器信号得以进入计数器，当接收到反射波信号后，此双稳态电路复位，计数器闸门关闭，时钟脉冲被禁止输入，锁存器将进入计数器的脉冲个数锁存，并经译码通过 LED 显示器显示出来，此时，即完成了一次测距过程，该此过程能自动重复进行，重复频率受低频调制频率控制，约几赫兹。

　　另外，为了使仪器具有近距报警功能，特增设了近距 RC 平滑电路及触发器，由 RC 电路将反射波脉冲进行平滑，送入触发器，一旦达到触发电平阈值，就使警报电路导通，发出声光警报。

为了保证电路可靠地工作，电路中增设了 2 路稳压器。本电路工作电压为 9 V，蓄电池正常电压为 12 V，稳压器输入输出压差为 2 V，为此，设定了蓄电池电压警报值 11.2 V。

警报器的各功能均是为驾驶员了解车后情况设置的，为了使车后的行人也同时知道汽车在倒车，及时躲避，增设了"倒车，请注意"的语言警报功能，提醒行人注意。

（3）倒车测距报警系统的主要功能。

① 倒车时，能自动测出车尾与最近障碍物间的距离，并在驾驶室用数字显示给驾驶员。

② 倒车时，能重复发出"倒车，请注意"的语言警告声，提醒行人注意。

③ 倒车至极限安全距离（距障碍物 60 cm）时，能发出急促的警告声，提醒驾驶员注意制动。

④ 能随时检测蓄电池电压，当电压低于 11.2 V 时，发出声光警告声，提醒驾驶员注意充电，以保证系统的各装置及汽车能正常工作。

2. 倒车声呐系统

倒车声呐系统所用的传感器是超声波传感器，因而，该系统有的也称为超声波倒车防撞系统。

（1）倒车声呐系统的基本组成。

倒车声呐系统主要由超声波（距离）传感器、微机（电子控制模块 ECU）及显示装置等组成，如图 9.56 所示。超声波（距离）传感器和微机组件之间用屏蔽线相连，用来消除对外及外部传入的干扰。

图 9.56　倒车声呐系统

所谓超声波，是指耳朵无法听到的高频声波。超声波传感器的主要作用是在车辆后退时，利用超声波检测车辆后方的障碍物，并利用指示灯及蜂鸣器等把车辆到障碍物的距离及位置等通知驾驶员，起到确保安全的作用。

超声波（距离）传感器如图 9.57 所示，由用 PZT（钛、锌、锆酸盐材料）制成的压电元件、放大器和超声波发射/接收器所组成。当传感器作为发射器时，交流电压作用于振动线圈，使其产生磁场，该磁场与永久磁铁的恒定磁场发生作用使振动线圈振动，其振动频率与交流电频率相同。振动线圈与膜片相连，从而膜片也以相同的频率振动。膜片振动引起空气运动，产生声波发射出去，如图 9.58（a）所示；当传感器作为接收器时，反射的声波引起膜片以一定的频率振动，这样在振动线圈上感应产生一个同样频率的交流感应电压，从而被电路接收，如图 9.58（b）所示。

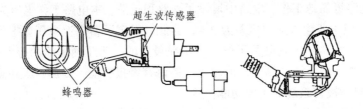

图 9.57 超声波（距离）传感器

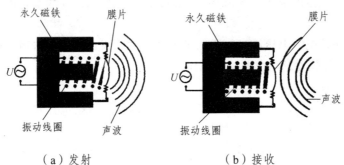

（a）发射   （b）接收

图 9.58 传感器的发射与接收工作原理

由于超声波传感器既用作发射器，又用作接收器，因此，在超声波传感器内具有一种独特的结构和电路，可使声波发射后的振动迅速停止，为接收反射回来的声波做好准备。

这种传感器的特点在于它具有方向性，传感器用蜂鸣器的纸盆为椭圆形，其目的就是使传感器的水平方向特性宽，而垂直方向受到限制。

（2）倒车声呐系统的工作原理。

人对着大山呼喊能产生回声，倒车声呐装置就是利用这种现象制成的。倒车时，该装置先向车辆后发出超声波，当车后无障碍物时，随着距离的增加，超声波逐渐衰减，而不返回；当车后有障碍物时，超声波遇到障碍物则会返回，如图 9.59 所示，传感器检测到返回的超声波，经处理器处理，就可知道车后有障碍物。

图 9.59 倒车声呐装置工作示意图

障碍物到车辆的距离的计算如图 9.60 所示，通过检测超声波发出到收到回波的时间 t，再由微机 ECU 通过计算式计算得到，计算式如下：

$$D = Ct/2$$
$$C = 331 + 0.6T$$

式中 D——为超声波到障碍物的距离，m；

T——车外空气温度，℃；

C——超声波在空气中传播的速度，m/s；

t——测定的时间，s。

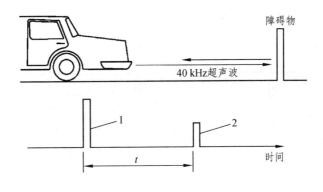

图 9.60 声呐检测原理

1—输出（脉冲）信号；2—接收信号

倒车声呐系统还具有自检功能，用以检验本系统工作是否正常。

（3）倒车声呐系统的工作电路。

如图 9.61 所示，倒车雷达利用超声波原理，由装置在车尾保险杆上的 4 个传感器在倒车雷达模块（T8224）的控制下向外发送超声波，超声波撞击障碍物后，反射此声波回来，传感器将接收到的反射波信号送回控制模块。控制模块（T8224）将信号进行处理，计算出车体与障碍物之间的最近障碍距离的数据和方位，并用之控制输出指示，以提示驾驶员不至于撞上障碍物。

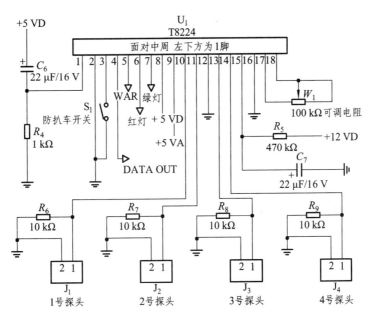

图 9.61 倒车雷达探测器的工作原理电路

（4）应用实例。

图 9.62 为日产汽车超声波倒车防撞系统的电路图。该系统由 40 kHz 的超声波振荡器、检测器、控制器和报警电路等组成。其中，检测器是由发射头和接收头两部分组成，超声波的

发射头和接收头并排安装在汽车的尾部；控制器（电路部分）安装在驾驶室内；它们之间使用大约 5 m 的电缆或带屏蔽的导线连接，以防止外界干扰。

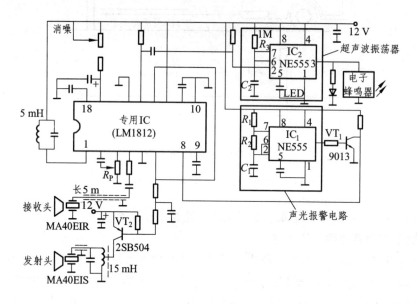

图 9.62　日产汽车超声波倒车防撞系统电路

该超声波倒车防撞系统的基本工作原理为：当汽车挂入倒挡时，系统电路接通，发射头发出的超声波碰到障碍物时，有部分被反射回来。反射波被超声波接头接收后转换成脉动信号输入电子控制单元，这些脉动信号经处理后，电子控制单元根据发射、反射的时间差就判断出障碍物与汽车局部的距离，并根据该距离判断是否需要报警。

40 kHz 的超声波振荡器是由 IC1（NE555）和 R_1、R_2、C_1 等组成的无稳态多谐振荡器组成。其输出振荡方波经三极管 VT_1（9013）放大后，加至专用 IC（LM1812）的第 8 脚。超声波信号经过处理后，由 6 脚输出，加至功率放大级 VT_2（2SB504），高阻抗的超声波发射头 MA4OEIS 和 40 kHz 的输出谐振回路并接。为防止负荷对谐振回路的影响，回路电感线圈采用中心抽头与晶体管 VT_2 集电极连接。

接收传感头采用与发射头（MA40EIS）相配套的 MA40EIR，其接收、放大用的谐振回路与发射回路一样，谐振在 40 kHz 的声光报警电路，由 IC_2（NE555）和 R_3、C_2 等组成的单稳态电路进行控制，单稳态宽度 $T_d \approx 1.1 R_3 C_2$。因此，电子蜂鸣器发出的是断续的报警音响，同时，发光二极管 LED 发出可见的闪烁光，进行同步闪烁。

该超声波倒车防撞距离为 3 m 左右，报警灵敏度，可由 R_P 进行调节。

（5）角声呐检测系统。

有的汽车将超声波传感器等安装在汽车前、后、左、右四个角，如图 9.63 所示，即在汽车前、后保险杠两端均装有超声波发射/接收器，用来检测汽车四角附近是否遇有障碍物，并以某种方式将所检测的情况显示给驾驶员，确保行车安全，即角声呐系统。汽车角声呐检测系统作用范围较小，主要用于汽车在停车场狭小的车位中停车时，为防止与其他车辆相碰撞而设置的。

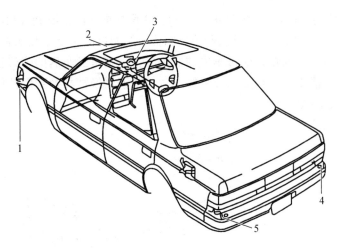

图 9.63　角声呐装置在汽车上的布置

1—左前超声传感器；2—右前超声传感器；3—显示装置（仪表盘上）；
4—右后超声传感器；5—左后超声传感器

角声呐检测系统的检测范围如图 9.64 所示，大约在 50 cm 范围以内。当障碍物距汽车 20 ~ 50 cm 时，蜂鸣器发出间断性声响；当距离小于 20 cm 时，蜂鸣器则发出连续声响。

汽车四角超声波发射/接收器以均等时间的方式，依次按①RR（后右）→②FR（前右）→③RL（后左）→④FL（前左）的顺序发射/接收超声波。由超声波传感器（发射/接收器）以从①到④的工作所组成的循环反复进行。由于这一循环的时间是由电子控制器（ECU）随机改变，因此，该系统不会受到来自外部声波错误信号的影响。

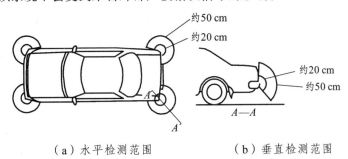

（a）水平检测范围　　　　　　　　　（b）垂直检测范围

图 9.64　汽车角声呐系统的检测范围

3. 多媒体倒车雷达系统

汽车多媒体倒车雷达系统是为了弥补倒车时，不能按目视确定车辆后方实际距离的缺陷而设计的，该系统可以使驾驶员在不回头的条件下，实时了解车后的信息和检测车辆尾部的情况。

（1）多媒体倒车雷达系统的基本组成。

多媒体倒车雷达系统主要由雷达探头、照相机、倒车雷达模块（ECU）、液晶显示屏等组成。

①雷达探头一般是 4 个，安装在汽车尾部保险杠的左右和中间部分。每个雷达探头的作用夹角是左、右各 35°。该探头可以是超声波雷达传感器，也可以是电磁波雷达传感器，其工作原理如前所述。

② 照相机一般安装在高处，如图 9.65 所示，并可根据实际情况调校角度，以使探测到的视野在合适的范围内，克服侧面可能会形成的盲点，照相机的主要参数如表 9.7 所示。照相机多采用远红外线广角摄像装置，通过车内的显示屏，清晰可见车后的障碍物。即使在晚上通过红外线也能看得一清二楚。当点火开关接通时，变速器换挡杆换到倒挡位置，显示屏上就会显示出车辆后方的图像。

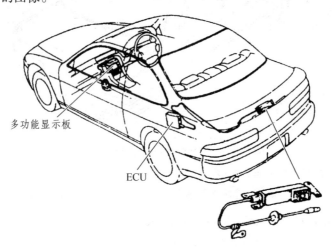

图 9.65　照相机的安装位置

表 9.7　CCD 照相机的主要参数

检测距离		0～40 m
检测角度	水平	45°
	垂直	35°
计算周期		100 ms

（2）多媒体倒车雷达系统的工作原理。

把音频线和视频线连接到车载显示屏时，照相机的影像数据就会在显示屏上显示，而随着雷达探头的移动，屏幕上的数字也不断刷新，喇叭不停地报告最新的距离。如"左 53，左 57，右 42，右 41，左 40……"。左、右两侧的雷达探头将探测到的数据传到处理器 ECU，处理器即对比各项数据，选择最近的一侧障碍物数据，在显示屏上显示并在喇叭上报读出来。提醒驾驶员注意威胁最大的一侧，并采取相应的措施。当雷达探头探测到的距离缩小到 30 cm的时候，屏幕和喇叭不再提示当前数据，而屏幕将显示"STOP"、喇叭发出"停车"的声音，警告驾驶员威胁已经临近，避免距离过小而来不及采取措施。

多媒体倒车雷达所传递的信息与传感器和摄像头的安装位置和偏向的角度有关，总体来说，这种倒车雷达的实用性很强、精度较高，适合在复杂条件下辅助倒车，如夜晚、旁边车子排列较密集、车位较小的情况等。

4. 倒车影像系统

倒车影像系统是倒车雷达技术的突破性发展，实现了从原来的声音报警到视频可视化。倒车影像系统可谓是倒车时驾驶员的第三只眼睛，车后的所有情况，驾驶员都能在显示器上看得很清楚，避免倒车时因看不到车后情况而发生的车祸，让驾驶员更安全地倒好车。

（1）倒车影像系统的基本组成。

倒车影像系统主要由远红外线广角摄像装置、电控单元、车载显示器等组成。摄像装置安装在车后，通过车内的显示屏，清晰可见车后的障碍物；即使在晚上通过红外线也能看得一清二楚。车载显示器采用 TFT 真彩，经过防磁处理无信号干扰、无频闪；另外，可接收两个视频，能够播放 VCD、DVD，不用解码器；同时，具有倒车可视自动水平转换，自动开关功能。

（2）倒车影像系统的工作原理。

当挂倒车挡时，该系统会自动接通位于车尾的高清倒车摄像头，将车后状况清晰地显示于液晶显示屏上，让驾驶员准确把握后方路况，使倒车也如前进般自如、自信。

9.4.3 汽车倒车防撞系统的发展趋势

随着电子技术的发展，汽车倒车防撞系统也是不断更新换代。

1. 机器视觉倒车系统

超声波倒车辅助系统不是完美无瑕，它未来必将会被另一种技术所代替。从目前最新的研究成果来看，超声波与机器视觉配合的倒车辅助系统是未来的发展方向。

机器视觉就是用机器代替人眼来作测量和判断。它通过机器视觉产品（如摄像头）将被摄取目标转换成图像信号，传送给专用的图像处理系统，根据像素分布、亮度、颜色等信息，转变成数字化信号，图像系统对这些信号进行各种运算来抽取目标的特征，进而根据判别的结果来控制现场的设备动作。

机器视觉的成功案例很多，具体比较常见的有：车辆牌照自动识别系统、焊缝自动跟踪系统、活塞装配视觉识别系统。在超声波技术的基础上，配以机器视觉技术，构成双向检测，必能大大提高安全性和便利性。将视觉技术应用在现有主流倒车辅助系统，具体有以下两方面：

第一，停车线的识别。如同已经配置于某些国外高档车的倒车辅助系统一样，利用对停车线的视觉识别进行智能泊车。具体的识别过程为：先通过车后车牌架上的摄像头不断采集图像，由于停车线一般来说具有双直线特征和颜色突出特征，且颜色一般为黄色，所以当采集到的图像传输到微处理器的时候，我们可以利用匹配此特征的数学算法，用某种计算机语言编写一套程序，从而在主机中把停车线识别出来，并利用液晶屏幕和喇叭加以标识和声音提醒。最终，结合超声波第五代倒车辅助系统的模拟倒车轨迹的技术，让处理器不断控制汽车的油门和前轮方向，使模拟倒车轨迹和已识别的停车线不断吻合，从而自动泊车。机器视觉识别停车线已经可以在 MATLAB 软件进行仿真实现。

第二，障碍物的识别。鉴于超声波对障碍物的识别已经相对成熟，我们可以开发超声波不能检测的障碍物的识别，如台阶、沟坎、钢丝。同样的道理，基于不同的障碍物，我们必须先深入探讨以便掌握其不同的图像特征：对于台阶，一般利用其处于整幅图像下方的位置特征、直线特征和颜色从下往上形成由暗转亮的特征等；对于钢丝，利用其纤细的特征和光线反射形成光亮的特征等。

由于具体到某种障碍物都存在千姿百态的情况，所以此技术不见得一朝一夕就会完善，对各种障碍物的识别必然会经历一个从粗糙到精细的过程。这需要科技人员不断观察、不断积累。

就目前国内外发展态势来看，以机器视觉技术为基础的各种辨识系统是众多国家研究的热点，其发展空间潜力巨大。倘若把此技术引进于汽车的倒车辅助系统，必将对减轻驾驶员的劳动强度、减少交通事故率都有着不可估量的作用和意义。现在，机器视觉尚处于初步发展阶段，成果较少，可借鉴经验不多，所以，许多国家为了先拔头筹，投入了大量人力、物力进行研究。

2. 智能倒车辅助系统

随着驾车的人越来越多，为了辅助一些技术较低、经验尚浅的新手进行倒车。各大汽车公司纷纷推出以智能系统为卖点的车型来吸引这些新客户群。

汽车电子的发展日新月异，但并不是完全抛弃传统的技术，而是在原有技术上不断改进或者综合集成利用。如 Audi parking system advanced（高级版奥迪驻车辅助系统），它不仅保留了雷达、超声波、红外、摄像头等原有的听觉、视觉和图像技术，还加入了激光、生命检测和微小凹坑障碍物检测等新技术。

与机器视觉系统相似，一旦我们挂入倒挡，当车速低于 10 km/h 时，系统会自动开启语音、图像、模拟测距等全景实时检测。

（1）模拟倒车轨迹。

它利用集成的多个超声波传感器、雷达探测、红外探测等迅速寻找并计算最理想的驻车轨迹。主要有倒车入库或狭窄缝隙的横向模式和沿道路泊车的纵向模式。前者不断收集静止障碍物的数据并配合车身的状况（包括移动速度、车身高低、距缝隙左右边沿的位置等）来变更轨迹，并在危险边距极限时，自动锁止车辆的倒动；后者则更多地识别过往车辆，通过前面车灯提醒其他驾驶员和综合车内信号灯和声音提醒驾驶员。

（2）微小凹坑识别。

众所周知，大的障碍物识别在倒车系统上已经运用得相当成熟了，但是对于一些微小的凹坑或者物体的识别在汽车上运用得较少，只是在超声波的基础上添加了迅速而精确的激光手段。为何要特别提出微小凹坑的识别呢？因为即使小凹坑也有可能导致汽车侧边和底盘的刮蹭，此外，当遇到微小的锋利物体时，有可能导致轮胎被刺破。

（3）生命检测。

在公园附近或者自家车位泊车时，经常会有一些诸如幼儿或者小动物会突然冲向车底，导致驾驶员手忙脚乱，在引入智能倒车系统后，利用车身大量的传感装置特别是红外传感器能检测从各个方向高速奔向车辆的小动物。在 MMI 显示屏上出现生物的标识，并配以声音报警。

国外汽车已经发展了百余年，硬件结构的研究已经遥遥领先，但是作为新兴的汽车电子技术，我国和许多国家在这方面技术水平相差不大，尤其是各种各样的汽车电子系统的研究亟待我国车辆科技工作者出成果，现在，智能倒车辅助系统尚处于初步发展完善阶段，成果相对较少，可借鉴经验不多，为了先拔头筹，我国应该投入更多人力、物力进行研究。这也是对我国在图像智能识别、汽车倒车辅助系统的更新换代、市场的抢先占领具有非常重要的意义。

9.5 安全气囊系统

安全气囊（Supplemental Inflatable Restraint System，SRS），中文含义是辅助防护系统，

相对于汽车上的一些主动安全性系统，它是汽车上的一种被动安全保护系统。随着汽车的日益增多和车速的不断提高，交通事故频繁发生，为了减少在撞车时转向盘和风窗玻璃对驾驶员和乘客的身体伤害，安全气囊应运而生。目前，安全气囊在各个国家各种车型上已广泛使用。

9.5.1 安全气囊系统分类

安全气囊可以按结构形式、保护对象和方位等进行分类。

1. 按结构形式分

从结构形式上看，安全气囊可分为电子式和机械式两种。无论是电子式还是机械式，工作原理大体相同，所不同的是控制系统的工作方式。

（1）机械式安全气囊。

机械式安全气囊由机械式传感器、气体发生器、气囊等组成。该安全气囊不需要电源，没有电子电路和电路配线，全部零件组装在转向盘装饰盖板的下面。检测碰撞动作和引爆点火剂都是利用机械装置动作来完成的。

（2）电子式安全气囊。

电子式安全气囊是机械式安全气囊和电子技术发展相结合的产物，一般由电子传感器、中央电子控制器、气体发生器、气囊、安全气囊指示灯等组成。

传感器接到碰撞信号后，将信号传至中央电子控制器（ECU），信号经过判断、确认，传至气体发生器，气体发生器引发点火、充气，气囊膨胀。电子式安全气囊可以分为很多种类型。

2. 按保护对象和方位分

（1）驾驶员用安全气囊。

驾驶员用安全气囊是汽车上最早采用和采用最广泛的一种安全气囊，属于汽车在正面碰撞时对驾驶员的防护气囊。驾驶员用安全气囊装置在转向盘的中部，为了减轻在装置安全气囊后转向盘总成的质量，并要求保证转向盘的刚度以减少转向盘的振动，转向盘的转轴采用金属压铸件来制造。

驾驶员用安全气囊系统的气囊、雷管、气体发生器等，全部装在转向盘中央的安全气囊盒中，气囊衬垫采用网状尼龙织物制成，当安全气囊膨胀并冲出时，气囊衬垫必须迅速裂开，而且不能对驾驶员造成伤害。

安全气囊按照一定的方式卷折放在气囊盒中，膨胀时，沿挡风玻璃方向展开后再迅速胀大。在安全气囊后面的中部装置雷管和气体发生器等部件，一旦发生碰撞事故时，安全气囊就在驾驶员与转向盘之间形成缓冲气垫。

（2）前排座乘员用安全气囊。

前排座是汽车主要的乘员坐席，前排座的乘员可能是身材高大的男人，也可能是身材矮小的妇女，乘员的乘坐姿势也是各种各样的，并且是否佩带安全带有着重要影响。在发生碰撞事故时，前排座的乘员必然会与仪表板、前风窗玻璃、窗框及门框等发生碰撞，因此，要求前排座乘员用安全气囊能够在较大的范围内，对前排座的乘员提供安全保护。

前排座乘员用安全气囊系统的气囊、雷管、气体发生器等，全部藏在仪表板中的安全气囊盒中，根据汽车仪表板的结构不同，其布置方法也有所不同。气囊衬垫采用嵌入薄铅板聚氨酯塑料制成，当安全气囊膨胀并冲出时，不会对前排座乘员造成伤害。

前排座乘员用安全气囊的体积很大，安全气囊要按照一定的方式卷折放在气囊盒中的上支架中。在气囊盒的下支架上装置雷管和气体发生器等，在发生碰撞时，最初气囊盒引导安全气囊沿前风窗玻璃方向向上展开，然后沿安全气囊的折印，有序地迅速向前排座乘员方向扩大，适时地在前排座乘员和仪表板之间形成缓冲气垫。

（3）对后排乘员进行保护的气囊。

它一般安装在前排座椅的靠背后部或头枕内部，防止乘员与前排座椅发生碰撞。由于后排乘员受到的伤害程度较轻，后座椅安全气囊一般只在高级汽车上使用。

（4）防侧撞安全气囊。

各种碰撞事故统计资料表明，汽车发生的正面碰撞事故约占 50%，追尾碰撞事故约占 12%，而各种各样的侧面碰撞事故约占 38%。汽车的前部为发动机舱，后部为行李舱，在发生正面碰撞或追尾碰撞时，发动机舱或行李舱结构的变形或损坏，能够吸收大量的碰撞能量。并且安全带和安全气囊能够有效地发挥作用，这就使得乘员的伤亡率大大地降低。

但是，汽车车身侧面的结构件，无论是在强度或是刚度上，远远比不上汽车车身纵向结构件，且车门的两侧没有足够的空间布置"缓冲"结构件，来吸收碰撞时的能量。安全带对于侧面碰撞的防护能力也低得多。当车门、门柱等受到碰撞时，就有可能对乘员造成直接伤害，使得乘员的伤亡率大大提高。为此，防侧撞安全气囊应运而生。

根据使用要求的不同，防侧撞安全气囊可以装在车门上横梁中、车门内板中或座椅侧面。车门上横梁中的防侧撞安全气囊用来保护乘员的头部；装在车门内板中的防侧撞安全气囊和装在座椅侧面防侧撞的安全气囊用来保护乘员的胸部。

（5）其他位置安全气囊。

随着整车被动安全重要性的深入人心，在一些高档豪华车中出现了高达 30 几个气囊，从颈部、膝部，甚至是在车顶的两侧会配有两条管状气囊，在意外情况发生时，能够有效地缓解来自车顶上方的压力，配合侧面气帘能够有效地保护乘客的头部和颈部。膝盖部分的气囊位于前排驾驶座椅内，一旦打开能够有效保护后排乘客的腰下肢部位，从而也能缓解来自正面碰撞的前冲力。

车外气囊系统又叫保险杠内藏式气囊。当汽车在正面撞行人时，气囊迅速向前张开和向两侧举升，能托起被撞行人并防止行人跌向两侧。目前，车外气囊系统正处于研制阶段。

9.5.2 安全气囊系统的工作原理

安全气囊在车辆发生碰撞时能够起到缓冲作用，从而降低撞击对车内乘客造成的伤害。它是座椅安全带的辅助装置，只有在使用安全带的条件下，该系统才能充分发挥保护驾驶员和乘员的作用。

1. 安全气囊的控制原理

当汽车遭受正面碰撞或侧面碰撞时，SRS 的工作原理完全相同。现以正面碰撞为例，说明 SRS 的控制原理。

当汽车在行驶过程中发生前碰撞，安全气囊中的传感器在感受碰撞强度超过预设阈值时，传感器发出信号给 ECU，经 ECU 判别后发出点火信号以触发气体发生器，气体发生器接收到点火信号后，迅速点火并产生大量气体给气囊充气，气囊就会迅速充气膨胀，冲破缓冲垫，在 30 ms 内对乘客迅速起到一层保护层作用，当人体面部一接触到气囊，气囊的泄气孔就开始泄气，从而达到对乘客的缓冲保护作用。其工作控制原理如图 9.66 所示。

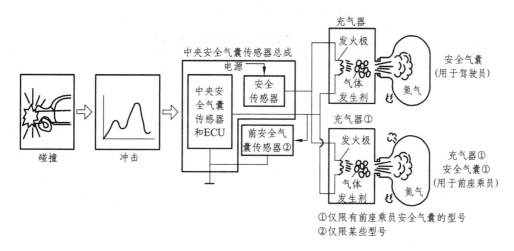

图 9.66　汽车安全气囊工作原理

2. 安全气囊的动作过程

安全气囊从触发到充气膨胀，再到乘员面部碰到气囊，直到气囊被压扁的全过程，时间约为 110 ms，图 9.67 为德国博世（BOSCH）公司生产的 SRS 在奥迪汽车上进行的试验。当汽车以 50 km/h 的速度撞击前方障碍物时，安全气囊系统的保护动作过程可分为图 9.67 所示的 5 步。

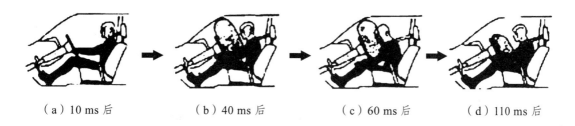

（a）10 ms 后　　　　（b）40 ms 后　　　　（c）60 ms 后　　　　（d）110 ms 后

图 9.67　汽车碰撞过程中安全气囊的保护过程

①图 9.67（a），碰撞约 10 ms 后，SRS 达到引爆极限。引爆管引爆产生大量热能，点燃气体发生剂叠氮化钠药片，使其受热分解。此时，驾驶员尚未因碰撞惯性向前倾。

②图 9.67（b），碰撞约 40 ms 后，安全气囊完全充气膨胀，体积变到最大。驾驶员由于碰撞惯性力作用向前扑，此时，系在驾驶员身上的安全带迅速收紧，吸收了部分冲击能量。

③图 9.67（c），碰撞约 60 ms 后，驾驶员头部及身体上部快速压向已膨胀的安全气囊，人体的冲击能量被弹性气囊吸收并扩散。安全气囊背面的排气孔在气体张力和人体压力的作用下向外排气，排气节流阻尼进一步吸收人体与安全气囊之间弹性碰撞产生的动能，有效地保护了驾驶员的生命安全。

④图 9.67（d），碰撞约 110 ms 后，大部分气体已从安全气囊逸出，气囊变瘪，防止驾驶员被膨胀的气囊憋气窒息。在安全带作用下，驾驶员上身后倾回到座椅靠背上，汽车前方恢

复视野。

⑤ 碰撞约 120 ms 后，汽车碰撞产生的动能危害完全解除，车速降低直至为零。SRS 动作过程与经历时间之间的关系如表 9.8 所示。

表 9.8　SRS 动作过程与经历时间的关系

碰撞之后经历的时间/ms	0	10	40	60	110	120
SRS 气囊动作状态	遭受碰撞	点火引爆开始充气	气囊充满人体前移	排气节流吸收动能	人体复位恢复视野	危害解除车速降零

由此可见，从开始充气到完全充满约为 40 ms；从汽车遭受碰撞开始到气囊收缩为止，所有时间仅为 120 ms，而人眨一下眼皮所用时间约为 200 ms。由于气囊在碰撞过程中动作时间极短，动作状态和经历时间无法用肉眼确认，因此，目前世界各国广泛采用模拟人体进行碰撞试验。

3. 安全气囊有效范围

SRS 并非在所有碰撞情况下都能起作用，如图 9.68 所示，正面 SRS 只有在汽车正前方或斜前方±30°角范围内发生碰撞，纵向减速度达到设定阈值，防护传感器和任意一只传感器接通时，才能引爆气囊充气。下列情形，SRS 不会引爆气囊充气：① 汽车遭受侧面碰撞超过斜前方±30°时；② 汽车遭受横向碰撞时；③ 汽车遭受后方碰撞时；④ 汽车发生绕纵向轴线侧翻时；⑤ 纵向减速度未达到设定阈值时；⑥ 防护传感器未接通或所有前碰撞传感器都未接通时；⑦ 汽车正常行驶、正常制动或在路面不平的道路条件下行驶时。

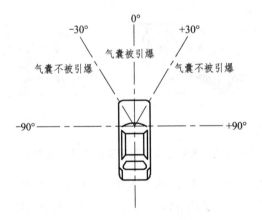

图 9.68　正面碰撞时 SRS 的有效范围

9.5.3　安全气囊系统的组成结构

各型汽车安全气囊采用控制部件的结构、数量和安装位置各有不同，但是其基本组成大致相同，如图 9.69 所示，主要由安全气囊传感器、安全气囊系统控制组件、安全气囊警示灯等组成。

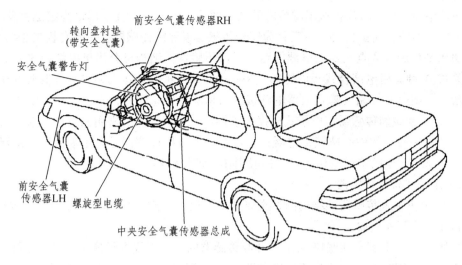

图 9.69　安全气囊零部件的安装位置

安全气囊系统控制组件通常称为 SRS 计算机控制系统，简称 SRS ECU，其结构如图 9.70所示，由备用电源电路、故障诊断与检测电路和点火引爆电路组成，一般安装在换挡操作手柄前面、后面的装饰板内、后排座椅下面中部位置或后备箱内。当 SRS ECU 内部装有碰撞传感器时，SRS ECU 应当安装在汽车纵向轴线上，以便该传感器准确检测碰撞信号。

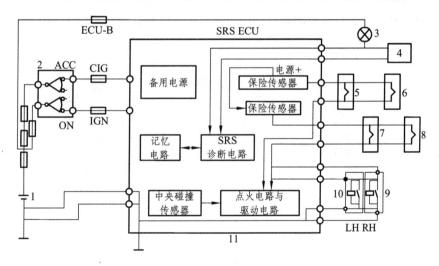

图 9.70　安全气囊控制电路图

1—蓄电池；2—点火开关；3—SRS 指示灯；4—检修插头；5—左收紧器；6—右前收紧器；

7—驾驶席气囊；8—乘员席气囊；9—右前碰撞传感器；

10—左前碰撞传感器；11—SRS ECU

1. 碰撞传感器

碰撞传感器相当于一个控制开关，其工作状态取决于汽车碰撞时减速度的大小。碰撞传感器按功用可分为碰撞信号传感器和碰撞防护传感器两类。碰撞信号传感器又称为碰撞烈度传感器，安装在汽车左前、右前、前部中央和 SRS ECU 内部，分别称为左前、右前、中央和中心碰撞传感器，其功用是将汽车碰撞时的减速度输入到 SRS ECU，用以判定是否发生碰撞。碰撞防护传感器简称防护传感器，又称为安全传感器或保险传感器，一般安装在 SRS ECU 内部，其功用是控制气囊点火器的电源电路。碰撞传感器按结构可分为机电结合式、电子式和水银开关式 3 种。机电结合式碰撞传感器是一种利用机械结构运动来控制电器触点动作，再由触点断开与闭合来控制气囊点火器电路接通与切断的传感元件，常用的有滚轴式、滚球式和偏心锤式 3 种碰撞传感器。电子式碰撞传感器没有电器触点，常用的有压阻效应式和压电效应式两种，一般用作中心碰撞传感器；水银开关式碰撞传感器是利用水银导电良好的特性来控制气囊点火器电路接通或切断的，一般用作防护传感器。

（1）滚轴式碰撞传感器。

图 9.71 为滚轴式传感器的结构图，主要由止动销 1、滚轴 2、滚动触点 3、固定触点 4、底座 5 和片状弹簧 6 组成。

片状弹簧 6 一端固定在底座 5 上，并与传感器的一个引线端子连接，另一端绕在滚轴 2 上；滚轴触点 3 固定在滚轴部分的片状弹簧上，并可随滚轴一起转动；固定触点 4 与片状弹簧 6 绝缘固定在底座 5 上，并与传感器的另一个引线端子连接。

传感器工作原理：当传感器处于静止状态时，滚轴在片状弹簧弹力作用下滚向止动销一侧，滚动触点与固定触点处于断开状态，如图 9.71（a）所示，传感器电路处于断开状态。当汽车遭受碰撞且减速度达到设定阈值时，滚轴产生的惯性力将大于片状弹簧的弹力，滚轴在惯性力作用下克服弹簧弹力向右滚动，滚动触点与固定触点接触，如图 9.71（b）所示。当传感器用作碰撞信号传感器时，滚动触点与固定触点接触则将碰撞信号输入 SRS ECU；当传感器用作碰撞防护传感器时，则将点火器电源电路接通。

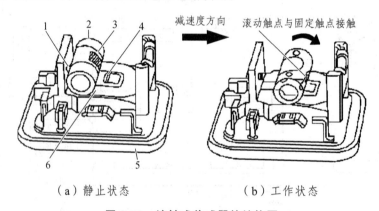

（a）静止状态　　　　　　（b）工作状态

图 9.71　滚轴式传感器的结构图

1—止动销；2—滚轴；3—滚动触点；4—固定触点；5—底座；6—片状弹簧

（2）滚球式碰撞传感器。

该传感器又称为偏压磁铁式碰撞传感器，如图 9.72 所示，主要由铁质滚球 1、永久磁铁 2、导缸 3、固定触点 4 和壳体 5 组成，两个触点分别与传感器引线端子连接。滚球用来感测减速度的大小，在导缸内可移动或滚动。壳体 5 上印制有箭头标记，方向与传感器结构有关，有的规定指向汽车前方，有的规定指向汽车后方。因此，在安装传感器时，箭头方向必须符合使用说明书的规定。

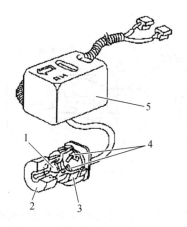

图 9.72 滚球式传感器结构图

1—滚球；2—永久磁铁；3—导缸；4—固定触点；5—壳体

　　传感器工作原理如图 9.73 所示。当传感器处于静止状态时，在永久磁铁的作用下，导缸内的滚球被吸向磁铁，两个触点与滚球分离，传感器电路处于断开状态，如图 9.73（a）所示。当汽车遭受碰撞且减速度达到设定阈值时，滚球产生的惯性力将大于永久磁铁的电磁吸力，滚球在惯性力作用下克服磁力，沿导缸向两个固定触点运动并将固定触点接通，如图 9.73（b）所示。当传感器用作碰撞信号传感器时，固定触点接通则将碰撞信号输入 SRS ECU；当传感器用作碰撞防护传感器时，则将点火器电源电路接通。

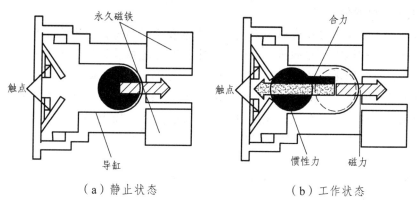

（a）静止状态　　　　　　　　　　（b）工作状态

图 9.73 滚轴式传感器结构原理

　　（3）偏心锤式碰撞传感器。

　　该传感器又称为偏心转子式碰撞传感器，如图 9.74 所示，主要由偏心重块、偏心转子、旋转触点、固定触点、游丝和外壳组成。

　　传感器的工作原理如图 9.75 所示。当传感器处于静止状态时，在复位弹簧力作用下，偏心锤与挡块保持接触，转子总成处于静止状态，转动触点与固定触点断开，如图 9.75（a）所示，传感器电路处于断开状态。当汽车遭受碰撞且减速度达到设定阈值时，偏心锤产生的惯性力矩将大于复位弹簧力矩，转子总成在惯性力矩作用下克服弹簧力矩沿逆时针方向转动一定角度，带动转动触点臂转动，使转动触点与固定触点接触，如图 9.75（b）所示。当传感器用作碰撞信号传感器时，则将点火器电源电路接通。

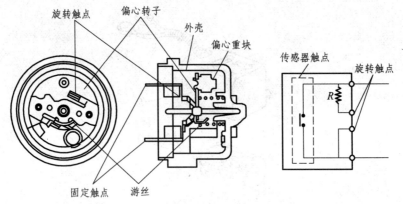

图 9.74　偏心锤式碰撞传感器的结构图

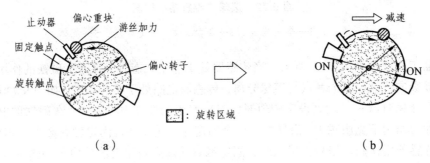

（a）　　　　　　　　　　　　　　（b）

图 9.75　偏心锤式碰撞传感器工作原理

（4）电子式碰撞传感器。

常用的电子式碰撞传感器有压阻效应式和压电效应式两种，分别利用半导体的压阻效应和压电效应制成。在压阻式碰撞传感器中，电阻应变片随弹性元件受到碰撞压力作用产生变形，其阻值随之发生变化，经信号调节电路后转变成电压，送入 SRS ECU。当汽车遭受碰撞且减速度达到设定阈值时，传感器信号电压也达到设定阈值，SRS ECU 发出控制指令将气囊点火器电路接通，引爆气囊充气。在压电式碰撞传感器中，压电晶体受到碰撞压力作用，其输出电荷发生变化，经放大电路转变成相应电压送入 SRS ECU，作用力越大，晶体变形量越大，电压就越高。当汽车遭受碰撞且减速度达到设定阈值时，传感器输入 SRS ECU 的信号电压达到设定阈值，SRS ECU 立即发出控制指令，使气囊点火电路接通，引爆气囊充气，达到保护驾驶员和乘员的目的。

（5）水银开关式碰撞传感器。

该传感器利用水银具有良好的导电性而制成，如图 9.76 所示，主要由水银、壳体、密封圈、电极和密封螺塞组成。

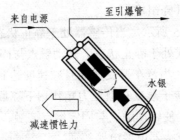

图 9.76　水银开关式传感器结构

当传感器处于静止状态时，水银在其重力作用下不与两个电极接触，使传感器的两个电极处于断开状态，点火器电路断开。当汽车发生碰撞且减速度达到设定阈值时，水银产生的惯性力在其运动方向上的分力克服其重力分力而将水银抛向传感器电极，使两个电极接通。当传感器用作碰撞信号传感器时，两个电极接通，则将碰撞信号输入 SRS ECU；当传感器用作碰撞防护传感器时，则将点火器电源电路接通。

2. 安全气囊组件

安全气囊组件由气体发生器、点火器、气囊、饰盖和底板等组成。驾驶员气囊组件安装在方向盘中心处，前排乘客气囊组件安装在副驾驶员座椅正前方的仪表板内。

（1）气囊。

气囊一般由防裂性好的聚酰胺织物制成，它是一种半硬的泡沫塑料，能承受较大的压力，经过硫化处理，可减少气囊充气膨胀时的惯性力，为使气体密封，气囊里面涂有涂层材料。气囊的大小、形状、漏气性能是确定安全气囊保护效果的重要因素，必须根据不同汽车的实际情况来确定。

（2）气体发生器。

气体发生器由上盖、下盖、充气剂（叠氮化钠固体药片）和金属滤网组成，如图 9.77 所示。其作用是在有效的时间内产生气体，使气囊张开。金属滤网安装在气体发生器的内表面，用以过滤充气剂和点火剂燃烧产生的渣粒。

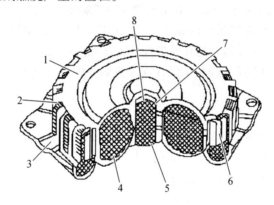

图 9.77　气体发生器的结构

1—上盖；2—充气孔；3—下盖；4—充气剂；5—点火器药筒；6—金属滤网；7—电热丝；8—引爆炸药

气体发生器是利用热效反应产生氮气而充入气囊。在点火器引爆点火剂瞬间，点火剂会产生大量热量，叠氮化钠药片受热立即分解，产生氮气并从充气孔充入气囊。虽然氮气是无毒气体，但是叠氮化钠的副产品有少量的氢氧化钠和碳酸氢钠（白色粉末），这些物质是有害的，因此，在清洁膨胀后的气囊时，应保持良好的通风并采取防护措施。

（3）点火器。

点火器外包铝箔，安装在气体发生器内部中央位置。如图 9.78 所示，点火剂包括引爆炸药和引药，引出导线与安全气囊连接器连接，连接器中设有短路片（铜质弹簧片）。当连接器拔下或连接器未完全接合时，短路片将两根引线短接，防止静电或导电将电热丝电路接通而造成气囊误膨胀开。

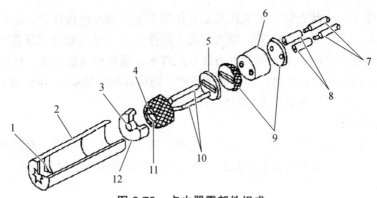

图9.78　点火器零部件组成

1—引爆炸药；2—药筒；3—引药；7—电热丝；5—陶瓷片；6—永久磁铁；7—引出导线；
8—绝缘套管；9—绝缘垫片；10—电极；11—电热头；12—药托

点火器的工作情况是：当SRS ECU发出点火指令时，电热丝电路接通，电热丝迅速红热引爆引药，引爆炸药瞬间爆炸产生热量，药筒内温度和压力急剧升高并冲破药筒，使充气剂受热分解，释放氮气充入气囊。

3. SRS 指示灯

SRS 指示灯位于仪表板上，接通点火开关时，诊断单元对系统进行自检，SRS 指示灯点亮6 s后熄灭，表示系统正常；否则，表示常规安全气囊出现故障，应进行检修。

若ECU出现异常，不能控制SRS指示灯，SRS指示灯便在其他电路的直接控制下做出异常显示，如ECU无点火电压，指示灯正常发亮；ECU无内部工作电压，指示灯正常发亮；ECU不工作，指示灯在看门狗电路的控制下以 3 次/s 的频率闪烁；ECU 未接通，指示灯经线束连接器的短接条接通。

4. SRS ECU

SRS ECU 是安全气囊系统的核心部件，其安装位置依车型而异，其主要由 SRS 逻辑模块、信号处理电路、备用电源电路、保护电路和稳压电路等组成，如图 9.79 所示。保险传感器一般与 SRS ECU 一起制作在 SRS 控制组件中。

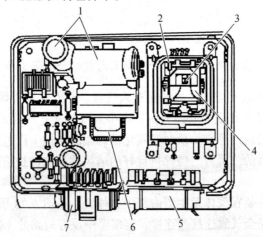

图9.79　SRS 控制组件的内部结构

1—能量存储装置（电容器）；2—保险传感器总成；3—传感器触点；7—传感器平衡块；
5—四端子连接器；6—逻辑模块；7—SRS ECU 连接器

（1）SRS 逻辑模块。

该模块主要用于检测汽车纵向减速度或惯性力是否达到设定值，控制安全气囊组件中的点火器引爆点火剂。在汽车行驶过程中，SRS ECU 不断接收前碰撞传感器和保险传感器传来的车速变化信号，经过数学计算和逻辑判断后，确定是否发生碰撞。当判断结果为发生碰撞时，立即运行控制点火的软件程序，并向点火电路发出点火指令引爆点火剂，点火剂引爆时，产生大量热量，使充气剂受热分解，释放气体对 SRS 充气。

此外，SRS ECU 还要对控制组件中关键部件的电路不断进行诊断测试，并通过 SRS 指示灯和存储在存储器中的故障码来显示测试结果。仪表板上的 SRS 指示灯可直接向驾驶员提供常规安全气囊的状态信息。逻辑存储器中的状态信息和故障码可用专用仪器或通过特定方式从串行通信接口调出，以供装配检测与设计参考。

（2）信号处理电路。

信号处理电路主要由放大器和滤波器组成，用于对传感器检测的信号进行整形、放大和滤波，以便 SRS ECU 能够接收、识别和处理。

（3）备用电源电路。

常规安全气囊有两个电源：一个是汽车电源，另一个是备用电源。备用电源电路由电源控制电路和两个电容器组成。在单安全气囊的控制组件中，设有一个逻辑备用电源和一个点火备用电源。在双安全气囊的控制组件中，设有一个逻辑备用电源和两个点火备用电源，即两条点火电路各设一个点火备用电源。点火开关接通 10 s 后，如果汽车电源电压高于 SRS ECU 的最低工作电压，则逻辑备用电源和点火备用电源即可完成储能任务。

备用电源电路用于当汽车电源与 SRS 逻辑之间的电路切断后，在一定时间内维持常规安全气囊供电，保持常规安全气囊的正常功能。当汽车遭受碰撞而导致蓄电池和交流发电机与 SRS ECU 之间的电路切断时，逻辑备用电源能在 6 s 内向 ECU 供给电能，保持 ECU 检测出碰撞、发出点火指令等正常功能；点火备用电源能在 6 s 内向点火器供给足够的点火能量引爆点火剂，使充气剂受热分解对常规安全气囊充气。时间超过 6 s 后，备用电源供电能力降低，ECU 备用电源不能保证 ECU 检测出碰撞和发出点火指令；若点火备用电源不能提供最小点火能量，则 SRS 不能充气膨胀开。

（4）保护电路和稳压电路。

在汽车电器系统中，许多电器部件有电感线圈，电器开关多，电器负荷变化频繁。当线圈电流接通或切断、开关接通或断开、负荷电流突然变化时，都会产生瞬时脉冲电压即过电压，若过电压加到常规安全气囊电路上，系统中的电子元件就可能因电压过高而导致损坏。为了防止安全气囊元件受损，SRS ECU 中必须设置保护电路。同时，为了保证汽车电源电压变化时，常规安全气囊能够正常工作，还必须设置稳压电路。

5. 安全气囊线束与保险机构

为了便于区别电器系统线束连接器，常规安全气囊的连接器与汽车其他电器系统的连接器有所不同，常规安全气囊的连接器采用导电性能和耐久性能良好的镀金端子，并设有防止安全气囊误爆机构、端子双重锁定机构、连接器双重锁定机构和电路连接诊断机构等，用以保证常规安全气囊可靠工作。常规安全气囊采用的各种特殊连接器如图 9.80 所示。

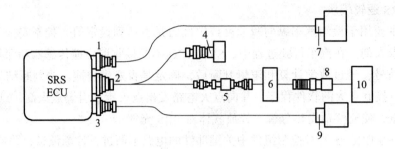

图 9.80　SRS 线束连接示意图

1，2，3—SRS ECU 连接器；4—SRS 电源连接器；5—中间线束连接器；6—螺旋线束；

7—左碰撞传感器连接器；8—安全气囊组件连接器；

9—右碰撞传感器连接器；10—点火器

（1）防止 SRS 误爆机构。

如图 9.80 所示，SRS ECU 至 SRS 点火器之间的连接器 2、5、8 均采用了防止常规安全气囊误爆的短路片机构，拔下连接器时，短路片自动靠近 SRS 点火器一侧连接器或连接器两个引线端子短接，防止静电或误通电将电热丝电路接通而造成常规安全气囊误膨胀开。

当连接器正常连接时，连接器的绝缘壳体将短路片向上顶起，短路片与连接器端子脱开。当连接器脱开时，短路片自动将安全气囊点火器一侧连接器的引线端子短接，使点火器的电热丝与短路片构成回路。此时，即使将电源加到安全气囊点火器一侧的连接器上，由于电源被短路片短路，点火器不会引爆，从而防止 SRS 误爆。

（2）电路连接诊断机构。

当传感器连接器处于半连接（未可靠连接）状态时，如图 9.81（a）所示，诊断端子与诊断销尚未接触，此时，电阻尚未与传感器触点构成并联电路，连接器引线 "+" 与 "－" 之间的电阻值为无穷大。当 ECU 检测到前碰撞传感器的电阻值为无穷大时，自诊断电路便控制 SRS 指示灯闪亮报警，同时将故障编成代码存储在存储器中。

当传感器连接器可靠连接时，如图 9.81（b）所示，诊断端子与诊断销可靠接触，此时，电阻与前碰撞传感器触点并联。当 SRS ECU 检测到的阻值为该并联电阻的阻值时，即诊断为连接器连接可靠。

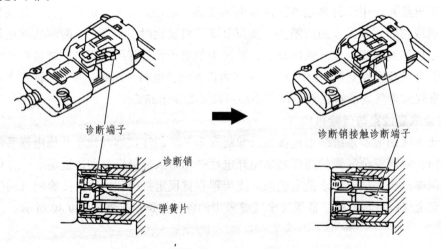

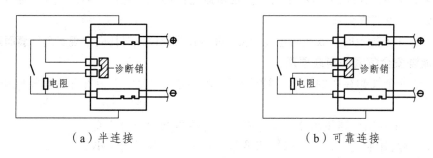

（a）半连接　　　　　　　　　　（b）可靠连接

图9.81　电路连接诊断结构

（3）连接器双重锁定机构。

常规安全气囊在线束的重要连接部位，其连接器采用了双重锁定机构，用于锁定连接器，防止连接器脱开。连接器上有主锁和两个凸台，还有锁柄能够转动的副锁。当主锁未锁定时，插头上的两个凸台就会阻止副锁锁定，如图9.82（a）所示；当主锁完全锁定时，副锁锁柄方能转动并锁定，如图9.82（b）所示；当主锁与副锁双重锁定后，连接器插头与插座的连接状态如图9.82（c）所示，插头与插座可靠连接，从而防止连接器脱开。

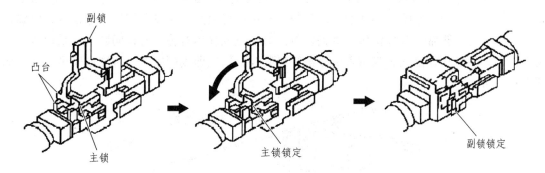

（a）主锁打开，副锁被挡住　　　（b）主锁锁定，副锁可以锁定　　　（c）双重锁定

图9.82　连接器双重锁定机构

9.5.4　智能型安全气囊

进入21世纪，汽车技术界根据安全气囊多年使用中出现的诸多问题，开始研制新一代具有多种自适应能力的智能型安全气囊。

1. 常规安全气囊存在的问题

（1）前碰撞传感器只检测碰撞时的惯性变化，即减速度，但碰撞损坏不仅与减速度有关，还与碰撞时的初速度密不可分，即人体的动量是撞伤的能量源，不可忽视。

（2）在紧急制动或车轮碰触异物时引发误爆。

（3）乘员座位如果无人，碰撞时将发生空爆，形成无谓损失。

（4）常规安全气囊不能充分保护儿童、妇女及身体矮小人员的安全。

（5）常规安全气囊迅速充满高温气体，在保护人员的同时，不可避免地造成一定程度的冲击损伤（如击碎眼镜）和轻度烧伤。

（6）叠氮化钠燃烧反应后产生的有害物质氮化钠和氢氧化钠，对驾驶员、乘员和事后的维修人员造成呼吸器官损坏。

（7）安全带不能及时有效地防止驾驶员、乘员在高速碰撞时扑向常规安全气囊而造成损坏。

2. 智能型安全气囊的组成原理

鉴于常规安全气囊存在的缺点，智能型安全气囊将设置以下装置并具有相应功能以解决上述问题。

（1）增设多普勒车速传感器，以检测汽车与障碍物的相对速度。

（2）增设红外乘员传感器，以检测乘员的有无与其身材的大小。

（3）安全带增设收紧装置，在智能型安全气囊引爆前先收缩安全带以缓解冲撞损失，碰撞后自动解除收紧力。在相对车速低于 16 km/h 时，只收紧安全带而不引爆智能型安全气囊。

（4）扩展 ECU 的控制范围，增加逻辑运算功能，计算不同车速和加速度下的最佳控制模式，根据乘员红外信号决定适当的充气压力和膨胀方向。ECU 根据各传感器的信号进行运算以确定是否引爆智能型安全气囊，但碰撞只是一瞬间，在无碰撞信号的绝大部分时间内，ECU 则连续通过传感器触点并联的电阻器上的压降检测系统工作，一旦该状态偏离可维持正常工作的临界值，ECU 便使安全气囊指示灯点亮。

（5）当车辆发生碰撞后，ECU 存储和记忆相关信息，如相对速度、加速度及安全带工作状态，并记录碰撞前系统和部件的性能参数，碰撞后可通过专用设备解读这些信息，以确定碰撞前系统是否正常，并提供事故查询资料。对于充气气体有害、有毒问题，可采用压储式惰性气筒，内装压缩氩气，当雷管引爆击穿隔膜时，氩气即刻膨胀冲入智能型安全气囊，如图 9.83 所示。

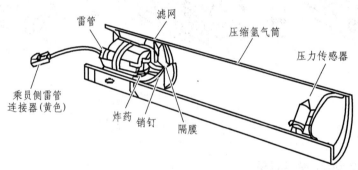

图 9.83　带有压缩氩气筒的混合型充气器

9.5.5　安全气囊的检修

1. 安全气囊故障检测注意事项

（1）安全气囊的故障很难确认，根据自诊断系统提取故障码是诊断和排除故障的重要途径。因此，在检测与排除安全气囊故障时，必须在拆下蓄电池负极电缆之前，读出故障码。

（2）检测工作务必在关闭点火开关，并将蓄电池负极电缆拆下 20 s 以后进行，因气囊备有备用电源，若检测工作在拆下蓄电池负极电缆后 20 s 内就开始，可能由备用电源供电使安全气囊误膨胀开。另外，汽车音响系统、防盗系统、时钟、电控座椅、电控座椅安全带收紧系统、微机控制驾驶位置设定的电控倾斜和伸缩转向系统、电控车外后视镜等系统均具有存储功能，当蓄电池负极电缆拆下后，存储的内容将会丢失。因此，在检测工作开始之前，应通知车主将音响、防盗系统的密码和其他控制系统的有关内容记录下来。当检测工作结束后再重新设置密码和有关内容并调整时钟。绝不允许使用车外电源来避免各系统存储的内容丢失，以免导致 SRS 误膨胀开。

（3）检测安全气囊时，即使只发生了轻微碰撞而 SRS 并未膨胀开，也应对前碰撞传感器、驾驶员 SRS 组件、乘员 SRS 组件、座椅安全带收紧器等进行检测。安全气囊对零部件的工作可靠性要求极高，所有零部件均为一次性使用部件，如需要更换零部件，则应使用新品，不允许使用不同型号车辆上的零部件。在检修汽车其他零部件时，如有可能对安全气囊的传感器产生冲击，则应在检修工作开始之前，先拆下前碰撞传感器，以防 SRS 误膨胀开。

（4）安全气囊的保险传感器采用了水银开关式传感器。因水银蒸气有剧毒，故保险传感器更换之后，换下的旧传感器不能随意毁掉，应作为有害废物处理。当前碰撞传感器、SRS ECU 或 SRS 组件摔碰之后或其壳体、支架、连接器有裂纹、凹陷时，应更换。前碰撞传感器、SRS ECU 或 SRS 组件不得暴晒或接近火源。

（5）绝对不能检测点火器的电阻，否则有可能引爆安全气囊。检测其他部件电阻和检测安全气囊故障时，必须使用高阻抗万用表，即最好使用数字万用表。若使用指针式万用表，因其阻抗小，表内电源的电压加到安全气囊上可能引爆安全气囊。在安全气囊各总成或零部件表面上，均标有说明标牌或注意事项，使用与检测时必须按规定进行。

（6）完成安全气囊的检测之后，须对 SRS 指示灯进行检测。当点火开关转到接通或辅助位置时，SRS 指示灯亮 6 s 左右后自动熄灭，说明安全气囊正常。

（7）拆卸或搬运 SRS 组件时，安全气囊饰盖一面应朝上，不得将 SRS 组件重叠堆放，以防安全气囊误膨开造成严重事故。

（8）在报废整车或报废 SRS 组件时，应在报废之前使用专用维修工具将安全气囊引爆。引爆工作应在远离电场干扰的地方进行，以免电场过强而导致安全气囊误爆。

（9）汽车已发生过碰撞，安全气囊一旦引爆膨胀开后，SRS ECU 就不能继续使用。

（10）当连接或拆下 SRS ECU 上的连接器时，因保险传感器与 ECU 组件在一起，所以应在 ECU 组件安装固定之后，再进行连接或拆卸，否则保险传感器就起不到保护作用。

（11）安装转向盘时，其位置须正确，即必须安装在转向柱管上，并使螺旋弹簧位于中间位置，否则会造成螺旋线束脱落或发生故障。安全气囊线束套装在黄色波纹管内，并与车颈线束和地板线束连成一体，所有线束连接器均为黄色，以便于区别。当发生交通事故而使安全气囊线束脱开或连接器破碎时，都应修理或更换安全气囊。

2. 安全气囊故障自诊断

安全气囊具有故障自诊断功能，其一旦发生故障，自诊断电路就能诊断出来，且控制仪表板上的 SRS 指示灯闪烁提示驾驶员安全气囊出现故障，同时将故障编成代码存入 SRS ECU 存储器，以便检测安全气囊时，通过调用故障码尽快查到故障部位。

（1）读取故障码。

丰田汽车安全气囊的故障码可用一根跨接线跨接诊断连接器上的 TC、E_1 两个端子，通过仪表板上的 SRS 指示灯闪烁规律读取。

① 检测 SRS 指示灯。将点火开关转到 ON 挡或 ACC 挡位置，如 SRS 指示灯亮 6 s 后熄灭，

说明 SRS 指示灯及其线路正常，可以读取故障码；若 SRS 指示灯不亮，说明指示灯或其线路有故障，应检修后才能读取故障码。

②若安全气囊功能正常，则仪表板上的 SRS 指示灯每秒闪烁两次，每次灯亮与灯灭时间均为 0.25 s，高电平时灯亮，低电平时灯灭；若安全气囊有故障，SRS 指示灯闪烁显示故障码，故障码为两位数字，SRS 指示灯先显示十位数字，后显示个位数字。同一数字灯亮与灯灭时间均为 0.5 s，十位数字与个位数字之间间隔 1.5 s。若有多个故障码，则故障码与故障码之间间隔 2.5 s，并按由小到大的顺序显示故障码。故障码全部输出后，间隔 4 s 再重复显示。各型SRS 的自诊断测试方法大同小异，丰田汽车 SRS 故障码及其含义如表 9.9 所示。

表 9.9　丰田汽车安全气囊系统 SRS 故障码

故障码	故障原因	故障部位	指示灯状态
正常	安全气囊正常	—	OFF
	安全气囊电源电压过低	蓄电池：SRS ECU	ON
11	安全气囊点火器线路搭铁前碰撞传感器线路搭铁	安全气囊组件、螺旋线束、前碰撞传感器、SRS ECU	ON
12	SRS 点火器引线与电源搭铁前碰撞传感器引线与电源搭铁 前碰撞传感器引线断路 螺旋线束与电源线搭铁	安全气囊组件、螺旋线束、传感器线路、SRS ECU	ON
13	SRS 点火器线路短路	安全气囊点火器、螺旋线束、SRS ECU	ON
14	SRS 点火器线路断路	安全气囊点火器、螺旋线束、SRS ECU	ON
15	前碰撞传感器线路断路	安全气囊线束、前碰撞传感器、SRS ECU	ON
22	SRS 指示灯线路断路	安全气囊线束、SRS 指示灯、SRS ECU	ON
31	SRS 备用电源失效 SRS ECU 故障	SRS ECU	ON
41	SRS ECU 曾记忆过故障码	SRS ECU	ON

（2）清除故障码。

SRS 指示灯只有在存储器中的故障码全部清除后，才能恢复正常显示。读取故障码时，如 SRS 指示灯显示有故障码，说明安全气囊发生过故障，但是无法显示故障是发生在现在还是过去。因此，每当排除故障后，必须清除故障码，并在清除故障码之后，再次读取故障码，确认故障码已全部清除。

安全气囊故障码的清除方法与其他电控系统故障码的清除方法有所不同。当故障码 11 至31 代表的故障被排除并清除故障码之后，SRS ECU 将代码 41 存入存储器中，使 SRS 指示灯一直发亮，直到代码 41 清除后，SRS 指示灯才恢复正常显示。因此，清除安全气囊故障码需要分两步进行：第一步清除代码 41 以外的故障码；第二步清除代码 41。

3. 安全气囊报废处理

在报废汽车整车或报废气囊组件时，应在报废之前，用专用维修工具将气囊引爆。引爆工作应在远离电磁场干扰的地方进行，以免电磁场过强而导致气囊误爆。引爆气囊应按制造厂家规定的方法进行，有的厂家规定在汽车上引爆，有的厂家规定从汽车上拆下气囊组件后引爆。

车上引爆方法如图 9.84 所示，操作引爆器的工作人员与汽车之间的距离至少应在 10 m 以上。

车下引爆方法如图 9.85 所示，具体操作过程如下：① 拆下蓄电池负极电缆；② 拔下 SRS 组件与螺旋线束之间的连接器；③ 剪断 SRS 组件线束，使连接器与线束分离；④ 连接引爆器接线夹与 SRS 组件引线；⑤ 先将引爆器放置距 SRS 组件 10 m 以外的地方，然后再将电源夹与蓄电池连接；⑥ 查看引爆器上的红色指示灯是否发亮，当红色指示灯发亮后才能引爆；⑦ 按下引爆开关引爆 SRS，待绿色指示灯发亮之后，将引爆后的 SRS 装入塑料袋内再作废物处理。

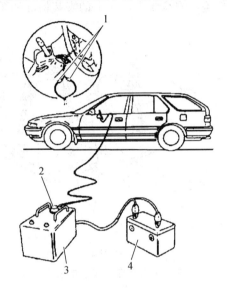

图 9.84　车上引爆气囊的方法

1—接线夹（黄色）；2—引爆开关；3—引爆器；4—12 V 蓄电池

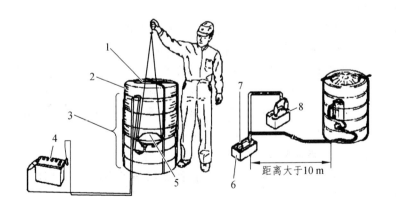

图 9.85　车下引爆气囊的方法

1—固定轮胎的绳子；2—未拆轮辋的轮胎；3—拆掉轮辋的轮胎；4，8—12 V 蓄电池；

5—气囊组件；6—引爆器；7—引爆开关

9.6　安全带控制系统

　　汽车安全带就是在汽车上用于保证驾驶员与乘客在车身受到猛烈撞击时，防止乘客当安全气囊弹出时被伤害的装置，并且在汽车失去平衡、倾覆或翻滚时，将人体固定在座椅上，避免人体在车内翻滚而遭受二次或多次碰撞。安全带又称为安全带紧急自动锁紧装置（Emergency Locking Retractor，ELR）。

　　现代汽车的速度很快，一旦发生碰撞，车身停止运动，而乘客身体由于惯性会继续向前运动，在车内与车身撞击，严重时可能把挡风玻璃撞碎而向前飞出窗外，安全带则对人起到缓冲的作用，防止出现二次伤害。安全带在汽车上的安装情况如图 9.86 所示。

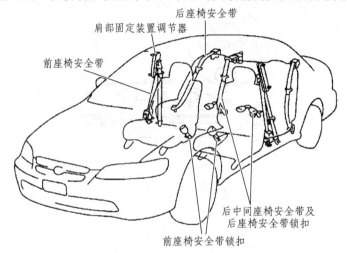

后座椅安全带

肩部固定装置调节器

前座椅安全带

后中间座椅安全带及
后座椅安全带锁扣

前座椅安全带锁扣

图 9.86　安全带在汽车上的安装情况

9.6.1　安全带的类型

1. 按固定方式分类

　　按固定方式不同，安全带可分为两点式、三点式、四点式 3 种。

　　（1）两点式安全带，是与车体或座椅仅有两个固定点的安全带。这种安全带又可分为腰带式和膝带式两种。虽然它不能保护人体上身的安全，但能有效地防止乘客被抛出车外。两点式安全带的软带从腰的两侧挂到腹部，形似腰带，在碰撞事故中可以防止乘员身体前移或从车内甩出。其优点是使用方便、容易解脱；缺点是乘员上身容易向前倾斜，前座乘员头部易撞到仪表板或挡风玻璃上。这种安全带主要用在汽车后排座位上。

　　（2）三点式安全带，是在两点式安全带的基础上增加了肩带，在靠近肩部的车体上有一个固定点，可同时防止乘员躯体前移和上半身前倾，增强了乘员的安全性，是目前使用最普遍的一种安全带。

　　（3）四点式安全带，在二点式安全带上连接两根肩带而构成的形式，一般用在赛车上。

2. 按智能化程度分类

　　按智能化程度来分，安全带分为被动式安全带与自动式安全带。

　　（1）被动式安全带需要乘员的操作才能起作用，即需要乘员自行佩戴。目前，大部分汽车所装配的都是被动式安全带。

（2）自动式安全带是一种自动约束驾驶员或乘客的安全带，即在汽车起动时，不需驾驶员或乘客操作就能自动提供保护，而且乘客上下车时，也不需要任何操纵动作。自动安全带分全自动式安全带和半自动式安全带两种。

9.6.2　安全带及控制系统的结构

安全带结构如图 9.87 所示，主要由织带、高度调节器、带扣、安全带控制系统等组成。织带是构成安全带的主体，多用尼龙、聚酯、维尼纶等合成纤维丝纺织成宽约 50 mm，厚约 1.5 mm 的带子，具有足够的强度、延伸性能和吸收能量的性能。

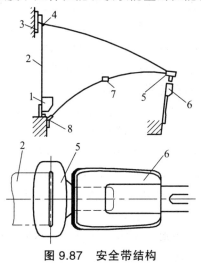

图 9.87　安全带结构

1—收紧器；2—织带；3—高度调节器；4—导向板；5—锁舌；6—带扣；7—限位钮；8—底支架

安全带控制系统仅在安全气囊系统的基础上，增设了防护传感器和左、右座椅安全带收紧器，由碰撞防护传感器、中心碰撞传感器、前碰撞传感器、电控单元 ECU 和安全带收紧器等组成。其中，安全带收紧器为执行器，中心碰撞传感器、前碰撞传感器和电控单元 ECU 与 SRS 系统共用。雷克萨斯 LS400 汽车辅助防护系统零部件位置如图 9.88 所示。该车安全气囊

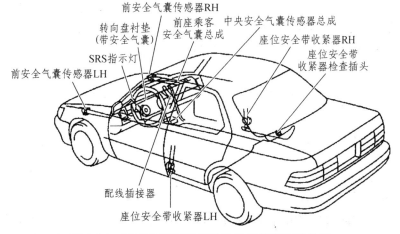

图 9.88　LS400 型汽车辅助防护系统零部件位置

系统增加了前排左、右两个安全带收紧器。安全带收紧器主要由气体发生器、带轮、离合器、导管、自动安全带卷筒、活塞和缆绳等组成。其中，气体发生器结构原理和安全气囊系统的气体发生器基本相同。

9.6.3 安全带的工作原理

1. 安全带控制系统的工作原理

安全带控制系统和 SRS 组成的辅助防护系统控制电路如图 9.70 所示。前左、右碰撞传感器与设置在 SRS ECU 内部的中心传感器相互并联，驾驶席气囊（点火器）与乘员席气囊（点火器）并联，左、右安全带收紧器（点火器）并联。在 SRS ECU 中设有两个相互并联的防护传感器，其中一个控制收紧器点火器电源，另一个控制气囊点火器电源。

当汽车遭受碰撞且减速度达到防护传感器设定的阈值时，首先将安全带点火器电源接通。与此同时，如果减速度达到中心传感器和前碰撞传感器的设定阈值，那么 SRS ECU 将判断为发生碰撞，并立即发出指令接通安全带收紧器点火器电路，电热丝通电红热并引爆引药，引药释放大量热量使充气剂受热分解并释放大量无毒氮气冲入收紧器导管。活塞在膨胀气体的作用下带动钢丝绳迅速移动，与此同时，钢丝绳通过棘轮机构带动安全带卷筒转动将安全带收紧。在 8 ms 内能将安全带收紧 10～15 cm，使驾驶员和乘员身体向前移动距离缩短，防止面部、胸部与转向盘、风窗玻璃或仪表板发生碰撞而受到伤害。

在 SRS ECU 向安全带收紧器点火器发出点火指令的同时，还向气囊点火器发出点火指令，引爆气囊点火器。因此，在座椅安全带收紧的同时，驾驶席气囊和乘员席气囊同时膨胀开，吸收碰撞产生的能量，达到保护驾驶员和乘员的目的。待冲击峰值过去，或者人已经能受到安全气囊的保护时，安全带就会放松以免压伤人的肋骨。

2. 安全气囊与安全带控制系统的协调工作过程

当车速低于 30 km/h 时，碰撞产生的负加速度和惯性力较小，未达到安全气囊设定的阈值时，安全传感器和中心传感器将此信号送到安全气囊 ECU，安全气囊 ECU 判断结果为不引爆安全气囊，仅引爆安全带收紧器的点火器，与此同时，安全气囊 ECU 向左、右安全带收紧器点火器发出点火指令使安全带收紧，防止驾驶员和乘员遭受伤害。

当车速高于 30 km/h 时，碰撞产生的负加速度和惯性力较大，达到安全气囊设定的阈值时，安全传感器、中心传感器和碰撞传感器将此信号送到安全气囊 ECU，安全气囊 ECU 判断结果为需要安全气囊和收紧器共同作用来保护驾驶员和乘员，与此同时，安全气囊 ECU 向左、右安全带收紧器点火器和气囊点火器发出点火指令，引爆所有点火器，在安全带收紧的同时，驾驶席气囊与乘员席气囊同时膨胀开，吸收碰撞产生的动能，达到保护驾驶员和乘员的目的。

9.6.4 安全带的检修

汽车严重碰撞后，正确地检测和维修安全带是至关重要的。汽车正面受到碰撞快速减速时，人体的质量可以在安全带上产生极大的力。在翻车事故中，安全带可以避免乘客从车窗摔出去。乘客舱从侧面受到撞击时可以使车门和立柱上的钣金件变得很锋利，像一把小刀一样切断安全带。为了使汽车恢复到事故前的状态，必须检测所有的安全带以确保以后汽车受到任何撞击时会对乘员进行保护。

1. 安全带收紧器的检修

（1）绝对不能检测安全带收紧器中点火器的电阻，否则有可能导致安全带收紧器引爆而发生意外伤害。

（2）安全带收紧器既不能沾水、沾油，也不能用任何类型的洗涤剂清洗。

（3）安全带收紧器应当存放在环境温度低于 80 ℃、湿度不大并远离电磁场干扰的地方。

（4）当需用电弧焊修理汽车车身时，应在操作电焊之前，将安全带收紧器的连接器脱开；该连接器设在前车门门框下地毯的下面。

（5）在报废汽车整车或报废安全带收紧器时，应在报废之前先用专用维修工具将收紧器点火器引爆。引爆工作应在远离电磁场干扰的地方进行，以免电磁场过强而导致点火器误爆。引爆收紧器点火器的方法与引爆气囊组件相同。

（6）存放新或旧安全带收紧器时，双重锁定机构的副锁应处于锁止位置，防止转动锁柄损坏。

（7）如果汽车装配的是烟火式安全带收紧器，那么气囊爆开后必须更换安全带收紧器，因为推进剂已经在碰撞期间被安全带的拉力耗尽。

2. 安全带织带的检修

织带是安全带的最主要部件，其性能包括带的抗拉强度、宽度、宽度收缩率、伸长率、能量吸收性、耐候性、耐磨性、耐寒性、耐热性、耐水性以及不褪色性等。对织带进行检查时，应从收紧器中完全拉出安全带进行检查，如果发现下列情况则需更换新的安全带：扭曲、裂口或损坏、纤维断开或拉出、割伤、褪色或染色、卡在导向板中。

3. 锁扣的检修

检测安全带锁扣时，执行下列步骤：

（1）将安全带舌部插入锁扣，直到听到一下咔嗒声。快速向回拉织带以确保锁扣正确扣上。

（2）如果锁扣无法扣上，则更换安全带总成。

（3）压下锁扣上的按钮以松开安全带。用正确的手指力量应该可以松开安全带。

（4）如果锁扣护罩出现裂缝或按钮松动，则更换安全带总成。如果松开锁扣需要的压力过大，也要更换安全带总成。

4. 固定器的维修

检查安全带固定器时，拆下金属固定板上的所有塑料装饰件。检查安全带固定器和螺栓是否有活动或变形的迹象，如有必要，进行更换，将更换的固定板装到原始位置，安全带和固定板应朝向座椅。

9.7 汽车防盗控制系统

随着社会的进步，人们生活水平的提高，汽车越来越成为人们生活中不可缺少的一部分。同时，随着汽车数量增多，车辆被盗的数量也逐年上升，这给社会带来极大的不安定因素，担心车辆被盗，成为困扰每一位车主的难题，据此，汽车防盗器应运而生，并得到较好的发展。

汽车防盗器是一种安装在汽车上的，用来增加盗车难度，延长盗车时间的一种装置，是汽车的保护神。它与汽车上的电路连接在一起，从而可以起到避免车辆被盗、被破坏的现象发生，以达到保护汽车的目的。特别是到了21世纪的今天，由于无线技术的不断发展，使得汽车防盗系统的设计更加灵活、安全、方便和可靠。

9.7.1 防盗系统的类型

随着科技的发展，汽车防盗装置日趋严密和完善，目前防盗器按其结构与功能可分四大类：机械式、电子式、芯片式和网络式。

1. 机械式防盗器

早期的汽车防盗器主要是机械式的防盗锁。机械锁发展至今经过了多次技术升级，如今机械式防盗器包含了钩锁、转向盘锁和变速挡锁等防盗锁，它主要是通过锁定汽车的离合、制动、油门或转向盘以及变速挡来达到防盗的目的，只防盗但不报警。其优点是价格便宜，只需几十元至几百元，且安装简便，可以在一定程度上吓阻盗车贼，增加盗车难度。缺点是防盗不彻底，每次拆、装比较麻烦，不用时还得找地方放置，占用驾驶室空间。该防盗器目前车辆上使用得不多。

2. 电子式防盗器

为了克服机械锁只防盗不报警的缺点，电子报警防盗器应运而生。汽车电子防盗系统是在原有中央门锁的基础上加设了防盗系统的控制电路，是目前较为理想的防盗装置。如果有行窃者盗窃汽车或汽车上的物品，防盗系统不仅具有切断启动电路、点火电路、喷油电路、供油电路、变速电路、将制动锁死等功能，同时，还会发出不同的求救的声光信号进行报警，给窃贼一个精神上的打击，以阻止窃贼行窃。归纳起来，其主要功能有4种：一是报警功能，锁门后如有人撬车门或用钥匙开车门，会立即鸣叫报警；二是车门未关提示；三是寻车功能；四是遥控中央门锁。

插片式、按键式和遥控式等都属于电子式防盗器。遥控式汽车防盗器的特点是可遥控防盗器的全部功能，可靠方便，可带有振动侦测门控保护及微波或红外探头等功能。随着科技的快速发展，遥控式汽车防盗器还增加了许多方便、实用的附加功能，如遥控中控门锁、遥控送放冷暖风、遥控电动门窗及遥控开行李舱等。现在，市场上已有双向功能的电子防盗器，双向电子防盗器比单向的更直观，这种防盗器不仅能由车主遥控车辆，车辆还能将自身状态传送给车主，如车门被开启或车窗玻璃被破坏等。但是电子防盗器普遍存在误报警的现象，而且也没有从根本上解决车辆丢失问题，并且它还有一个致命伤，当车主操纵遥控器时，偷车贼可以用接收器或扫描器盗取遥控器发射的无线电波或红外线，经解码就可以开启汽车的防盗系统。电子式防盗器是汽车上用得最多的一种，后面会作详细介绍。

3. 芯片式数码防盗器

芯片式数码防盗器是现在汽车防盗器发展的重点，基本原理是锁住汽车的马达、电路和油路，杜绝被扫描的弊病，在路边配制的钥匙即使能打开车门也无法启动汽车。

4. 网络式防盗器

网络式防盗器是利用GPS卫星定位系统或其他网络系统，将报警信息和报警车辆所在位置无声地传送到报警中心，具有车辆定位、遥控熄火、网络查询及跟踪、车内监听、路况信息查询、人工导航等多种功能，是全方位的防盗系统。

GPS 卫星定位汽车防盗系统主要靠锁定点火或启动达到防盗的目的，同时，还可通过 GPS 卫星定位系统，将报警信息和报警车辆所在位置无声地传送到报警中心。可以在全国范围内实时检测车辆位置，还可以通过车载移动电话监听车内声音，必要时，可以通过手机关闭车辆油路、电路并锁死所有门窗。如果 GPS 防盗器被非法拆卸，它会自己发出报警信息。该产品从技术上来讲是可靠的，但效果不尽如人意。原因是这些系统要构成网络、消除盲区（少数接收不到信号的地区）需要完善的配套设施等，且价格较高，所以目前车主选用尚不多。

9.7.2 电子防盗系统的组成

图 9.89 为汽车防盗系统的组成。当用钥匙锁好所有车门时，该系统处于约 30 s 检测时间警报状态。之后，系统中的指示器（一般为发光二极管 LED）开始断续闪光，表明系统处于警报状态。当第三方试图解除门锁或打开车门时（当所有输入开关均设定为关闭状态时），系统则发出警报。当车主用钥匙开启门锁时，这种警报状态或警报运转将解除。警报一般以闪烁灯或发声警报的形式发出，警报发生后持续时间约为 1 min，但启动电路直到采用钥匙打开汽车门锁之前始终处于断路状态。

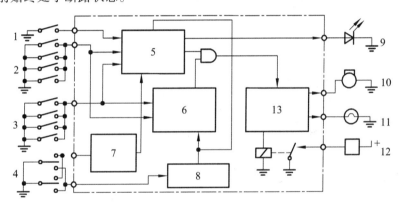

图 9.89 汽车电子防盗系统的组成

1—钥匙存在开关；2—开门开关；3—锁门开关；4—钥匙操作开关；5—警报状态设置；
6—是否盗贼检测；7—30 s 定时器；8—解除警报状态；9—LED 指示灯；10—警报器；
11—警报灯；12—启动继电器；13—警报控制

9.7.3 防盗系统的工作原理

图 9.90 为美国克莱斯勒公司帝王（Imperial）车的防盗线路图。从图中可以看出，防盗计算机的主要输入信号由 3 部分产生：遥控模块，左、右锁孔开关和 4 个门的微型开关。

当防盗器启动后，只有通过遥控器发出的开门信号被遥控模块接收到，或用车钥匙插入钥匙孔开门，才能使防盗计算机解除警戒状态，此时，就可以正常开启车门。若有人不通过上述手段打开车门，即为非法开启，此时，车门微型开关线路闭合，而遥控模块和锁孔开关并没有信号反馈给防盗计算机，计算机即判断为非法，于是使喇叭线路及其相关的各种灯的开关模块的断电器控制线路接通。

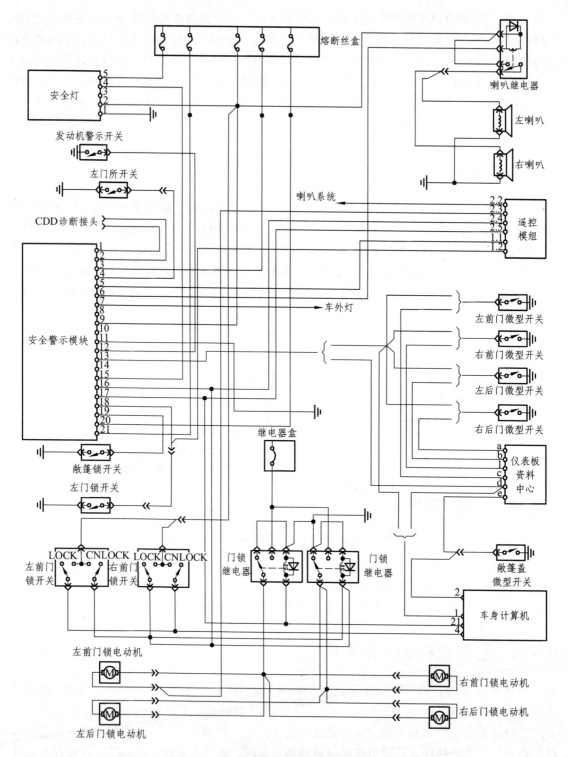

图 9.90　美国克莱斯勒公司的帝王（Imperial）车的防盗线路图

　　这种防盗系统极为简单，防止开门的手段只有门锁、遥控器及微型开关，而且不能从根本上防止窃贼将车开走。所以人们又想办法增强防盗系统的功能，主要从两个方面入手：一是使中央控制门锁功能增强；二是当前一功能失效时，增强其他必要手段的锁止功能。

1. 强化中央门锁系统功能

（1）测量开门锁钥匙的电阻。

图9.91为汽车防盗系统的示意图。该车内，每一把钥匙内部均有一设定电阻，每部车的中央控制计算机将记住该电阻值。若用齿形相同但阻值不同的钥匙开启车门或启动发动机，则防盗系统认为是非法，这时防盗喇叭会响，同时会切断启动继电器控制线圈的搭铁回路，使启动机不能工作，同时控制发动机计算机，使喷油嘴不喷油。

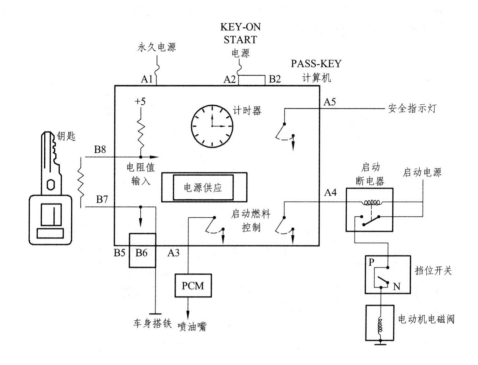

图9.91　防盗系统

（2）加装密码锁。

车用密码锁的功能与钥匙、遥控器处于同一种地位，即用其中任何一种方法都可打开车门，这样，加装密码锁后，车主就无须为保管好钥匙或遥控器以免丢失而头痛了。密码锁有十位键，而密码则一般取五位数。也就是说，密码共有10万种组合，而且已设定的密码也可以由车主任意改变。

（3）遥控器增加保险功能。

对于窃贼来说，只要能复制遥控器，一样可轻松打开车门。而普通遥控器的复制对于专业人员来说并不难，只需一台示波器，读出遥控器发出的无线电信号的频率即可。因此，有些车辆采用一种新的遥控器，它与防盗计算机配合，由固化程序设定频率，即每次车主重新锁门后，遥控器与接收器均按事先设定的程序同时改变为另一频率，这样遥控器便无法复制。

（4）意外振动报警器。

为防止窃贼将车用集装箱拉走再拆开处理，现在有些车采用了意外振动警报装置。它的工作原理是在汽车内部加装振动传感器，若汽车受到意外移动或碰撞，使振动传感器反馈信号大于标准值时，警报喇叭和灯光便一起工作，以提醒车主注意。

2. 防盗控制的增强途径

（1）使启动机无法工作。

图 9.92 为富豪 940（Volvo940）汽车的防盗线路图。该图右上角有一根线是接启动机继电器的，该线外部连接至继电器控制线路，通过防盗计算机来控制该线是否搭铁，从而控制继电器是否闭合，这样就达到控制启动机能否工作的目的。若通过正常途经解除防盗警戒，则启动机与喇叭、灯光等都处于正常工作状态，若未解除防盗警戒而发动汽车，即使短接钥匙孔后面的启动线，也无法将发动机启动，从而起到防盗的功能。

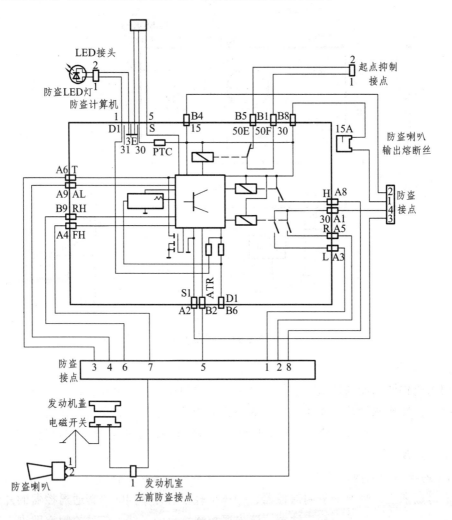

图 9.92　富豪 940（Volvo940）汽车的防盗线路图

（2）使发动机无法工作。

如图 9.93 所示，该车防盗计算机不仅控制着启动线路，同时也可切断汽油泵继电器控制线路，使发动机处于无油供给状态，另外，又控制自动变速器继电器控制线路，使自动变速器液压油路控制板中的电磁阀无法打开，从而使变速器无法工作。另外，也有某些车系同时可以切断发动机计算机板中的某些搭铁线路，使点火系统不工作，喷油嘴电磁阀处于切断位置，从而使发动机无法工作。

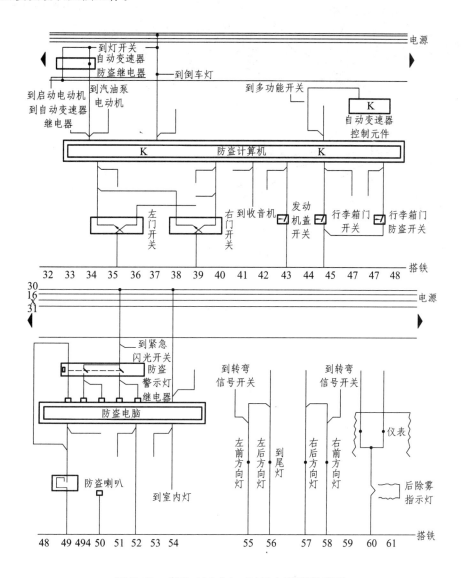

图 9.93　奥迪 100（Audi100）防盗线路图

（3）使发动机计算机处于非工作状态。

一种新的防盗措施，即防盗计算机板通过连线把某一特定频率的信号送到发动机计算机。解除防盗警戒后，防盗计算机板便发出该信号，这时发动机计算机才能正常工作，若未解除防盗警戒或直接切断防盗计算机电源，则该信号不存在，发动机计算机便停止工作，使发动机无法启动。图 9.94 为防盗装置在车上的布置。

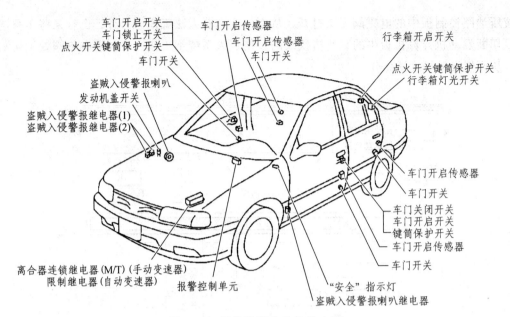

车门开启开关
车门锁止开关
点火开关键筒保护开关
车门开关
盗贼入侵警报喇叭
发动机盖开关
盗贼入侵警报继电器(1)
盗贼入侵警报继电器(2)

车门开启传感器
车门开启传感器
车门开关

行李箱开启开关

点火开关键筒保护开关
行李箱灯光开关

车门开启传感器
车门开关
车门关闭开关
车门开启开关
键筒保护开关
车门开启传感器
车门开关

离合器连锁继电器(M/T)(手动变速器)
限制继电器(自动变速器)
报警控制单元
"安全"指示灯
盗贼入侵警报喇叭继电器

图 9.94　防盗装置在车上的布置

10　汽车舒适性控制系统

10.1　汽车电控悬架系统

当车辆行驶在复杂的环境中时，车速以及行驶工况（加速、制动、转向、直线行驶）经常要发生变化，如汽车在急速起步或急加速时会产生"加速后仰"现象；汽车高速行驶紧急制动时会产生"制动点头"现象；汽车在急转弯行驶时会产生"转向侧倾"现象。上述情况会对汽车的行驶平顺性和操纵稳定性产生不利的影响。被动悬架由于其结构特点，很难保证汽车的乘坐舒适性和操纵稳定性同时达到最佳。因此，为解决这一问题产生了根据工况要求保证汽车的性能达到最佳的电控悬架。电控悬架采用传感器技术、控制技术和机电液一体化技术对汽车的行驶工况进行监测，由 ECU 根据一定的控制逻辑产生控制指令，控制执行元件产生动作，保证汽车具有良好的行驶性能。

10.1.1　电控悬架概述

1. 电控悬架的功能

（1）调节车身高度。

汽车载荷变化时，电控悬架系统能自动维持车身高度不变，汽车即使在凹凸不平的道路上行驶也可保持车身平稳。

（2）提高车辆的行驶平顺性和操纵稳定性，抑制车辆姿态的变化（后仰、点头、侧倾）。

当汽车急速起步或加速行驶时，由于惯性力及驱动力的作用，会使车尾下蹲产生"后仰"现象，电控悬架能够及时地改变悬架的刚度，抑制后仰的发生；当汽车在高速行驶中紧急制动时，由于惯性力和轮胎与地面摩擦力的作用，会使车头下沉产生制动"点头"现象，电控悬架能使汽车在这种工况下使车头的下沉量得到抑制；当汽车急转弯时，由于离心力的作用，汽车车身向一侧倾斜，转弯结束后离心力消失，汽车在这样的工况下会产生车身的横向晃动，电控悬架在这种工况下能够减少车身倾斜的程度、抑制车身横向摇动的产生。因此，电控悬架在一定程度上能使悬架适应负荷状况、路面不平度和操纵情况的变化。

（3）提高车轮与地面的附着力，改善汽车的制动性和提高汽车抵抗侧滑的能力。

普通汽车在制动时，车头向下俯冲，由于前、后轴载荷发生变化，使后轮与地面的附着条件恶化，延长了制动过程。电控悬架系统可以在制动时，使车尾下沉，充分利用车轮与地面的附着条件，加速制动过程，缩短制动距离。电控悬架可使车轮与地面保持良好接触，即车轮跳离地面的倾向减小，因而可提高车轮与地面的附着力，从而提高汽车抵抗侧滑的能力。

2. 电控悬架的类型

电控悬架按照其动力源分为半主动悬架和全主动悬架两大类。另外，近年来兴起的主动横向稳定杆，作为一种主动侧倾控制（Anti-Roll Control，ARC）系统，通过对悬架进行主动干预和调节来实现汽车动力学控制，可以明显提高车辆侧倾刚度，起到减小车身侧倾角的作用，保证车辆平顺性，同时，在一定程度上可以提高汽车的操纵稳定性，现已成为世界汽车技术发展的研究热点之一。

（1）半主动悬架。

1973年，美国加州大学戴维斯分校的 D. A. Crosby 和 D. C. Karnopp 首先提出了半主动悬架的概念。其基本原理是：用可调刚度的弹簧或可调阻尼的减振器组成悬架，并根据簧载质量的加速度响应等反馈信号，按照一定的控制规律调节弹簧刚度或减振器的阻尼，以达到较好的减振效果。半主动悬架分为刚度可调和阻尼可调两大类。目前，在半主动悬架的控制研究中，以对阻尼控制的研究居多。阻尼可调半主动悬架又可分为有级可调半主动悬架和连续可调半主动悬架，有级可调半主动悬架的阻尼系数只能取几个离散的阻尼值，而连续可调半主动悬架的阻尼系数在一定的范围内可连续变化。

① 有级可调减振器。

有级可调减振器的阻尼可在 2、3 挡之间快速切换，切换时间通常为 10～20 ms。有级可调减振器实际上是在减振器结构中采用较为简单的控制阀，可由驾驶员选择或根据传感器信号自动进行选择所需的阻尼级，使通流面积在最大、中等或最小之间进行有级调节。通过减振器顶部的电机控制旋转阀的旋转位置，使减振器的阻尼在"软、中、硬" 3 挡之间变化，也就是说，可以根据路面条件（好路或坏路）和汽车的行驶状态（转弯或制动）等，来调节悬架的阻尼级，使悬架适应外界环境的变化，从而可较大幅度地提高汽车的行驶平顺性和操纵稳定性。有级可调减振器的结构及其控制系统相对简单，但在适应汽车行驶工况和道路条件的变化方面有一定的局限性。

三级可调减振器的旁路控制阀如图 10.1 所示，它是由调节电动机 1 带动阀芯 2 转动，使控制阀孔 3 具有关闭、部分开启和全开 3 个位置，产生 3 个阻尼值，以适应不同的行驶条件。驾驶员可根据道路条件和车速等情况，选择不同的阻尼值。如要求舒适时，可选择较小的阻尼值，降低系统固有频率，以减小对车身的冲击；如需要高速赛车的感觉时，可选择高阻尼值，以利于安全性的提高。阻尼值与行驶条件的关系如图 10.2 所示。

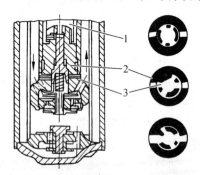

图 10.1　三级可调减振器的旁路控制阀

1—调节电动机；2—阀芯；3—控制阀孔

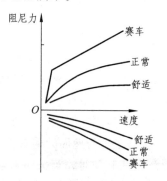

图 10.2　阻尼与行驶条件的关系

三级超声悬架系统是由日产公司研制成功，并首先装于 1988 年的 Maxima 汽车上，后来无限 M30 汽车上也安装了三级超声悬架系统，简称 SSS，如图 10.3 所示。

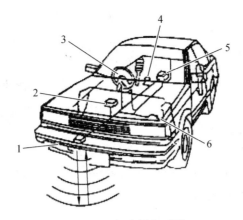

图 10.3 超声悬架系统

1—路面超声波传感器；2—警示灯开关；3—转向盘转角传感器；4—车速传感器；

5—控制装置；6—节气门位置传感器

② 连续可调减振器。

连续可调减振器是在有级可调减振器的基础上，通过 ECU 进行控制，使减振器阻尼按照行驶状态的动力学要求作无级调节，使其在几毫秒内由最小变到最大，对阻尼变化响应快，可以提高汽车的安全性、操纵稳定性和舒适性。

减振器通过减振器控制杆旋转一定的角度，改变控制阀节流孔的流通面积，从而实现阻尼值的无级变化。该系统 ECU 接收传感器送入的汽车起步、加速和转向等信号，计算出相应的阻尼值，发出控制信号到执行器，经控制杆调节控制阀，使节流孔阻尼变化。变阻尼执行元件的结构如图 10.4 所示。它装在减振器上部，由步进电机、小齿轮和扇形齿轮组成，得到控制信号后，步进电机通过扇形齿轮驱动控制杆转动。

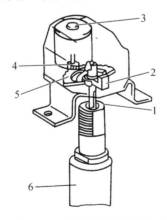

图 10.4 变阻尼执行元件结构

1—步进电机；2—电磁线圈；3—减振器阻尼控制杆；4—挡块；5—扇形齿轮；6—驱动小齿轮

该电子控制悬架具有正常、运动和自动 3 种模式，可通过转换开关进行选择。只有在自动位置时，各个减振器才在 ECU 自动控制下工作。

图 10.5 表示了不同类型减振器阻尼力的变化范围。

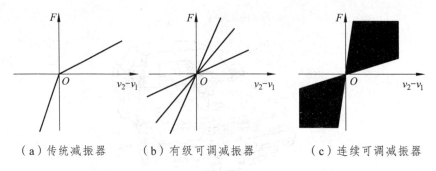

| （a）传统减振器 | （b）有级可调减振器 | （c）连续可调减振器 |

图 10.5　不同类型减振器阻尼力的变化范围

由图 10.5 可知，传统减振器阻尼只能在一条线上变化，有级可调减振器可在几条线上变化，而连续可调减振器则可在整个平面内变化。在有些情况下，连续可调减振器可达到被动悬架不能达到的区域，如汽车通过一段较长的弯道时，要求有很大的阻尼，以使外侧车轮离心力产生的摆动转矩很快衰减，这不仅对平顺性有利，而且使各轮的附着力储备比较均匀。

国内外在电流变体和磁流变体减振器方面也取得了较大的进展，其工作原理是通过改变电流或磁场作用使液体介质发生特性改变，从而改变阻尼。采用这两种介质的可调阻尼减振器响应快速、可控性好，但在可靠性、介质的稳定性及成本方面仍需要做大量的研究工作。

（2）主动悬架。

目前，主动控制悬架系统有以高压液体作为能量的液压悬架和油气悬架，也有以高压气体作为能量的空气悬架。主动悬架系统根据车速、转向、制动、位移等传感信号，经 ECU 处理后，控制电磁式或步进电机式执行器，改变悬架的刚度，以适应复杂的行驶工况对悬架的要求。主动控制悬架控制的参数可以是车身高度、弹簧刚度、减振器的阻尼力等。

沃尔沃 740 汽车的主动悬架系统如图 10.6 所示，它采用计算机控制的液压伺服系统。计算机接收并处理传感器测得的汽车操纵及车身和车轮的状态信息，不仅能控制液压缸的动作，而且还可以根据需要改变悬架的刚度，对各车轮进行单独控制。在不良路面上行驶时，当车身不稳、转向和制动时，车身也能够保持水平。

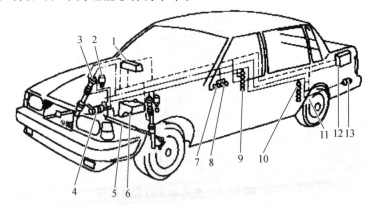

图 10.6　沃尔沃 740 汽车的主动悬架系统

1—控制面板；2，13—蓄能器；3—前、后作动器液压缸；4—液压缸；5—转向角传感器；

6—油箱；7—横摆陀螺仪；8—纵向加速度传感器；9，10—伺服阀门；

11—轮毂加速度传感器；12—控制计算机

一些日本高级汽车上使用的压力控制型油气悬架（简称电控油气悬架）系统的工作示意图如图 10.7 所示。它由一个压力控制阀和一个单作用油气弹簧构成，压力控制阀实际上由一个电控液压比例阀和一个机械式压力伺服滑阀组成，油气弹簧则是一个具有弹性元件（气体弹簧）和阻尼元件的特殊液压缸。该系统工作时，对于低频（2 Hz 以下）的干扰，可以通过 ECU 对控制阀的线圈加一电流以控制针阀开口，从而在控制阀的出口处产生一个与之成比例的输出油压，以此来控制油气悬架内的油压，以控制车体的振动；对于中频（2~7 Hz）的干扰，主要由滑阀的机械反馈功能对油气悬架内的油压进行伺服控制，从而进行车体减振；对于高频（7 Hz 以上）的干扰，则利用油气悬架内的气体弹簧吸收振动能量而达到减振的目的。

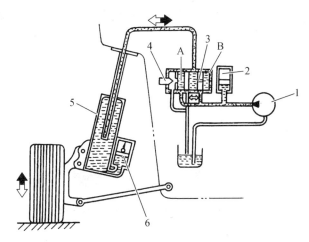

图 10.7　电控油气悬架系统工作示意图

1—液压泵；2—蓄能器；3—机械式压力伺服滑阀；4—电控液压比例阀；

5—液控油缸；6—气体弹簧

电控油气悬架根据 ECU 的指令信号调节磁化线圈的电流大小，改变液压比例阀的位置，使悬架液压缸获得与电流成比例的油压。通常，在行驶状态下，伺服阀两侧 A 室的系统油压与 B 室的反馈油压相互平衡，伺服阀处于主油路与液压缸相通的位置，控制车体的振动。当路面凸起而使车辆发生跳动时，悬架液压缸压力上升，伺服阀 B 室的反馈压力超过 A 室的压力，推动滑腔向左侧移动，液压缸与回油通道接通，排出机油，维持压力不变，从而使车轮振动被吸收而衰减。在悬架伸张行程，液压缸内的压力下降，伺服阀 A 室压力大于 B 室压力，滑阀右移，主油路与液压缸接通，来自系统的压力油又进入液压缸，以保持液压缸内的压力不变。

空气悬架按进气的控制方式分为机械式空气悬架和主动式空气悬架。机械式空气悬架系统通过压缩空气的气压能够随载荷和道路条件的变化进行自动调节，保持车身高度不变；主动式空气悬架能够根据汽车行驶状态和外界激振的变化自动调节空气弹簧的刚度、减振器的阻尼以及车身高度，在高速、低速、制动、转向等工况下，在各种道路上行驶时自适应地改变参数来缓和路面传来的冲击和振动，提高车辆行驶的平顺性和操纵稳定性。

（3）主动横向稳定杆。

汽车转向或者做曲线运动时，离心力会对汽车车身产生一个侧倾力矩，这个侧倾力矩一方面引起车身侧倾，另一方面使车轮的簧载质量发生由内轮向外轮的转移。对装有被动横向稳定杆的汽车来说，车轮的簧载质量在前后轴上转移的分配比例是由前后轴的侧倾刚度决定的。而主动横向稳定杆则可以根据具体情况，主动地让稳定杆的左右两端做垂直方向的相对位移，产生一个可连续变化的反侧倾力矩，以平衡车身的侧倾力矩，使车身的侧倾角接近于零，这样减小了车身侧倾运动，提高了舒适性。由于汽车前后两个主动稳定杆可调节车身的侧倾力矩的分配比例，从而可调节汽车的动力特性，提高汽车的安全性和机动性。

主动横向稳定杆有两种不同的结构形式，第一种如图 10.8 所示，将被动侧倾稳定杆从中间分开，通过一个旋转马达把稳定杆的左右两部分连接起来，旋转马达能让左右两部分进行相对转动，其转矩可以通过 ECU 调节；第二种如图 10.9 所示，在被动稳定杆其中一端安装一个差动液压缸机构，差动液压缸机构一端与稳定杆连接，另一端与同车轮的横向摆臂连接，其两端的距离可以通过 ECU 调节。

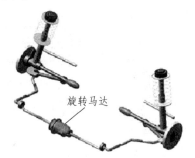

图 10.8　旋转马达式主动横向稳定器

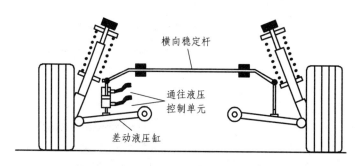

图 10.9　差动液压缸式主动横向稳定器

10.1.2　电控悬架系统的组成

目前，电控悬架在高级汽车、客车上应用较为广泛，主要由转向传感器、车身高度传感器、车速传感器、节气门位置传感器、重力加速度传感器、电控悬架 ECU 和执行器部件如压缩机控制继电器、空气压缩机排气阀、空气弹簧进/排气电磁控制阀、模式控制继电器等组成，如图 10.10 所示。系统根据车身高度、车速、转向和制动等传感信号，由 ECU 控制电磁式或步进电机执行器，改变悬架的特性，以适应各种复杂的行驶工况对悬架特性的不同要求。

1. 传感器

（1）转向传感器。

转向传感器安装在转向柱上，用来检测转向时的转向角度和汽车转弯的方向，并将这些信息提供给 ECU，以在转弯时提高汽车的操纵稳定性，防止出现侧倾。转向传感器由一个带孔圆盘和两个光电传感器组成，其外形和工作原理如图 10.11 所示。

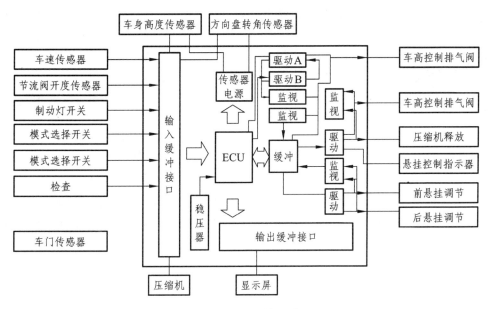

图 10.10　电控悬架的系统原理图

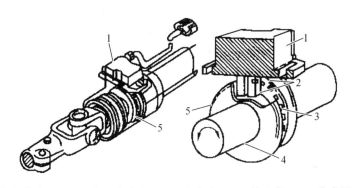

1—转角传感器；2—信号发生器；3—遮光盘；4—转向轴；5—传感器圆盘

图 10.11　光电式转角传感器的安装位置和结构

开有 20 个孔的遮光盘随转向轴一起转动，遮光盘的两侧为由发光二极管和光敏晶体管组成的信号发生器，它们两者之间的光线变化随着遮光盘的遮挡或通过转换成"通"或"断"信号。当操纵方向盘时，遮光盘随着一起转动而引起发光二极管发出的光线"通"或"断"的信号，这种信号是与方向盘转动成正比的数字信号。传感器信号发生器以两个为一组，相位错开半齿套装在遮光盘上，ECU 通过判断两个光电传感器信号的相位差可以判断转弯方向，如图 10.12 所示。汽车直线行驶时，信号 S_1 处于通断的中间位置（高电平，断状态），转向时，根据信号 S_1 和下降沿处信号 S_2 的状态，即可判断出转动的方向。当信号 S_1 由断状态变为通状态（低电平）时，如果信号 S_2 为通状态，则为左转向；如果信号 S_2 为断状态，则为右转向。根据这两个信号输出端通、断变换的速率，即可检测出转向轴的转动速率，通过计数器统计通、断变换的次数，即可检测出转向轴的转角。

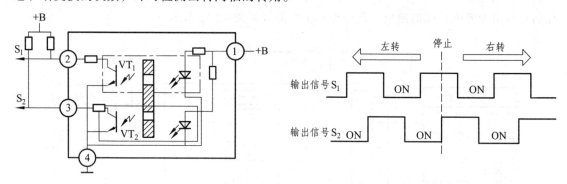

图 10.12　光电式转角传感器的电路及输出信号

（2）车身高度传感器。

车身高度传感器安装位置如图 10.13 所示，通常安装在车身上，并通过转轴、连杆与悬架臂相连接，通过检测车身与悬架摆臂之间的距离变化，可以检测汽车高度和因道路不平坦而引起的悬架位移量。

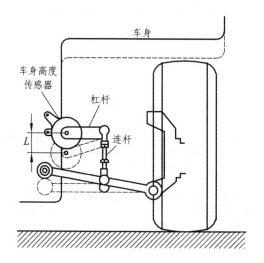

图 10.13　车身高度传感器的安装

车身高度传感器有磁性滑阀式、霍尔式和光电式 3 种形式。其中，光电式车身高度传感器应用较多，与光电式转角传感器类似，其结构和工作原理如图 10.14 和图 10.15 所示，光电式车身高度传感器在随轴转动的开口圆盘上刻有一定数量的窄缝，信号发生器由发光二极管和光敏三极管组成，以 4 个为一组，覆盖了开口圆盘。开口圆盘位于发光二极管与光敏管之间，转动开口圆盘，发光二极管发出的光不断被开口圆盘挡住，信号发生器的光敏管输出端出现电平高低的变化，ECU 接收到电平信号的变化，可检测出开口圆盘的转动角度。当车身高度发生变化时（汽车载荷发生变化），导杆随摆管上下摆动，从而通过轴驱动遮光盘转动，信号发生器的输出信号随之进行通（ON）、断（OFF）变换。电控悬架系统的 ECU 是根据各个信号发生器通、断状态的不同组合来判断车高状态的。车高控制区与传感器信号的关系如表 10.1 所示。

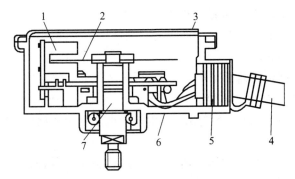

图 10.14 光电式车高传感器的结构

1—信号发生器；2—遮光盘；3—盖；4—电缆；5—金属封油环；6—壳体；7—轴

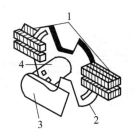

图 10.15 光电式车高传感器的工作原理

1—信号发生器；2—遮光盘；3—导杆；4—转轴

表 10.1 车高控制区与传感器信号的关系

信号发生器动作状态				车高区间 /mm	ECU 判断 结果	信号发生器动作状态				车高区间 /mm	ECU 判断 结果
No.1	No.2	No.3	No.4			No.1	No.2	No.3	No.4		
OFF	OFF	ON	OFF	15	超高	ON	ON	ON	OFF	7	正常
OFF	OFF	ON	ON	14		ON	ON	ON	ON	6	
ON	OFF	ON	ON	13	高	OFF	ON	ON	ON	5	低
ON	OFF	ON	OFF	12		OFF	ON	ON	OFF	4	
ON	OFF	OFF	OFF	11		OFF	ON	OFF	OFF	3	
ON	OFF	OFF	ON	10	正常	OFF	ON	OFF	ON	2	过低
ON	ON	OFF	ON	9		OFF	OFF	OFF	ON	1	
ON	ON	OFF	OFF	8		OFF	OFF	OFF	OFF	0	

注：车高区间即车高范围。

（3）车速传感器。

车速传感器安装在变速器上，由变速器齿轮通过转出轴驱动，其信号经仪表转换后送至悬架 ECU，该信号与转向传感器信号一起用来计算车身侧倾程度。

（4）节气门位置传感器。

节气门位置传感器安装在发动机的节气门体上，检测节气门的开启角度和开启速度，间接获取汽车加速度信号，ECU 利用此信号作为汽车车身后仰控制的一个工作状态参数。

（5）加速度传感器。

在车轮打滑时，不能以转向角和汽车车速来判断车身侧向力的大小，为直接测出车身横向加速度和纵向加速度，有时在汽车的四角安装加速度传感器。常用的加速度传感器主要有差动变压器式和钢球位移式两种。

差动变压器式加速度传感器的工作原理如图10.16所示，励磁线圈（1次线圈）通以交流电，当汽车转弯（或加、减速）行驶时，芯杆在汽车横向力（或纵向力）的作用下产生位移，随着芯杆位置的变化，检测线圈（2次线圈）的输出电压发生变化。所以，检测线圈（2次线圈）的输出电压与汽车横向力（或纵向力）——对应，反映了汽车横向力（或纵向力）的大小，悬架系统电子控制装置根据此输入信号即可正确判断汽车横向力（或纵向力）的大小，对汽车车身姿势进行控制。

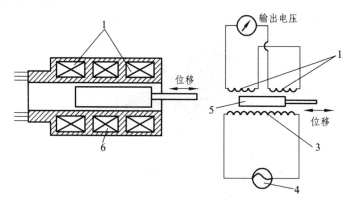

图 10.16 差动变压器式加速度传感器的工作原理

1，2—2次线圈；3，6—1次线圈；4—电源；5—芯杆

钢球位移式加速度传感器的结构如图10.17所示，根据所检测的力（横向力、纵向力或垂直力）不同，加速度传感器的安装方向也不一样。如汽车转弯行驶时，钢球在汽车横向力的作用下产生位移，随着钢球位置的变化，磁场发生变化，造成线圈的输出电压发生变化，所以，悬架系统电子控制装置根据线圈的输出信号即可正确判断汽车横向力的大小，对汽车车身姿势进行控制。

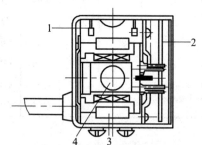

图 10.17 钢球位移式加速度传感器

1—衔铁；2—信号处理回路；3—磁铁；4—钢球

（6）制动开关。

制动开关用于向悬架电子控制器提供制动信息，控制器根据制动开关所提供的阶跃信号，并参考车速信号对相关悬架的刚度进行调整，以抑制车身"点头"。制动开关有制动灯开关和制动液压开关两种形式。

（7）车门开关。

车门开关是为了防止行驶过程中车门未关而设置的。

（8）模式选择开关。

模式选择开关用于选择悬架的"软、中、硬"状态，ECU 检测到该开关的状态后，操纵悬架执行机构，从而改变悬架的弹簧刚度和阻尼系数。

2. 执行器

不同类型的电控悬架系统具有不同的执行机构，空气悬架的执行器为空气弹簧控制阀；油气悬架的执行器为油气弹簧用压力控制阀；变阻尼半主动悬架可采用电动式、电磁式或磁流变式可调阻尼减振器作为执行器。

图 10.18 是一种空气弹簧用控制车身高度的控制阀，它由芯杆、电磁线圈和柱塞等组成。当对电磁线圈通电时，在电磁力的作用下芯杆推动柱塞移动，关闭空气通路，形成 ON/OFF 动作。

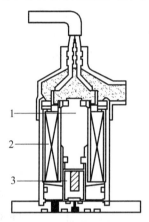

图 10.18 空气弹簧控制阀

1—芯杆；2—线圈；3—柱塞

图 10.19 是一种油气弹簧用压力控制阀，当对电磁线圈通以电流时，电磁线圈产生正比于此电流的电磁力，电磁力推动阀杆移动。当阀杆的推力与输出压力相等时，阀杆停止移动，这样，可以产生与电流大小成正比的油压力。

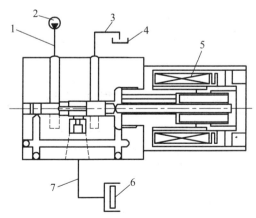

图 10.19 直动型比例电磁减压阀（油气弹簧用）

1—进油管；2—油泵；3—回油管；4—油箱；5—电磁线圈；6—活塞；7—出油管

悬架阻尼调节分有级式和无级式两种，无级式悬架减振器阻尼调节的原理如图 10.20 所示，减振器中的驱动杆和空心活塞一同上下运动，减振器油液可通过驱动杆和空心活塞的小孔流通，利用小孔节流作用形成阻尼。步进电动机通过转动驱动杆来改变驱动杆与空心活塞的相对角度，以使阻尼小孔实际通过的截面大小改变，从而实现减振器阻尼的调节。

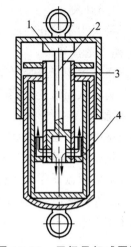

图 10.20　无极悬架减震器阻尼调节的原理

1—步进电机；2—驱动杆；3—活塞杆；
4—空心活塞

3. 控制单元

不同汽车上所采用的控制系统 ECU 的结构和输入/输出信号大同小异，ECU 主要由输入电路、微处理器、输出电路和电源电路 4 部分组成。图 10.21 是采用 Motorola 电子器件组织设计的悬架电子控制系统结构框图，系统由 ECU 及其接口、执行机构和传感器等组成，通过串行接口和汽车其他部件电子控制 ECU 进行通信。

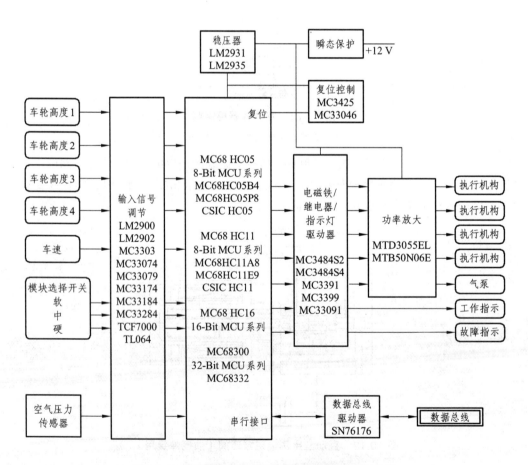

图 10.21　电控悬架 ECU 的组成及输入/输出信号

10.1.3 电控悬架的工作过程

1. 悬架刚度控制

ECU 接收由车速传感器、转向操作传感器、汽车加速度传感器、油门踏板加速度传感器和汽车高度传感器传来的信息,计算并控制弹簧刚度。基于不同传感器输入的信号,弹簧刚度的控制主要有"防前倾"、"防侧倾"和"前后轮相关"控制等方面的操作。

(1)防"前倾"控制。

"前倾"一般是在汽车高速行驶时突然制动发生的现象,防前倾主要是防止紧急制动时汽车前端的下垂。防"前倾"控制可以分别用停车灯开关和汽车高度传感器检测制动状况和前倾状况,如果判断为汽车处于紧急制动时,自动地将弹簧刚度增加,使在正常行驶条件下时空气弹簧刚度的"中"设置变为"硬"设置,当不再需要时则恢复到一般状态的设置。

(2)防"侧倾"控制。

当紧急转向时,应由正常行驶的"中"刚度转换为"硬"刚度,以防止产生侧倾。

(3)前后轮相关控制。

当汽车行驶在弯曲道路或凸起路上时,通过前后轮弹簧刚度的相关控制并结合协调阻尼力大小控制,使在正常行驶时刚度从"中"的设置转换到"软"的设置以改善平顺性。但在高速运行时,"软"的状态会导致汽车出现行驶不稳定的问题,因而仅限于车速低于80 km/h。ECU 通过来自前左侧的高度传感器信号来判断凸起路,若前轮检测到凸起路后,控制后轮悬架由"中"变"软"。图 10.22 为这种控制的一个例子,可以看出在后轮通过凸起之前改变后轮的刚度和阻尼力,在"软"状态运行 2 s 之后,再恢复到原来的状态。

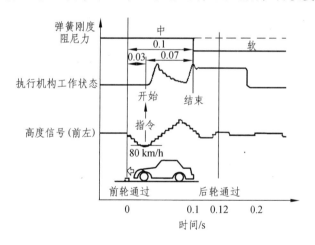

图 10.22 前后轮相关控制

2. 减振器阻尼控制

ECU 根据车速传感器、转向传感器、停车灯开关、自动变速箱空挡开关和油门位置传感器等不同信号控制减振器的阻力,实现"软、中、硬"3 种速度特性的有级转换。速度特性如图 10.23 所示,主要完成防止加速和换挡时后倾、高速制动时前倾、急转弯时侧倾和保证高速时具有良好的附着力等控制功能,从而提高汽车行驶的舒适性和安全性。

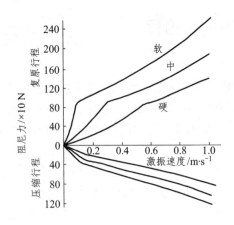

图 10.23　"软、中、硬"减振器的速度特性

若汽车低速行驶时，突然加速会出现后倾现象，防后倾控制的结果依赖于油门被踩下的速度和大小。如为了改善舒适性，在车速低于 20 km/h 时，减振器的阻尼设置成"软"的状态，当突然踩下油门使之超过油门全开的 80%时，将阻尼设置为"硬"，而当车速超过 30 km/h 时，返回到一般情况下的阻尼力设置。

3. 车高控制

ECU 根据汽车高度传感器的信号来判断汽车的高度状况，当判定"车高低了"，则控制空气压缩机和高度控制阀向空气弹簧主气室内充气，使车高增加；反之，则打开高度控制阀向外排气使汽车高度降低。系统根据车速、车高和车门开关传感器信号来监视汽车的状态，控制执行机构来调整车高，实现如下功能：①自动水平控制。控制车高不随乘员数量和载荷大小的变化而变化，由此抑制空气阻力和升力（迫使汽车漂浮）的增加，减小颠簸并保证平稳行驶。②高速行驶时的车高控制。汽车高速行驶时，操纵稳定性一般要受到破坏，此时，降低车高有助于抑制空气阻力和升力的增加，提高汽车直线行驶的稳定性。③驻车时的车高控制。乘员下车后自动降低车高有利于改善汽车的外观，另外通过调整车高也利于在车库中的存放。

10.2　汽车空调系统

10.2.1　汽车空调系统的概述

汽车空调是通过人为的方式在车内创造一个对人体适宜的气候环境，即对空气的温度、湿度、流速进行调节，并具有空气净化的作用。除此之外，汽车空调还能除去风窗玻璃上的雾、霜或冰雪，给驾驶员提供清晰的视野，确保行车安全。

1. 汽车空调的功能及组成

汽车空调装置按其功能分为制冷系统、加热系统、通风系统、控制操纵系统、空气净化系统和加湿装置。

（1）制冷系统。

目前，汽车上所采用的制冷方式几乎都是蒸汽压缩式，利用制冷剂蒸发时吸收热量，来实现降低车内温度的目的。作为冷源的蒸发器，其温度低于空气的露点温度，因此，制冷系统还具有除湿和净化空气的作用。一般说的汽车空调主要是指制冷系统。

（2）加热系统。

汽车的加热系统一般采用冷却水加热，将发动机的冷却水引入车室的加热器中，通过鼓风机将被加热的空气吹入车内，这就是暖风。同时，加热系统还可以对前风窗玻璃进行除霜、除雾。

（3）通风系统。

通风一般分为自然通风和强制通风。自然通风是利用汽车行驶时，根据车外所产生的风压不同，在适当的地方，开设进风口和出风口来实现通风换气；强制通风是采用鼓风机强制外气进入，这种方式在汽车行驶时，常与自然通风一起工作。

（4）控制操纵系统。

控制操纵系统主要由电气元件、真空管路和操纵机构组成；一方面对制冷和加热系统的温度、压力进行控制，另一方面对车室内空气的温度、风量以及流向进行操纵，完善空调装置的各项功能。如果在控制操纵系统中加装一些特殊的自动控制元件，可实现自动控制。

（5）空气净化系统。

空气净化系统一般由空气过滤器、出风口、电子集尘器和阴离子发生器等组成，用以对引入的空气进行过滤，并不断排出车内的污浊空气，保持车内空气清洁。

（6）加湿装置。

在气温较冷时，加湿装置对车内空气加湿，使车内空气相对湿度保持在 40% ~ 50%。

把上述各部分的全部或部分组合在一起安装或单独安装在汽车上，便组成了汽车空调系统，汽车上多采取组合式。加湿装置、空气净化装置和强制通风装置，一般只在高级汽车和大客车上采用。

2. 汽车空调的特点

1925 年，汽车加热器的出现就表明了汽车空调已经出现了。但是，由于其技术含量较低，人们并没有真正意识到这门专业技术，而一直到制冷技术被汽车应用，才广泛被人们所关注。因此，一般所说的汽车空调的特点，也就是制冷技术的一些特点，概括起来如下：

（1）抗冲击能力强。制冷系统安装在运动的车辆上，承受剧烈频繁的振动和冲击，因此，要求各个零部件应有较强的抗振能力、接头牢固并防漏，并且压缩机与冷凝器、蒸发器与压缩机都用软管连接。

（2）动力源多样。由于设计上比较困难，汽车空调系统不能用电力作动力源，汽车、轻型汽车及中型客车的制冷所需的动力来自同一发动机，这种空调系统叫非独立空调系统。大型客车、冷藏车，由于所需制冷量比较大，一般采用专用发动机驱动，称为独立式空调系统。

（3）电力控制源多样。汽车空调系统电气控制所需的电力有所不同，一般车辆采用 12 V（单线制）作电源，大型车辆则采用 24 V（单线制）作电源，而高级豪华汽车采用 5 V（双线制）作电力源。

（4）制冷效果强。汽车在野外工作时，接收太阳的辐射，热量较强，要使汽车空调能迅速地降温，在最短时间内达到舒适的环境，要求制冷系统的制冷量特别大，这就导致压缩机输送的制冷剂流量大，但不能无限制地大，如果过大，会导致汽车空调设计困难，制冷效果不佳，而且会引起压力过高或压缩机产生液击现象，使得故障频发。

（5）控制方式不一样。由于车辆的性能要求不同，汽车空调的控制方式也就多样。一般车辆采用手动控制，高级豪华型汽车则采用自动控制或气动控制。

（6）结构紧凑、质量小。由于汽车车身的特点，要求汽车空调结构紧凑，能在有限的空间进行安装，而且安装空调后，不至于使汽车增重太多影响其他性能。

（7）车内风量分配不均匀。这是由汽车车身的结构所决定的，汽车空调风道的设计是研制汽车空调最大的难点。

3. 对汽车空调的要求

由于汽车空调自身的特点，汽车空调应比一般房间空调具有更高的技术性和工作可靠性，具体要求如下：

（1）汽车空调应保证在任何条件下，车厢内部都有舒适的温度、湿度范围和气流平均速度。舒适的温度范围，冬季为 16 ~ 20 ℃，夏季为 20 ~ 28 ℃；舒适的湿度范围，冬季为 55% ~ 70%，夏季为 60% ~ 75%；舒适的气流平均速度，一般为 0.25 m/s。

（2）汽车空调的控制机构和操纵机构要灵活、方便、可靠。

（3）汽车空调的零部件要求工作可靠、体积小、质量轻、安装维修方便。

（4）汽车空调应具有快速制冷和快速采暖的能力。

（5）汽车空调冷气装置工作时，对汽车的动力性和经济性的影响要尽可能地小。

（6）汽车空调在汽车上的结构布局要紧凑合理，零部件安装要有防振措施，保证汽车空调在剧烈颠簸振动条件下能可靠地工作。

10.2.2 汽车空调的制冷系统

制冷系统主要有制冷剂和四大机件（即压缩机、冷凝器、膨胀阀和蒸发器）组成。

1. 制冷循环

制冷循环由以下 4 个变化过程组成，如图 10.24 所示。

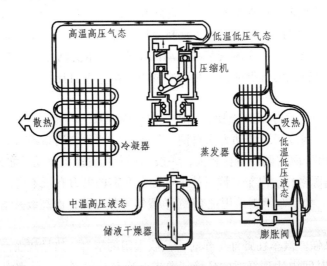

图 10.24 制冷循环

（1）压缩过程：压缩机将从蒸发器低压侧温度约为 0 ℃、气压约 0.15 MPa 的低温低压气态制冷剂增压成高温 70 ~ 80 ℃、高压约 1.5 MPa 的气态制冷剂。高压高温的过热制冷剂气体被送往冷凝器冷却降温。

（2）冷凝过程：过热气态制冷剂从冷凝器的入口通过冷凝器散热冷凝为液态制冷剂，使制冷剂的状态发生了变化。冷凝过程的后期，制冷剂为中温约 40 ℃、中压 10 ~ 1.2 MPa 的过冷液体。

（3）膨胀过程：冷凝后的液态制冷剂经过膨胀阀，体积变大，其压力和温度急剧下降，变成低温约-5 ℃、低压约 0.15 MPa 的湿蒸汽，以便进入蒸发器中迅速吸热蒸发。在膨胀过程中，同时进行节流控制，以便供给蒸发器所需的制冷剂，从而达到控制温度的目的。

（4）蒸发过程：液态制冷剂通过膨胀阀变为低温低压的湿蒸汽，流经蒸发器不断吸热汽化转变成低压约 0.15 MPa、低温约 0 ℃的气态制冷剂，吸收车室内空气的热量。

从蒸发器流出的气态制冷剂又被吸入压缩机增压后泵入冷凝器冷凝，进行制冷循环。制冷循环就是利用有限的制冷剂在封闭的制冷系统中，反复地将制冷剂压缩、冷凝、膨胀、蒸发，不断在蒸发器处吸热汽化，对车内空气进行制冷降温。

2. 制冷剂和冷冻油

（1）制冷剂。

在制冷系统中，用于转换热量并循环流动的物质称为制冷剂。目前，汽车空调系统中使用的制冷剂有 R12 和 R134a 两种，其中字母 "R" 是 Refrigerant（制冷剂）的简称。

① 对制冷剂的要求。

为了达到良好的制冷效果，制冷剂应满足以下要求：在适当蒸发温度时，蒸发压力不低于大气压，以防止空气进入制冷剂；蒸发潜热大，以减小制冷装置的体积；在适当冷凝压力时，温度不能过高；无色、无味、无毒、无刺激性，对人体健康无损害；性能稳定，不易燃烧，不易爆炸；不腐蚀制冷系统零部件；价格合理，容易获得；与冷冻油接触时，化学、物理安定性良好；有较低的凝固点，能在低温下工作；泄漏时，容易监测。

② 制冷剂 R12 的特性。

R12 是氟利昂系列制冷剂中最常用的一种，它无色、无味、无毒、不易燃烧、不易爆炸，化学性质稳定；不溶于水，对金属无腐蚀作用；能溶解多种有机物，一般橡胶密封圈不能使用；具有较好的热力性能，冷凝压力比较低；互溶性较好，它能与矿物油以任意比例互相溶解；但 R12 对大气臭氧层有破坏作用，且会使全球变暖，产生温室效应，所以这类制冷剂已逐渐被新型制冷剂 R134a 所取代。

③ 制冷剂 R134a 的特点。

R134a 无色、无味、无毒、不易燃烧、不易爆炸，化学性质稳定；不破坏臭氧层，在大气层停留时间间短，温室效应影响也很小；黏度较低，流动阻力较小；分子直径比 R12 略小，易外泄，能被分子筛吸收；与矿物油不相溶，与氟橡胶不相溶；吸水性和水溶性比 R12 高；汽化潜热高，定压比热大，具有较好的制冷能力；并且在传热性能及循环特性、润滑油相溶性、与金属及橡胶相溶性、与干燥剂相溶性以及对现代汽车空调系统影响等方面更加优于 R12 系统。

④ 制冷剂使用时的注意事项。

操作制冷剂时，不要与皮肤接触，应戴护目镜，以免冻伤皮肤和眼球；避免振动和放置在高温处，以免发生爆炸；远离火苗，避免 R12 分解产生有毒光气；R134a 与 R12 不相溶，所以不能混用，否则会导致压缩机损坏；使用 R134a 制冷剂的系统，应避免使用铜材料，否则会产生镀铜现象；制冷剂应放置在低于 40 ℃的地方保存。

（2）冷冻油。

在制冷系统中，用于保证压缩机正常工作、不易磨损、随系统循环流动并和制冷剂相溶的油称为冷冻油（Refviation oil），也称为压缩机油。目前，汽车空调系统中使用的冷冻油有R12用矿物油和R134a用合成油（RAG、POE）两种。

① 对冷冻油性能的要求。

要有适当的黏度，受温度的影响要小，而且这种黏度形成的油膜强度要高，能承受较大的轴向负荷，在不同温度下具有良好的润滑性能；要有良好的低温流动性和互溶性，在制冷系统中，润滑油随制冷剂一起在系统中流动，在任何温度下都不能沉积，而且互溶，避免通过节流孔管时造成溅爆产生噪声；化学性质要稳定，与制冷剂和其他材料不起化学反应；毒性腐蚀要小，闪点要高，这是对安全性的一种要求，最好是无毒，不燃烧，对金属、橡胶无腐蚀；吸水性要小，如果油中水分含量过高，通过节流阀时会因低温而结冰，造成系统因结冰而堵塞的现象。

② 冷冻油的作用。

润滑作用：减少压缩机运动部件的摩擦和磨损，延长机组的使用寿命。

冷却作用：它能及时带走运动表面摩擦产生的热量，防止压缩机温度过高或压缩机被烧坏。

密封作用：密封件表面涂上冷冻油后能提高接点的密封性，防止制冷剂泄漏。

降低压缩机的噪声：能在压缩机摩擦表面形成一种油膜，保护运动部件，防止因金属摩擦而发出声响。

③ 冷冻机油使用时的注意事项。

冷冻机油应保存在干燥、密封的容器里，放在阴暗处，以免空气中的水分和其他杂质进入油中。不同牌号的冷冻油不能混装、混用，变质的冷冻油不能使用。制冷系统中不能加注过量的冷冻油，以免影响制冷效果。更换系统部件时，应适当补充润滑油，加注制冷剂时，应先加润滑油。

3. 制冷系统主要部件的结构及工作原理

（1）压缩机。

压缩机的形式多种多样，目前汽车上大多采用立式往复式压缩机和斜板盘式压缩机，二者均以活塞在气缸中往复运动改变压缩时的容积来进行增压。

斜盘式压缩机的结构如图10.25所示，工作过程如图10.26所示，主轴旋转时，斜盘做左右摇摆运动，斜盘通过钢球驱动双头活塞，在前后气缸中做往复运动，完成进气和压缩过程。斜盘式压缩机结构紧凑、转动扭矩小、运动的平衡性较高、效率高、性能可靠，最适合小型高速车辆使用。

（2）电磁离合器。

制冷系统中电磁离合器控制压缩机。电磁离合器有旋转线圈式和固定线圈式两种。旋转线圈式电磁离合器，当压缩机转动时，离合器与带轮一起旋转，线圈的两端各自焊接在两个铜环上，通过两个电刷输入励磁电流；固定线圈式电磁离合器目前比较普遍，电磁线圈的一端搭铁，另一端经空调控制开关与电源相连。当电磁线圈通电时，产生磁力，将离合器摩擦片压紧在皮带盘侧缘上，使带轮与轮毂连接成一体，带轮的驱动力经摩擦片与轮毂带动压缩机旋转，如图10.27所示；当切断了电磁线圈的电路时，轮毂上的摩擦片在弹簧片的弹力作用下，与带轮分离，压缩机停止运转。

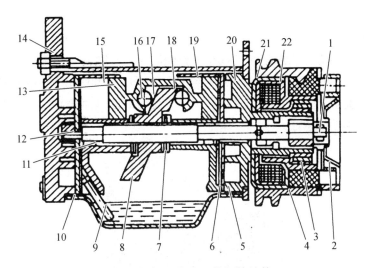

图 10.25　斜盘式压缩机的结构

1—主轴；2—压板；3—带轮轴承；4—轴封；5—密封圈；6—前阀门板；7—回油孔斜盘；8—斜盘；
9—吸油管；10—后阀门板；11—轴承；11—机油泵；13—双向活塞；14—后缸盖；15—后气缸盖；
16—滚珠；17—滑靴；18—滚珠座；19—前气缸；20—前缸盖；21—带轮；21—电磁离合器

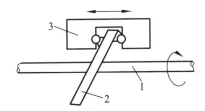

图 10.26　斜盘式压缩机工作过程示意图

1—压缩机主轴；2—回转斜盘；3—双头活塞

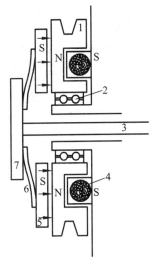

图 10.27　电磁离合器工作原理

1—带轮；2—轴承；3—压缩机轴；4—电磁线圈；5—压力板；6—弹簧片；7—驱动盘

（3）冷凝器与蒸发器。

冷凝器是由铜管或铝管制成的芯管和散热片组成，如图 10.28 所示。多数车辆的冷凝器安装在发动机散热器的前方，在风扇转动或车辆行驶时，空气吹过冷凝器，冷却芯管中的制冷剂被冷却后变成液态。蒸发器的结构与冷凝器相似，如图 10.29 所示，它由铝制芯管和散热片组成，其作用与冷凝器功能相反，起吸热作用。冷凝器的散热面积通常比蒸发器大一倍，其散热面积越大，散热效果越好。

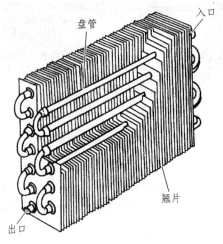

图 10.28　冷凝器的结构

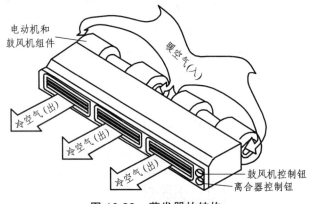

图 10.29　蒸发器的结构

（4）储液干燥过滤器。

储液干燥过滤器主要由玻璃视液镜、吸管、粗过滤器、干燥剂、过滤器及壳体组成，如图 10.30 所示。玻璃视液镜用来观察制冷剂是否足量，若视液镜很明净，说明制冷剂足量；若出现气泡，说明系统内有空气或制冷剂不足；若看到乳白色霜状物，说明干燥剂已从储液干燥过滤器中溢出，随制冷剂一起在系统中循环。

有些干燥过滤器上还装有易熔塞，若冷凝器散热不良或其他原因导致制冷系统温度和压力急剧上升，当干燥过滤器内的温度和压力达到一定值时，易熔塞就会熔化，排泄掉高温高压的制冷剂，对制冷系统中的其他机件起到保护作用。

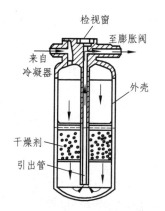

图 10.30 储液干燥过滤器的结构

（5）膨胀阀。

自动温度控制式膨胀阀的结构和工作原理如图 10.31 所示，它主要由感温筒、毛细管、膜片、球阀、顶杆及弹簧等部件组成。膨胀阀安装在蒸发器入口处，感温筒固定在蒸发器出口的管路外壁，感温筒内装有制冷剂，通过毛细管与膨胀阀膜片的上方相连。

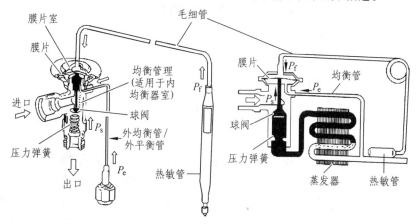

图 10.31 膨胀阀的结构

当压缩机工作时，液态制冷剂经球阀被喷入蒸发器中，液态制冷剂因突然膨胀而变成低压蒸汽，吸收蒸发器周围空气的热量，使蒸汽汽化成低压气态制冷剂。当蒸发器出口处的温度升高时，感温筒中的制冷剂膨胀，膨胀阀膜片上方的压力升高，膜片向下移动，顶开球阀，液态制冷剂流入蒸发器中的量增加；当蒸发器出口处温度降低时，感温筒中的制冷剂收缩，膨胀阀膜片上方的压力减小，膜片上移，球阀开度减小，减少了喷入蒸发器的制冷剂量。膨胀阀开启的程度随蒸发器出口的温度而变化，并影响感温筒内压力的大小，从而达到自动控制的目的。当压缩机停止工作时，膨胀阀膜片上方的压力与蒸发器入口的压力相等，球阀在弹簧的作用下，处于关闭状态，阻止制冷剂进入压缩机。

10.2.3 空调的采暖与通风系统

1. 采暖系统

采暖是汽车空调的主要功能之一，是将车外的新鲜空气引入到热交换器中，吸收其中某种热源的热量，从而提高空气的温度，并将热空气送入车内，达到人体保暖和车窗玻璃除霜的目的。汽车采暖系统主要由暖风散热器（热交换器）和发动机冷却液软管等组成，有的还有辅助加热器，汽车采暖系统的组成如图 10.32 所示。

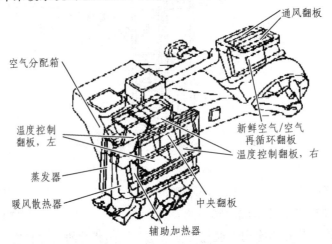

图 10.32 汽车采暖系统的组成

在现代汽车上，如果按照热源的种类进行划分，汽车暖风系统主要分为 3 种：一种是以发动机冷却液为热源（目前绝大多数车辆使用），称为余热水暖式；另外一种是以燃料为热源（少数中高档汽车和大客车采用），称为燃气取暖式；还有一种是发动机排气加热式。

（1）余热水暖式系统。

余热水暖式系统是以发动机的冷却水为热源来供暖的系统，小汽车、货车和小型面包车常用这种装置。

该系统由暖风小水箱、鼓风机、操控装置及风道组成。其工作原理是：当发动机冷却液温度较高时，冷却液流过暖风系统中的热交换器（一般称为暖风小水箱），将鼓风机送来的空气与发动机冷却液进行热交换，空气加热后被鼓风机通过各出风口送入车内，如图 10.33 所示。其热循环过程如下：气缸体内部多余的热量→冷却液被加热→水泵驱动冷却液流动→节温器（一种温度阀门）→加热空调内的暖风加热器→冷却液流回缸体内的水道，通过这样的循环，发动机散发的热量就被利用起来提供暖风。

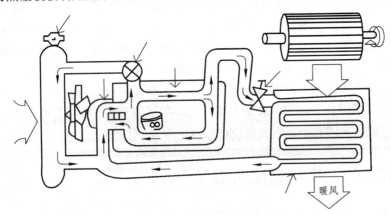

图 10.33 余热式发动机的工作原理

这种暖风系统一般与汽车空调系统做在一起，因此，它的操作方式与制冷系统的操作是一样的，只不过是需要通过温度调节装置进行切换。

余热式水暖系统装置因其使用成本低廉、取暖效率较高、简单而供热可靠、不另需燃料，只要发动机工作，便可产生热水，故深受广大汽车厂商青睐，因此，虽然目前的汽车技术较之过去已经发生了很大的变化，但这种传统的取暖技术依然被广泛采用。其缺点是必须在发动机冷却水温度上升到大循环时才能供暖，在寒冷季节供暖量显得有些不足，甚至导致发动机过冷，影响发动机的正常工作；在停车取暖时，发动机的运行增加了发动机的磨损；大型客车仅依靠这种装置难以满足供暖要求，而且新型的柴油发动机效率高，可用作暖的余热相对较少，所需升温时间比汽油发动机稍长。

（2）燃气取暖系统。

在大、中型客车上，只靠发动机冷却水的余热取暖是远远满足不了要求的，为此在大客车中常采用燃气取暖系统，如图 10.34 所示。其原理是燃油和空气在燃烧室中混合燃烧，加热冷却水并循环散热。

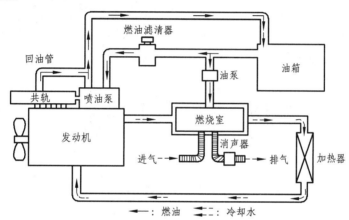

图 10.34　燃气取暖系统

（3）发动机排气加热式。

发动机排气加热式含热量较高，能够提供足够暖气来调节车内的温度，适合北方严寒地区。但发动机的排气中含有腐蚀性气体和有毒气体 CO，因而这种取暖器必须耐腐蚀、密封性好，一旦穿孔，后果很严重，所以安装时一般加装报警器。

2. 通风系统

空调的通风装置是由鼓风机、风道和各个通风挡板等装置组成的，设置在空气分配箱内部。为了把经过空调处理的风吹向前排乘员的上半身，在仪表板左右及中央设有通气孔。在重视后排乘席舒适性的高级乘用车上，为后席乘员设有后通风孔，另外，在前席乘员脚下和后席乘员脚下分别设有通风孔。前除霜器喷嘴与装在风窗玻璃和车门上的侧向除霜器喷嘴用于除去侧窗雾气或冰霜。

空调的通风系统与控制如图 10.35 所示。多叶片环形风扇（西洛克风扇）由电动机驱动，吸入空气的进气元件与蒸发器构成的冷却元件连接，而且又与加热器连接，加热器是由引入发动机温水与空气进行热交换的加热器芯（散热器的一种）组成的。鼓风机风扇吸入车外空气（外气）或车厢内空气（内气），送往蒸发器，利用图 10.35 中挡板 1 进行外气与内气的切换，通过蒸发器的空气被吸去潜热，成为 3 ~ 5 ℃的干燥冷气后，利用空气混合挡板 2 的作用，冷气被分成两部分，一部分通过加热器芯，另一部分不通过加热器芯。空气混合挡板决定了向车厢内吹出的空气温度，当挡板完全遮断通向加热器芯部的通路时，达到最冷；当挡板完全挡住冷风通路时，达到最暖；当挡板在中间位置时，暖风与冷风被混合，得到中间温度。

挡板 3 ~ 7 决定了把经过空调的空气分配到车厢内的情况，这些挡板不是独立工作的，它们保持一定的关系，进行联动工作，当挡板 3 打开时，向中央、旁侧及后面通气口吹出温风；当挡板 4 打开时，则向前后席脚下吹出温风；当挡板 5 开启时，则向挡风玻璃及边窗吹出温风；挡板 8 则是在炎热天气驻车时，需要急速冷却时打开，以增加冷风量。

图 10.35 中的挡板 a ~ d 是按照乘员的爱好，手动操作开闭的辅助挡板。

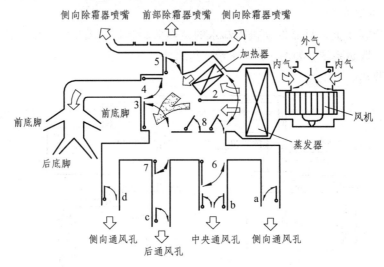

图 10.35　空调的通风系统与控制示意图

10.2.4　汽车空调的自动控制

手动控制空调系统的鼓风机转速、出风温度和送风方式都是由驾驶员操纵和控制的，它无法根据阳光照射强度、发动机热辐射和人体热负荷等因素的变化进行调节。

随着汽车电子技术的发展，出现了微机控制的自动空调，这种空调系统利用各种传感器随时检测车内外的温度和阳光强度的变化，并把传感器的信号送到空调系统的电子控制单元（ECU），电子控制单元按照预先编制的程序对传感器信号进行处理，并控制执行元件不断地对鼓风机转速、出风温度、送风方式及压缩机工作状况等进行调节，从而使车内温度、空气湿度及空气流动状况始终保持在驾驶员设定的水平上，微机控制全自动空调还具备自我诊断功能，以便于对电控元件及线路故障的检修，其基本组成和工作原理如图 10.36 所示。

空调自动控制系统的控制部件主要分成 3 个单元：传感器单元、空调 ECU 单元和执行器单元。

1. 传感器
传感器包括车内温度传感器、车外温度传感器、蒸发器温度传感器、光照传感器、冷却液温度传感器和压缩机锁止传感器等。

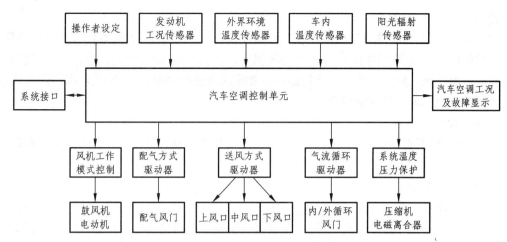

图 10.36　汽车空调自动控制系统的基本组成和工作原理

（1）车内温度传感器。

车内温度传感器安装在仪表板的下端，多采用马达吸入空气型，内有一个具有负温度系数的热敏电阻。当车内温度发生变化时，热敏电阻的阻值改变，从而向空调 ECU 输送车内温度信号。

（2）车外环境温度传感器。

车外环境温度传感器安装在前保险杠右下端或散热器之前，向空调 ECU 输送车外温度信号。

（3）蒸发器温度传感器。

该传感器安装在蒸发器表面，用以检测蒸发器表面的温度变化，防止结霜。当蒸发器表面温度发生变化时，传感器电阻的阻值也随之改变，并向空调 ECU 输入电信号。

（4）光照传感器。

光照传感器也称阳光强度传感器，安装在汽车前挡风玻璃的下面。该传感器将阳光辐射程度转变成电信号，并输送给空调 ECU。

（5）冷却液温度传感器。

它安装在发动机冷却循环的水路上，检测冷却液温度并将产生的冷却液温度信号输送给空调 ECU，用于低温时的冷却风扇转速控制。有些自动空调器没有冷却液温度传感器。

（6）压缩机锁止传感器。

它是一种磁电式传感器，安装在空调装置的压缩机内，用以检测压缩机转速。压缩机每转一圈，该传感器线圈产生 4 个脉冲信号输送给空调 ECU。

2. 空调 ECU 控制

空调 ECU 与操作面板成一体，它对输入的各种传感器信号和功能选择键的输入指令进行计算、分析比较后，发出指令控制各个执行元件动作，使车内温度、空气流动状况等始终保持在驾驶员设定的水平上，极大地简化了操作。该系统主要用在高级汽车空调上。

空调 ECU 控制的汽车空调系统具有空调控制、节能控制、故障和安全报警、故障诊断存储和信息显示等功能。

（1）空调控制。

空调控制包括温度自动控制、风量控制、运转方式给定的自动控制、换气量控制等，满足车内空调对舒适性的要求。

① 计算所需送风温度。

空调 ECU 根据驾驶员设定的温度及车内温度、车外环境温度、光照等传感器输送的数据，计算所需的送风温度。空调 ECU 再根据送风温度，向伺服电动机等执行元件发出控制信号，实现各种控制功能。但是，当驾驶员将温度设置在最冷或最热时，空调 ECU 将用固定值取代上述计算值进行控制，以加快相应速度。

② 车内温度控制。

空调 ECU 根据驾驶员设定温度和蒸发器温度调节空气混合风门向冷的或热的方向转动，降低或提高出风温度，直至调节到设定值。

③ 风机转速控制。

风机转速控制电路如图 10.37 所示。当按下"低速"键时，空调 ECU 的 1 端与 2 端导通，1 号继电器吸合，电流流经电机 M 及一个电阻后接地，风机电动机以低速旋转；当按下"中速"键时，空调 ECU 的 1 端与 2 端导通，1 号继电器吸合，同时，ECU 端子 4 间歇性地向功率管端子 4（基极）输入控制电流，使 T1 和 T2 间歇性导通，这样，风机控制电流流经电动机后，可以间歇性地经功率管端子 2 和端子 3 接地，风机转速取决于功率管的导通时间；当按下"高速"键时，空调 ECU 的 5 端与 2 端导通，2 号继电器吸合，风机控制电流经电动机和 2 号继电器触点后接地，电动机以高速旋转；当按下"自动控制"键时，空调 ECU 根据送风温度自动调整风机转速，若冷却液温度传感器检测到冷却液温度低于 40 ℃时，ECU 控制风机停止。

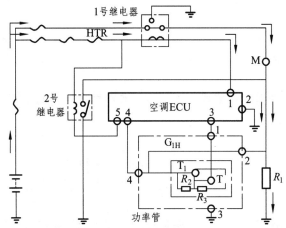

图 10.37　风机转速控制电路

④ 送风方式控制。

当按下某个送风方式控制键时，空调 ECU 控制送风方式伺服电动机动作，将送风挡板固定在"车外新鲜空气导入"或"车内空气循环"位置上。

当按下"自动控制"键时，空调 ECU 根据要求的送风温度，按照送风方式与送风温度的关系曲线自动调节送风在上述两种方式之间交替自动改变进风方式，送风方式与送风温度的关系曲线如图 10.38 所示。当送风温度低时，最冷控制挡风板完全开启，增加送风风力。

⑤ 压缩机控制。

同时按下空调"A/C"键和"风机"键，或按下"自动控制"键，空调 ECU 使电磁离合器吸合，压缩机开始工作，压缩机控制电路如图 10.39 所示。其工作过程为：空调 ECU 的 MGC

端首先向发动机 ECU 发出压缩机工作信号，发动机 ECU 的 A/C MG 端随即接地，使磁吸继电器吸合，电流流入电磁离合器，使压缩机运转，与此同时，电流也加到空调 ECU 的 A/C1 端，向空调 ECU 反馈电磁离合器的工作信号。

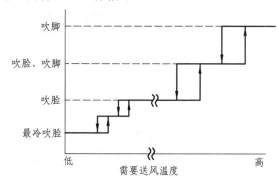

图 10.38　送风方式与送风温度的关系曲线

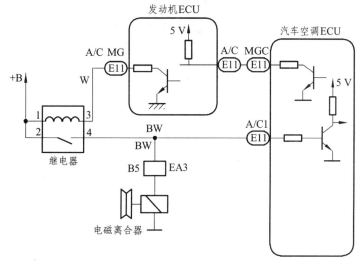

图 10.39　压缩机控制电路

（2）节能控制。

汽车空调进行自动控制时，如果环境温度或蒸发温度降至一定值以下，空调 ECU 将控制压缩机间歇工作，即电磁离合器交替导通与断开，以节省能源。

（3）故障、安全报警。

故障、安全报警包括制冷剂不足报警、制冷压力过高或过低报警、离合器打滑报警、各种控制器元件的故障判断报警等。另外，当空调装置工作时空调 ECU 同时，从发动机点火器及压缩机锁止传感器采集发动机转速与压缩机转速信号，并进行比较，若两种转速信号的偏差连续 3 s 超过 80%，ECU 则判定压缩机锁死，同时电磁离合器脱开，防止空调装置进一步损坏，并使操纵面板上的 A/C 指示灯闪烁，以提示驾驶员。

（4）故障诊断存储。

汽车空调系统发生故障时，空调 ECU 将故障部位用代码的形式存储起来，在需要修理时，指示故障的部位。

（5）显示。

显示包括显示给定的温度、控制温度、控制方式和运转方式的状态等。

3. 执行器

执行器元件包括风门伺服电动机、暖风电机及压缩机电磁离合器等。

（1）进风伺服电动机。

该电动机控制空调的进风方式，电动机的转子经连杆与进风风门相连，内装有一个电位计，向空调 ECU 反馈进风伺服电动机的位置情况，如图 10.40 所示。

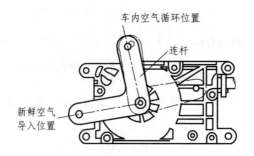

图 10.40　进风伺服电动机与进风挡风板连接装置

当驾驶员使用进风方式控制键选择"车外新鲜空气导入"或"车内空气循环"模式时，空调 ECU 即控制进风伺服电动机带动连杆顺时针或逆时针旋转，从而带动进风风门闭合或开启，达到改变进风方式的目的。

进风控制伺服电动机与空调 ECU 的连接电路如图 10.41 所示，当按下"车外新鲜空气导入"键时，电流路径为：空调 ECU 端子 5→伺服电动机端子 4→触点 B→活动触点→触点 A→电动机→伺服电动机端子 5→空调 ECU 端子 6→搭铁。此时，伺服电动机转动，带动活动触点、电位计触点及进风挡板移动或旋转，新鲜空气通道开启。当活动触点与触点 A 脱开时，电动机停止转动，空调送风方式被设定在"车外新鲜空气导入"状态，车外空气被吸入车内。

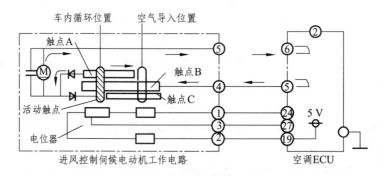

图 10.41　进风控制伺服电动机与空调 ECU 的连接电路

当按下"车内空气循环"键时，电流路径为：空调 ECU 端子 6→伺服电动机端子 5→电动机→触点 C→活动触点→触点 B→伺服电动机端子 4→空调 ECU 端子 5→搭铁。于是电动机带动活动触点、电位计触点及进风挡风板向反方向移动或旋转，关闭新鲜空气入口，同时打开车内空气循环通道，使车内空气循环流动。

当按下"AUTO"键时，空调 ECU 首先计算出所需要的送风温度，并根据计算结果自动改变进风伺服电动机的转动方向，从而实现进风方式的自动调节。

（2）空气混合伺服电动机。

空调混合伺服电动机连杆转动位置及电动机内部电路如图 10.42 所示。进行温度调节时，空调 ECU 首先根据驾驶员设置的温度及各传感器输送的信号，计算出所需的出风温度，并控制空气混合伺服电动机连杆顺时针或逆时针转动，改变空气混合风门的开启角度，从而改变冷、暖空气的混合比例，调节送风温度。电动机内电位计的作用是向空调 ECU 输送空气混合风门的位置信号。

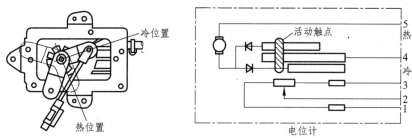

图 10.42　空调混合伺服电动机连杆转动位置及电动机内部电路

（3）送风方式控制伺服电动机。

该电动机连杆（挡风板）的位置及电动机内部电路如图 10.43 所示。

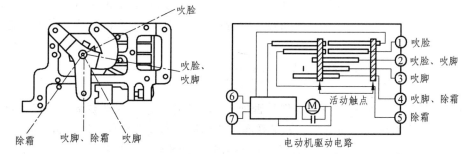

图 10.43　送风方式控制伺服电机连杆位置及电动机内部电路

当按下操纵面板上某个送风方式键时，空调 ECU 便将电动机上的相应端子接地，而电动机内的驱动电路据此使电动机连杆转动，将送风控制风门转到相应的位置上，打开某个送风通道；当按下"自动控制"键时，空调 ECU 根据计算结果（送风温度），在吹脸、吹脚和吹脸脚三者之间自动改变送风方式。

（4）最冷控制伺服电动机。

最冷控制伺服电机的挡风板位置及内部电路如图 10.44 所示。该电机操纵的最冷控制风门有全开、半开和全闭 3 个位置，当空调 ECU 使某个位置的端子接地时，电动机驱动电路使电动机旋转，带动最冷控制风门处于相应位置。

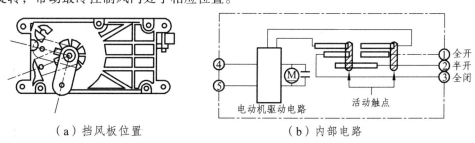

（a）挡风板位置　　　　　　　　　（b）内部电路

图 10.44　最冷控制伺服电机的挡风板位置及内部电路

（5）暖风电机。

暖风电机的转速可以通过操作空调控制面板上的"高速"、"中速"和"低速"按键设定。

当按下"AUTO"键时，空调 ECU 根据送风温度自动调整暖风电机转速，若冷却液温度传感器检测到冷却液温度低于 40 ℃时，ECU 控制暖风电机停止转动。

（6）电磁离合器。

电磁离合器接收空调 ECU 的指令，控制压缩机的停止或工作。

10.2.5　汽车空调系统的使用及维护

1. 汽车空调的正确使用

正确使用空调系统是保证其发挥最大效率的必要条件，也是节约能源、延长使用寿命的关键，使用与维护空调时，应从直观检查、运行检查、电气控制检查这 3 个方面考虑，具体注意事项如下：①使用前，按标准量加足制冷剂，清除冷凝器、加热器上的污垢，放净蒸发箱里的积水；②关闭车窗、车门，否则会降低制冷效率；③调整风口、风向；④发动机停转，请勿打开空调，以免耗电；⑤避免暴晒，以免加重空调的负担；⑥正确使用空调控制面板上的操作按钮；⑦要作常规检查和定期维护；⑧经常注意观察软管是否磨损、老化、堵塞，电路是否磨损、短路；⑨制冷剂、冷冻油要正确选用和保存；⑩不要让制冷剂进入眼睛或在雨天加注制冷剂。

2. 汽车空调常用的故障诊断方法

（1）看。

用眼睛观察整个空调系统各个零件是否处于正常工作状态，启动空调，观察储液干燥过滤器的观察窗，看制冷剂是否适量。如果观察到连续不断的气泡出现，说明制冷剂严重不足，如果每隔 1~2 s 就会有气泡出现，表示制冷剂不足；如果观察窗几乎透明，发动机转速变化时可能会出现气泡，说明制冷剂适量；看各接头处是否有油污，是否沾有灰尘，如果有油污和灰尘，则可能泄漏；观察冷凝器表面是否脏污，散热片是否倒伏变形。

（2）听。

用耳朵聆听运转中的空调系统有无异常声音，如果有噪声，则可能是电磁线圈老化，吸力不足，通电后由于打滑而产生噪声，也可能是离合器片磨损造成间隙过大，使离合器打滑；听压缩机是否有液击声，如果有液击声，可能是制冷剂过多或膨胀阀开度过大，应释放制冷剂或调整膨胀阀，除此之外，就是压缩机内部损坏。

（3）摸。

用手摸高低压管路，高压管路比较热，如果某处特别热或进出口有明显温差，说明这个地方堵了。用手感觉压缩机的进气管和排气管之间应该有明显的温度差，前者发凉、后者发烫。用手感觉比较冷凝器进入管和排出管的温度，正常情况下，前者热一些，冷凝器上部温度比下部温度要高。用手摸储液干燥过滤器，前后温度应一致。冷凝器输出管到膨胀阀输入管之间是制冷剂高压、高温区，温度应该均匀一致；低压管路比较凉，用手摸膨胀阀前后应有明显的温差，即前热后凉。膨胀阀出口到压缩机之间的软管应该凉而不结霜，正常情况应为结霜后立即融化，用肉眼看到的是霜融化后结成的水珠；如果高压管路、低压管路没有明显温差，说明制冷系统不工作或系统泄漏，制冷剂严重不足。用手感觉车内出风口有凉的感觉，车内保持适应人体的正常温度。

（4）测。

用检漏仪检测各接头是否有泄漏，用歧管压力表检测制冷系统的压力，运转压缩机，发动机转速 2 000 r/min，观察歧管压力表。在一定的大气湿度内，汽车制冷系统工作时的高、低压范围正常状况是：高压端压力应为 1.421 ~ 1.470 MPa；低压端压力应为 0.147 ~ 0.196 MPa，若不在此范围内，则说明系统有故障。用万用表检测空调电路故障。检查蒸发器，在不结霜的前提下，蒸发器表面温度越低越好。检查冷凝器，在正常工作时，冷凝器入口温度为 70 ~ 90 ℃，冷凝器出口温度为 50 ~ 65 ℃。检查储液干燥过滤器，正常情况下，应为 50 ℃，如果上下温度不一致，说明储液干燥过滤器堵塞。

11 汽车其他电子控制系统

11.1 汽车电子控制动力转向系统

11.1.1 汽车转向系统概述

1. 转向系统的作用与相关要求

用来改变或保持汽车行驶或倒退方向的一系列装置称为汽车转向系统（Automobile Steering System），如图 11.1 所示。

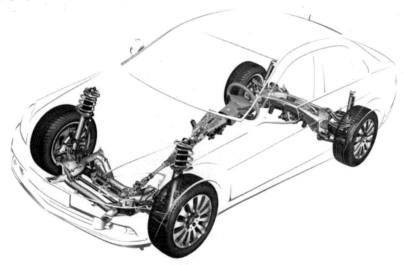

图 11.1 汽车转向系统

汽车转向系统的功能就是按照驾驶员的意图控制汽车的行驶方向，其对汽车的行驶安全至关重要，因此，汽车转向系统的零件都称为保安件。

为确保行车安全，对转向系统有如下要求：

（1）转向系统应工作可靠，操纵轻便；

（2）对轻微的路面冲击，转向系统应有自动回正能力；

（3）转向机构应能减小地面传到方向盘上的冲击，并保持适当的"路感"；

（4）当汽车发生碰撞时，转向装置应能减轻或避免对驾驶员的伤害。

2. 转向系统的分类

汽车转向系统可按转向的能源不同分为机械转向系统（Mechanical Steering System）和动力转向系统（Power Steering System）两类。

机械转向系统是依靠驾驶员操纵方向盘的转向力来实现车轮转向；动力转向系统则是在驾驶员的控制下，借助汽车发动机产生的液体压力或电动机驱动力来实现车轮转向。

传统的动力转向系统具有转向操纵灵活、轻便等优点，但也有汽车在高速行驶时，转动方向盘的力显得太小，方向盘"发飘"，不利于高速行车的缺点。

随着电子控制技术在汽车动力转向系统中的应用，出现了电子控制动力转向系统。电控动力转向系统可以在低速时减轻转向操作力，以提高转向系统的操纵轻便性；在高速时，则可适当加重转向力，以提高操纵稳定性。

四轮转向系统的应用，在提高汽车转向操纵稳定性的同时，能显著缩短转弯半径，提高车辆的弯道通过性能。

11.1.2　汽车电控动力转向系统

1. 动力转向系统

（1）机械及液压动力转向器。

为使汽车操纵轻便及行驶安全，目前，汽车、载重汽车、客车大多采用液压转向助力器，构成液压式动力转向系统（Hydraulic Power Steering System，HPS），如图 11.2 所示。

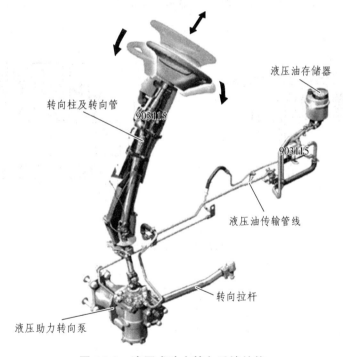

图 11.2　液压式动力转向系统结构

动力转向器由机械转向器和液压助力器组成，发动机驱动转向助力油泵，借助液力通过转向加力装置，来增大驾驶员操纵转向轮转向的力量，使之操纵轻便、灵敏且安全可靠。液压式动力转向系统的油路如图 11.3 所示。转向阀体在转向时改变油路，从而增加转向力，如图 11.4 所示。

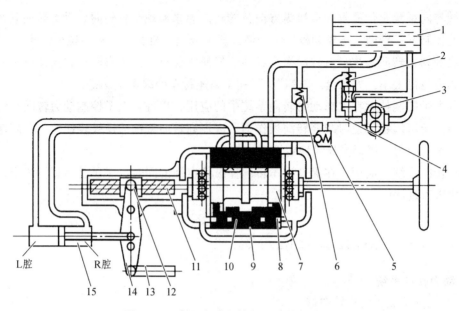

图 11.3　液压式动力转向系统的油路图

1—油箱；2—溢流阀；3—齿轮油泵；4—进油道量孔；5—单向阀；6—安全阀；7—滑阀；8—反作用阀；
9—阀体；10—复位弹簧；11—转向螺杆；12—转向螺母；13—纵拉杆；14—转向垂臂；15—动力缸

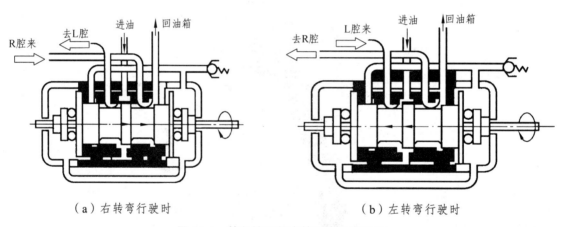

（a）右转弯行驶时　　　　　　　　　　　　（b）左转弯行驶时

图 11.4　转向控制阀在转向时改变油路

（2）动力转向系统的不足。

传统的动力转向系统所设定的固定放大倍率具有以下缺点：如果所设计的固定放大倍率的动力转向系统是为了减小汽车在停车或低速行驶状态下转动方向盘的力，则当汽车以高速行驶时，这一固定放大倍率的动力转向系统会使转动方向盘的力显得太小，不利于对高速行驶的汽车进行方向控制；反之，如果所设计的固定放大倍率的动力转向系统是为了增加汽车在高速行驶时的转向力，则当汽车停驶或低速行驶时，转动方向盘就会显得非常吃力。

（3）电控动力转向系统的组成。

电子控制技术在汽车动力转向系统中的应用，提高了汽车的驾驶性能。电子控制动力转向（Electronic Control Power Steering，EPS）系统在低速行驶时可使转向轻便、灵活；当汽车在中高速区域转向时，又能保证提供最优的动力放大倍率和稳定的转向手感，从而提高了高速行驶的操纵稳定性。典型的电子控制动力转向系统如图 11.5 所示。

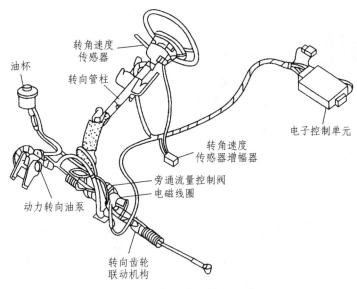

油杯

转角速度
传感器

转向管柱

电子控制单元

转角速度
传感器增幅器

旁通流量控制阀
电磁线圈

动力转向油泵

转向齿轮
联动机构

图 11.5 电控动力转向系统

2. 电控动力转向系统的分类

根据动力源的不同，电子控制动力转向系统可分为液压式电子控制动力转向系统（液压式 EPS）和电动式电子控制动力转向系统（电动式 EPS）。

液压式 EPS 在传统的液压动力转向系统的基础上增设了控制液体流量的电磁阀、车速传感器和 ECU 等，ECU 根据检测到的车速信号控制电磁阀，使转向动力放大倍率实现连续可调，从而满足汽车在中、低速时的转向助力要求。

电动式 EPS 是利用直流电动机作为动力源，ECU 根据转向参数和车速等信号，控制电动机转矩的大小和方向。电动机的转矩由电磁离合器通过减速机构降低转矩后，加在汽车的转向机构上，使之得到一个与工况相适应的转向作用力。

3. 电控动力转向系统的特点

为满足现代汽车对转向系统的要求，电控动力转向系统具有以下特点：

（1）良好的随动性，即方向盘与转向轮之间具有准确的对应关系，同时能保证转向轮可维持在任意转向角位置。

（2）高度的转向灵敏度，即转向轮对方向盘具有灵敏的响应。

（3）良好的稳定性，即具有很好的直线行驶稳定性和转向自动回正能力。

（4）助力效果能随车速变化和转向阻力的变化作相应的调整，低速时，有较大的助力效果，以克服路面的转向阻力；中、高速时，要有适当的路感，以避免因转向过轻（方向盘"发飘"）而发生事故。

11.1.3 液压式电控动力转向系统

电子控制动力转向系统可以在低速时减轻转向力，以提高转向系统的操作轻便性；在高速时则可适当加重转向力，以提高操纵稳定性。

液压式电子控制动力转向系统是在传统的液压动力转向系统的基础上增设电子控制装置而构成的。根据控制方式的不同，液压式电子控制动力转向系统又可分为流量控制式、反力控制式和阀灵敏度控制式 3 种形式。下面以丰田汽车采用的流量控制式动力转向系统为例，来说明动力转向系统的工作过程。

1. 流量控制式动力转向系统的组成

如图 11.6 所示，该系统主要由车速传感器、电磁阀、动力转向控制阀、动力转向油泵和 ECU 等组成。

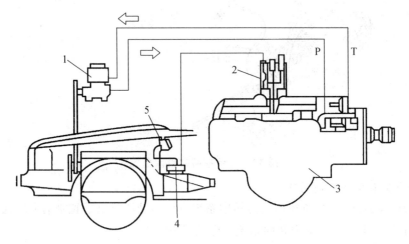

图 11.6 流量控制式动力转向系统

1—动力转向油泵；2—电磁阀；3—动力转向控制阀；4—ECU；

5—车速传感器；P—压力油管；T—回油管

2. 流量控制式动力转向系统的工作过程

电磁阀安装在通向转向动力缸活塞两侧油室的油道之间，当电磁阀的阀针完全开启时，两油道就被电磁阀接通一个旁路，使动力缸活塞两侧压力差减小，助力减小；相反则助力增大。系统电磁阀的结构如图 11.7 所示。

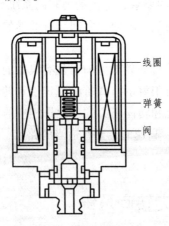

图 11.7 电磁阀的结构

流量控制式动力转向系统是根据车速传感器的信号，控制电磁阀阀针的开启程度，从而控制转向动力缸活塞两侧油室的旁路液压油流量。

　　车速越高时，流过电磁阀电磁线圈的平均电流值越大，电磁阀阀针的开启程度越大，旁路液压油流量越大，液压助力作用越小，使转动方向盘的力也随之增大；相反，车速较低时，助力作用加大，使转向轻便。这就是流量控制式动力转向系统的工作原理。

　　电磁阀的驱动信号如图 11.8 所示，驱动电磁阀电磁线圈的脉冲电流信号频率基本不变，但随着车速增大，脉冲电流信号的占空比将逐渐增大，使流过电磁线圈的平均电流值随车速的升高而增大。

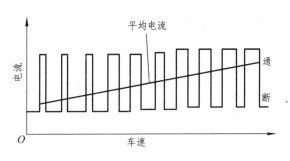

图 11.8　电磁阀驱动信号

3. 流量控制式动力转向系统的工作电路

　　丰田汽车流量控制式动力转向系统电路如图 11.9 所示。动力转向 ECU 是 EPS 的核心控制部件，它根据车速传感器提供的车速信号，通过改变旁通电磁阀驱动信号占空比的方式调节转向力。

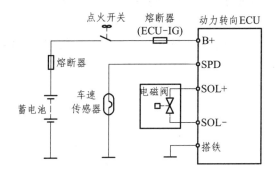

图 11.9　丰田汽车流量控制式动力转向系统电路

11.1.4　电动式电控动力转向系统

1. 电动式电控动力转向系统概述

　　电子控制电动式动力转向系统（电动式 EPS 系统）用电动机代替了液压缸，电动机由汽车电源系统（蓄电池和发电机）供电。

　　当驾驶员转动方向盘时，电子控制电动式动力转向系统中的传感器检测其运动情况，使电动机产生足够的动力带动转向轮做适当的偏转。电子控制电动式动力转向系统中用电子开关代替了液压式动力转向系统中的液压分配阀。

　　（1）电动式 EPS 的组成。

电子控制式动力转向系统的基本组成如图 11.10 所示，主要由车速传感器、转矩传感器、转角传感器、电子控制器（ECU）、电动机及减速机构等组成。

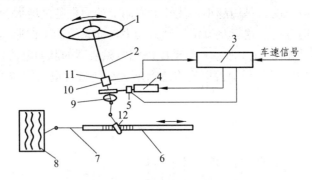

图 11.10　电动式 EPS 的组成

1—方向盘；2—输入轴（转向轴）；3—ECU；4—电动机；5—电磁离合器；6—转向齿条；7—横拉杆；
8—转向车轮；9—输出轴；10—扭力杆；11—转矩传感器；12—转向齿轮

（2）电动式 EPS 的工作原理。

电子控制电动式动力转向系统的基本原理是根据汽车行驶速度信号、转矩及转向角信号，由 ECU 控制电动机及减速机构产生助力转矩，使汽车行驶在低、中和高速下都能获得最佳的转向效果。

电动机连同离合器和减速齿轮一起，通过一个橡胶底座安装在左车架上。电动机的输出转矩由减速齿轮增大，并通过万向节、转向器中的助力小齿轮把输出转矩送至齿条，向转向轮提供转矩。

当操纵方向盘时，装在方向盘轴上的转矩传感器不断地测出转向轴上的转矩信号，该信号与车速信号同时输入到 ECU。ECU 根据这些输入信号，确定助力转矩的大小和方向，即选定电动机的电流和转向，调整转向辅助动力的大小。

电动机的转矩由电磁离合器通过减速机构减速增加转矩后，加在汽车的转向机构上，使之得到一个与汽车工况相适应的转向作用力。

（3）电动式 EPS 的优点。

电动式 EPS 有许多液压式动力转向系统所不具备的优点。

① 将电动机、离合器、减速装置、转向杆等各部件装配成一个整体，既无液压管路也无控制阀，使其结构紧凑、质量减轻。

② 没有液压式动力转向系统所必需的常态运转的转向油泵，电动机只是在需要转向时才接通电源，所以动力消耗和燃油消耗均可降到最低。

③ 省去了液压系统，所以不需要给转向油泵补充油，也不必担心漏油。

④ 可以比较容易地按照汽车性能的需要设置、修改转向助力特性。

电动式 EPS 系统还设有安全保护装置，由一个在主电源电路中能切断电动机电源的继电器和一个安装在电动机与减速齿轮之间并能把它们断开的电磁离合器组成。如果系统发生故障，安全保护装置就会开始工作，恢复到无助力的常规转向模式，确保行车安全。

2. 三菱汽车电动式电控动力转向系统

三菱米尼卡（Minica）汽车所用电子控制电动式动力转向系统主要由 ECU、直流电动机、离合器、车速传感器、转矩传感器和转向机总成等组成，如图11.11所示。

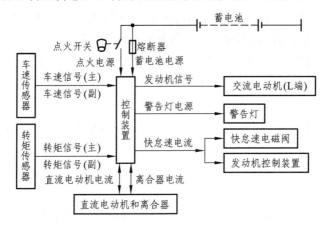

图 11.11 三菱米尼卡汽车电动式电控动力转向系统的组成

该系统工作时，ECU 根据车速等传感器信号，控制方向盘上的操纵力，驱动转向齿轮箱内的电动机，实现助力控制，当车速高于设定速度时，就变成了普通的转向系统。

当系统出现故障时，自我修正功能发挥作用，断开电动机的输出电流，恢复到普通的转向系统，同时组合仪表内的警告灯点亮，以通知驾驶员动力转向系统发生故障。

（1）三菱电动式 EPS 的组成。

三菱米尼卡的电子控制电动式动力转向系统各组成部件及其功用如下：

① 电动机和离合器。

三菱电动式 EPS 系统的 ECU 根据车速的快慢来控制电动机的电流，车辆在停驶和极低速状态下，电动机电流最大，助力作用大，电动机产生的助力经离合器传动齿轮减速后，起到助力作用。

电动机是以行星齿轮机构来传递动力的，电动机的行星齿轮机构如图11.12所示，行星齿轮机构可以分为输入轴和小齿轮两部分，它们通过一个恒星齿轮啮合。

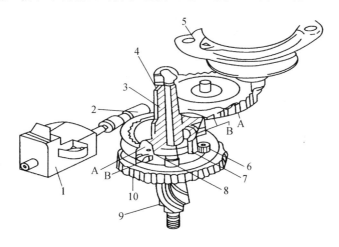

图 11.12 电动机的行星齿轮机构

1—转矩传感器；2—卷轴；3—转矩杆；4—输入轴；5—直流电动机和离合器；6，8—行星小齿轮；

7—恒星齿轮； 9—齿轮齿条转向机的小齿轮；10—从动齿轮；A—主动齿轮；B—内齿圈

行星齿轮减速机构的动力传动路线：转向器转矩杆 3→输入轴 4→行星轮转速器内齿圈 B→行星小齿轮 6→行星小齿轮 6 的轴→从动齿轮 10（恒星齿轮运动受约束）。驾驶员在方向盘上的转矩由行星轮减速器内齿圈输入，从行星轮轴输出，此种传动的传动比 i 大于 1，即做减速增矩转动，i 为驾驶员作用在方向盘上的转矩经行星轮减速机构后增大的倍数。

电动机电动助力的转矩由电动机轴上的驱动齿轮传给主动齿轮 A，再由主动齿轮 A 传给从动齿轮 10，使从动齿轮 10 转矩增大。

驾驶员的转矩经行星齿轮减速器扩大后，作用在从动齿轮 10 上，而电动机助力转矩也作用在从动齿轮 10 上，最后共同作用在齿轮齿条转向机的小齿轮 9 上，小齿轮 9 使齿条往复运动，使左右转向车轮克服地面转向助力矩而偏转，实现汽车转向。

② 转矩传感器。

转矩传感器的功能是将转动方向盘时产生的转矩和转角变为转向电信号，输送给 ECU。一般转矩杆的扭转角度设定为 4°左右，这是由于采用行星齿轮机构，使转矩传感器的检测精度提高所致。

③ 车速传感器。

车速传感器安装在变速器上，是一种电磁感应式传感器，其结构组成如图 11.13 所示。该传感器的作用是根据车速的变化，把主、副系统的脉冲信号输送给 ECU，车速传感器每转动一周产生 8 个脉冲信号，由于是主、副两个系统，故信号的可靠性更高。

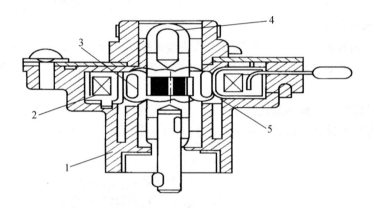

图 11.13　车速传感器的结构

1—壳体；2—定子线圈；3—磁极；4—下侧定子；5—定子

④ 汽车交流发电机的 L 端子。

利用交流发电机的 L 端子电压，可以判断出发电机是否运转，所以把交流发电机的 L 端子看成是向 ECU 输送信号的一个传感器。

直流电动机的最大电流约为 30 A，在发动机不工作时，转向系统的工作由蓄电池供电；发动机工作时，由发电机供电。

⑤ 电子控制系统。

电子控制系统由一个 8 位单片机 MC6805 及外围电路组成，电子控制电动式动力转向系统的工作过程如图 11.14 所示。

图 11.14　电子控制电动式动力转向系统的工作过程

（2）三菱电动式 EPS 的工作原理。

① 点火开关接通时，电源电压加到电子控制式电动转向系统的控制部件上，电动式动力转向系统开始工作。

② 启动发动机时，交流发电机 L 端子的电压加到 ECU 上，检测到发动机处于工作状态时，电动式动力转向系统转为工作状态。

③ ECU 输出电磁离合器信号后，通过电动机输出轴和行星齿轮减速机构，使行星齿轮处于可以助力的状态，并根据转矩信号向电动机输出电流。行车时，按不同车速下的转矩控制电动机电流，并完成电子控制转向与普通转向的转换。6 种车速下电动机的电流状态如图 11.15 所示。

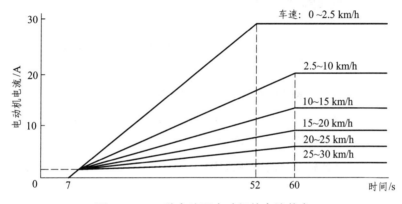

图 11.15　6 种车速下电动机的电流状态

当车速高于 30 km/h 时，ECU 没有离合器电流及电动机电流输出，离合器被分离，电子控制电动式动力转向变为普通转向；当车速低于 27 km/h 时，ECU 又输出离合器电流和电动机电流，由普通转向变为电子控制电动式动力转向的工作方式。

11.1.5　电控四轮转向系统

1. 电控四轮转向系统概述

目前，绝大多数汽车都是以两个前轮作为转向车轮，这样的转向系统称为两轮转向系统（Two-Wheel Steering，2WS）。

为了使汽车具有更好的弯道通过性和操纵稳定性，一些汽车在后桥上也安装了转向系统，前、后、左、右 4 个车轮均为转向车轮，这样的转向系统称为四轮转向系统（Four-Wheel Steering 或 All-Wheel Steering，4WS）。

汽车采用四轮转向（4WS）系统的目的是：在汽车低速行驶时，依靠逆向转向（前、后车轮的转角方向相反）获得较小的转向半径，改善汽车的操纵性；在汽车以中、高速行驶时，依靠同向转向（前、后车轮的转角方向相同）减小汽车的横摆运动，使汽车可以高速变换行进路线，提高转向时的操纵稳定性。4WS 系统的一般布置形式如图 11.16 所示。

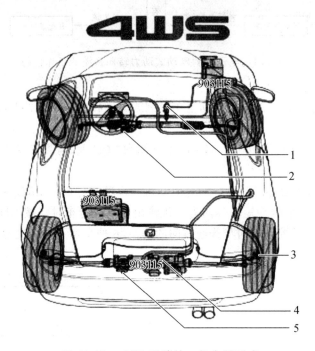

图 11.16　4WS 系统的一般布置形式

1—车速传感器；2—方向盘转角传感器；3—车轮转速传感器；
4—后轮转向执行机构；5—后轮转角传感器

2WS 和 4WS 系统低速转向时的行驶轨迹如图 11.17 所示，中、高速时的操纵性比较如图 11.18 所示。

4WS 系统在不同车速下，前后轮转向比率及车轮偏转状态如图 11.19 所示。

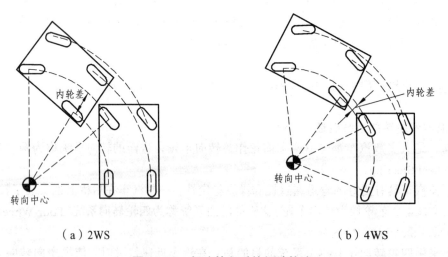

（a）2WS　　　　　　　　　　　（b）4WS

图 11.17　低速转向时的行驶轨迹

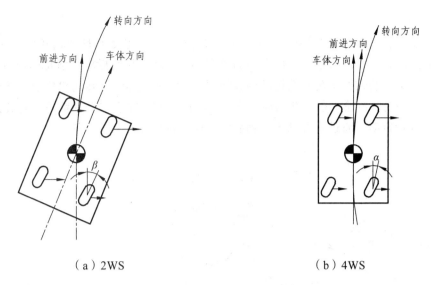

（a）2WS　　　　　　　　　　　　　（b）4WS

图 11.18　中、高速转向时的操纵性比较

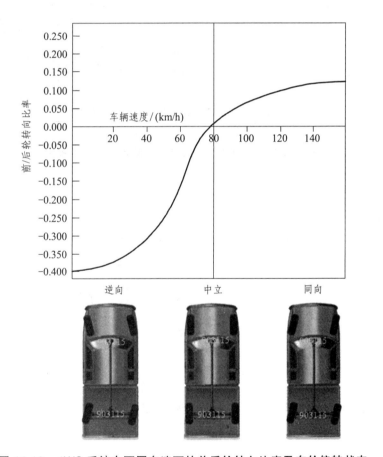

图 11.19　4WS 系统在不同车速下的前后轮转向比率及车轮偏转状态

　　根据控制方式的不同，四轮转向系统可分为转向角比例控制式 4WS 系统与横摆角速度比例控制式 4WS 系统两种。

2. 转向角比例控制式 4WS 系统

转向角比例控制，是指使后轮的偏转方向在低速区与前轮的偏转方向相反，在高速区与前轮的偏转方向相同，同时根据方向盘转向角度和车速情况控制后轮与前轮偏转角度比例。

转向角比例控制式四轮转向系统的构成如图 11.20 所示。前、后转向机构通过连接轴相连。转动方向盘转向时，齿轮齿条式转向器在推动前转向横拉杆左右移动使前轮偏转转向的同时，带动输出小齿轮转动，通过连接轴传递到后转向控制机构带动后轮偏转。

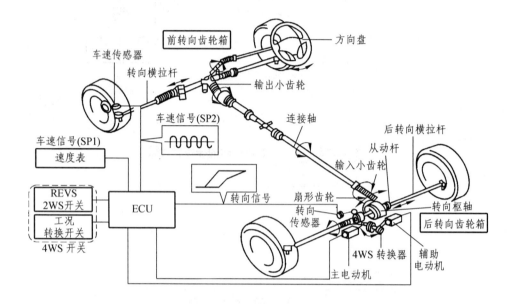

图 11.20　转向角比例控制式四轮转向系统的构成

（1）转向角比例控制式 4WS 系统的组成部件。

① 转向枢轴。

后转向齿轮箱中的转向枢轴实际上是一个大轴承，如图 11.21 所示。

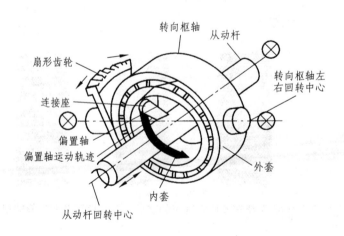

图 11.21　偏置轴与转向枢轴的构造

转向枢轴外套与扇形齿轮做成一体，可绕转向枢轴左右回转中心左右偏转；内套与一个突出在从动杆上的偏置轴相连；从动杆可在 4WS 转换器电动机的驱动下，以从动杆回转中心为轴正、反向运动，并可使偏置轴在转向枢轴内上下旋转约 55°。

与连接轴相连的输入小齿轮向左或向右转动时，旋转力就传到扇形齿轮上，扇形齿轮带动转向枢轴、偏置轴使从动杆左右摆动，从动杆的左右摆动又使后转向横拉杆移动，从而带动后转向节臂转动，使后轮转向。

从动杆可在电动机及传动装置的操纵下自转，使从动杆上的偏置轴相对于转向枢轴摆转轴线的角度发生变化，后轮的转向角比例和转向方向也随即发生相应变化。偏置轴与转向枢轴的工作原理如图 11.22 所示。

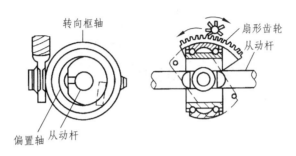

（a）中立状态

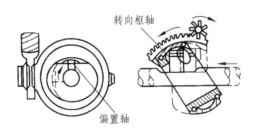

（b）反向运动

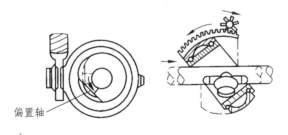

（c）同向运动

图 11.22 偏置轴与转向枢轴的工作原理

当偏置轴的前端与转向枢轴左右旋转中心一致时，即使让转向枢轴左右偏转，从动杆也完全不动，此时后轮处于中间状态（中立状态），如图 11.22（a）所示。当偏置轴的前端处于转向枢轴左右旋转中心的上方时，从动杆被带动向左移动，则后轮相对于前轮反向转动，如图 11.22（b）所示。当偏置轴的前端处于转向枢轴左右旋转中心的下方时，从动杆被带动向右移动，则后轮相对于前轮同向转动，如图 11.22（c）所示。

②4WS 转换器。

4WS 转换器的作用是驱动从动杆转动，实现 2WS 向 4WS 方式的转换和后轮转向方向与转向角比例的控制。4WS 转换器与后轮转向传感器的工作原理及电压特性如图 11.23 所示。

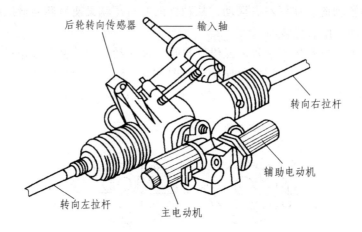

（a）后轮执行结构（4WS 转换器）

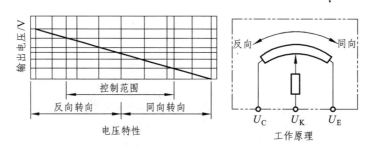

（b）后轮转向传感器的工作原理与电压特性

图 11.23　4WS 转换器与后轮转向传感器的工作原理及电压特性

4WS 转换器由主电动机、辅助电动机、行星齿轮减速机构和蜗轮蜗杆机构组成，主辅电动机的工作受转向 ECU 控制。正常情况下，作为备用的辅助电动机不工作，由主电动机带动转换器输出轴转动；当主电动机不能工作时，由辅助电动机带动转换器输出轴转动。

为检测转换器的工作状态，在从动杆蜗轮的侧面设置有滑动电阻式转向角比例检测传感器，随时向 ECU 反馈转向角比例控制状态，以便 ECU 随时进行控制和修正。

③转向角比例控制系统。

转向角比例控制系统主要由转向 ECU、车速传感器、4WS 转换开关、转向角比例传感器和 4WS 转换器等组成，其中转向 ECU 是控制中心，转向角比例控制式四轮转向系统的工作原理如图 11.24 所示。

（2）转向角比例控制 4WS 系统的主要控制功能。

①转向控制方式的选择。

当通过 2WS 选择开关选择 2WS 方式时，ECU 控制 4WS 转换器使后轮在任何车速下的转向角为零，这是为习惯于前轮转向的驾驶员设置的；在 4WS 方式下，驾驶员还可根据驾驶习惯和行驶情况通过 4WS 转换开关进行常规模式工况与运动模式工况的变换，对后轮转向角比例控制特性进行选择。

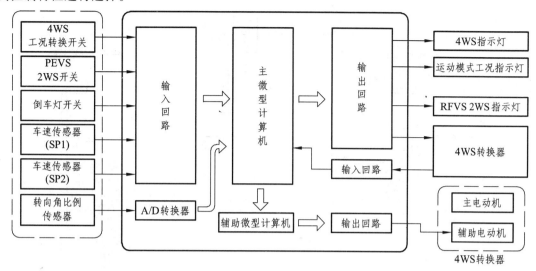

图 11.24　转向角比例控制式四轮转向系统的工作原理

② 转向角比例控制。

当选定 4WS 方式时，ECU 根据车速信号和转向角比例传感器信号，计算车速与转向角的实际数值，控制 4WS 转换器电动机调节后轮转向角的控制比例。

③ 安全保障功能。

当转向控制系统发生故障时，4WS 故障警告灯将点亮，并在 ECU 中记忆故障部位，同时，后备系统实施以下控制：

a. 当 4WS 转换器主电动机发生故障时，ECU 驱动辅助电动机工作，使后轮以常规模式与前轮做同向转向运动，并根据车速进行转向角比例控制。

b. 当车速传感器发生故障时，ECU 取 SP1 和 SP2 两个车速传感器中输出车速信号高的为依据，控制 4WS 转换器主电动机仅进行同向转向的转向角比例控制。

c. 当转向角比例传感器发生故障时，ECU 驱动 4WS 转换器辅助电动机使后轮处于与前轮同向转向最大值，并终止转向角比例控制。如果辅助电动机发生故障，则通过驱动主电动机完成这一控制。

d. 当 ECU 出现异常时，4WS 辅助电动机驱动后轮至与前轮同向转向最大值位置，以避免后轮处于反向运动状态，并终止转向角比例控制。当后轮处于与前轮同向转向状态时，后轮的最大转向角很小，且有利于确保高速转向时的方向稳定性。

3. 横摆角速度比例控制式 4WS 系统

横摆角速度比例控制是一种能根据检测出的车身横摆角速度来控制后轮转向量的控制方法。它与转向角比例控制相比，具有两方面优点：一是它可以使汽车的车身方向从转向初期开始就与其行进方向保持高度一致；二是它可以通过检测车身横摆角速度感知车身的自转运动。因此，即使有外力（如横向风等）引起车身自转，也能马上感知到，并可迅速通过对后轮的转向控制来抑制自转运动。

（1）横摆角速度比例控制式 4WS 系统的组成。

横摆角速度比例控制式 4WS 系统的组成如 11.25 所示。

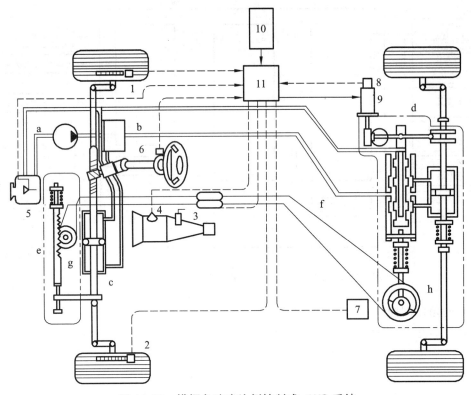

图 11.25　横摆角速度比例控制式 4WS 系统

a—液压泵；b—分流器；c—前动力转向器；d—后转向助力器；e—带轮传动组件；f—转角传动拉索；
g—前带轮；h—后带轮；1, 2—轮速传感器；3—车速传感器；4—挡位开关；5—油面高度传感器；
6—转角传感器；7—横摆角速度传感器；8—电动机转角传感器；9—转向电动机；
10—ABS ECU；11—4WS ECU

后轮转向机构通过转换控制阀油路可以实现后轮转向，后轮转向角由两部分组成：一部分是大转角控制产生的后轮转向角（最大角度为 5°），另一部分是小转角控制产生的后轮转向角（最大角度为 1°）。大转角控制与前轮转向连动，通过传动拉索完成机械转向；小转角控制与前轮转向无关，通过脉动电动机完成电控转向。

① 前轮转向机构。

前轮转向机构如图 11.26 所示，方向盘 1 的转动可传到齿轮齿条副 2 上，随着齿条端部 4 的移动又使控制齿条 5 左右移动，并带动小齿轮转动。由于前带轮 6 与小齿轮做成一体，故前带轮也随着小齿轮一起进行正反方向的转动。同时，前带轮的转动又通过转角传动拉索 7 传递到后轮转向机构中的后带轮上。控制齿条存在一个不敏感行程，方向盘左右约 250° 以内的转角正好处于此范围内。因此，在此范围内将不会产生与前轮连动的后轮转向，由于高速行驶时方向盘不可能产生这样大的转角，所以当汽车高速行驶时，后轮仅由脉动电动机控制转向。

② 后轮转向机构。

后轮转向机构如图 11.27 所示，在机械转向时，转角传动拉索的行程变化被传递到后带轮

1，由于控制凸轮 16 与后带轮制成一体，故此时控制凸轮随后带轮一同转动，拉动凸轮推杆 2 沿凸轮轮缘运动，使阀套筒 15 左右移动。

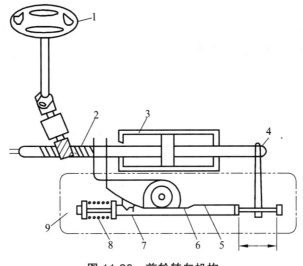

图 11.26　前轮转向机构

1—方向盘；2—齿轮齿条副；3—液压油缸；4—齿条端部；5—控制齿条；6—前带轮；

7—转角传动拉索；8—弹簧；9—带轮传动组件

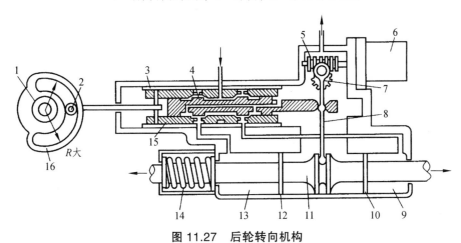

图 11.27　后轮转向机构

1—后带轮；2—凸轮推杆；3—衬套；4—滑阀；5—主动齿轮；6—脉动电动机；7—从动齿轮；

8—阀控制杆；9—液压缸右室；10、12—功率活塞；11—液压缸轴；13—液压缸左室；

14—弹簧；15—阀套筒；16—控制凸轮

　　当方向盘向左转动时，后带轮 1 向右转动，此时控制凸轮轮缘向半径减小的方向转动，将凸轮推杆 2 拉出，使阀套筒 15 向左边移动。当方向盘向右转动时，与上述相反，控制凸轮轮缘向半径增大的方向转动，把凸轮推杆 2 推向里面，使阀套筒 15 向右边移动。来自液压泵的压力油油路根据阀套筒 15 与滑阀 4 的相对位置进行切换。

　　当方向盘向左转动时，套筒 15 向左方移动，把来自液压泵的压力油输进液压缸的右室 9，驱动功率活塞 10 向左移动。此时，与功率活塞做成一体的液压缸 11 就被推向左方，带动后轮向右转向。相反，当方向盘向右转动时，功率活塞 10 被推向右方，带动后轮向左转向。由此可见，在机械转向时，后轮都是反向转向。

在电动转向时，阀套筒 15 固定不动，此时，由脉动电动机 6 通过驱动阀控制杆 8 的左右摆动控制滑阀 4 左右移动，从而引起功率活塞 10 的左右运动，其动作原理与上述机械转向时相同。由于脉冲电动机是根据 ECU 的指令进行正、反向转动的，所以它完成的后轮转向与前轮转向无关。

（2）控制原理。

① 后轮转角控制。

方向盘转角与后轮转角的关系如图 11.28 所示，图 11.28 中的后轮转角特性是由机械转向与电动转向特性合成后得到的。

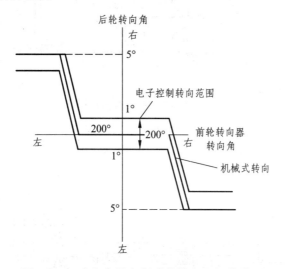

图 11.28　方向盘转角与后轮转角之间的关系

从图 11.28 可以看出，方向盘转角在左、右约 250°以上的反向领域内，实际上表现的是汽车在低速时的大转角与停车时的转向切换操作，而在中、高速内的转向就变成了仅在电动转向范围内的后轮转向。ECU 能随时读取来自车速传感器的信号，然后计算出与车辆状态相适应的后轮目标转向角，再驱动脉动电动机，完成后轮转向操作。

a. 大转角控制（机械式转向）。

大转角控制原理如图 11.29 所示，当前轮转角处于不敏感范围内时，阀套筒 7 与滑阀 2 的相对位置处于中间状态。因此，从液压泵出来的油液就流回储油器中，此时，液压缸左、右室仅存较低油压，液压缸 5 就在复位弹簧的作用下，处于中间位置。

当前轮转角向左转向时，阀套筒 7 向左移动，它与滑阀 2 之间就产生了相对位移，使 a 部与 b 部的阻尼作用减小，使压力油进入到动力液压缸的右室，把功率活塞 6、液压缸轴 5 推向左侧，使后轮向右转动。由于液压缸轴 5 向左移动，脉动电动机还没有启动，故此时，阀控制杆以支点 *A* 为中心向左转动，带动滑阀移动到比 *B* 点更左边的 *B'* 点。由于这个原因，已减小的 a 部与 b 部的阻尼作用又增大，使液压缸右室内的压力下降。其结果是，当液压缸轴 5 移动到目标位置后，a 部与 b 部又会产生较大的阻尼作用，就正好达到与车轮产生的外力相平衡的位置，从而使后轮不产生过大的转向。

在外力产生变化时，液压缸轴 5 也产生微量的移动变化，引起阀控制杆 4 对滑阀 2 产生一个相应的反馈量，变化到与外力相平衡所需的活塞压力的阻尼作用，使其始终保持平衡。

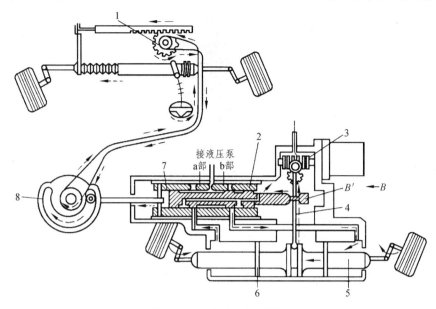

图 11.29　大转角控制原理

1—前带轮；2—滑阀；3—支点 A；4—阀控制杆；5—液压缸轴；6—功率活塞；7—阀套筒；8—控制凸轮

b. 小转角控制（电控转向）。

小转角控制原理如图 11.30 所示，脉动电动机的旋转由一个蜗轮传送给从动齿轮 4，使阀控制杆 5 摆动。当脉动电动机驱动从动齿轮左转时，阀控制杆上端支点 A 以被动齿轮的中心点 O 为转动中心向 A' 点摆动。

在脉动电动机启动的瞬间，后液压缸轴还没有移动，因此，阀控制杆 5 就以 C 点为中心向左方摆动，使阀控制杆上的 B 点移动到 B' 点位置，带动滑阀 2 左移。由于转角传动拉索没有动作，故此时阀套筒 1 是固定不动的，因此，滑阀 2 的移动就使滑阀、阀套筒之间产生相对位移，使 a 部与 b 部的阻尼作用减小，使液压泵的压力油作用到液压缸左室，使液压缸轴向右移动。

在液压缸轴向右移动的过程中，阀控制杆以支点 A 为中心转动，带动滑阀向右移动到 B，使 a 部和 b 部的阻尼作用增大，油压降低，从而达到与大转角控制转向时一样的力的平衡。

② 使汽车滑移角为零的控制。

使汽车滑移角为零的控制是抑制 4WS 汽车在转向初期过渡阶段出现的车身向转向内侧转动滞后的一种控制方法。这种控制方法可在转向开始的瞬间控制后轮反向转动，使车身产生自转运动，抑制公转运动，防止车身向外侧转动。

此时，横摆角速度传感器会检测出自转运动的增大，并反馈给控制系统，控制后轮产生一个同方向转动，取得自转与公转运动的平衡，这样就能保证从转向初期到转向结束汽车滑移角始终为零。

③ 受到横向风作用时的控制。

在突然受到横向风作用，车辆将要偏向时，横摆角速度传感器会立即感知到这一偏转倾向，控制系统就会操纵后轮向消除将要发生的横摆运动的方向转动。由于后轮的转动，在车身上会产生力矩，减少由横向风产生的自转运动，使车身的偏差降低到最小。

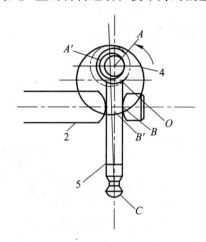

（a）阀控制杆的运动

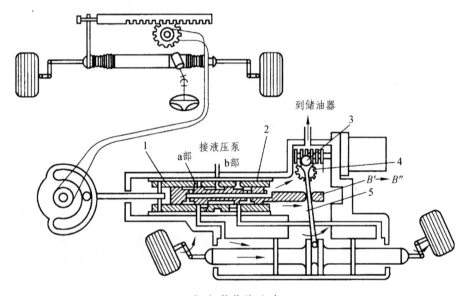

（b）整体的运动

图 11.30　小转角控制原理

1—阀套筒；2—滑阀；3—支点 A；4—从动齿轮；5—阀控制杆

④ABS 作用的控制。

在一般情况下，由于比较重视中、低速域的转向响应性，因此，其横摆角速度的增益会比高速域的横摆角速度增益有所降低，但在 ABS 作用时，更重视的是制动时车辆的稳定性。所以，会把 ABS 开始起作用时的横摆角速度增益一直保持到制动结束。

4．本田序曲汽车的 4WS 系统

（1）本田序曲汽车的 4WS 系统的组成。

本田序曲（Honda Prelude）汽车上采用的电动式电控四轮转向系统如图 11.31 所示，四轮转向控制单元对输入的传感器信息进行分析处理，计算出所需的后轮转向角，并操纵后轮转向执行器电动机使后轮实现正确的转向。

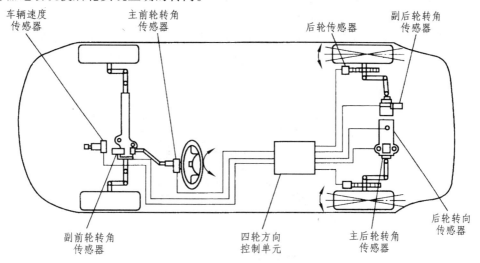

图 11.31　本田序曲汽车电动式电控四轮转向系统

在此转向系统中，前轮转向器和后轮转向执行器之间没有任何机械连接装置，四轮转向控制 ECU 利用方向盘转角、车速和前轮转向角传感器信息控制后轮转向角。

当车速低于 29 km/h 转向时，后轮向相反方向偏转，在车速为零时的最大转角为 6°，在 29 km/h 时，后轮转向角接近于零；当车速大于 29 km/h 时，在方向盘 200°转角以内，后轮的转向角与前轮一致，方向盘转角大于 200°时，后轮开始向相反方向偏转；当车速提高到 29 km/h，并转动方向盘 100°时，后轮将向相同方向偏转大约 1°，方向盘转动 500°时，后轮将向相反方向偏转大约 1°。

① 后轮转向执行器。

后轮转向执行器的组成包括一个驱动循环球螺杆机构的电动机、后轮转角传感器、复位弹簧等。

执行器在结构上作为后轮转向横拉杆的一部分，两端的拉杆与后轮转向节臂相连。电动机受 ECU 控制转动时，即可通过循环球螺杆产生轴向推力，克服复位弹簧的弹力，带动后轮转向。

执行器内的复位弹簧在关闭点火开关或四轮转向系统失效时，使后轮推回到直线行驶位置。一个主后轮转角传感器和一个副后轮转角传感器安装在执行器上部。本田序曲汽车后轮转向执行器的构造如图 11.32 所示。

② 后轮转角传感器。

后轮转角传感器有两个，主后轮转角传感器为霍尔式，通过检测循环球螺母上的电磁转子转动情况后感知后轮偏转角度；副后轮转角传感器的伸缩杆顶在后转向横拉杆的锥形轴表面，通过感知锥形轴的移动即可测得后轮偏转角度。

③ 前轮转角传感器。

前轮转角传感器也有两个，方向盘转角传感器又称为主前轮转角传感器，为霍尔式，装在组合开关下方的转向柱上；副前轮转角传感器安装在齿条式转向器上，结构与工作原理和副后轮转角传感器相同。

④ 车速传感器。

与 ABS 系统共用的两个电磁式后轮速传感器向 ECU 提供交变电压信号，供 ECU 判定车速。

注意：为了防止来自其他电线的干扰，有的传感器带有附加的屏蔽罩，如果屏蔽罩损坏将严重影响 ECU 的工作。同时，严禁将电子传感器的导线位置移动到靠近其他电源电路附近。

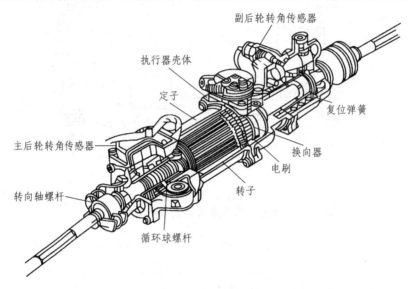

图 11.32　本田序曲汽车后轮转向执行器的构造

（2）本田序曲汽车的 4WS 系统的失效保护功能。

如果 4WS ECU 检测到系统出现故障，将使系统转换到失效保护状态。在这种状态下，ECU 存入故障码，并接通四轮转向指示灯发出警告，同时，控制 ECU 切断后轮转向执行器电源，使后轮保持在直行位置，系统回归为 2WS 特性。

为防止后轮转向执行器断电时，回正过快而造成方向不稳，ECU 在使系统进入保护状态的同时，会施加阻尼力矩，使回正弹簧缓慢地将后转向横拉杆推回到中央位置。

11.2　汽车巡航控制系统

11.2.1　汽车巡航控制系统概述

"巡航"一词原意是指飞机从一个航口飞行到另一个航口的巡逻航行，巡航控制系统的英文名称是 Cruise Control System，英文缩写为 CCS。汽车巡航是指汽车以一定的速度匀速行驶，因此，汽车巡航控制系统又称为"恒速控制系统"。汽车巡航控制系统的功用是：根据汽车行驶阻力的变化，自动调节发动机节气门开度的大小，使汽车保持恒定速度行驶。

1. 巡航控制系统的分类

（1）按巡航控制装置的组成与控制方式分类。

按巡航控制装置的组成与控制方式分，可分为机电式和电子式。

① 机电式巡航控制系统。

汽车上早期使用的是机电式巡航控制系统。它通常由控制开关、电释放开关、真空调节器、真空度控制的弹簧式伺服机构、真空释放阀、线束及真空管路等组成。

② 电子式巡航控制系统。

电子式巡航控制系统由电子控制器根据控制开关、各传感器和开关的信号进行车速的设定、稳定和消除等自动控制。随着电子技术的迅速发展和对巡航控制功能要求的进一步提高，电子式巡航控制系统已经逐渐取代了机电式巡航控制系统。

（2）按巡航控制系统电子控制器的结构原理分类。

按巡航控制系统电子控制器的结构原理分，可分为模拟式和数字式。

① 模拟式电子巡航控制系统。

由模拟式电子电路构成电子控制器，控制器内部对输入信号的处理过程均为模拟电参量，模拟式巡航电子控制器经历了从晶体管分立元件到集成电路的发展过程。

② 数字式电子巡航控制系统。

数字式电子巡航控制系统的核心是控制器，现代汽车巡航控制系统基本上都采用这种控制器控制系统。

（3）按巡航控制装置执行机构的结构原理分类。

按巡航控制装置执行机构的结构原理可分为真空驱动式和电动驱动式。

① 真空驱动式巡航控制系统。

用于车速稳定、加速和减速控制的执行器为真空式节气门驱动装置，其驱动力来自进气歧管的真空度或由真空泵产生的真空度。控制器通过调节节气门驱动装置的真空度来实现对节气门开度的控制。

② 电动驱动式巡航控制系统。

节气门驱动装置的动力来源于电动机。控制器通过控制电动机的转动来调节节气门的开度，以实现车速稳定、增速和减速控制。

2. 巡航控制系统的优点

（1）减轻驾驶员的劳动强度，提高行驶安全性。

在汽车行驶过程中，当车速达到一定值（超过 40 km/h）时，驾驶员只要操作巡航开关并设定一个想要行驶的速度后，不用踩踏加速踏板（油门），巡航控制系统就能自动控制发动机节气门开度，使汽车保持在设定的速度恒速行驶，从而减轻驾驶员的劳动强度。特别是当汽车在高速公路上长时间行驶时，更能充分发挥巡航控制系统的优点。由于利用巡航行驶不用踩踏加速踏板，驾驶员只需握好方向盘，集中精力开车，因此，驾驶安全性将大大提高。

（2）行驶速度稳定，提高乘坐舒适性。

在巡航行驶过程中，无论汽车在上坡或下坡路面上行驶，还是在平坦路面上行驶或在风速变化的情况下行驶，只要是在发动机功率允许的范围之内，汽车行驶速度都将保持设定的巡航车速不变。

（3）节省燃料消耗，提高燃油经济性和排放性。

实践证明，汽车在相同行驶条件下，利用巡航行驶可以节省 15% 左右的燃料。这是因为巡航控制系统与发动机燃油喷射系统（EFI）以及自动变速控制系统（ECT）是相互配合工作的，巡航车速被控制在经济车速范围内，汽车巡航行驶时的燃料供给与发动机功率之间处于最佳配合状态，与此同时，有害气体的排放量也将大大减少。

（4）减少磨损，延长机件寿命。

稳定的等速行驶使额外惯性力减少，所以机件磨损少，寿命延长，故障减少。

11.2.2 汽车巡航控制系统的结构和工作原理

1. 巡航控制系统的结构

汽车巡航控制系统主要由车速传感器、节气门位置传感器、控制开关、巡航控制电控单元（CCS ECU）和执行机构等部件组成。丰田雷克萨斯 LEXUS 400 型汽车巡航控制系统控制部件的安装位置如图 11.33 所示。

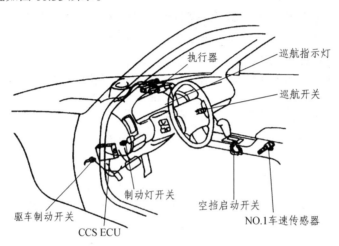

图 11.33 雷克萨斯 LEXUS 400 型汽车巡航控制部件的安装位置

巡航控制系统的车速传感器（VSS）和节气门位置传感器（TPS）既可与发动机控制系统和电子控制自动变速系统共用，也可专门设置独立使用。车速传感器和节气门位置传感器的功用分别是向 CCS ECU 提供汽车行驶速度信号和发动机节气门开度（转角）信号。

控制开关主要有巡航开关、制动灯开关、驻车制动开关、点火开关、离合器开关（仅对手动变速器汽车）或空挡启动开关（对于自动变速器汽车）等。巡航开关的功用是将恒速、加速、减速、恢复原速以及取消巡航行驶等指令信号输入 CCS ECU；其他开关的功用是将各种状态信息输入 CCS ECU，以便 CCS ECU 确定是否进行恒速控制。

CCS ECU 是巡航控制系统的控制核心，一般都由分立电子元件、专用集成电路（ASIC）和 8 位单片机组成，具有数学计算、逻辑判断、记忆存储、故障诊断等功能。

执行机构又称为执行器，分为气动式和电动式两种。气动式主要由速度伺服装置和电磁阀等组成；电动式主要由电动机（永磁式或步进式电动机）、减速机构和电磁离合器等组成。执行机构的功用是根据 CCS ECU 指令，通过节气门拉索（钢缆）调节发动机节气门的开度，使车速保持恒定。

2. 巡航控制系统的基本原理

巡航控制系统是一个典型的闭环控制系统，电子控制式巡航控制系统的控制原理如图 11.34 所示。输入巡航电控单元（CCS ECU）的信号有两个：一是驾驶员根据行驶条件，通过巡航开关设定的巡航车速指令信号；二是车速传感器输入的实际车速反馈信号。

当巡航车速指令信号和实际车速反馈信号输入 CCS ECU 后，CCS ECU 的比较器 A 经过比较运算便可得到两个信号之差，称为误差信号。误差信号经过比例运算和积分运算后，再经过放大处理就可得到控制节气门开度大小的控制信号，CCS ECU 将控制指令发送给执行机构，执行机构就可驱动节气门拉索调节发动机节气门开度的大小，将实际车速迅速调节到驾驶员设定的车速值，从而实现恒速控制，即实现巡航控制。

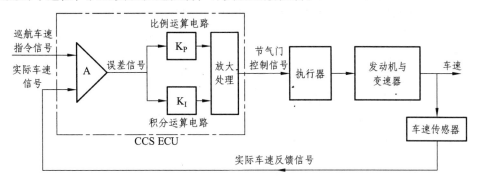

图 11.34　巡航控制系统的基本控制原理

在控制过程中，当实际车速低于驾驶员设定的巡航车速值时，CCS ECU 将向执行机构发出增大节气门开度的指令，使实际车速升高到巡航车速。反之，当实际车速高于驾驶员设定的巡航车速值时，CCS ECU 将向执行机构发出减小节气门开度的指令，使实际车速降低到巡航车速，从而使实际车速基本保持在驾驶员设定的巡航车速值上。

3. 巡航控制车速的控制方式

CCS ECU 作为巡航控制系统的控制核心，控制方法一般都采用"比例-积分计算法（Proportion and Integral Calculus）"进行控制，又称为"PI"控制方式。

比较器 A 运算得到的误差信号经过比例运算电路 K_P 线性放大后，输出的信号将正比于误差信号，积分运算放大电路 K_I 设置有一条斜率可调的输出控制线，用以在短时间内将车速误差调节到趋近于零的很小范围，根据控制线控制的巡航车速与节气门开度之间的关系，如图 11.35 所示，节气门控制信号则由比例运算电路和积分运算电路输出的信号叠加而成。

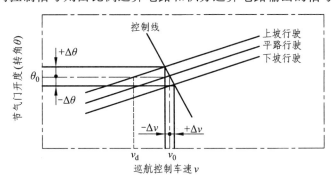

图 11.35　巡航车速与节气门开度之间的关系

当汽车在平坦路面上以设定的巡航车速 v_0 行驶时，设节气门开度为 θ_0。如果此时 CCS ECU 向执行机构发出指令使节气门开度保持不变，则汽车将以设定的巡航车速 v_0 行驶。但是，当车辆遇到坡道上坡行驶或遇到刮风逆风行驶时，由于坡道阻力或风阻增加将使车速降低到 v_d，不能以设定的巡航车速 v_0 行驶。因此，CCS ECU 必须向执行机构发出指令使节气门开度增大（即节气门旋转角度增大 $+\Delta\theta$），才能使车速接近于设定的巡航车速 v_0（即实际车速比巡航车速 v_0 低 Δv）行驶。同理，当车辆下坡或顺风行驶时，节气门旋转角度将减小 $\Delta\theta$，实际车速将比巡航车速 v_0 高 $+\Delta v$ 值。

由此可见，为使汽车巡航车速 v_0 不受行驶阻力变化的影响，CCS ECU 内部积分运算放大电路 K_1 控制的控制线应尽可能使车速变化范围减小，即控制线的斜率应尽可能小。由于"PI"控制方式设置了控制线，因此，当汽车行驶在上坡、下坡道路以及风阻等因素导致行驶阻力变化时，控制系统只要将节气门开度调整 $\pm\theta$ 转角，就可将车速变化幅度限制在 $\pm\Delta v$ 的微小范围内。

4. 巡航控制系统的功能及使用

巡航控制系统具有车速设定、取消、恢复、加速、减速、速度微调等功能，如果使用不当，不仅不能充分发挥巡航控制系统的功能，还可能损坏巡航控制系统，甚至危害汽车行驶安全。因此，使用巡航控制系统时，应按正确的使用方法进行操作。巡航控制系统的使用，包括设定巡航车速、增加或降低巡航设定车速、取消巡航控制及取消巡航控制后的恢复巡航行驶。

巡航控制系统的使用方法如下。

（1）设定巡航车速。

设定巡航车速的方法是按下巡航控制主开关，踏下加速踏板使汽车加速。当达到希望的车速时（必须高于巡航控制系统工作时的最低车速），将巡航控制开关推至设定/减速位置后放松。开关放松时的车速即被 CCS ECU 记忆为设定车速，巡航控制系统开始工作。此时，驾驶员可以放松加速踏板，巡航控制系统控制节气门将按设定的车速等速行驶。

（2）加速。

当汽车巡航行驶时，如果要使巡航设定车速提高，应将巡航控制开关置于恢复/加速位置保持不动，汽车将逐渐加速。当汽车加速至所希望的车速时，放松巡航控制开关，汽车将按新的较高的设定车速等速行驶。如果需要使汽车临时加速（如超车），则只需踏下加速踏板，汽车即可加速，放松加速踏板后，汽车仍按原来设定的车速巡航行驶。

（3）减速。

当汽车巡航行驶时，如果要使巡航设定车速降低，应将巡航控制开关置于设定/减速位置保持不动，汽车将逐渐减速。当汽车减速至所希望的车速时，放松巡航控制开关，汽车将按新的较低的设定车速等速行驶。

（4）点动升速和点动降速。

当汽车以巡航控制模式行驶时，如果需要对巡航设定车速进行微调时，只要点动 1 次恢复/加速开关（接通恢复/加速开关后，立即放松开关，时间不超过 0.6 s），巡航设定车速就升高约 1.6 km/h。反之，只要点动 1 次设定/减速开关，车速就降低约 1.6 km/h。

（5）取消巡航控制。

取消巡航控制有几种方式可以选择：一是将巡航控制开关的取消开关接通然后释放；二是踏下制动踏板；三是对于装有手动变速器的汽车可以踏下离合器踏板；四是对于装有自动变速器的汽车可以将变速杆置于空挡位置。

（6）恢复巡航行驶。

如果通过操作退出巡航控制开关中的任何一个开关，使巡航控制取消，要恢复巡航行驶，只要将恢复/加速开关接通然后放松开关，汽车将恢复原来巡航行驶。但如果车速已降低至

40 km/h 以下，或实际车速低于设定车速 16 km/h 以上，ECU 将不能恢复巡航行驶。

5. 巡航控制系统的控制过程

虽然各型汽车巡航控制系统的结构组成与控制电路各有不同，但是，其控制过程大同小异。下面以图 11.36 所示的丰田皇冠 3.0 型汽车电动式巡航控制系统控制电路为例说明巡航控制系统的控制过程。

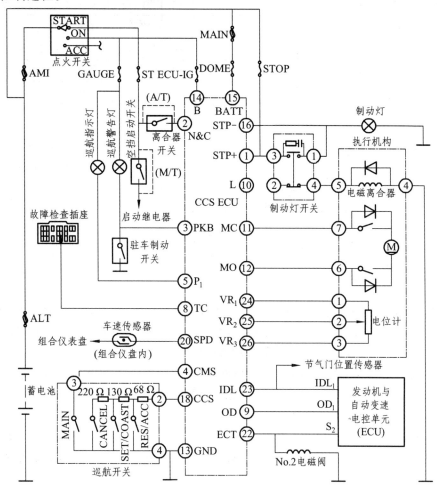

图 11.36 丰田皇冠 3.0 型汽车巡航控制系统控制电路

（1）丰田汽车巡航控制系统的组成。

丰田皇冠 3.0 型汽车电动式巡航控制系统的控制部件主要有传感器（节气门位置传感器、No.1 车速传感器）、控制开关（巡航开关、驻车制动开关、双闸制动灯开关、自动变速系统的空挡启动开关或手动变速器的离合器开关等）、巡航电控单元（CCS ECU）、执行机构（电磁离合器、驱动电动机与电位计等）。CCS ECU 线束插座上各接线端子的编号、代号以及连接部件的名称如表 11.1 所示。

（2）丰田汽车巡航控制系统的控制过程。

① 巡航控制电源电路。

汽车所有电子控制系统都设有备用电源电路，电控单元的备用电源端子始终与蓄电池连接，不受任何开关控制，只受易熔线控制，以便汽车停驶时保存随机存储器（RAM）中的故障代码和临时存储的数据。

表 11.1　丰田皇冠 3.0 型汽车 CCS ECU 接线端子的编号、代号与连接部件的名称

端子编号	端子代号	连接部件名称	端子编号	端子代号	连接部件名称
1	STP+	制动灯开关	14	B	电源（受点火开关控制）
2	N&C	离合器开关	15	BATT	备用电源（常火线）
3	PKB	驻车制动开关	16	STP-	制动灯（制动信号输入端子）
4	CMC	巡航主开关	18	CCS	巡航控制开关
5	P_1	巡航控制指示灯	20	SPD	车速传感器（仪表盘上）
8	TC	故障诊断插座 TDCL	22	ECT	ECT ECU 端子 S_2 和自动变速系统 No.2 电磁阀
9	OD	发动机和自动变速 ECU 超速与解除锁止信号输入端子 OD_1	23	IDL	节气门位置传感器怠速触点
10	L	制动灯开关的电磁离合器触点	24	VR_1	控制臂电位计正极端子
11	MC	驱动电动机	25	VR_2	控制臂电位计信号端子
12	MO	驱动电动机	26	VR_3	控制臂电位计负极端子
13	GND	CCS ECU 搭铁端子			

备用电源电路为：蓄电池正极→易熔线（ALT、MAIN）→熔断器（DOME）→CCS ECU 端子"15（BATT）"→CCS ECU 内部电路→端子"13（GND）"搭铁→蓄电池负极。

当点火开关接通 ON 位置时，巡航控制系统电源接通。电源电路为：蓄电池正极→易熔线（ALT）→点火开关"点火（ON）"挡→熔断器（ECU-IG）→CCS ECU 电源端子"14（B）"→CCS ECU 内部电路→端子"13（GND）"搭铁→蓄电池负极。

②巡航控制电路与控制过程。

接通巡航主开关（MAIN）时，仪表盘上的"巡航指示灯"发亮 3～5 s 后将自动熄灭，此时，巡航控制系统处于待命状态，只有当车速达到或超过 40 km/h 时，巡航控制系统才能投入工作。

a. MAIN 电路为：蓄电池正极→点火开关"点火（ON）"挡→熔断器（ECU-IG）→CCS ECU 电源端子"14（B）"→CCS ECU 内部电路→端子"4（CMS）"→巡航开关端子"3"→主开关"MAIN"触点→巡航开关端子"4"→搭铁→蓄电池负极。

b. 巡航指示灯电路为：蓄电池正极→点火开关"点火（ON）"挡→熔断器（GAUGE）→巡航指示灯→CCS ECU 端子"5（P_1）"→CCS ECU 内部电路→端子"13（GND）"搭铁→蓄电池负极。

巡航开关具有"MAIN"（主开关）、"SET/COAST"（设置/巡航）、"RES/ACC"（恢复/加速）和"CANCEL"（取消）等 4 种开关的控制功能。

在车速达到或超过 40 km/h 的情况下，当"SET/COAST"（设置/巡航）开关接通时，电磁离合器线圈电路接通，执行机构投入工作，汽车将不断加速。

c. "SET/COAST"开关接通电路为：蓄电池正极→点火开关"ON"挡→熔断器（ECU-IG）

→CCS ECU 电源端子"14（B）"→CCS ECU 内部电路→端子"18（CCS）"→"SET/COAST"开关→搭铁→蓄电池负极。

d. 电磁离合器线圈电路为：蓄电池正极→点火开关"ON"挡→CCS ECU 电源端子"14（B）"CCS ECU 内部电路→CCS ECU 端子"10（L）"→制动灯开关常闭触点→电磁离合器线圈→搭铁→蓄电池负极。电磁离合器接合将驱动电动机动力传递路线接通。

e. 驱动电动机电路为：蓄电池正极→点火开关"ON"挡→CCS ECU 电源端子"14（B）"→CCS ECU 内部电路→端子"24（VR₁）"→电位计及其滑臂→端子"25（VR₂）"→端子"11（MC）"→电动机→端子"12（MO）"→CCS ECU 内部电路→端子"13（GND）"→搭铁→蓄电池负极。

电动机转动时，通过减速机构和电磁离合器拉动控制臂以及节气门摇臂转动，使节气门开度增大，车速升高。与此同时，电位计滑臂随减速机构、控制臂或拉索移动，将执行机构动作情况从端子"25（VR₂）"反馈给 CCS ECU，CCS ECU 根据反馈信号电压高低即可诊断执行机构是否发生故障，并将故障编成代码存储在随机存储器中（电动机电流过大用代码"11"表示，电动机电路断路或电磁离合器线圈电路断路用代码"13"表示等），以便维修时查询，同时，CCS ECU 还将发出指令，驱动巡航指示灯发亮。

f. 电位计电路为：蓄电池正极→点火开关"ON"挡→CCS ECU 电源端子"14（B）"→CCS ECU 内部电路→端子"24（VR₁）"→电位计→端子"26（VR₃）"→CCS ECU 内部电路→端子"13（GND）"→搭铁→蓄电池负极。

在车速达到或超过 40 km/h 的情况下，当驾驶员向下拨动巡航开关手柄使"SET/COAST"开关保持接通时，车速将持续升高。当实际车速升高到想要设定的巡航行驶车速时，放松开关手柄和加速踏板，设定的车速将被记忆在存储器中，CCS ECU 将控制执行机构通过节气门开度保持该车速恒速行驶。

当汽车行驶阻力减小使实际车速高于设定车速时，CCS ECU 将控制电机驱动电路反转一定角度，使节气门开度减小来降低车速。此时，电动机电流从端子"12（MO）"流入，经过电动机电枢后，再从端子"11（MC）"流出。

g. 驱动电动机反转电路为：蓄电池正极→点火开关"ON"挡→CCS ECU 电源端子"14（B）"→CCS ECU 内部电路→端子"24（VR₁）"→电位计及其滑臂→端子"25（VR₂）"→端子"12（MO）"→电动机→端子"11（MC）"→CCS ECU 内部电路→端子"13（GND）"→搭铁→蓄电池负极。

在汽车以设定的巡航速度行驶过程中，如果驾驶员踩下加速踏板超车或踩下制动踏板制动或将自动变速器选挡手柄拨到前进挡"D"以外的位置等导致车速升高或降低而需要恢复到原来设定的巡航车速时，将"RES/ACC（恢复/加速）"开关接通短暂时间，汽车即可迅速减速或加速并恢复到原来设定的巡航车速恒速行驶。但是，当实际车速已经低于 40 km/h 时，巡航车速则不能恢复。

③ 巡航控制状态的解除条件。

在汽车以设定的巡航速度行驶过程中，当遇到下列情况之一时，CCS ECU 将发出控制指令使巡航执行机构停止工作，立即解除巡航控制状态。

a. 巡航开关的"CANCEL（取消）"开关接通时。该开关接通时，将从 CCS ECU 端子"18（CCS）"输入一个表示解除巡航行驶的信号。CCS ECU 接收到该信号时，将立即解除巡航控制状态，同时，驱动仪表盘上的巡航指示灯发亮。

b. 制动灯开关接通时。当驾驶员踩下制动踏板时，双闸制动灯开关的常开触点闭合、常闭触点断开当常开触点闭合时，一方面使制动灯电路接通发亮报警，另一方面从端子"16（STP-）"向 CCS ECU 输入一个高电平信号，CCS ECU 接收到该信号时，将立即驱动巡航指示灯发亮。与此同时，常闭触点断开将电磁离合器线圈电路切断，离合器分离，驱动电机动力传递路线切断，巡航控制状态被解除。

c. 驻车制动开关接通时。当驻车制动（手制动）手柄拉紧时，驻车制动开关接通，一方面使制动警告灯电路接通发亮指示，另一方面从端子"3（PKB）"向 CCS ECU 输入一个低电平信号，CCS ECU 接收到该信号时，将立即解除巡航控制状态并驱动巡航指示灯发亮。

d. 空挡启动开关或离合器开关接通时。在装备自动变速器的汽车上，当选挡操纵手柄拨到"空挡 N"位置时，空挡启动开关接通并从端子"2（N&C）"向 CCS ECU 输入一个高电平信号，CCS ECU 接收到该信号时，将立即解除巡航控制状态并驱动巡航指示灯发亮。在装备手动变速器的汽车上，当踩下离合器踏板时，离合器开关触点闭合，并从端子"2（N&C）"向 CCS ECU 输入一个高电平信号，CCS ECU 接收到该信号时，将立即解除巡航控制状态并驱动巡航指示灯发亮。

11.3 汽车导航系统

11.3.1 汽车导航系统概述

导航原指飞机、轮船等交通工具在行驶时，借助其他装置了解自身位置和航行状态，借以保证航行安全、提高运行效率和运输企业的经济效益。汽车导航系统是近几年兴起的一种汽车驾驶辅助设备，其目的是引导汽车在繁忙的交通状态和复杂的道路网络中选择最佳的路径，并在车辆行驶过程中（如转弯前）提醒驾驶员按照计算的路线行驶，使其能在尽量短的时间和路程内到达目的地。

1. 导航系统的功能

随着科学技术的发展，汽车导航系统发展很快。从功能上看，最早是只具有简单的"示向"系统，它只能显示汽车航行的方向及到达目的地的距离，无任何"导向"功能，目前已发展到比较先进的多功能综合系统，汽车导航系统的功能具体如下：

（1）全球卫星定位智能防盗报警功能。当车辆停车警戒后，再打开车门，1 min 内未输入正确用户密码或汽车被非法移动（用拖车拖走 50 m），防盗系统自动向监控中心和车主设置的多个报警电话语音报警，监控指挥中心接收到报警车辆信息的同时，报警车辆的准确位置、速度、行驶方向会自动在电子地图上显示出来。

（2）紧急援助功能。当车辆被劫持或车主被抢时，车主能在劫匪毫无察觉的情况下，轻触紧急报警按钮，无声无息报警。监控指挥中心接警后，能配合警方对车辆进行实时监控、启动监听装置监听车内动静、锁定车辆位置、反控熄火、发出声光报警并保护车主安全。

（3）车载电话功能。汽车导航系统融合了 GSM 技术，具备数字移动电话所有的拨打和接听本地网电话，国际、国内长途电话与漫游服务等基本功能和新业务。在 GPS 报警定位的同时，GSM 数字电话仍可进行正常通话。

（4）调度管理功能。监控指挥中心可以主动了解机动车的地理位置及其具体信息，因此，调度人员可根据机动车驾驶员的要求进行引路，指导机动车选择最佳路径行驶。

（5）电话启动汽车功能。严寒的冬天或酷热的夏日，驾车者可提前通过座机或手机启动发动机，打开车内空调，使车主上车后有一个舒适的驾车环境。

（6）网络查询功能。安装本系统的车主可以通过计算机在 Internet 上进行网络查询，车主即使远隔重洋，只要登录"中国智能交通通信网络"输入用户名和密码，即可查询车辆的实时位置和状态，并可通过计算机对车辆进行控制。

（7）热线服务功能。车主通过遥控器上的"热线"与车辆注册地的监控指挥中心联系，可享受到很多增值服务，如紧急候车、加油、导航、票务、酒店订座、订房等服务。

2. 导航系统的类型

汽车导航系统种类较多，按其导航原理分类如下：

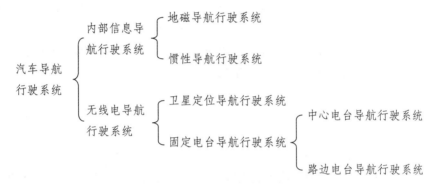

（1）内部信息导航行驶系统。

内部信息导航行驶系统是利用陀螺仪或地磁方位传感器、距离传感器等制成的汽车导航行驶系统；根据使用传感器的不同又可分为地磁导航行驶系统和惯性导航行驶系统。

地磁导航行驶系统利用地磁方位传感器随时测出汽车的行驶方向，距离传感器测出距离，计算机算出汽车的行驶轨迹、到达目的地的方向、所余距离等，并可以在显示器上一一显示出来，以达到导航的目的。

惯性导航行驶系统与地磁导航行驶系统一样，利用方向和距离传感器获得汽车的行驶方向、行驶轨迹等信息，所不同的是，其方向传感器为惯性陀螺仪。

（2）无线电导航行驶系统。

无线电导航行驶系统又分固定电台导航系统和卫星定位导航系统。

固定电台导航系统又分中心电台导航系统和路边电台导航系统。中心电台导航系统一般是一个集导向、车辆监控、防盗、差分 GPS 应用等于一体的综合系统，一般以几十到几百公里为半径设一个中心站，该中心站除接收 GPS 信息外，还收发各个车辆的导航、防盗等综合信息，可以把任意一个车辆的实时轨迹显示在显示器上。一般较大的系统设一个中心站，下设若干个子站，每个子站带若干个车辆，以扩大监控范围和导航的车辆数。路边电台导航系统一般是一个集交通控制和导航于一体的综合系统，在高速公路的路边，每隔几百米到几千米设一个小功率电台，汽车上的小功率收发机每到一个电台可通过无线电波和交通控制中心交换一次信息，达到交通控制与导航的目的。

卫星定位导航系统最初是美国发明和建立的。卫星定位导航的字面含义很通俗，即利用卫星给目标进行定位，严格地讲是利用卫星定位导航系统提供的位置、速度及时间等信息来完成对各种目标的定位、导航、检测和管理等。目前，世界上共有 3 个全球卫星定位导航系统：美国的全球卫星定位导航系统——GPS（Global Positioning System）系统，俄罗斯的全球卫星定位导航系统——GLONASS（格洛纳斯）系统，欧盟的全球卫星定位导航系统——伽利略系统（建设中）。目前，世界上包括欧洲、日本和中国在内的许多国家和地区使用的均是美国的 GPS 系统。下面只介绍内部信息导航行驶系统和 GPS 导航行驶系统。

11.3.2　内部信息导航行驶系统

1. 内部信息导航行驶系统的组成

任何汽车导航装置基本的功能都是把汽车的实时位置（一般由 X 和 Y 两个位置参数来决定方位，或者以目的地为基准，用汽车即时位置与目的地夹角表示）实时告诉给驾驶员。距离传感器主要检测当前位置到目的地的距离，汽车要行驶的方向由方向传感器检测，这两个传感器的信号通过计算机的数据处理后显示在显示屏上。因此，内部信息导航系统主要由计算机、距离传感器、方向传感器、显示屏等组成。

（1）汽车距离传感器。

距离传感器种类很多，但目前用得最多的是将汽车后轮的转数（或转角）变成距离的光电式（见图 11.37）或霍尔元件式汽车距离传感器。汽车后轮通过机械连接装置（一般通过软轴）带动光电盘 3，光电盘的外圆上有均匀分布的透光孔（缝隙），光电盘上下分别垂直放置发光二极管 2 和光敏管 5。汽车前进或后退时，软轴 4 带动光电盘 3 转动，光电盘的孔每转到发光管下面时，光线通过孔便照到光敏管 5 上，导通孔转过去后，光线被盘片挡住，光敏管截止，通过电子电路便产生一个电脉冲。光电盘转一圈产生 n 个脉冲（光电盘假设有 n 个孔），因为后车轮和光电盘机械连接，有一定的转速比（如转速比为 M），后车轮每转一周则会产生 $M×n$ 个电脉冲，轮的周长是一定的，每个脉冲所代表的距离则为：车轮周长/（$M×n$），计算机通过计数器把距离脉冲数检测到，则可算出汽车所走的距离。用舌簧管、霍尔元件、电磁线圈代替上述光电传感器，即可构成舌簧管开关式、霍尔式及磁电式汽车距离传感器。

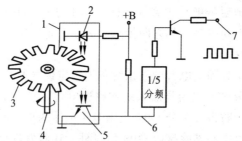

图 11.37　光电式汽车距离传感器

1—光耦合器；2—发光二极管；3—光电盘；4—软轴；5—光敏管；6—信号线；7—端子

（2）汽车方向传感器。

① 地磁方位传感器。

地磁方位传感器是一种以地磁为基准检测汽车行驶方向的装置，又叫汽车方向传感器。

地磁方位传感器是在高导磁性材料制成的磁环上绕励磁绕组，绕组在 X 和 Y 两个正交方向上，每个方向各绕 2 个检测线圈（共 4 个）。无地磁场作用时，检测线圈不产生电位差，有地磁场作用时，则产生电动势。地磁方向与检测方向夹角不同，检测线圈产生的电动势也不同，将检测到的信号送至方位判定处理器中，就可以确定汽车的行驶方向，一般用 LED 屏显示出来，如 N（北）、NE（东北）、E（东）、SE（东南）、S（南）、SW（西南）、W（西）和 NW（西北）等。地磁传感器的结构与导向原理如图 11.38 所示。

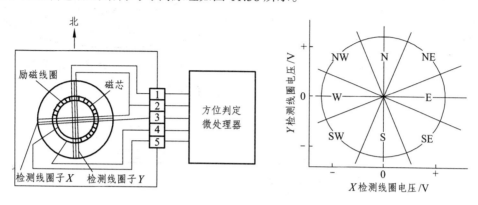

图 11.38　地磁传感器的结构与导向原理

该传感器用来显示车辆的指向方位，从而给驾驶员提供导航。但地磁场很弱，容易受到外界磁场的干扰，此外，车外的铁桥、大楼、其他车辆、隧道、高架桥也是干扰源，克服干扰带来的误差是该类传感器的关键。

② 惯性车辆方位传感器。

惯性车辆方位传感器由压电零件、金属块和支撑销组成，其形状像一把音叉。压电零件共有 4 个，2 个一组，相互平行安装，每一组均有一个作为振荡器，另一个用于振荡监视，并使其保持正常的频率。两组振荡器的中心部位呈 90°，交错布置，并通过底部的金属块连接在一起，由支撑销提供支撑，如图 11.39 所示。

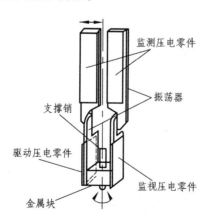

图 11.39　导航陀螺仪构造

汽车导航陀螺仪的工作原理就像是一个振荡回转仪，即惯性陀螺。当一个振子在静止的转盘上做往复运动时，其轨迹是条直线，如图 11.40（a）所示。如果转盘以角速度 ω 旋转时，它因受偏转力——哥氏力（$F_c = -2mv\omega$）的影响，运动轨迹将不再是一条直线，而要发生偏转，如图 11.40（b）所示。汽车导航陀螺仪的振动就相当于振子的振动，当汽车转弯时，汽车导航陀螺仪上部的监视压电零件因受偏转力的作用而发生弯曲，如图 11.41 所示，这样根据偏转力公式、汽车行驶速度和行驶时间就可检测出汽车的方位（旋转角速度 ω）和转弯行驶的距离。如果与地图结合再加上显示装置，就可进行汽车导航和描绘汽车行驶的路径了。

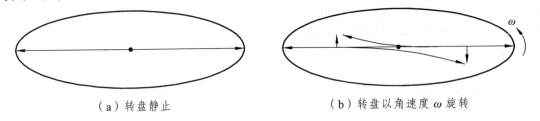

（a）转盘静止　　　　　　　　　　（b）转盘以角速度 ω 旋转

图 11.40　汽车导航陀螺仪的原理

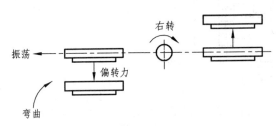

图 11.41　监视压电零件弯曲的俯视图

采用惯性车辆方位传感器的导航系统的导航精确性虽然不受信号影响，但与车速计算、道路倾斜度计算和存入地图是否正确有直接关系，并在下列情况下会造成车辆定位错误。

a. 发动机停止后移动车辆，如用渡轮或拖车移动车辆，或者车在回转台上旋转；

b. 轮胎打滑，能造成行驶偏差；

c. 轮胎滚动直径变化，如胎压异常、轮胎规格不正确，能造成行驶偏差；

d. 在笔直或几乎没有弯道的高速公路上连续行驶，能造成导航发生偏差。

在导航过程中，上述定位错误将不断积累放大，所以也经常需要重新定位校正，基本是每次行驶前都要进行定位——选择出发地和目的地。

2. 内部信息导航系统的应用实例

北京吉普汽车有限公司生产的带罗盘导航（方位传感器检测）和温度显示的欧蓝德车如图 11.42 所示。

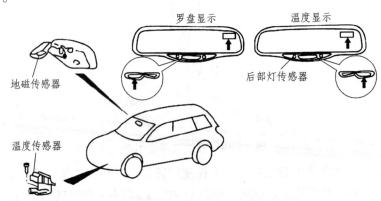

图 11.42　欧蓝德车带罗盘和温度显示的车内后视镜结构

该车罗盘用安装在后视镜内的地磁传感器检测汽车的方向，并用 LCD（液晶显示）显示 8 个方向。车外温度计计算来自温度传感器的信息，然后用 LCD 显示温度。当按下位于车内后视镜中心的开关时，汽车方向（指向）或温度会在镜子右上角显示，如图 11.42 所示。

这种汽车罗盘在使用中，由于人造强磁场和磁屏蔽等作用，需要经常校正和调整。

（1）欧蓝德汽车罗盘的校正程序与步骤。

① 按下"COMP（罗盘）"按钮，此时为可视罗盘显示模式，并且会显示车辆方位，再次按下"COMP"按钮将关闭可视罗盘显示。

② 如果显示读数"C"，如图·11.43 所示，可能存在强磁场干扰罗盘。在这种情况下，罗盘需要校正。

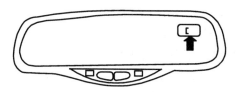

图 11.43　存在强磁场干扰时的显示

③ 以大约 8 km/h 或低于此车速开车转圈，直到显示读出方向。

（2）罗盘偏差的调整。

在有些情况下，如长途越野，必须调整罗盘偏差。罗盘偏差是地磁北极与真正的地理北极之间的差别。如果不调整罗盘偏差，那么罗盘可能给出虚假读数。其调整程序与步骤如下：

① 按下"COMP"按钮 3 s 以上。显示器上会显示当前区域号，如图 11.44 所示。

② 在图 11.45 所示的校正地图上找到当前的位置以及偏差区域号。

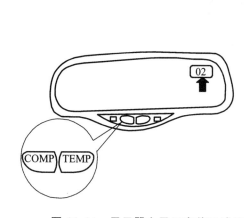

图 11.44　显示器上显示当前区域号

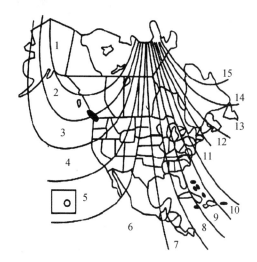

图 11.45　显示给出的矫正地图

③ 按"COMP"按钮直到显示器上显示新的区域号，停止按按钮后，显示器会在几秒钟内显示罗盘方向。

（3）使用注意事项。

① 不要把磁体吸附在车上的放置架、天线上等，它们会影响罗盘的工作。

② 在隧道、地道、铁路沿线、换车站、办公楼群、地铁上部区域、上下陡坡等地方罗盘

指针不能正确指示。当车辆驶到地磁稳定区域后，罗盘回到正确的罗盘指针位置。

11.3.3　GPS 导航系统

GPS 导航系统是指通过测定无线电波从卫星发射点到接收机的传播时间、相位、相角来进行定位导航的方法。

1. GPS 系统的构成

一个完整的 GPS 定位导航系统有 3 部分组成：空间部分、地面控制系统和用户设备部分。

（1）空间部分。

如图 11.46 所示，GPS 空间系统由 24 颗卫星组成，均匀分布在 21 000 km 的 6 条地球同步轨道上，轨道倾角 55°，各个轨道平面之间相距 60°，即轨道的升交点赤经各相差 60°。每个轨道平面内各颗卫星之间的升交角距相差 90°，任一轨道平面上的卫星比西边相邻轨道平面上的相应卫星超前 30°，另外，卫星搭载原子时钟，所有卫星的时刻同步。卫星的分布使得在全球任何地方、任何时间都可观测到 4 颗以上的卫星，以便定位和导航。

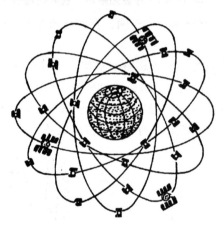

图 11.46　GPS 卫星配置图

（2）地面控制系统。

地面控制系统由检测站（Monitor Station）、主控制站（Master Monitor Station）和地面天线（Ground Antenna）组成。主控制站位于美国科罗拉多州春天市（Colorado Spring）。地面控制站负责收集由卫星传回的信息，并计算卫星星历、相对距离，大气校正等数据。

（3）用户设备部分。

用户设备主要是 GPS 信号接收机。GPS 信号接收机能接收到来自环绕地球的 24 颗 GPS 卫星中的至少 3 颗所传递的数据信息，这些信号用来精确确定车辆的位置，但它可能遭受偶然的干扰，如恶劣天气影响、隧道和建筑物遮挡、超宽带无线电通信干扰等，为此，通常采用航位推算导航（如惯性传感器）或辅助定位技术作为 GPS 信号丢失时的补偿，以使导航系统功能连续。

2. 车载 GPS 导航系统

（1）车载 GPS 导航系统的组成。

车载 GPS 导航系统主要由车载传感器和车载导航仪组成。

车载传感器通常包括测量转弯速率的陀螺、输出电子速度脉冲的测速计以及测量方向的罗盘。这些传感器检测的数据被用来进行航位推算，以便确定车辆相对道路的运动。

目前，所用的车载卫星导航仪像手机一样采用内置的四螺旋天线接收卫星信号，有的导航仪还带有 MCX 外部天线接口。车载卫星导航仪搜星灵敏，抗遮蔽性好，能并行 12 通道，可接收差分信号；采用电池供电，具有超大内存和超大数据库；具有测量平均位置和测量面积等功能，可以准确测得某点精确坐标和航迹所围面积；采用国际 WGS84 经纬度坐标与用户自定义坐标；具有标准 RS-232PC 接口。

车载导航仪内部一般还配有导航用电子地图、地图匹配器和 LCD 显示器。导航用电子地图在整个汽车导航应用体系中起到核心的作用，针对不同导航应用往往会采用不同规格的电子地图。通常，电子地图由记录实际地物的地理数据和与实际地物相关的标识、整饰信息以及各类附加信息组成，根据应用场合的不同，电子地图的选用也不同。由于 GPS 和自律导航系统测得的汽车坐标数据与实际行驶道路的数据存在一定的误差，为了修正误差，须加一个地图匹配器对汽车位置与地图上道路的误差进行自动修正，使汽车行驶路线与地图上固定道路相匹配，从而指示出正确的前进路线。LCD 显示器是一种模拟三色输入的彩色液晶显示器，具有高解像度、高辉度、长寿命、画面鲜明等特点，尺寸有 5 寸和 7 寸，一般还可以进行触摸操作。

（2）车载 GPS 导航系统的类型及原理。

① 车载卫星导航系统按其导航原理可分为绝对导航、相对导航和独立导航系统。

绝对导航系统采用单点动态定位，即靠接收卫星发送的轨道信息、时间信息、遥感信息和接收电波所花费的时间，自主地测得该车辆的实时位置和运动速度，从而描绘出车辆的运行轨迹从而进行定位和导航。这类导航只需要接收卫星信号，经过解释、计算和显示，而不需要配置其他传感器和输入地图。导航的地图是解释卫星遥感信号而得到的真实地图。

实时位置的测得，是通过地面上的汽车和上空 4 颗定位卫星的相对距离计算出汽车的准确位置。如果我们知道某车距一颗卫星的距离，我们可以知道该车必然处于以第一颗卫星为球心，以距离为半径的球面上，如果再知道距第二颗已知卫星的距离，我们可以确认该车处于两个球面相交的圆形曲线上，有了第三颗卫星我们就可以将第三个球面和前一个圆形曲线相交于两点，一般通过第四颗卫星的距离我们就可以唯一给该车进行定位了。车辆定位有三维定位和二维定位之分。三维定位方法是在接收 GPS 卫星信号良好的情况下，能够接收到 4 颗以上卫星信号时，经解释计算就能够对纬度、经度、高度进行三维立体定位；而二维定位只能接收到 3 颗卫星的信号，因而只能对纬度、经度进行二维定位；由于无法测定高度，与三维定位相比，二维定位的误差会比较大。但是，二维定位的导航仪对接收灵敏度要求相对低些。但也不能太低，如果只接收到 3 颗以下的卫星信号时，将无法进行定位。

这种绝对导航系统在收不到电波的地方将无法使用，在有屏蔽物和障碍物时，误差也会比较大。

相对导航系统采用实时差分动态定位或后处理差分动态定位进行导航。所谓实时差分动态定位是用安装在车上的 GPS 信号接收机，及设置在一个基准站之间的另一台 GPS 接收机，联合测得该车辆的实时位置，从而描绘出该车辆的运行轨道。后处理差分动态定位和实时差分动态定位的主要差别在于，在车辆和基准站之间，不必像实时动态定位那样建立实时数据传输，而是在定位观测以后，对两台 GPS 接收机所采集的定位数据进行检测后的联合处理，从而计算出接收机所在车辆在对应时间上的坐标位置。

独立导航系统是内部信息导航系统与 GPS 绝对导航相结合的系统。它克服了 GPS 导航仪在收不到电波、有屏蔽物和障碍物时不能使用的不足，同时也克服了内部信息导航仪虽不受信号影响但对存入的地图不正确和汽车打滑、移动会产生定位错误的不足。它没有导航盲区，很少出错误。目前，较高档次汽车的导航系统多为独立导航系统，但绝大多数为了降低汽车成本和方便驾驶员使用都装入标注了地点、名称的地图，配备了语音报告功能和便于操作的触摸屏。

② 车载卫星导航系统按安装方式可分为内置式和外置式。

内置式车载卫星导航系统一般由汽车生产商在生产环节安装，外形经过专门设计，固定在汽车上，浑然一体；外置式车载导航系统一般多为后期安装，安装简便，适合于国产和进口的各类车型。

3. 车载 GPS 导航系统的应用实例

（1）雅阁车内置式卫星导航系统。

雅阁车定位导航系统与音响控制系统、发动机控制系统以及 ABS 控制系统等都有着密切的联系，而且它还与 USB、VTR 插孔、Rr 相机、蓝牙、HFT 兼容，其组成框如图 11.47 所示。

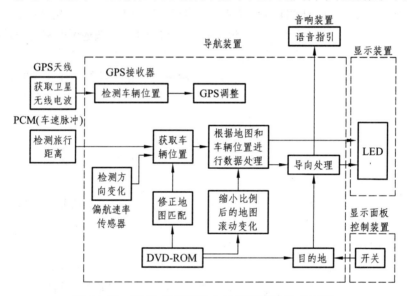

图 11.47　2008 雅阁车独立导航系统的组成框图

该系统采用独立导航系统，使用者选取目标地点后，导航设备首先从 GPS 接收机得到经过筛选计算确定的当前点经纬度数值，然后通过与电子地图数据的对照，确定显示当前所在的地点位置，并在屏幕上显示出来。导航系统会将定义目的地时该车的当前位置默认为出发点，自动计算出一条最佳的推荐路线。导航过程中，使用者还可以指定途中希望经过的地点，或者定义一定的路线选择逻辑（如不允许经过高速公路、按照行驶路线最短的原则等）。推荐的路线将以醒目的方式显示在屏幕地图中，同时，屏幕上即时显示出该车的当前位置，以作为参照。如果行驶过程中，该车偏离了推荐的路线，系统会自动更改原有的路线并以该车当前点为出发点重新计算最佳路线，并将修正后的路线作为新的推荐路线。由于道路阻塞，路段施工或走错了路等意外情况，最佳路线行不通时，经再检索可以提供新的行车路线。该导航系统为使驾驶员事先了解行驶中路面的变化情况，可做出语音提示，如一般道路 500 m 之前，高速公路 1 000 m 之前，向驾驶员说明路面情况及可更改的方向。汽车行驶在交叉路口前，能自动实现路口全画面图，指定交叉点名称，拐弯后道路名及方向等。

　　该系统除有语音提示外，还具有图文提示和触摸屏等技术，使导航操作更为简单。从起点到终点的导航操作指南及操作流程如图 11.48 所示。

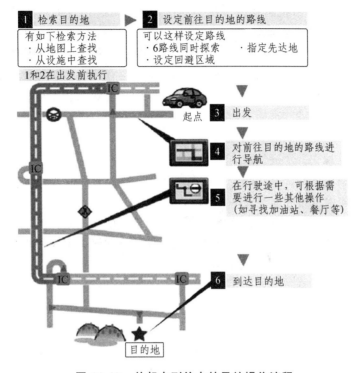

图 11.48　从起点到终点的导航操作流程

（2）丰田车载内置式卫星导航系统。

　　丰田汽车公司曾推出过 G-BOOK 车用导航系统，如图 11.49 所示，并在日本国内获得一致好评。

　　目前，国内的天津丰田已经推出预装有导航系统的威驰（VIOS）和花冠（COROLLA）车型。丰田威驰（VIOS）车的原装卫星导航仪是日本电装公司生产的电装导航仪，方向盘的右侧就是电子导航地图，如图 11.50 所示。输入目的地的名称，电子导航地图能迅速检索并显示出行车路线。

图 11.49　G-BOOK 车用导航系统

图 11.50　丰田威驰（VIOS）的原装卫星导航系统

在行驶中，电子导航的语音提示系统就像一位神通的向导，告诉司机路该怎样走。司机基本上不用看电子导航仪，只要听语音提示就能准确无误地开车前行。需要拐弯时，语音提示系统会在离拐弯处 700 m 时提醒一次，这样可以提前并线，保证安全行车；在距拐弯处 300 m 时，语音提示系统再提醒一次；到拐弯路口处，语音提示系统会提示司机就在这个路口左拐或右拐。遇到拐弯转盘时，语音提示系统会提示司机在转盘的第几个口左拐或右拐。每次拐弯之后，语音提示系统都会提示司机距下一个拐弯路口还有多少千米，这样，司机可以根据语音提示的路程来控制车速。当拐弯时，遇有几个岔口驾驶员拿不准该拐向哪条路时，电子导航仪马上显示出路口的精确放大图，图上有箭头提示应该走哪条路，只需用余光扫一眼电子导航仪，就能准确无误地驾车驶入要去的方向，轻松自如、准确地引导至目的地。

如果在行车的过程中，车突然没有油、车上的人突然生病了、车突然坏了，便可以在导航仪上迅速检索到最近的加油站、医院、汽车修理厂。如果开车到陌生的地方去玩，累了、饿了，也可以迅速地检索到最近的旅馆、餐厅，真是方便至极。

在检索的过程中，可以根据拼音检索、设施名检索、电话号码检索、地址检索、邮政编码检索，快捷方便。通过试车，体会到开拥有电子导航仪的汽车不仅省心，而且安全方便，增添了驾驶乐趣，代表了未来汽车生活的潮流。

（3）STPⅢ任我行语音车载导航系统。

STPⅢ任我行语音车载导航系统如图 11.51 所示，是美国 Garmin 公司与北京合众思壮公司（Garmin 公司的中国代理）联合在国内推出的产品，它的前身是 Street Pilot。

图 11.51　STPⅢ任我行语音车载导航系统

STPⅢ任我行语音车载导航系统具有智能路径选择、全程语音提示、电子地图浏览、卫星定位导航等多种实用功能，预装了 64 MB 的中国地图，大屏幕彩色显示（305 像素×160 像素），可 24 h 全天候使用，方便安装拆卸。

（4）常见的导航道路颜色与导航图标。

导航系统常见的导航道路颜色与导航图标如图 11.52 和图 11.53 所示。

道路颜色与名称	
深蓝	高速路
深绿	城市快速路
红	国道
黄	省道／城市主(次)干路
浅绿	一般路
深灰	小路／轮渡
浅蓝	预定开通的高速道路
浅灰	私有道路／人行道／其他道路

图 11.52　常见导航道路颜色

图标	图标内容	图标	图标内容	图标	图标内容
	马兰拉面		ACURA汽车特约店		陵园／公墓
	永和大王		广州本田汽车特约店		寺庙／道观
	麦当劳		中国石油／中国石化		天主教／其他（教堂）
	肯德基		壳牌		伊斯兰教
	必胜客	Mobil	美孚		美术馆
	达美乐	P	停车场		博物馆
	赛百味		汽车租赁		资料馆／档案馆
	其他（快餐）		星级饭店		科技馆
	地方风味与名店		普通旅馆		电台／电视台／制片厂
	西餐馆		度假村／疗养院		文工团／艺术团
	酒吧		动物园／植物园		工商银行
	咖啡店／茶馆		水族馆		建设银行
	二十四小时便利店		高尔夫球场		农业银行
	北京华联		滑雪场		中国银行
	家乐福		游乐园		交通银行
	华润		电影院		招商银行
	沃尔玛		剧场／戏院／音乐厅		中信银行
	其他（超市）		体育场馆		民生银行
	百货商场／商城		KARA-OK练歌房		光大银行
	国美		溜冰场		华夏银行
	苏宁		夜总会／歌舞厅		北京市商业银行
	其他（电器商场）		健美／康乐宫		广东发展银行
	服装／鞋帽		政府机关		深圳发展银行
	体育用品店		公安局／派出所		福建兴业银行
	饼屋／糕点		火车站／轻轨站／磁悬浮		浦东发展银行
	花卉		地铁站		新华人寿保险
	文化用品		长途客运站		中国人寿保险
	照相／影楼／彩扩		机场		中国太平洋保险
	大专院校		港口／码头		康泰人寿保险
	科研机构		高速出入口		平安保险公司
	小区		高速服务区／停车区		其他（银行）
	出版社		收费站		邮政／邮政储蓄
	美容院／理发店		名胜古迹		

图 11.53　常见的导航图标

（5）GPS 车载导航的使用注意事项。

① 室内不能搜星。GPS 靠直接接收美国 GPS 卫星信号工作，需要在室外看到天空的地方才能接收到卫星信号，室内不能接收。

② 电池使用时间短。所有车载型 GPS 导航仪电池连续使用时间都不长，因车上有点烟器电源，设计者认为没有必要长时间用电池待机，电池只作备用，不插电源连续使用一般只有 40 min ~ 1.5 h，型号不同，使用不同，还会有较大差异。需要注意的是汽车点火发动的瞬间，启动电流很大，有冲击烧毁车充保险丝的风险，因而最好在汽车启动的时候，不要在点烟器上插车充，启动后再连接。

③ 定位不准。GPS 正常平面定位误差在 10 ~ 20 m 以内，受到如天气、美国 GPS 政策等诸多因素影响，有时还会更大。如果地图指示位置没有很准确在路上，原因可能是信号不良导致延滞造成误差，也可能是地图数据偶尔偏差，也有可能是路很宽，所以看起来 GPS 好像偏移路面。

④ 不能搜星或者搜星慢。遇到不能搜星或者搜星慢的情况不要着急，请换地点改时间再试试。不要用一两次，或一两天就决定 GPS 的好坏，由于卫星状态每天都不同，也许同一个地方，上午信号满格，晚上信号差点。

参考文献

［1］ 王秀红，田有为．汽车发动机电控技术[M]．大连：大连理工大学出版社，2007．

［2］ 舒华，姚国平．汽车电控系统结构与维修[M]．北京：北京理工大学出版社，2012．

［3］ 李东江．现代汽车电子控制系统结构与维修[M]．南京：江苏科技出版社，2001．

［4］ 吕彩琴．汽车发动机电控技术[M]．北京：国防工业出版社，2009．

［5］ 王林超．汽车电控技术[M]．北京：中国水利水电出版社，2010．

［6］ [美国]W·H·克劳斯．汽车发动机设计[M]．北京：人民交通出版社，1980．

［7］ [美国]W·哈塞伯．汽车发动机调试方法[M]．北京：机械工业出版社，1987．

［8］ 吉林工业大学汽车教研室．汽车构造[M]．北京：人民交通出版社，1976．

［9］ 司利增．汽车防滑控制系统——ABS与ASR[M]．北京：人民交通出版社，1996．

［10］ 凌永成，于京诺．汽车电子控制技术[M]．2版．北京：北京大学出版社，2011．

［11］ 舒华．汽车电器与电控技术[M]．北京：机械工业出版社，2012．

［12］ 吴焕芹，卢彦群．汽车电气设备[M]．北京：北京大学出版社，2014．

［13］ 孙仁云，付百学．汽车电器与电子技术[M]．2版．北京：机械工业出版社，2011．

［14］ 司景萍，高志鹰．汽车电器及电子控制技术[M]．北京：北京大学出版社，2012．

［15］ 付百学，马彪，潘旭峰．现代汽车电子技术[M]．北京：北京理工大学出版社，2008．

［16］ 迟瑞娟，李世雄．汽车电子技术[M]．北京：国防工业出版社，2008．

［17］ 李春明．汽车车身电子技术[M]．3版．北京：北京理工大学出版社，2013．